Checkliste Tauchtauglichkeit

Untersuchungsstandards und Empfehlungen der
Gesellschaft für Tauch- und Überdruckmedizin (GTÜM)
und der Österreichischen Gesellschaft für Tauch- und
Hyperbarmedizin (ÖGTH)

Checkliste
Tauchtauglichkeit

2., vollständig überarbeitete Auflage

Herausgeber
Gesellschaft für Tauch- und Überdruckmedizin (GTÜM) e. V.
Österreichische Gesellschaft für Tauch- und Hyperbarmedizin (ÖGTH)

Herausgegeben von
Gesellschaft für Tauch- und Überdruckmedizin (GTÜM) e. V.
Österreichische Gesellschaft für Tauch- und Hyperbarmedizin (ÖGTH)

Mitherausgeber
Priv.-Doz. Dr. med. Christoph Klingmann
Prof. Dr. med. Claus-Martin Muth
Priv.-Doz. Dr. med. Tim Piepho
Dr. med. Roswitha Prohaska
Priv.-Doz. Dr. med. Kay Tetzlaff
Dr. med. Wilhelm Welslau

Konzeption
Anlass für die Herausgabe dieses Werks sind die Weiterentwicklung der Standards und Richtlinien für Tauchtauglichkeitsuntersuchungen, die aktuellen Erkenntnisse der tauchmedizinischen Forschung und die Fortentwicklung der einschlägigen Rechtsprechung.

Bibliografische Information Der Deutschen Bibliothek
Die Deutsche Bibliothek verzeichnet diese Publikation in der Deutschen Nationalbibliografie; detaillierte bibliografische Daten sind im Internet über http://dnb.ddb.de abrufbar.

ISBN 978-3-87247-747-7

© 2., vollständig überarbeitete Auflage, Gentner Verlag, Stuttgart 2014
  3. unveränderter Nachdruck 2025

Umschlaggrafik: GreenTomato Süd GmbH, Stuttgart
Satz und Layout: Feuchter Verlagsservice, Elmstein
Herstellung: Esser printSolutions GmbH, Göttingen
Printed in Germany

Alle Rechte vorbehalten

Vorwort der Präsidentinnen von GTÜM & ÖGTH

Sehr geehrte Leserinnen und Leser!

Unsere gemeinsamen Empfehlungen „Checkliste Tauchtauglichkeit" wurden in der 2. Auflage von den beiden Fachgesellschaften entsprechend den gemeinsamen Erfahrungen und Rückmeldungen von Leser/-innen der letzten Jahre intensiv überarbeitet. Ein großer Kreis von Experten aus allen betroffenen Fachgebieten und aus den herausgebenden Fachgesellschaften wurde mit der Aktualisierung betraut.

Das Buch ist um die Kapitel: „Medikamente und Tauchen", „Seekrankheit und Tauchen" und „Reisemedizinische Aspekte" erweitert worden. Das Kapitel Neurologie und Neurochirurgie wurde zur Vereinfachung der Handhabung zusammengefasst.

Die Empfehlungen der Checkliste beziehen sich primär auf die tauchmedizinischen Fragestellungen, wobei jeweils auf die aktuellen medizinischen Behandlungsleitlinien Bezug genommen wurde. Diese sind auch in den Literaturempfehlungen der jeweiligen Kapitel angegeben. Die Medizin entwickelt sich jedoch ständig weiter. Sollten sich in Zukunft Sachverhalte anders darstellen oder neue evidenzbasierte Studien veröffentlicht werden, so werden auch die Empfehlungen der Fachgesellschaften entsprechend überarbeitet werden.

Wir haben uns entschlossen, den Anhang im Buch deutlich zu kürzen und stattdessen für die Praxis wichtige Informationen und Formulare auf den Websites zum Download bereitzustellen (siehe Anhang).

Im Rahmen der Tauchtauglichkeitsuntersuchung werden heutzutage auch Kenntnisse aus den Bereichen der unterschiedlichen Tauchverfahren (Apnoe-Tauchen, Tauchen mit Einschränkungen, Technisches Tauchen) gefordert.

Tauchen als Breitensport wird von Kindern und Jugendlichen, ebenso wie von Menschen in höherem Alter häufig und gerne ausgeübt. Dies stellt an den untersuchenden Arzt hohe Anforderungen hinsichtlich allgemeiner medizinischer und tauchmedizinischer Kenntnisse. Diesbezüglich möchten wir auch auf die tauchmedizinischen und andere Fortbildungsveranstaltungen hinweisen, die auf den Internetseiten von beiden Fachgesellschaften angeboten und gegenseitig anerkannt werden.

Wir hoffen, dass wir mit der 2. Auflage der „Checkliste Tauchtauglichkeit" ärztlichen Kollegen ebenso wie medizinisch interessierten Tauchern aktuelle und praxisorientierte Empfehlungen zur Beurteilung der Tauchtauglichkeit bieten können.

Dr. Karin Hasmiller, Präsidentin der GTÜM
Dr. Roswitha Prohaska, Präsidentin der ÖGTH

Vorwort des GTÜM-Präsidenten zur ersten Auflage

Sehr geehrte Leserinnen und Leser,

Tauchtauglichkeit ist ein sehr spezielles Thema – und es erfordert gleichzeitig fundierte Fachkenntnis aus unterschiedlichsten medizinischen Disziplinen. Herausgeber, Autoren und Verlag der vorliegenden Checkliste haben insgesamt über drei Jahre daran gearbeitet, um Ihnen mit diesem Buch eine bestmögliche Hilfe für Untersucher und Untersuchte zu bieten.

Allein der Umfang dieser Checkliste zeigt dabei die Komplexität des Themas weit entfernt von simplem Schwarz-Weiß-Denken. Sporttaucher mit den verschiedensten medizinischen Einschränkungen haben in den letzten Jahren dazu beigetragen, die tauchmedizinischen Empfehlungen in zahlreichen Bereichen zu verändern.

Die Checkliste versucht, all diese Erfahrungen angemessen zu berücksichtigen. Im Einzelfall gingen den Empfehlungen dabei intensive Fachdiskussionen voraus. Da nicht zu jeder Fragestellung eindeutige Studienergebnisse vorliegen, das Ziel der Checkliste aber eine eindeutige Empfehlung zu möglichst allen Fragen zur Tauchtauglichkeit ist, werden Sie verschiedentlich Experteneinschätzungen vorfinden, die nicht in jeder Weise den Forderungen der „Evidence-based Medicine" entsprechen. Dabei versucht die Checkliste, die Empfehlungen so gut wie in diesem Rahmen möglich zu begründen.

Das Ergebnis dieser Bemühungen unter Beteiligung zahlreicher Experten aus Deutschland, Österreich und der Schweiz kann sich sehen lassen. Die Checkliste entstand jedoch nicht als Selbstzweck, sondern als offizielle Empfehlung der deutschen und österreichischen medizinischen Fachgesellschaften für Tauchmedizin, GTÜM und ÖGTH. Unterstützt wurden die beiden Gesellschaften von Experten der schweizerischen Gesellschaft für Tauch- und Hyperbarmedizin, SUHMS.

Die Checkliste stellt dennoch nur eine Momentaufnahme des derzeitigen Kenntnisstandes dar. Die Zukunft wird sicher in verschiedenen Bereichen weitere Veränderungen bringen. Bis dahin wird sie hoffentlich für viele Fragen der Tauchtauglichkeit ein fundierter und hilfreicher Ratgeber sein.

Dr. Wilhelm Welslau, Präsident der GTÜM e.V.

Vorwort der ÖGTH-Präsidentin zur ersten Auflage

Sehr geehrte Leserinnen und Leser!

Empfehlungen der tauchmedizinischen Fachgesellschaften zur Tauchtauglichkeitsuntersuchung werden immer wieder nachgefragt. Grund dafür ist der Wunsch, eine bestmögliche Beurteilung und Einschätzung der Sporttaucher zu erreichen. Sporttauchen wird zunehmend als Breitensport ausgeübt. Der untersuchende Arzt muss daher immer öfter den Einfluss von chronischen Krankheitsbildern auf den Tauchsport beurteilen oder über Einschränkungen aufklären.

Mit der Checkliste Tauchtauglichkeit wurden von den beiden Fachgesellschaften GTÜM und ÖGTH die aktuellen Empfehlungen unter Einbeziehung wichtiger Leit- und Richtlinien verfasst. Basierend auf dem aktuellen Stand der medizinischen Fachkenntnisse erfolgte dies soweit wie möglich „evidence-based". Zu wissenschaftlich noch nicht ausreichend belegten Themen wurden jedenfalls Experten mit großer praktisch klinischer Erfahrung eingebunden und ebenso die tauchmedizinische Erfahrung aus den Fachgesellschaften miteinbezogen.

Diese Empfehlungen sollen sich ausdrücklich auf medizinische Probleme und Risiken, z. B. bei bestimmten Tauchverfahren, beziehen. Die Fachgesellschaften sehen sich nicht als Verfasser von Tauchverfahren oder Tauchausbildungsprogrammen, z. B. zum Kindertauchen. Jedoch ist die Diskussion der tauchmedizinischen Fachgesellschaften mit Tauchsportverbänden, Tauchindustrie und Tauchern der einzige Weg, um Tauchen zu einem sicheren Sport zu machen.

Wir hoffen, dass unsere Kollegen mit diesem Buch aktuelle Informationen rasch zur Hand haben. Medizinisch interessierte Sporttaucher können in der Checkliste wichtige Hintergrundinformationen zu Tauchtauglichkeitsentscheidungen finden. Wir bitten jedoch auch um Feedback und Kommentare, damit wir laufend Verbesserungen vornehmen können.

Dr. Roswitha Prohaska, Präsidentin der ÖGTH

Inhalt

Teil I Allgemeine Kapitel

1 Allgemeinmedizin 25
1.1 Tauchmedizinische Grundlagen 25
1.2 Praktische Durchführung der Untersuchung
    aus allgemeinmedizinischer Sicht 27
1.3 Bescheinigung der Tauchtauglichkeit 33

2 Medikamente und Tauchen 36
2.1 Akuter Verwirrtheitszustand (Delir) als Nebenwirkung von Medikamenten 38
2.2 Psychopharmaka 40
2.3 Antidepressiva 41
2.4 Amphetamin-Derivate 44
2.5 Antikonvulsiva/Antiepileptika 45
2.6 Zytostatika, Medikamente bei Tumorerkrankungen 48
2.7 Medikamente zur Immunsuppression 55
2.8 Antikoagulanzien 58
2.9 Antihypertonika 60
2.10 Diuretika 62
2.11 Lipidsenker (Statine) 63
2.12 Asthma-Medikamente 64
2.13 Medikamente aus dem Bereich Gastroenterologie 66
2.14 Medikamente zur Prophylaxe von Kinetosen (Seekrankheit) 67
2.15 Sonstige Medikamente 69

3 Leistungsfähigkeit 73
3.1 Leistungstest und zu messende Parameter 73
3.2 Allgemeine Leistungsfähigkeit 74
3.3 Leistung und Tauchen 75
3.4 Zusammenfassende Hinweise zur Beurteilung 79

4 Höheres Lebensalter 82
4.1 Allgemeines 82
4.2 Physiologische Beanspruchungen des Tauchsports im Alter 84
4.3 Empfehlungen zum Tauchverhalten im höheren Lebensalter 89

5	**Kinder und Jugendliche**	92
5.1	Wärmeregulation	93
5.2	Körpergewicht	93
5.3	Lungenentwicklung	94
5.4	Asthma bronchiale	95
5.5	HNO-Bereich	95
5.6	Kopf/Nervensystem	96
5.7	Herz/Kreislauf	96
5.8	Stoffwechselerkrankungen	98
5.9	Orthopädische Erkrankungen	98
5.10	Allergien	99
5.11	Psyche	100
5.12	ADS/ADHS	101
5.13	Praktische Durchführung der Untersuchung bei Kindern und Jugendlichen	102
5.14	Abschließende Beurteilung zur Tauchtauglichkeit	104
5.15	Tauchausrüstung für Kinder und jüngere Jugendliche – Medizinische Aspekte	106
5.16	Tauchausbildung und Tauchgangsplanung	107
6	**Tauchen mit Einschränkungen**	109
6.1	Allgemeines	109
6.2	Tauchtauglichkeitskriterien	110
6.3	Untersuchungsstrategie	114
6.4	Besonderheiten	116
7	**Apnoetauchen**	125
7.1	Medizinische Grundlagen	125
7.2	Spezielle Krankheitsbilder	127
7.3	Besonderheiten bei der praktischen Durchführung der Untersuchung	129
8	**Tauchtauglichkeit unter reisemedizinischen Aspekten**	132
8.1	Allgemeines	132
8.2	Reisediarrhoe	133
8.3	Mückenschutz	135
8.4	Malaria	137
8.5	Andere relevante Reise- und Tropenerkrankungen	139
8.6	Medikamente	140

9	**Seekrankheit**	142
9.1	„Seekrankheit" allgemein und ohne Erfordernis einer medikamentösen Therapie	142
9.2	„Seekrankheit" mit Erfordernis einer medikamentösen Therapie	143

Teil II Spezialkapitel

10	**Neurologie/Neurochirurgie**	149
10.1	Allgemeines	149
10.2	Erkrankungen des Gehirns	150
10.3	Spinale Erkrankungen	167
10.4	Periphere Neuropathien, neuromuskuläre Erkrankungen	170

11	**Psychiatrie und Psychosomatik**	174
11.1	Allgemeines	174
11.2	Schizophrenie und schizoaffektive Störungen	176
11.3	Affektive Störungen	177
11.4	Persönlichkeitsstörungen	178
11.5	Neurotische, Belastungs- und somatoforme Störungen	180
11.6	Alkohol-, Nikotin-, Medikamenten- und Drogenmissbrauch, Sucht	182
11.7	Delir – akuter Verwirrtheitszustand	184
11.8	Essstörungen	184
11.9	Hyperventilationssyndrom	185

12	**Augen**	187
12.1	Allgemeines	187
12.2	Optische Korrektur unter Wasser	188
12.3	Grauer Star (Katarakt)	190
12.4	Grüner Star (Glaukom)	191
12.5	Netzhautriss, Netzhautablösung (Amotio retinae)	193
12.6	Refraktive Chirurgie	194
12.7	Gefäßveränderungen der Netzhaut (Gefäßverschlüsse, diabetische Retinopathie u. a.)	196
12.8	Verletzungen	197
12.9	Augenprothese	198
12.10	Weitere augenärztliche Kontraindikationen	199

13	**HNO-Heilkunde**	201
13.1	Allgemeines	201
13.2	Erkrankungen des äußeren Ohres	202
13.3	Mittelohr	204
13.4	Innenohr	213
13.5	Nase und Nasennebenhöhlen und vordere Schädelbasis	218
13.6	Mundhöhle	222
13.7	Kehlkopf	223
14	**Zahnheilkunde**	227
14.1	Allgemeines	227
14.2	Erkrankungen	227
15	**Lungen- und Atemwegserkrankungen**	234
15.1	Allgemeines	234
15.2	Obstruktive Lungenerkrankungen	235
15.3	Infektiöse Lungenerkrankungen	242
15.4	Restriktive Lungenerkrankungen	244
15.5	Obstruktives Schlafapnoesyndrom	246
15.6	Verletzungen/Anomalien der Lunge	247
16	**Herz und Kreislauf**	252
16.1	Einflüsse des Tauchens auf kardiovaskuläre Funktionen	252
16.2	Abklärung	253
16.3	Herzinsuffizienz	253
16.4	Arterielle Hypertonie	255
16.5	Koronare Herzkrankheit (KHK)	256
16.6	Herzrhythmusstörungen	260
16.7	Shuntvitien (Vorhof- und Ventrikelseptumdefekt)	265
16.8	Persistierendes Foramen ovale (PFO)	266
16.9	Klappenvitien	268
16.10	Endokarditis, Myokarditis, Perikarditis	270
16.11	Kardiomyopathie	270
16.12	Zustand nach Lungenembolie	271
16.13	Pulmonalarterielle Hypertonie	272
16.14	Orthostatische Hypotonie	272
16.15	Arterielle Verschlusskrankheit (AVK)	273
16.16	Aortenaneurysma	274
16.17	Phlebothrombose	274
16.18	Varikosis, chronisch-venöse Insuffizienz (CVI)	275

17	**Hämatologie**	277
17.1	Allgemeines	277
17.2	Anämien	278
17.3	Hämochromatose	283
17.4	Myeloproliferative Erkrankungen	284
17.5	Morbus Hodgkin	284
17.6	Non-Hodgkin-Lymphome (NHL)	286
17.7	Akute Leukämie (AML und ALL)	290
17.8	Chronische Leukämie	290
17.9	Gerinnungsstörungen	293
18	**Endokrinologie und Stoffwechsel**	**296**
18.1	Diabetes mellitus (Zuckerkrankheit)	296
18.2	Erkrankungen der Schilddrüse	307
18.3	Erkrankungen der Nebenschilddrüse	312
18.4	Erkrankungen der Nebenniere	314
18.5	Hyperlipoproteinämie (HLP)	318
18.6	Hyperurikämie (Gicht)	319
19	**Gastroenterologie**	**322**
19.1	Allgemeines	323
19.2	Störungen des Magen-Darm-Trakts	323
19.3	Leber- und Tumorerkrankungen, Operationen	328
20	**Nephrologie**	**333**
20.1	Niereninsuffizienz	333
21	**Urologie**	**339**
21.1	Allgemeines	339
21.2	Harnsteinerkrankung (Urolithiasis)	340
21.3	Benigne Prostatahyperplasie (BPH)	342
21.4	Entzündliche Erkrankungen des Urogenitaltrakts	343
21.5	Funktionelle Abflussstörungen des oberen Harntrakts	344
21.6	Neurogene Blasenfunktionsstörungen	345
22	**Gynäkologie**	**347**
22.1	Allgemeines	347
22.2	Schwangerschaft und Stillzeit	348
22.3	Erkrankungen der Brust	349
22.4	Erkrankungen der weiblichen Geschlechtsorgane	353

23	**Orthopädie**	361
23.1	Allgemeines	362
23.2	Verletzungen, Knochenerkrankungen und Operationen	363
23.3	Degenerative Gelenkerkrankungen	367
23.4	Wirbelsäulenerkrankungen	370
23.5	Rheumatische und entzündliche Erkrankungen, Überlastungssyndrome	373
24	**Dermatologie**	378
24.1	Allgemeines	379
24.2	Urtikaria (Nesselsucht)	379
24.3	(Natur)Latexallergie/Gummiallergie	384
24.4	Mastozytose/Urticaria pigmentosa	385
24.5	Psoriasis	386
24.6	Hautinfektionen und -irritationen	388
24.7	Erythrodermie	389
24.8	Exantheme	390
24.9	Kollagenosen (diffuse Bindegewebskrankheiten)	390
24.10	Wegener-Granulomatose	393
24.11	Lues/Syphilis	394
24.12	Lyme-Borreliose	395
24.13	Varikosis/Chronisch venöse Insuffizienz (CVI)/Thrombophlebitis	396
24.14	(Primär) Kutane Lymphome	397
25	**Tumorerkrankungen**	400
25.1	Tumoren nach anatomischer Zuordnung	400
25.2	Metastasen	408
25.3	Tauchtauglichkeit nach Chemotherapie	409
25.4	Antikörpertherapie	409
25.5	Zusammenfassung	409
26	**Organtransplantation**	411
26.1	Allgemeines	411
26.2	Nierentransplantation	412
26.3	Herztransplantation	413
26.4	Lungentransplantation	414
26.5	Herz-Lungen-Transplantation	415
26.6	Lebertransplantation	416
26.7	Hornhauttransplantation (Keratoplastik)	417
26.8	Knochenmarktransplantation	417

27	**Tauchunfall**	420
27.1	Definition des Tauchunfalls	420
27.2	Basisuntersuchung	421
27.3	Weitergehende Untersuchungen	421
27.4	Dekompressionsunfall (DCI) mit Symptomen an Haut, Gelenken und Lymphsystem	422
27.5	Dekompressionsunfall mit neurologischen Symptomen	423
27.6	Dekompressionserkrankung des Innenohrs	424
27.7	Psychische Traumatisierung	425
27.8	Bewusstlosigkeit unter Wasser	425
27.9	Taucherlungenödem	426
27.10	Zusammenfassung	426

Teil III Anhang

15 Regeln des „low bubble diving": Empfehlungen 2007 der SUHMS . 431

Ergänzende Informationen zur Checkliste Tauchtauglichkeit 432

Verzeichnis der Autoren und Reviewer 433
Kapitel-Autoren 433
Co-Autoren und Reviewer 435

Register 437

Die nachfolgenden Symbole werden in diesem Buch zur Kennzeichnung von wichtigen Textpassagen verwendet.

❓ Erklärung eines Begriffs oder Sachverhalts

⚠️ Gefahren!

 Empfehlung

Abkürzungsverzeichnis

ACE	Angiotensin converting enzyme
ACS	Akutes Koronarsyndrom
ACTH	Adrenokortikotropes Hormon
ADHS	Aufmerksamkeitsdefizithyperaktivitätssyndrom
AGE	Arterielle Gasembolie
AML	Akute myeloische Leukämie
AON	Aseptische Osteonekrose
ARDS	Acute respiratory distress syndrome
ASD	Vorhofseptumdefekt
ASS	Acetylsalicylsäure (= Aspirin)
AV	Atrioventrikular
AVK	Arterielle Verschlusskrankheit
AVV	Arm-Vorhalte-Versuch
BAHA	Bone anchored hearing aids
BET	Brusterhaltende Therapie bei Mammakarzinom
BMI	Body-Mass-Index
BPH	Benigne Prostatahyperplasie
BZ	Blutzucker
CI	Cochlea-Implantat
CLL	Chronisch lymphatische Leukämie
CO_2	Kohlendioxid
COPD	Chronisch obstruktive Lungenerkrankung (chronic obstructive pulmonary disease)
CT	Computertomogramm
CTX	Chemotherapie
CVI	Chronisch venöse Insuffizienz
DAN	Divers Alert Network
DCI	Dekompressionsunfall (decompression illness)
DCS	Dekompressionskrankheit (decompression sickness)
DGSP	Deutsche Gesellschaft für Sportmedizin und Prävention
DXA	Dual-X-ray-Absorptiometrie

Abkürzungsverzeichnis

EEG	Elektroenzephalogramm
EKG	Electrokardiogramm
EMG	Elektromyogramm
ERV	Exspiratorisches Reservevolumen
ESWL	Stoßwellenbehandlung
FDA	Food and Drug Administration (amerikanische Gesundheitsbehörde)
FEV_1	Forciertes Volumen, das in einer Sekunde ausgeatmet warden kann
FNV	Finger-Nase-Versuch
FVC	Forcierte (ausgeatmete) Vitalkapazität
GCS	Glasgow Coma Scale
GFR	Glomeruläre Filtrationsrate
GI	Gastrointestinal
GOÄ	Gebührenordnung für Ärzte
GTÜM	Gesellschaft für Tauch-und Überdruckmedizin
GvHD	Graft-versus-host disease
Hb	Hämoglobin
HBO	Hyperbare Sauerstofftherapie
HDL	High density lipoprotein
HIV	Human immunodeficiency virus
HLP	Hyperlipoproteinämie
HNO	Hals-Nasen-Ohren
HPT	Hyperparathyreoidismus
HR-CT	Hochauflösendes CT (high resolution)
HVP	Hypophysenvorderlappen
HWS	Halswirbelsäule
HWZ	Halbwertszeit
ICB	Intrazerebrale Blutung
ICD	Implantierbarer Cardioverter-Defibrillator
ICP	Infantile Zerebralparese
IDDM	Insulinabhängiger Diabetes mellitus (insuline-dependent diabetes mellitus)
ITP	Idiopathische thrombozytopenische Purpura
KO	Körperoberfläche
KHK	Koronare Herzkrankheit
LAH	Linksanteriorer Hemiblock
LASIK	Laser-in-situ-Keratomileusis

Abkürzungsverzeichnis

LDL	Low-density lipoprotein
LE	Lupus erythematodes
LMC	Loss of motor control
LPH	Linksposteriorer Hemiblock
LWS	Lendenwirbelsäule
LZ-EKG	Langzeit-EKG
MALT	Mukosa-assoziiertes lymphatisches Gewebe
MCL	Mantelzelllymphom
MDS	Myelodysplastisches Syndrom
MRI	Magnetic resonance imaging (= Kernspintomographie)
MRT	Magnetresonanztomographie (= Kernspintomographie)
MPS	Myeloproliferatives Syndrom
MS	Multiple Sklerose
MTX	Methotrexat
N_2	Stickstoff
NIDDM	insulinunabhängiger Diabetes mellitus (non-insuline-dependent diabetes mellitus)
NHL	Non-Hodgkin Lymphom
NNH	Nasennebenhöhlen
NSAR	Nichtsteroidale antientzündliche Medikamente
NSCLC	Nichtkleinzelliges Bronchialkarzinom (non small cell lung cancer)
O_2	Sauerstoff
OD	Osteochondrosis dissecans
ÖGTH	Österreichische Gesellschaft für Tauch- und Hyperbarmedizin
OM	Osteomyelitis
OP	Operation
OSG	Oberes Sprunggelenk
PCA	Prostatakarzinom
PCI	Perkutane Koronarintervention
PEEP	Positive end-expiratory pressure
PEF	exspiratorischer Spitzenfluss (peak expiratory flow)
PFO	Funktionell offenes Foramen ovale (patent foramen ovale)
PORP	Partial ossicular replacement prothesis
PRK	Photorefraktäre Keratotomie
PSA	Prostata-spezifisches Antigen (Tumormarker)
PTSD	Posttraumatisches Stresssyndrom

RSB	Rechtschenkelblock
RTX	Bestrahlung
RV	Residualvolumen
SAB	Subarachnoidalblutung
SCLC	Kleinzelliges Bronchialkarzinom (small cell loung cancer)
SCLE	Subakut-kutaner Lupus erythematodes
SD	Standardabweichung (standard deviation)
SHT	Schädel-Hirn-Trauma
SLE	Systemischer Lupus erythematodes
SUHMS	Schweizerische Gesellschaft für Unterwasser und Hyperbarmedizin
TEE	Transösophageale Echokardiographie
TIA	Transitorische ischämische Attacke
TLC	Totale Lungenkapazität
TORP	Total ossicular replacement prothesis
TSH	Thyroidstimulierendes Hormon
UPPP	Uvulopalatopharyngoplastik
UV	Ultraviolett
VC	Vitalkapazität
VES	Ventrikuläre Extrasystole
VSD	Kammerseptumdefekt
VT	Ventrikuläre Tachykardie
WHO	World Health Organization
ZNS	Zentrales Nervensystem

Teil I

Allgemeine Kapitel

1 Allgemeinmedizin

In diesem Kapitel finden Sie generelle Hinweise zur Durchführung der Tauchtauglichkeitsuntersuchung. Zu speziellen Fragestellungen bei gesundheitlichen Problemen, Besonderheiten oder bei akuten oder chronischen Erkrankungen finden Sie weitere Ausführungen in den jeweiligen Spezialkapiteln.

Wichtig ist jedoch: Die Verfahrenshinweise aus dem Kapitel Allgemeinmedizin sind die allgemeine Grundlage für die Untersuchung und immer anzuwenden. Für spezielle Schwerpunkte oder Erkrankungen gelten die Empfehlungen der anderen Kapitel zusätzlich. Für die Tauchtauglichkeit müssen die allgemeinen Tauchtauglichkeitskriterien erfüllt sein, und gegebenenfalls zusätzlich die Kriterien der Spezialkapitel (Tauchtauglichkeit, relative und absolute Kontraindikationen). Außerdem sollte, wenn in den jeweiligen Kapiteln empfohlen, eine Aufklärung des Tauchers hinsichtlich spezieller Risiken erfolgen.

1.1 Tauchmedizinische Grundlagen

Im Gegensatz zu anderen Sportarten und den meisten anderen Freizeitaktivitäten ist der menschliche Körper beim Tauchen durch die Umgebungsbedingungen unter Wasser physikalischen Veränderungen ausgesetzt, die zum Teil erhebliche Auswirkungen auf die Physiologie haben. Zum Verständnis der tauchspezifischen Besonderheiten ist daher die Kenntnis der wichtigsten Faktoren unbedingt erforderlich. Tauchen ist mittlerweile als Breitensport zunehmend auch für Kinder und Jugendliche, Personen in höherem Lebensalter und Personen mit körperlichen Einschränkungen attraktiv geworden. Somit ist die Einschätzung der körperlichen Eignung zum Tauchen, die Tauchtauglichkeitsuntersuchung, sehr komplex.

Heute können mit „Tauchen" unterschiedliche Tauchverfahren gemeint sein: SCUBA-Tauchen, technisches Tauchen, Rebreather-Tauchen, Apnoetauchen, oberflächenversorgtes Tauchen, Helmtauchen, Orientierungstauchen und UW-Rugby. Zum Teil haben diese Tauchverfahren ganz spezielle Anforderungen an die Taucher und bergen spezifische Risiken. Aus diesem Grund sind in den letzten Jahren die Anforderungen an den Untersucher deutlich gestiegen.

1.1.1 Fachliche Qualifikation des Untersuchers

Nur mit tauchmedizinischem Wissen lässt sich einschätzen, welchen Anforderungen und Belastungen der Taucher ausgesetzt sein kann und welche Auswirkungen dies auf den Körper und auf etwaige chronische Krankheiten hat.

Der Nachweis von Fachkenntnissen kann z. B. durch eine hinreichende fachliche Fortbildung nachgewiesen werden. Die nationalen Fachgesellschaften bieten spezielle tauchmedizinische Kurse und Diplome an (Adressen s. unten). Auch die eigene praktische Tauchausbildung für den untersuchenden Arzt wird dabei gefordert.

Jedem gesundheitsbewussten Taucher wird empfohlen, sich durch einen tauchmedizinisch qualifizierten Arzt untersuchen zu lassen.

1.1.2 Haftung des Untersuchers

Sollte nach ausgestellter Tauchtauglichkeitsbescheinigung ein gesundheitlicher Schaden entstehen und sich dann herausstellen, dass der untersuchte Taucher doch nicht tauchtauglich war und dieses durch einen hinreichend qualifizierten Arzt bei hinreichend gründlicher Untersuchung hätte festgestellt werden können, obliegt dem bescheinigenden Arzt in mehrfacher Hinsicht die Darlegungs- und ggf. Beweislast für ihn entlastende und damit seine Haftung ausschließende Tatsachen.

So muss er darlegen, dass und aufgrund welcher Ausbildung er tatsächlich den notwendigen Sachverstand hatte, eine Tauchtauglichkeitsuntersuchung durchzuführen. Ferner muss er darlegen, dass er die nach den Regeln der ärztlichen Kunst für eine solche Untersuchung erforderlichen Einzeluntersuchungen durchgeführt hat.

Zudem könnte der Arzt ggf. strafrechtlich zur Verantwortung gezogen werden.

1.1.3 Mindestanforderungen an den Taucher

Neben der sicheren Schwimmfähigkeit ist ein Mindestmaß an Herz-Kreislauf-Belastbarkeit unabdingbar, um Strömung oder längere Schwimmstrecken zu bewältigen und auch bei einer Unterwasserrettung die erwartete Hilfe leisten zu können. Eine adäquate Sehfähigkeit (mit oder ohne Korrektur) ist für die Orientierung über und unter Wasser, das Erkennen von Gefahrensituationen und für das Ablesen der Instrumente von erheblicher

Bedeutung. Außerdem dürfen keine psychischen Erkrankungen oder Einschränkungen vorliegen, die bei erhöhten Anforderungen in kritischen Situationen unter Wasser leicht zu Panik und damit zu einer potenziell lebensbedrohlichen Situation führen können.

1.2 Praktische Durchführung der Untersuchung aus allgemeinmedizinischer Sicht

1.2.1 Ausführliche Anamnese

Schon bei der Terminvereinbarung können Vorerkrankungen oder chronische Erkrankungen erfragt werden. Bestehen solche, sollte der Proband die medizinischen Unterlagen dazu und aktuelle Kontrollbefunde zum Untersuchungstermin mitbringen.

Die ausführliche Anamnese zur Tauchtauglichkeit sollte auf jeden Fall alle Vorerkrankungen und Krankenhausaufenthalte umfassen. Oft werden von den Probanden nur die Angaben gemacht, die sie selbst für das Tauchen für wichtig halten. Es werden z. B. Frakturen mit Osteosynthese, lokale Gefühlsstörungen an der Haut nach Schnittverletzungen oder Asthma als Kind zumeist für unwichtig erachtet und nicht angegeben.

Eine doppelte Erhebung (Ausfüllen des Anamnesebogens durch den Probanden und anschließend mündliches Nachfragen des Arztes zu den Krankheitsbildern) bringt oft tauchspezifisch wichtige zusätzliche Informationen. Sportliche Betätigung und Berufsanamnese lassen einen Rückschluss auf die Leistungsfähigkeit zu. Nach der Familienanamnese sollte gefragt werden (Hypertonie, Herzkrankheiten, Diabetes mellitus, Asthma, Marfan-Syndrom, unklare Todesfälle etc. bei Blutsverwandten).

1.2.2 Einnahme von Medikamenten

Für die Tauchtauglichkeit ist besonders zu beachten, ob regelmäßig Medikamente eingenommen werden. Einerseits weisen Medikamente auf chronische Erkrankungen hin, die für die Eignungsbeurteilung zum Tauchen wichtig sein können. Andererseits kann die Einnahme bestimmter Medikamente an sich eine Kontraindikation für das Tauchen darstellen. Fallweise kann mit dem behandelnden Arzt eine Umstellung auf ein anderes, weniger kritisches Medikament erwogen werden.

Viele Medikamente haben nicht vorhersagbare Effekte oder Nebenwirkungen unter hyperbaren Bedingungen (siehe Kap. 2, Medikamente).

1.2.3 Körperliche Untersuchung

Der routinemäßig erforderliche Mindestumfang der klinischen Untersuchung ist in den Untersuchungsbögen der Fachgesellschaften vorgegeben. Er umfasst insbesondere die Inspektion der Haut, Beurteilung der Augen, die klinische Untersuchung des Bereichs Hals-Nase-Ohren (inkl. otoskopischer Trommelfellbefund und Beurteilung des Druckausgleichs nach Valsalva), die klinische Untersuchung von Herz, Lunge (perkutorisch und auskultatorisch), Abdomen und Urogenitaltrakt, die Beurteilung des Bewegungsapparates, Einschätzung der psychischen Fähigkeiten sowie eine orientierende neurologische Untersuchung.

Es ist sinnvoll, für die Untersuchung einen Routineablauf zu praktizieren und für Spezialfälle (Z. n. Tauchunfall, Taucher mit Handicap etc.) Untersuchungsbögen mit detailliertem Neurostatus, Untersuchungsbögen für den Bewegungs- und Stützapparat, Sehtest usw. zu verwenden.

1.2.4 Apparative Untersuchungen

Weiter wird obligat die Durchführung eines Ruhe-EKGs und einer Lungenfunktionsuntersuchung, Spirometrie, gefordert. Bei der Lungenfunktionsuntersuchung sollten unbedingt die Vitalkapazität (VC), die FVC (forcierte Vitalkapazität), die exspiratorische Einsekundenkapazität (FEV_1) und als wichtigster Flusswert der Peak Exspiratory Flow (PEF) gemessen werden. Der Quotient FEV_1/VC ist ein wichtiger klinischer Beurteilungsparameter für die Tauchtauglichkeit (Normwerte siehe Kap. 15, Lunge und Atemwege).

Zur Beurteilung der Leistungsfähigkeit wird ab dem 40. Lebensjahr ein symptomlimitiertes Belastungs-EKG mit individueller Ausbelastung gefordert. Die Ausbelastung ist unbedingt erforderlich für die Beurteilung, ob ein Taucher auch bei – nie vorhersehbaren – Anstrengungen ohne gesundheitliches Risiko ausreichend leistungsfähig ist (siehe Kap. 3, Leistungsfähigkeit). Bei Auffälligkeiten im Herz-Kreislauf-System oder bei Vorliegen von Risikofaktoren kann ein Belastungs-EKG im Einzelfall auch bei unter 40-Jährigen erforderlich sein.

Zur Durchführung und Beurteilung existieren in Deutschland und Österreich Leitlinien der entsprechenden medizinischen Fachgesellschaften, die im Internet kostenlos zum Download angeboten werden (siehe Kap. 3, Leistungsfähigkeit).

1.2.5 Zusätzliche fachärztliche Untersuchungen

Aufgrund von Vorerkrankungen oder bei Auffälligkeiten im Rahmen der klinischen Untersuchung sind für die Beurteilung der Tauchtauglichkeit evtl. zusätzliche fachärztliche Befunde erforderlich (z. B. Bodyplethysmographie, Röntgenuntersuchungen, Computertomographie usw.). Hierbei soll vom untersuchenden Arzt auf der Überweisung die spezielle tauchmedizinische Fragestellung formuliert werden. Es ist nicht unbedingt erforderlich, dass der hinzugezogene Facharzt eine tauchmedizinische Qualifikation hat. Die tauchmedizinische Bewertung erfolgt durch den überweisenden Taucherarzt.

Patienten mit chronischen Erkrankungen haben regelmäßige Kontrolluntersuchungen bei ihren behandelnden Ärzten. Der Termin für die Tauchtauglichkeitsuntersuchung sollte sinnvollerweise knapp nach solchen Kontrollen erfolgen, damit aktuelle fachärztliche Befunde in die Beurteilung einfließen können. Auch das Nachuntersuchungsintervall für das Tauchtauglichkeitsattest kann damit sinnvoll koordiniert werden.

1.2.6 Port-a-Cath, implantierte Geräte, Harnableitungssysteme

Port-a-Cath
Sollte ein Proband einen Port-a-Cath implantiert haben, stellt dieser selbst eigentlich keine Kontraindikation dar. Eine mechanische Irritation durch enge Ausrüstung sollte vermieden werden, darauf ist der Taucher hinzuweisen. Wichtig ist die Frage, ob über den Port-a-Cath Medikamente verabreicht werden, die die Tauchtauglichkeit beeinträchtigen (siehe Kap. 2, Medikamente). Externe Pumpensysteme sind rechtzeitig vor dem Tauchen abzuschließen.

Implantierte Geräte
Verschiedene Medizingeräte können implantiert sein. Hier ist die Gerätefunktion selbstlimitierend, aber auch das zugrunde liegende Krankheitsbild – wie beim Herzschrittmacher oder einem implantierten Defibrillator (siehe Kap. 16, Herz-Kreislauf-Erkrankungen). Die Geräte müssen für das Tauchen auf jeden Fall vom Hersteller eine Unbedenklichkeit für den Betrieb unter Überdruckbedingungen bescheinigt haben. Nicht von jedem Gerät ist so eine Bescheinigung auch erhältlich.

Ebenfalls ein wichtiger Faktor ist das ggf. über das Gerät verabreichte Medikament. Implantierte Systeme, die Medikamente verabreichen, sind hinsichtlich ihrer Taucheignung sehr kritisch zu bewerten. Die Hersteller bescheinigen, wenn überhaupt, nur die Gerätefunktion unter Überdruckbedingungen. Damit ist jedoch die Füllung des Geräts nicht abgedeckt. Ob durch etwaige Luftblasen, die durch den Füllvorgang entstanden sind, eine Gerätefehlfunktion unter Wasser ausgelöst werden könnte, liegt damit nicht in der Herstellerverantwortung. Bei intrathekaler Lage der Katheterspitze (wie sie oft bei zentralwirksamen Relaxanzien oder Schmerzmitteln üblich ist) könnte durch eine Fehlfunktion unter Wasser eine falsche Dosierung eine potenziell lebensbedrohliche Situation entstehen.

Auch implantierte Insulinpumpen sind tauchtechnisch sehr kritisch zu bewerten, bei Fehlfunktion besteht evtl. ein erhöhtes Risiko für eine Hypoglykämie unter Wasser (siehe genaue Informationen dazu in den Spezialkapiteln).

Harnableitungssysteme

Patienten können aufgrund verschiedener chronischer Erkrankungen oder körperlicher Einschränkungen (Querschnittssyndrom) permanente Harnableitungssysteme verwenden oder müssen Einmal-Katheterismus anwenden. Diesbezüglich ist mit den behandelnden Ärzten über Auswirkungen und Risiko durch das Tauchen genaue Rücksprache zu halten. Die Taucher sind genau über die Handhabung der Harnableitung beim Tauchen aufzuklären.

Tauchtauglichkeit Bei implantierter Pumpe mit intrathekaler Lage des Katheters, befüllt mit Schmerzmedikation, besteht eine absolute Kontraindikation für das Tauchen, ebenso bei implantierter Insulinpumpe.

Tauchtauglichkeit mit Dauer- oder Einmal-Harnableitungssystemen ist nur nach Rücksprache mit dem behandelnden Facharzt im Einzelfall zu entscheiden, es besteht eine relative Kontraindikation.

1.2.7 Fragen zum PFO

In den letzten Jahren wurden in der wissenschaftlichen und Laienpresse zahlreiche Publikationen zum Thema „persistierendes Foramen ovale (PFO) und Tauchunfallrisiko" veröffentlicht. Dies führt mitunter zu Nachfragen der Probanden im Rahmen ihrer Untersuchung. In Ergänzung zu einer entsprechenden Aufklärung weisen wir in diesem Zusammenhang auf die von der schweizerischen SUHMS veröffentlichten 15 Regeln des „low bubble diving" hin (siehe Anhang).

1.2.8 Sonderfälle

Tauchen nach Blutspende
Wie lange nach einer Blutspende sollte man mit dem Tauchen warten? Wenn der Taucher gesund und prinzipiell tauchtauglich ist, sollte nach einer völlig problemlosen Blutspende mindestens 48 Stunden mit dem Tauchen gewartet werden. Es sollten dann zunächst keine belastenden oder extremen Tauchgänge durchgeführt werden.

Andere Sonderfälle
Für Krankheitsbilder und Gesundheitsprobleme, die in der vorliegenden Checkliste Tauchtauglichkeit nicht explizit erwähnt und diskutiert werden, wird folgende Vorgangsweise empfohlen:
- ▶ Krankengeschichte und aktuelle Befunde des Patienten sind umfassend zu erfragen,
- ▶ kritische Punkte über die Auswirkungen und Risiken beim Tauchen (aufgrund aktueller tauchmedizinischer Kenntnisse) sind herauszuarbeiten und mit dem behandelnden Facharzt zu diskutieren.

Sollte so keine eindeutige Entscheidung zur Tauchtauglichkeit zu treffen sein, empfiehlt es sich, an die nationale tauchmedizinische Fachgesellschaften heranzutreten und sich beraten zu lassen.

1.2.9 Abschließende Beurteilung zur Tauchtauglichkeit

Tauchtauglichkeit ist gegeben, wenn der Proband gesund ist und alle erhobenen Befunde unauffällig sind. Bei Abweichungen von der Norm oder bei bestimmten Gesundheitsstörungen kann das Tauchen evtl. mit Einschränkungen möglich sein (z. B. auch mit kürzeren Untersuchungsintervallen). Einschränkungen können zum Beispiel sein: „nur mit zertifiziertem erwachsenen Tauchpartner tauchen", „nach den Regeln des Handicap-Tauchens ...", oder ein Tiefenlimit wegen Einnahme von Medikamenten mit Tiefenrauschfördernder Wirkung.

Im Rahmen von chronischen Erkrankungen oder länger dauernden Behandlungszyklen (wie z. B. bei Tumorerkrankungen) kann eine eingeschränkte Tauchtauglichkeit auch zeitlich begrenzt erfolgen (siehe Kap. 25, Tumorerkrankungen oder Fachkapitel). In die Beurteilung sollte unbedingt einbezogen werden, ob der Proband erst mit dem Tauchen beginnen möchte oder ob es sich bereits um einen Sporttaucher mit mehr oder weniger Taucherfahrung handelt.

Bei diesen Einzelfallentscheidungen tragen sowohl der untersuchende Arzt als auch der Taucher/Tauchaspirant ein hohes Maß an Verantwortung. In die Beratung und Aufklärung zu Einschränkungen oder besonderen Risiken bzw. bei Empfehlungen hinsichtlich eines bestimmten Tauchverhaltens sind die vorhandene Taucherfahrung und die Eigenverantwortlichkeit des Tauchers mit einzubeziehen. Derartige Empfehlungen finden Sie in den entsprechenden Kapiteln dieses Buches. Außerdem ist es sinnvoll, sich für spezielle Aufklärungssituationen strukturierte Aufklärungsbögen vorzubereiten: z. B. für Tauchen mit Diabetes, Tauchen für Kinder und Jugendliche, Tauchen mit Handicap, Tauchen mit Asthma etc. Auf diesen Aufklärungsbögen können dann ggf. besonders wichtige Verhaltensweisen oder individuelle Besonderheiten und Anmerkungen notiert werden. Mit den Unterschriften der beteiligten Personen ist dies auch juristisch ein Nachweis für die erfolgte Aufklärung.

Für die Beurteilung von Tauchern mit Einschränkungen ist diese individuelle Beratung besonders wichtig.

Auf der Tauchtauglichkeitsbescheinigung können z. B. auch Hinweise auf neurologische Defizite (z. B. lokale Hypästhesien, nicht auslösbare Reflexe) oder Normvarianten (z. B. Pupillenasymmetrie) stichwortartig vermerkt werden. Dies könnte bei einer Tauchunfallbehandlung dem Taucherarzt bei der Diagnosestellung hilfreich sein (Differenzialdiagnose: vorbestehender Befund vs. akutes Symptom einer DCI). Ebenfalls sinnvoll kann es sein, im Rahmen einer eingeschränkten Tauchtauglichkeit auf dem Attest nicht nur die Einschränkungen, sondern auch die Fähigkeiten des Tauchers zu vermerken (z. B. Eigenrettung und/oder Fremdrettung möglich etc.). So können Tauchpartner sich gegenseitig besser einschätzen.

1.2.10 Empfehlungen zum Untersuchungsintervall

Für gesunde Personen, die das 40. Lebensjahr noch nicht erreicht haben, wird ein Untersuchungsintervall von 3 Jahren empfohlen. Bei Erhebung medizinischer Auffälligkeiten können im Einzelfall kürzere Untersuchungsintervalle sinnvoll sein. Da etwa ab dem 40. Lebensjahr die Prävalenz von kardiovaskulären und Stoffwechselerkrankungen sowie von Muskel- und Skelettbeschwerden ansteigt, wird ab Vollendung des 40. Lebensjahres ein deutlich kürzeres Untersuchungsintervall von 1 Jahr empfohlen.

Für Kinder und Jugendliche wird bis zum 18. Lebensjahr ebenfalls ein Untersuchungsintervall von längstens 1 Jahr empfohlen.

Grundsätzlich sollte sich ein Taucher nach jeder schweren Erkrankung, nach operativen Eingriffen oder nach einem Tauchunfall unabhängig vom ursprünglichen Untersuchungsintervall einer erneuten Untersuchung durch einen tauchmedizinisch geschulten Arzt unterziehen. Hierauf sollte jeder Proband bei Aushändigung der Tauchtauglichkeitsbescheinigung explizit hingewiesen werden.

1.3 Bescheinigung der Tauchtauglichkeit

Die Untersuchung auf Tauchtauglichkeit wird von vielen Tauchschulen oder Tauchsportverbänden vor einer Tauchausbildung oder der Teilnahme an Prüfungen gefordert. Tauchbasen im Ausland fordern zunehmend eine Tauchtauglichkeitsbescheinigung vor dem ersten Tauchgang.

Die Analyse tödlicher Tauchunfälle zeigt in bis zu 50 % der Fälle vorbestehende medizinische Risikofaktoren als Hauptursache für den Unfall bzw. als ursächlich beteiligt.

Die Tauchtauglichkeitsuntersuchung für Sporttaucher hat empfehlenden Charakter. Eine rechtliche Relevanz ergibt sich durch die Selbstbeschränkung der meisten Tauchsportverbände, eine solche Untersuchung zur Teilnahme an Tauchaktivitäten wie oben erwähnt zu fordern, und durch versicherungs- und haftungsrechtliche Fragen im Falle eines Zwischenfalls beim Tauchen (s. unten).

1.3.1 Ausstellen der Bescheinigung

Bei der Tauchtauglichkeitsuntersuchung stellt der Arzt mit einem medizinischen Attest die Eignung für das Tauchen fest.

Für Berufstaucher gibt es jeweils nationale Vorschriften. Für die Berechtigung, Berufstaucher untersuchen zu dürfen, muss ein Arzt gegebenenfalls der zuständigen Stelle das Vorhandensein der erforderlichen Untersuchungsgeräte und seine fachliche Qualifikation für die Beurteilung der Tauchtauglichkeit nachweisen sowie ggf. von dieser Stelle explizit ermächtigt sein.

Eine Tauglichkeitsbescheinigung für Sporttaucher kann in Deutschland im Prinzip jeder approbierte Arzt ausstellen. In Österreich kann eine solche Bescheinigung von jedem Arzt für Allgemeinmedizin und jedem Facharzt mit der Berufsberechtigung für Allgemeinmedizin ausgestellt werden.

In jedem Fall dürfen Ärzte nur „richtige Bescheinigungen" ausstellen. Der juristische Begriff „richtige Bescheinigung" beinhaltet, dass der Arzt über die erforderlichen Fachkenntnisse für die Durchführung und Bewertung der erforderlichen Untersuchungen verfügt.

Für den Bereich des Sporttauchens gibt es hierfür klare Empfehlungen der nationalen medizinischen Fachgesellschaften, der GTÜM in Deutschland und der ÖGTH in Österreich. Einerseits beziehen sich die Empfehlungen auf den Umfang der erforderlichen Untersuchungen für die Ausstellung einer („richtigen") Tauchtauglichkeitsbescheinigung, andererseits werden detaillierte Empfehlungen zur Mindestqualifikation des Untersuchers angegeben.

1.3.2 Untersuchungsformulare

Standardisierte Vordrucke für Anamneseerhebung, Untersuchung und Tauglichkeitsbescheinigung werden von GTÜM und ÖGTH im Internet kostenlos zum Download angeboten (Adressen s. unten).

1.3.3 Adressen medizinischer Fachgesellschaften für Tauchmedizin

Auf den angegebenen Websites finden Sie Informationen über empfohlene Mindestqualifikationen für Untersucher und von den Fachgesellschaften anerkannte Ausbildungs-Kurse und Weiterbildungen.

GTÜM e.V.
Gesellschaft für Tauch- und Überdruckmedizin e.V.
Geschäftsstelle
c/o BG-Unfallklinik
Professor-Küntscher-Straße 8
D-82418 Murnau
Homepage: http://www.gtuem.org

ÖGTH
Österreichische Gesellschaft für Tauch- und Hyperbarmedizin
Präsidentin
Dr. Roswitha Prohaska
Seeböckgasse 17/2
A-1160 Wien
Homepage: http://www.oegth.at

1 Allgemeinmedizin

Literatur

Davis JC, Bove AA: Medical evaluation for sport diving. In: Bove AA, Davis JC (eds.): Diving Medicine. 4th edn. Philadelphia: Saunders; 2004.

Pollock NW, Dunford RG, Denoble PJ, Caruso JL: Annual Diving Report – 2009 Edition (Based on 2007 Data). Durham, NC: Divers Alert Network, 2013, p. 153.

Ehm OF †, Hahn M †, Hoffmann U, Wenzel J (Hrsg.): Ehm – Tauchen noch sicherer: Tauchmedizin für Freizeittaucher, Berufstaucher und Ärzte. 11. Aufl. Stuttgart: Paul Pietsch, 2012.

Elliott D (ed.): Medical assessment of fitness to dive. Flagstaff: Best Publishing Company, 1995.

Klingmann C, Tetzlaff K (Hrsg.): Moderne Tauchmedizin: Handbuch für Tauchlehrer, Taucher und Ärzte, 2. Aufl. Stuttgart: Gentner, 2012.

Muth CM, Radermacher P (Hrsg.): Kompendium der Tauchmedizin, 2. Aufl. Köln: Deutscher Ärzteverlag, 2007.

Muth CM, Wendling J, Tetzlaff K : Tauchtauglichkeitsuntersuchungen bei Sporttauchern mit besonderer Berücksichtigung medizinischer Grenzfälle. Dtsch Z Sportmed 2002; 53: 170–176.

Muth CM, Tetzlaff K: Tauchen und Herz – kardiologische Aspekte des Sporttauchens. Herz 2004; 29: 406–413.

Muth CM, Kemmer A, Tetzlaff K: Tauchtauglichkeit für Sporttaucher – Was der Hausarzt wissen muss. MMW Fortschr Med 2005; 147: 652–656.

Parker J: The sports diving medical. Melbourne: J.L. Publications, 1994.

Plafki C, Almeling M, Welslau W: Die medizinische Vorsorgeuntersuchung von Sporttauchern. Dt Ärztebl 1999; 96: A1968–1970.

Tetzlaff K, Reuter M: Pneumologische Aspekte der Tauchmedizin. Pneumologie 1998; 52: 489–500.

2 Medikamente und Tauchen

Im Rahmen der Tauchtauglichkeitsuntersuchung muss die etwaige Einnahme von Medikamenten besonders beurteilt werden. Leider fehlen zu den meisten Medikamenten pharmakologische Untersuchungen und kontrollierte Studien zur Wirkung unter hyperbaren Bedingungen. Zur Medikamentenwirkung beim Tauchen sind hauptsächlich Case Reports oder Expertenmeinungen zu finden.

Besonderheit Apnoetauchen. Apnoetauchen wird heutzutage immer mehr Breitensport. Hinsichtlich Medikamenteneinnahme ist bei Apnoe (mit zerebraler Hypoxie) besonders kritisch der Einfluss von Medikamenten auf die Atemregulation zu beurteilen: die Unterdrückung des besonders in Apnoe lebenswichtigen Atemantriebs, die zentralnervöse Medikamentenwirkung (Bewusstsein und Gehirnstoffwechsel) und die Medikamentenwirkung bei gleichzeitig bestehender zerebraler Hypoxie und narkotischer Stickstoffwirkung in der Tiefe. Deshalb wird empfohlen, das Tauchverfahren „Apnoetauchen" hinsichtlich Medikamenteneinnahme gesondert zu bewerten und in der Tauchtauglichkeitsbescheinigung ggf. extra anzuführen. Das heißt, manche Medikamente könnten beim Sporttauchen erlaubt sein, das Apnoetieftauchen aber nicht erlauben.

Tauchtauglichkeit Prinzipiell sollte das Tauchen untersagt werden, wenn ein Medikament erst kürzlich verordnet wurde, der volle Effekt noch nicht erreicht ist und somit auch eventuelle Nebenwirkungen noch nicht sicher beurteilt werden können.

Bei einigen Medikamenten kann die Tauchtauglichkeit im Rahmen des Tauchens mit Einschränkungen unter besonderen Vorsichtsmaßnahmen möglich sein: z. B. nach Information der Tauchpartner und Tauchlehrer, einem besonderen Management vor, während und nach dem Tauchen sowie einer Einschränkung der Tauchtiefe.

Tauchtauglichkeit kann nur für die bei der Untersuchung bekannte Medikamenteneinnahme beurteilt werden.

Oft ist die Grunderkrankung, weshalb das Medikament eingenommen werden muss, der wichtigere Beurteilungsfaktor für die Tauchtauglichkeit.

Bei akuten Erkrankungen muss die Ausheilung abgewartet werden, bei chronischen Erkrankungen ist die Tauchtauglichkeit zu beurteilen, wie in den folgenden Kapiteln beschrieben.

Manchmal schlagen Probanden vor, eine chronische Medikamenteneinnahme abzubrechen, um die Tauchtauglichkeit zu erlangen. Diese Vorgangsweise ist abzulehnen.

Da Lifestyle-Medikation (Kontrazeptiva, Sildenafil [Viagra®], Tadalafil [Cialis®] u. Ä., Drogen, Substitutionsmedikamente, Appetitzügler etc.) heutzutage Realität ist, sollten auch diese pharmakologischen Einflussmöglichkeiten im Rahmen der Untersuchung abgefragt und besprochen werden.

Grundsätzlich sollten folgende Wirkungen und Interaktionen der Medikamente bedacht werden:

- ▶ Einfluss auf die Dekompressionsphysiologie (Blasenbildung, Blutgerinnung, Flüssigkeitshaushalt),
- ▶ Einfluss (zumeist Verstärkung) auf die narkotische Potenz der Inertgase („Tiefenrausch"),
- ▶ Einfluss auf die Sauerstofftoxizität (Krampfschwelle),
- ▶ Einfluss auf die körperliche Leistungsfähigkeit (Atemarbeit, Atemregulation, Herzleistung).

Hinsichtlich Medikamenteneinnahme ist zu berücksichtigen, dass Taucher für Reiseerkrankungen oder als Prävention evtl. akut Medikamente einnehmen (siehe Kap. 8, Reisemedizinische Aspekte). Deshalb ist auch dahingehend aufzuklären, welche Medikamenteneinnahme für die Tauchtauglichkeit unbedenklich ist und wann ggf. eine Tauchpause einzulegen ist.

Auch die Behandlung von tauchbedingten Problemen (Druckausgleichsprobleme, Gehörgangsentzündung etc.) sollte im Rahmen der Tauchtauglichkeitsuntersuchung besprochen werden, damit dem Probanden klar ist, wie er mit solchen Problemen umgehen sollte.

Grundsätzlich sollte darauf hingewiesen werden, dass bei allen Medikamenten Tauchverbot besteht, die zu einer verminderten Aufmerksamkeit oder zu einer eingeschränkten Reaktion auf Stress führen. Falls in der Gebrauchsinformation (Beipackzettel) auf eine akute Beeinträchtigung der Verkehrstüchtigkeit (Fahr- und Steuertätigkeiten, Verkehrshinweis) hingewiesen wird, sollte mit diesem Medikament nicht getaucht werden.

Wechselwirkungen zwischen Medikamenten. Die Wechselwirkungen zwischen Medikamenten können großen Einfluss auf die aktuelle Tauchtauglichkeit haben. Deshalb sollte bei der Tauchtauglichkeitsuntersuchung unbedingt darauf hingewiesen werden, dass selbst bei Einnahme von primär für das Tauchen unbedenklichen Medikamenten zusätzlich zu einer schon länger verordneten chronischen Medikation unbedingt der Beipackzettel zu lesen ist. Es könnten durch die Wechselwirkung Effekte verstärkt werden, die ein Risiko für das Tauchen darstellen.

2.1 Akuter Verwirrtheitszustand (Delir) als Nebenwirkung von Medikamenten

Die pathophysiologischen Grundlagen deliranter Syndrome geben Hinweise, dass der narkotischen Potenz der Inertgasintoxikation beim Tauchen ähnliche neuroanatomische und neurochemische Funktionsstörungen zugrunde liegen.

Gemeinsame Merkmale eines Delirs (= akuter Verwirrtheitszustand) sind: Bewusstseinsstörung, Veränderung kognitiver Funktionen (Gedächtnis, Orientierung, Sprache, Entwicklung der Störung innerhalb kurzer Zeit, Verursachung durch einen medizinischen Krankheitsfaktor (durch die Krankheit selbst oder durch ein Medikament). In vielen Fällen treten zusätzlich Wahnvorstellungen, Halluzinationen und weitere affektive Auffälligkeiten auf.

2.1.1 Befunde

Moderne bildgebende Verfahren können unter normobaren Bedingungen gute Beiträge zur Befundung leisten. Leider ist die Erforschung der neurophysiologischen Zusammenhänge mit diesen Verfahren beim Tauchen kaum möglich (Größe, Energieversorgung, Druck- und Wassereignung).

Neurochemische Untersuchungen zu Neurotransmittersystemen beweisen, dass Anticholinergika und Dopamin-Antagonisten gesicherte Auslöser deliranter Syndrome sind. Die Wechselwirkungen zwischen serotonergem und noradrenergem mit dem cholinergen und dopaminergen Neurotransmittersystem scheinen Bedeutung für die Entwicklung eines Delirs zu haben.

2.1.2 Ursachenforschung

Anticholinerg wirksame Substanzen wie Homatropin, Mefloquin, Diphenhydramin, Benztropin, Atropin, trizyklische Antidepressiva, Belladonna-Alkaloide, Lorazepam und H2-Blocker induzieren gehäuft delirante Symptome. Im Rahmen von metabolischen Veränderungen kann auch ein Thiaminmangel, Hypoxie oder Hypoglykämie zu einem Delir führen. Hypoxie ist mit erhöhter Glutamatfreisetzung assoziiert; Quinolon-Antibiotika aktivieren auch das glutaminerge System und können Verwirrtheit auslösen. Dopaminerge Substanzen, wie L-Dopa, Bupropion oder Kokain induzieren ein Delir. Auch die altersabhängige Abnahme der dopaminergen Aktivität könnte unter anderem einen Einfluss auf die Prädisposition für akute Verwirrtheitszustände haben.

Im Zuge einer Serotoninintoxikation („Serotonin-Syndrom") kann eine akute Verwirrtheit auftreten. Auch Noradrenalin scheint delirogen zu sein. Bei Einnahme von Appetitzüglern (Weckamine) und auch bei Einnahme von Mirtazapin wurden Verwirrtheitszustände beobachtet. Das GABA- (Gamma-Amino-Buttersäure-) Neurotransmittersystem ist für die Modulation ankommender Stimuli im Gehirn verantwortlich. Eine Veränderung der Aktivität dürfte ebenfalls Symptome von Verwirrtheit auslösen (z. B. hepatische Enzephalopathie, Penicilline, β-Laktam-Antibiotika). Störung des zirkadianen Rhythmus durch Veränderung der Kortisol- und Beta-Endorphin-Sekretion können delirogen wirken (z. B. Kortisontherapie, Opioidtherapie).

Gerade bei vulnerablen Patienten können Psychopharmaka als Auslöser für ein Delir identifiziert werden. Eine hohe Vulnerabilität liegt vor im fortgeschrittenen Lebensalter, bei männlichem Geschlecht, bei Vorhandensein einer Depression, sowie bei Substanzmissbrauch (Alkohol, Benzodiazepine), bei Störungen des Leber- und/oder Nierenstoffwechsels sowie bei Polypharmazie.

2.1.3 Besondere Hinweise für Taucher

Die o. g. Erklärung zur Entwicklung eines akuten Verwirrtheitszustands bezieht sich auf normobare Bedingungen. Wenn aber ein Zustand oder die Einnahme eines Medikaments bereits an der Oberfläche ein Risiko für die Entwicklung deliranter Symptome ist, so würde dies unter hyperbaren Bedingungen ein erhöhtes Risiko darstellen.

 Durch Medikamentenwirkung und narkotischer Wirkung der Inertgase unter hyperbaren Bedingungen könnten eine verstärkte Sedierung, Bewusstseinsstörungen und Orientierungsstörungen auftreten. Dadurch werden Angst, Panik, Halluzinationen, aber auch Verlust des Reaktionsvermögens und somit eine lebensbedrohliche Situation hervorgerufen.

Tauchtauglichkeit Wegen des erhöhten Risikos für das Auftreten eines Delirs bei Hypoxie und Verstärkung der Stickstoffnarkose, ist die Einnahme von potenziell delirogenen Medikamenten eine absolute Kontraindikation bei Apnoetieftauchen.

Mangels vorliegender kontrollierter Studien sollte aufgrund bisheriger tauchmedizinischer Erfahrungen das Tauchen, wenn überhaupt, nicht ohne Einschränkungen erlaubt werden.

Zur Reduktion der narkotischen Inertgaswirkung könnte Tauchen mit Nitrox (reduzierter Inertgasanteil) empfohlen werden.

Ebenfalls könnte eine Einschränkung der Tauchtiefe (Beschränkung des Inertgaspartialdruckes) für die Tauchtauglichkeitsbescheinigung nötig sein.

2.2 Psychopharmaka

Bei der Einnahme von Psychopharmaka sind prinzipiell auch die zugrunde liegende psychische Erkrankung und deren Symptome eingehend zu untersuchen und hinsichtlich der Frage der Tauchtauglichkeit zu beurteilen (siehe Kap. 11, Psychiatrie und Psychosomatik). Das delirogene Potenzial des jeweiligen Medikamentes ist genau abzuschätzen (siehe oben „Akuter Verwirrtheitszustand [Delir] als Nebenwirkung von Medikamenten")

Da es bisher keine publizierten Studien gibt, die eine risikolose Einnahme von bestimmten Substanzgruppen im Rahmen des Tauchsports zeigen, ist auch bei einer theoretischen Gefährdung das Tauchen prinzipiell kontraindiziert.

Wirkweise. Die Wirkung ist unter anderem von der Dosierung, der Dauer der Einnahme und in hohem Maße von der individuellen Reaktion abhängig. Der Wirkeintritt (voller Wirkspiegel) wird meist nach ca. 2 Wochen erreicht, danach folgen die Erhaltungstherapie und evtl. eine Rückfallprophylaxe. Die Wirkdauer bzw. Eliminationszeit kann für das Tauchen wichtig sein, da ein sedierendes Medikament im Urlaub zum Schlafen vielleicht nicht notwendig ist, die Einnahme im Urlaub unterbrochen werden könnte und daher eine entsprechende Pause bis zum ersten Tauchgang einzuhalten ist.

Nebenwirkungen: Viele Psychopharmaka haben kardiologische Nebenwirkungen (Verlängerung der QTc-Zeit, Torsade-de-pointes-Extrasystolien etc.) und sind daher nur mit Vorsicht bei eingeschränkter Nierenfunktion und bei höherem Lebensalter zu verordnen. Mirtazapin zeigt als Nebenwirkung

„Sedierung", die eine Kontraindikation für das Tauchen darstellt; bei Trazodon kann die Sedierung als Nebenwirkung nach ca. 14 Tagen abnehmen.

Wechselwirkungen: Eine Verstärkung der kardiotoxischen Wirkung durch Interaktion mit anderen gleichzeitig eingenommenen Medikamenten muss v. a. für die Tauchtauglichkeit besonders berücksichtigt werden.

2.3 Antidepressiva

2.3.1 Selektive Serotonin-Wiederaufnahme-Hemmer (SSRI)

Citalopram
Eliminations-HWZ ca. 1,5 Tage.

Warnhinweis. Verkehrshinweis! Suizidgefahr depressiver Patienten bis zur Remission. Auf suizidale Ereignisse achten. Auf QT-Verlängerung bzw. Absetzreaktionen achten. Bei Übergang in manische Phase mit Neuroleptikum behandeln. Bei Überdosierung bei Konvulsionen Diazepam.

Fluoxetin
Eliminations-HWZ ca. 4–6 Tage.

Warnhinweis. Verkehrshinweis! Suizidrisiko zu Behandlungsbeginn erhöht. Auf erhöhtes Suizidrisiko achten. Vorsicht bei Epilepsie, Engwinkelglaukom. Bei Serotoninsyndrom Präparat absetzen. Vorsicht bei Herz-Kreislauf-Erkrankungen. Diabetes, Leberschäden. Alkohol meiden.

Paroxetin
Eliminations-HWZ ca. 1 Tag.

Warnhinweis. Verkehrshinweis! Erhöhtes Suizidrisiko bei Behandlungsbeginn sowie bei Kindern und Jugendlichen; Absetzsymptome möglich. Auf Serotoninsymptome achten. Vorsicht bei Manie, Epilepsie, Engwinkelglaukom, Elektrokrampftherapie, Blutungen. Alkohol vermeiden.

Sertralin
Eliminations-HWZ ca. 22–36 Std.

Warnhinweis. Verkehrshinweis! Suizidgefahr zu Therapiebeginn beachten. Auf erhöhte Suizidalität achten. Bei Krampfanfällen absetzen. Bei Kindern und Jugendlichen nicht anwenden (außer bei Zwangsstörung). Nicht plötzlich abbrechen.

2.3.2 Allosterische Serotonin-Wiederaufnahme-Hemmer (ASRI)

Escitalopram (Cipralex®)
Eliminations-HWZ ca. 30 Std.

Warnhinweis. Verkehrshinweis! Auf paradoxe Angstsymptome, Krampfanfälle achten. Vorsicht bei Manie, Diabetes, Glaukom, Bradykardie, akutem Myokardinfarkt, Diabetes. Auf Suizidgefahr achten. Auf Serotonin-Syndrom achten. Ausschleichend absetzen.

2.3.3 Serotonin- und Noradrenalin-Wiederaufnahme-Hemmer (SNRI)

Duloxetin (Cymbalta®)
Eliminations-HWZ ca. 8–17 Std.

Warnhinweis. Verkehrshinweis! Vorsicht bei Manie, Epilepsie, Glaukom. Nicht abrupt absetzen. Auf suizidales Verhalten achten. Bei Kindern und Jugendlichen nicht anwenden. Auf Serotoninsyndrom achten. Auf Bluthochdruck achten.

Venlafaxin
Elimination: ca. 87 % innerhalb von 2 Tagen.

Warnhinweis. Verkehrshinweis! Bei Kindern und Jugendlichen nicht anwenden. Erhöhte Suizidgefahr beachten. Auf aggressives Verhalten, Akathisie, Absetzreaktionen, Manie, Krämpfe, malignes neuroleptisches Syndrom, Engwinkelglaukom, Blutdruckänderungen und Überleitungsstörungen achten.

2.3.4 Noradrenalin- und Serotonin-spezifische Antidepressiva

Mirtazapin
Eliminations-HWZ ca. 20–40 Std.

Warnhinweis. Verkehrshinweis! Vorsicht bei Epilepsie und hirnorganischem Psychosyndrom, Leber- oder Niereninsuffizienz, Herzerkrankungen, Hypotonie, Miktionsstörungen, akutem Engwinkelglaukom, Diabetes mellitus. Bei Auftreten von Fieber, Halsentzündung, Stomatitis oder anderen Zeichen einer Infektion Behandlung unterbrechen und Blutbildkontrolle. Bei Gelbsucht Behandlung abbrechen. Erhöhtes Suizidrisiko beachten.

2.3.5 Serotonin-5-HT2-Antagonisten und Wiederaufnahme-Hemmer (SARI)

Trazodon (Trittico®)
Elimination: ca. 70% innerhalb von 96 Std.

Warnhinweis. Verkehrshinweis! Vorsicht bei Epilepsie, Leber- und Nierenschäden. Patienten mit Herzschäden (Rhythmusstörungen) sorgfältig überwachen. Auf erhöhte Suizidalität achten. Bei Überdosierung Krämpfe und anticholinerge Symptome, Atemstillstand, Koma. Keine gleichzeitige Schocktherapie. Engmaschige Überwachung bei Suizidgefahr.

2.3.6 Noradrenalin- und Dopamin-Wiederaufnahme-Hemmer (NDRI)

Bupropion (Wellbutrin®)
Eliminations-HWZ ca. 20 Std.

Warnhinweis. Verkehrshinweis! Auf Krampfanfälle achten (Risiko dosisabhängig). Bei Krämpfen absetzen und Behandlung nicht wieder aufnehmen. Auf Überempfindlichkeitsreaktionen (bis zur Anaphylaxie) bzw. Blutdruckanstieg achten. Erhöhtes Suizidrisiko beachten.

2.3.7 Reversible Monoaminooxidase-A-Hemmer (MAO-Hemmer)

Moclobemid
Eliminations-HWZ ca. 1–4 Std.

Warnhinweis. Verkehrshinweis! Häufig Schlafstörungen, Benommenheit/Schwindel, Kopfschmerzen, Mundtrockenheit, Übelkeit; Behandlung kann zu einer Exazerbation psychotischer Symptome führen.

 Es besteht ein erhöhtes Risiko bei den meisten Psychopharmaka für Herzrhythmusstörungen beim Schwimmen – also auch beim Tauchen. Viele liquorgängige Medikamente haben eine sedierende Wirkkomponente oder können zu einer Herabsetzung von Aufmerksamkeit, Konzentration und Reaktionsgeschwindigkeit führen. Sedierung und Inertgaswirkung in der Tiefe können Aufmerksamkeit und Reaktionsvermögen stärker herabsetzen, bei Problemen unter Wasser kann ggf. nicht adäquat und rasch reagiert werden.

Besondere Hinweise für das Tauchen/Einschränkungen. Bei Einnahme von Medikamenten mit potenziell kardiotoxischen NW wird beim geringsten Hinweis auf Verlängerung des QTc-Intervalls eine genaue kardiologische Untersuchung empfohlen.

Zur Reduktion der narkotischen Inertgaswirkung kann Tauchen mit Nitrox (mit reduziertem Inertgasanteil) empfohlen werden. Ebenso kann der Inertgaspartialdruck limitiert werden, indem in der Tauchtauglichkeitsbescheinigung die Tauchtiefe beschränkt wird.

Tauchtauglichkeit Die Einnahme von potenziell delirogenen Medikamenten ist wegen des erhöhten Risikos für das Auftreten eines Delirs bei Hypoxie und wegen der Verstärkung der Stickstoffnarkose eine absolute Kontraindikation bei Apnoetieftauchen.

Während der Akuttherapie (Eindosierung des Medikaments, akut bestehende psychiatrische Symptomatik) besteht grundsätzlich keine Tauchtauglichkeit. Während der Erhaltungstherapie mit einem Psychopharmakon (Dauer abhängig von der Grunderkrankung, einige Monate) sollte das Tauchen sehr zurückhaltend erlaubt werden.

Sollte ein Psychopharmakon schon lange Zeit eingenommen werden, stellt sich die Frage, ob die Einnahme oder die aktuelle Dosierung tatsächlich erforderlich ist. Diesbezüglich sollte dann eine Stellungnahme des behandelnden Facharztes angefordert werden.

Bei längerfristiger Medikation (> 3 Monate), niedriger Dosierung ohne Dosisänderung und ohne Nebenwirkungen im Alltag (z. B. vorhandene Fahrtauglichkeit) und günstigem Krankheitsverlauf kann im Einzelfall ggf. eine eingeschränkte Tauchtauglichkeit bestätigt werden.

2.4 Amphetamin-Derivate

Methylphenidat (Ritalin®)
Wirkt als zentrales Stimulans und wird bei ADS/ADHS verordnet.

Von der oralen Dosis werden innerhalb von 48–96 Std. 78–98 % ausgeschieden.

Nebenwirkungen: Nervosität, Schlaflosigkeit, Appetitlosigkeit, ZNS, Magen/Darm, Herz/Kreislauf (Tachykardie, Hypertonie), Wachstumsverzögerung, Haut, Blut.

Wechselwirkungen: Antihypertensiva (hypertensive Krise), Antihypotonika, Alkohol (kann die ZNS-NW von psychoaktiven AM verstärken), halogenierte Narkotika, zentral wirksame α2-Agonisten (z. B. Clonidin), dopaminerge Wirkstoffe, Antazida (verschlechterte Resorption).

Es besteht der Verdacht, dass bei Methylphenidat ein erhöhtes Risiko für Schlaganfälle, Herzinfarkt und schwerwiegende kardiale Arrhythmien besteht. Gefährdet sind entsprechend prädisponierte Personen wie auch klinisch unauffällige Herzkranke aufgrund sportlicher Belastung.

Tauchtauglichkeit Methylphenidat (Ritalin®) stellt eine absolute Kontraindikation für Apnoe- und SCUBA-Tauchen dar, insbesondere für das Tauchen von Kindern und Jugendlichen.

2.5 Antikonvulsiva/Antiepileptika

Antiepileptika werden immer häufiger auch aus anderer Indikation verschrieben, z. B. bei neuropathischen Schmerzen und zur Stimmungsstabilisierung bei psychischen Erkrankungen. Während der Eindosierungsphase sind zentralnervöse Effekte meist am stärksten, später tritt oft ein Gewöhnungseffekt ein. Generell können die sedierenden Nebenwirkungen von Antiepileptika grundsätzlich individuell unterschiedlich ausgeprägt sein. Einige Antiepileptika (Barbiturate, Benzopdiazepine und Phenytoin) führen zu einer Sedierung und Verlängerung der Reaktionszeit. Barbiturate werden kaum mehr verwendet; ihre Sedierung beeinträchtigt das Reaktionsvermögen deutlich, unter Einnahme darf keinesfalls getaucht werden.

Bromazepam (Lexotanil®, als Beispiel für ein Benzodiazepin)
Eliminations-HWZ ca. 12–24 Std.

Nebenwirkungen: Vorsicht bei kardiorespiratorischer Insuffizienz, Hypotonie, Leber-, Nierenschäden, Geriatrie, Ataxie.

Warnhinweis. Verkehrshinweis! Nicht plötzlich absetzen. Auf Toleranz, Abhängigkeit, Entzugserscheinungen, Rebound-Effekt, anterograde Amnesie, paradoxe Reaktionen achten. Bei Überdosierung Benzodiazepinantagonist Flumazenil (soll bei Epilepsie vermieden werden).

Alprazolam (Xanor®, als Beispiel für ein Benzodiazepin)
Eliminations-HWZ ca. 12–15 Std.

Nebenwirkungen: Besondere Vorsicht bei suizidgefährdeten, alkoholabhängigen, schwer depressiven Patienten. Nicht zur Primärbehandlung von Psychosen. Nicht als Monotherapeutikum bei Depressionen, nicht bei depressiven Patienten mit Panikstörungen anwenden. Vorsicht bei Leber- und Nierenschäden, Lungeninsuffizienz.

Warnhinweis. Verkehrshinweis! Krankheitsursachen behandeln. Antidot bei Überdosierung: Flumazenil i.v.

Phenytoin (Phenhydan®/Epilan-D®)
Eliminations-HWZ ca. 8–60 Std.

Nebenwirkungen: Vorsicht bei Hyperglykämie, Hypotonie, Herz/Lungeninsuffizienz, Porphyrie. Kontrolle: Blutbild, Leber, Schilddrüse. Nicht abrupt absetzen (Krampfanfälle!). Mundhygiene, Anämie mit Folsäure behandeln. Osteomalazie. Beeinflussung oraler Kontrazeptiva, daher andere Mittel zur Empfängnisverhütung.

Warnhinweis. Verkehrshinweis! Alkohol meiden. Erhöhtes suizidales Risiko beachten. Bei Überdosierung Koma, zentrale Atemlähmung: Therapie symptomatisch, Dialyse wenig effektiv.

> **?** Lamotrigin oder Levetiracetem sind in niedriger Dosierung nicht oder wenig sedierend, allerdings ist der Einfluss höherer Atemgaspartialdrücke auf die zentralnervösen Effekte dieser Präparate unbekannt.

Lamotrigin
Eliminations-HWZ ca. 14–103 Std.

Nebenwirkungen: Verkehrshinweis! Auf Hautreaktionen achten. Stufenweise absetzen. Vorsicht bei Nierenschäden. Erhöhtes Suizidrisiko beachten. Nach Lamotrigin-assoziierter Meningitis nie wieder anwenden.

Levetiracetam
Eliminations-HWZ ca. 6–8 Std. (ältere Menschen: 10–11 Std.).

Nebenwirkungen: Verkehrshinweis! Ausschleichend absetzen. Auf suizidale Gedanken bzw. Depression achten.

Valproinsäure
Eliminations-HWZ ca. 6–8 Std. (ältere Menschen: 10–11 Std.).

Standardhinweis. Dieses Arzneimittel kann auch bei bestimmungsgemäßem Gebrauch das Reaktionsvermögen so weit verändern, dass z. B. die Fähigkeit zur aktiven Teilnahme am Straßenverkehr oder zum Bedienen von Maschinen beeinträchtigt wird. Dies gilt in verstärktem Maße im Zusammenwirken mit Alkohol.

Pregabalin (Lyrica®)
Ist ein Antiepileptikum, wirkt als GABA-Analogon und wird häufig zur Schmerzbehandlung bei der diabetischen Polyneuropathie eingesetzt. Eliminations-HWZ 6,3 Std.

Nebenwirkungen: Benommenheit, Schläfrigkeit, ZNS, Psyche, Sehstörungen, Schwindel, Magen/Darm, Gewichtszunahme, reversibles Nierenversagen, Überempfindlichkeit, Allgemeinsymptome, Entzugssymptome. Erhöhte Nebenwirkungshäufigkeit (ZNS, Schläfrigkeit) bei der Behandlung zentraler neuropathischer Schmerzen.

Wechselwirkungen: Beeinträchtigung der kognitiven und grobmotorischen Funktionen kann verstärkt werden. Wirkverstärkung von Alkohol und Lorazepam möglich. Nach Markteinführung: Fälle respiratorischer Insuffizienz und Koma bei gleichzeitiger Einnahme anderer ZNS-dämpfender Medikamente.

Besondere Hinweise für Tauchen/Einschränkungen. Wird Pregabalin zur Therapie bei Polyneuropathie mit Schmerzen eingesetzt, so ist Tauchtauglichkeit bereits aufgrund der Erkrankung nicht gegeben.

Die meisten Antikonvulsiva bewirken eine ZNS-Sedierung, somit besteht das Risiko der Verstärkung von Tiefenrausch und beeinträchtigter Reaktionsfähigkeit.

Tauchtauglichkeit Eine absolute KI für Apnoe- und SCUBA-Tauchen besteht bei Einnahme von Barbituraten, Benzodiazepinen, Phenytoin und Pregabalin und Valproinsäure.

Bei Eindosierung von Antiepileptika ebenso wie bei Medikamentenreduktion (Auftreten von Anfällen) und bei Polytherapie besteht eine Kontraindikation zum Tauchen, auch wenn der Therapie eine andere Indikation als eine Epilepsie zugrunde liegt. Zu Tauchtauglichkeit mit Epilepsie (siehe Kap. 10, Neurologie)

Unter einer langjährigen Therapie mit einem niedrig dosierten Medikament in Monotherapie ohne sedierenden Effekt bei dokumentierter normaler Reaktionszeit besteht nur eine relative Kontraindikation. Tauchen ist evtl. im Rahmen des Tauchens mit Einschränkungen möglich.

2.6 Zytostatika, Medikamente bei Tumorerkrankungen

2.6.1 Antrazykline (z. B. Epirubicin, Idarubicin, Doxorubicin, Daunorubicin)

Anthrazykline sind Zytostatika und werden vor allem bei Brustkrebsbehandlung eingesetzt. Um diese Therapie durchzuführen, wird bereits vor der Anwendung ein Herzecho mit Augenmerk auf die LVEF (linksventrikuläre Auswurffraktion) durchgeführt. Anthrazykline führen zur Induktion von Apoptose und Nekrose in den Herzmuskelzellen. Als Symptome können (Soforttyp) zu jedem Zeitpunkt von Beginn der Therapie bis zu einigen Wochen nach Therapie dosisunabhängig Arrhythmien, Tachy- und Bradyarrhythmien, Kammertachykardien, Blockbilder, insbesondere AV- und Linksschenkelblock mit ventrikulärer Dysfunktion auftreten. Die chronische Kardiotoxizität kann sich Monate bis Jahre oder sogar Jahrzehnte nach Abschluss der Behandlung als Herzversagen manifestieren.

Nebenwirkungen: Myelosuppression, Infektionen, kardiale Toxizität (akut oder verzögert), Magen/Darm (Mukositis, Stomatitis), Alopezie, Rotfärbung des Harns, Leber, lokale Reaktionen, sekundäre Leukämie, Thromboembolien. Intravesikal: chemische Zystitis, Allergien.

Wechselwirkungen: Verstärkung der Gesamt-, Myelo-, Kardiotoxizität durch andere Zytostatika. Monoklonale Antikörper (Herztoxizität). Cimetidin, Dexverapamil, Dexrazoxan, Taxane, Chinin. Cave Lebendimpfstoffe! Impfung mit Gelbfieberimpfstoff kontraindiziert.

Durch eingeschränkte kardiale Leistungsfähigkeit können in Immersion eine akute Herzinsuffizienz mit Lungenödem oder gefährliche Herzrhythmusstörungen und damit potenziell lebensbedrohliche Situationen ausgelöst werden.

Besondere Hinweise für Tauchen/Einschränkungen. Eine chronische Toxizität kann bis zu einem Jahr nach Therapieende auftreten. Diese manifestiert sich durch eine dilatative Kardiomyopathie mit einer Reduktion der LVEF.

Tauchtauglichkeit ist unter laufender Therapie mit Anthrazyklinen bis 1 Jahr nach Therapieende nicht gegeben. Aufgrund besonderer kardialer Belastung in Immersion ist die Tauchtauglichkeit sehr restriktiv zu sehen.
In jedem Fall sollten auch vor dem 40. Lebensjahr regelmäßige kardiologisch-fachärztliche Kontrollen durchgeführt werden. Eine positive fachärztliche Stellungnahme zum Tauchen sollte vorliegen.

2.6.2 Carboplatin

Wird als First-Line-Therapie oder Second-Line-Therapie zur Behandlung des fortgeschrittenen epithelialen Ovarialkarzinoms, wenn andere Behandlungen versagt haben, eingesetzt, außerdem zur Behandlung des kleinzelligen Bronchialkarzinoms.

Es kann zu Nierenfunktionsstörungen mit meist reversiblem Anstieg des Serumkreatinins und/oder des Harnstoffstickstoffs führen. Diese sind häufiger und stärker ausgeprägt bei vorbestehender Nierenfunktionsstörung (GFR < 30 ml/min oder Kreatinin-Clearance < 20 ml/min).

Nebenwirkungen: Infektionen, Sekundärmalignome, Knochenmarksuppression, Niere, Herz/Kreislauf, Atemwege, Haut (Alopezie), Elektrolyte, Magen/Darm, Seh- und Hörstörungen, Neuropathien, Leber, lokale und Allgemeinreaktionen, Überempfindlichkeit, Elektrolyte, Untersuchungen.

Wechselwirkungen: Kontraindiziert: Gelbfieberimpfung. Nicht empfohlen: andere Lebendimpfstoffe, Phenytoin, Komplexbildner. Vorsicht: Andere Myelosuppressiva verstärkt. Nephro- und ototoxische Stoffe verstärkt. Antikoagulanzien, Ciclosporin, Aminoglykoside, Schleifendiuretika. Andere emetogene Arzneimittel verstärkt.

 Bei eingeschränkter kardiopulmonaler Leistungsfähigkeit in Immersion kann eine akute Herzinsuffizienz ausgelöst werden.

Besondere Hinweise für Tauchen/Einschränkungen. Die Überprüfung der Nierenfunktion nach stattgehabter Chemotherapie ist erforderlich.

Tauchtauglichkeit ist nur gegeben nach Beendigung der Akuttherapie bei vorliegender positiver fachärztlicher Stellungnahme, wenn die allgemeinen Tauchtauglichkeitskriterien erfüllt sind und wenn die aktuell überprüfte Nierenfunktion das Tauchen erlaubt (siehe Kap. 20, Nephrologie).

2.6.3 Vincristin

Wird u. a. zur Behandlung von Leukämien, Lymphomen, Sarkomen, Melanom, Lungen-, Zervix- und Mammakarzinom eingesetzt.

Nebenwirkungen: Wichtigste Nebenwirkungen mit Auswirkung auf das Tauchen sind neurotoxische Symptome (neuritische Schmerzen, Sensibilitätsstörungen, Parästhesien, neuromuskuläre Beschwerden, Gleichgewichts- und Hörstörungen), die auch nach Therapieende bei manchen Patienten für längere Zeit bestehen können.

Bestehende neurologische Störungen können die Reaktionsfähigkeit unter Wasser einschränken oder Warnsignale/Frühsymptome eines Tauchproblems verschleiern.

Tauchtauglichkeit ist nur gegeben nach Beendigung der Akuttherapie, wenn nach eingehender neurologischer Untersuchung keine Symptome bestehen, die negativen Einfluss auf das Tauchen haben. Bei Erfüllung der allgemeinen Tauchtauglichkeitskriterien besteht Tauchtauglichkeit.

2.6.4 Bevacizumab (Avastin®)

Ist ein monoklonaler Antikörper und ein so genannter Angiogenesehemmer. Die Angiogenese, die Neubildung von Blutgefäßen im menschlichen Körper, ist für das Fortschreiten zahlreicher Krebserkankungen (Ernährung von Krebszellen mit Sauerstoff und Nährstoffen) verantwortlich. Bevacizumab wird bei folgenden Indikationen angewandt: metastasiertes Kolon- oder Rektumkarzinom (in Kombination mit Chemotherapie auf Fluoro-Pyrimidinbasis. Metastasierendes Mammakarzinom (in Kombination mit Paclitaxel). First-Line-Behandlung des metastasierenden Mammakarzinoms (in Kombination mit Capecitabin). Inoperables nichtkleinzelliges Bronchialkarzinom (zusätzlich zu Platin-Chemotherapie). Nierenzellkarzinom (in

Kombination mit Interferon alfa-2a). Ovarial-, Eileiter-, Peritonealkarzinom (in Kombination mit Carboplatin und Paclitaxel).

Nebenwirkungen: Häufig sind Hypertonie (Bluthochdruck), Müdigkeit (Fatigue), Diarrhoe (Durchfall), abdominale Schmerzen. Arterielle und venöse Thromboembolie sind seltener. Die schwersten Nebenwirkungen sind Magen-Darm-Durchbrüche (gastrointestinale Perforationen), Gallenblasenperforation und Blutungen. Komplikation bei der Wundheilung, Proteinurie, Kardiomyopathie, Dyspnoe, Bluthusten, Neuropathien, Asthenie, Enzephalopathie, Beeinträchtigung der Fertilität, Kiefernekrosen, nekrotisierende Fasziitis, Überempfindlichkeits- oder Infusionsreaktionen, Auge (nach nicht zugelassener intravitrealer Anwendung).

Wechselwirkungen: Sutinimib (mikroangiopathische hämolytische Anämie). Platin, Taxane (Neutropenierisiko erhöht). Monoklonale EGFR-Antikörper nicht gleichzeitig anwenden.

Die häufige Nebenwirkung einer Hypertonie kann in Immersion ein Lungenödem auslösen.

Besondere Hinweise für Tauchen/Einschränkungen. Da die Therapie auch über die Dauer der Chemotherapie fortgesetzt wird, ist besonderes Augenmerk auf Nebenwirkungen in der Anamnese von Karzinompatientinnen zu legen. Regelmäßige Blutdruckkontrollen sind erforderlich.

Tauchtauglichkeit ist nur gegeben nach Beendigung der Akuttherapie bei vorliegender positiver fachärztlicher Stellungnahme, wenn die allgemeinen Tauchtauglichkeitskriterien erfüllt sind.

Der Blutdruck sollte stabil und gut eingestellt sein (siehe Kap. 16, Herz-Kreislauf-Erkrankungen).

2.6.5 Trastuzumab (Herceptin®)

Wird bei Frauen mit Her2neu-überexprimierenden Brusttumoren eingesetzt (HER2-positiver metastasierter Brustkrebs [MBC, allein oder in Kombination mit Paclitaxel, Docetaxel oder Aromatasehemmer], HER2-positiver Brustkrebs im Frühstadium [EBC, auch adjuvant in Kombination mit neoadjuvanter Chemotherapie], HER2-positives metastasierendes Magenkarzinom [MGC]).

Nebenwirkungen: Herz/Kreislauf (Herzinsuffizienz; vermehrte kardiale Nebenwirkungen nach Anthrazyklingabe), Lunge (Dyspnoe), interstitielle Lungenerkrankungen, Magen/Darm (Diarrhoe, Erbrechen, geschwollene Lippen), Arthralgie/Myalgie, Haut, Blutbild, (Neutropenie), ZNS (Tremor, Schwindel, Kopfschmerzen), Augen, infusionsbedingte Symptome, Überempfindlichkeit, Leber, Niere, Lungenembolien.

Das Risiko, eine Herzinsuffizienz zu entwickeln, ist multifaktoriell (u. a. präexistente Hypertonie, Herzerkrankung, Bestrahlung in der Vorgeschichte, Rauchen). Adjuvant behandelte Frauen wiesen in der NSABP-B-31-Studie eine Herzinsuffizienz mit einer Häufigkeit von 4,1 % und in der HERA-Studie von 0,5 % auf. Trastuzumab wird wie Bevacizumab über die Chemotherapie hinaus verabreicht. Patientinnen unter Therapie stehen unter regelmäßigen Kontrollen.

Wechselwirkungen: Anthrazykline bei metastasiertem Brustkrebs und bei adjuvanter Behandlung nicht gleichzeitig mit Herceptin verabreichen. Bei anderen Indikationen Anthrazykline nur mit besonderer Vorsicht verabreichen (Kardiotoxizität).

Die erhöhte kardiopulmonale Belastung durch Immersion kann eine akute Herzinsuffizienz und/oder ein Lungenödem auslösen, damit besteht eine potenziell lebensbedrohliche Situation unter Wasser.

Besondere Hinweise für Tauchen/Einschränkungen. Auf die Ergebnisse der regelmäßigen Kontrollen unter Therapie ist in der Anamnese besonderes Augenmerk zu legen, aktuelle fachärztliche Befunde sollten vorliegen.

Tauchtauglichkeit ist aufgrund besonderer kardialer Belastung in Immersion sehr restriktiv zu sehen. In jedem Fall sollten auch vor dem 40. Lebensjahr regelmäßige kardiologisch-fachärztliche Kontrollen (symptomlimitierte Ergometrie und Herz-Ultraschall) durchgeführt werden. Nur bei aktuellem unauffälligen Befund und auch uneingeschränkter Leistungsfähigkeit kann eine Tauchtauglichkeit bescheinigt werden.

2.6.6 Paclitaxel (Taxol®)

Wird bei Ovarialkarzinom (First- und Second-line-Chemotherapie), Mammakarzinom, fortgeschrittenem nichtkleinzelligem Bronchialkarzinom, AIDS-assoziiertem Kaposi-Sarkom eingesetzt.

Nebenwirkungen: Herz (Hypotonie, Thrombosen, Rhythmusstörungen), Infektionen, Blutbild, Überempfindlichkeit, periphere Neuropathien, ZNS, Seh, Hörstörungen, Magen/Darm (pseudomembranöse Kolitis), Leber/Galle, Alopezie, Haut, Mukositis, Arthralgien, Myalgien,

Taxol-bedingte Nebenwirkungen können durch Bestrahlung verstärkt werden. Dies führt gelegentlich zu vermehrter Haut- und Schleimhautreaktion, aber auch das Risiko für eine Pneumonitis (interstitielle Lungenentzündung) steigt nach Bestrahlung an.

Wechselwirkungen: Andere zytotoxische Substanzen verstärkt myelosuppressiv; keine Impfungen mit Lebendvirusvaccine.

Die erhöhte Atemarbeit durch Immersion könnte bei Lungenschädigung zu Atemnot und Panik führen.

Tauchtauglichkeit sollte frühestens 1 Jahr nach Ende der Chemo- und Strahlentherapie beurteilt werden. Fachärztliche Kontrollbefunde sowie die Durchführung einer Spirobodyplethysmographie sind empfohlen.

2.6.7 Bleomycin

Bleomycin ist ein Gemisch aus Glycopeptidantibiotika mit zytotoxischer Wirkung. Deren Interaktion mit DNA führt zu Hemmung der Zellteilung. Es wird bei folgenden Indikationen eingesetzt: Plattenepithelkarzinome im Kopf- und Halsbereich, des Larynx, des Ösophagus, der Cervix uteri und Vulva, des Penis, der Haut, bei Morbus Hodgkin und anderen malignen Lymphomen, einschließlich Mycosis fungoides, bei Hodentumoren (Seminome und Nicht-Seminome) sowie bei malignen Pleuraergüssen.

Bleomycin kann als Monotherapeutikum eingesetzt werden, wird aber in der Regel mit anderen Zytostatika und/oder Strahlentherapie kombiniert. Bleomycin wird vielfach in der Behandlung von Hodentumoren und bei M. Hodgkin eingesetzt und betrifft durchwegs Kollektive jüngerer Menschen. Die Wahrscheinlichkeit ist relativ groß, dass Taucher betroffen sind.

Nebenwirkungen: Frühreaktionen (Fieber, lokale Schmerzen), pulmonale Reaktionen (10 %, interstitielle Pneumonitis bis Lungenfibrose), Haut und Schleimhäute, idiosynkratische Reaktionen, Magen/Darm, Thrombopenie, vaskuläre Toxizität, lokale Reaktionen.

Wechselwirkungen: Andere lungentoxische Arzneimittel (BCNU, Cisplatin, Mitomycin, Cyclophosphamid, Methotrexat) verstärken die Lungentoxizität; Vinca-Alkaloide (Raynaud-ähnliche Phänomene); Granulozyten-Koloniestimulierender Faktor (Lunge); Digoxin, Phenytoin (verminderte Resorption); Gentamycin, Amikacin, Ticarcillin (verminderte bakteriostatische Wirksamkeit).

Die akute Lungentoxizität zeigt sich als akute Einschränkung der Lungenfunktion bis 4 Wochen nach Therapieende. Bei Atemnot oder Lungeninfiltraten muss die Therapie mit Bleomycin unterbrochen werden. Besonders bei vorbestehenden Lungenerkrankungen, bei vorheriger oder simultaner Strahlentherapie und bei gleichzeitiger erhöhter Sauerstoffzufuhr ist das Risiko für Lungentoxizität erhöht.

Ebenfalls während bis zu 6 Monaten nach Therapieende kann eine interstitielle Pneumonitis entstehen, aus der sich, wenn nicht rechtzeitig erkannt, eine Lungenfibrose entwickeln kann.

In der Literatur wird das erhöhte Risiko für die Entwicklung einer Lungenfibrose unter erhöhtem Sauerstoffpartialdruck nach früher stattgehabter Bleomycin-Therapie kontrovers diskutiert. Aufgrund von Literaturhinweisen sollte jedenfalls vom Tauchen mit Nitrox bis 2 Jahre nach Therapieende abgeraten werden.

Lungentoxische Nebenwirkungen (Lungenfunktionsstörungen und Lungenstrukturveränderungen) erhöhen beim Tauchen das Risiko für ein Lungenbarotrauma (schwerer Tauchunfall), ebenso für Dyspnoe und Essoufflement.

Besondere Hinweise für Tauchen/Einschränkungen. Tauchen nach Bleomycintherapie ist unter Tauchmedizinern ein vieldiskutiertes Thema. Das Risiko der Lungenschädigung bei erhöhtem Sauerstoffpartialdruck (beim Tauchen an sich, bei HBO-Therapie nach Tauchunfall) führen zur Empfehlung einer Wartezeit von mindestens 1 Jahr nach Therapieende bis Tauchtauglichkeitsbeurteilung. Außerdem gibt es Empfehlungen für einen praktischen Algorithmus zur Tauchtauglichkeitsuntersuchung in Hinblick auf das Risiko einer Lungenfibrose und deren Folgen beim Tauchen (Van Hulst et al. „To dive or not to dive with Bleomycin: a practical algorithm", 2012).

Van Hulst et al. empfehlen, bei unauffälliger Untersuchung das Tauchen bis max. pO_2 0,7 bar ohne Nitrox im Einzelfall zu erlauben, wenn der Taucher dahingehend informiert ist, dass eine HBO-Therapie mit erhöhter Lungentoxizität verbunden sein könnte.

Tauchtauglichkeit sollte frühestens 1 Jahr nach Therapieende (komplikationslose Therapie) beurteilt werden. Tauchen kann im Einzelfall bei unauffälliger Anamnese hinsichtlich Lungensymptomen, bei unauffälliger Spirometrie – besser: Spirobodyplethysmografie, unauffälliger CO-Diffusions-Kapazität, unauffälliger symptomlimitierter Ergometrie, unauffälligem HR-CT der Lunge und Erfüllung der sonstigen Tauchtauglichkeitskriterien erlaubt werden. Eine Einschränkung der Tauchtauglichkeit, wie oben angeführt, ist empfohlen.

2.7 Medikamente zur Immunsuppression

Tacrolimus

Wird zur Prophylaxe der Transplantatabstoßung bei Leber-, Nieren- und Herztransplantatempfängern eingesetzt.

Reaktionsvermögen! Tacrolimus kann visuelle und neurologische Störungen hervorrufen (im Zusammenwirken mit Alkohol verstärkt).

Nebenwirkungen: Herz/Kreislauf (Hypertonie oder Hypotonie, Angina pectoris, Arrhythmien, Thrombosen, Infarkt), ZNS, Niere, Magen/Darm, Leber, Stoffwechsel, Lunge, Haut, Allergie/Anaphylaxie, Blut, Infektionen, Tumoren, progressive multifokale Leukoenzephalopathie, Pure Red Cell Aplasia (PRCA).

Wechselwirkungen: Erhöhte Tacrolimus-Spiegel durch Azole, Nifedipin, Erythromycin, Proteasehemmer, Danazol, Ethinylestradiol, Omeprazol, Lansoprazol, Ciclosporin, Diltiazem, Nefazodon. Erniedrigte Tacrolimus-Spiegel durch Rifampicin, Phenytoin, Phenobarbital, Johanniskraut. Verstärkte Nephrotoxizität durch Amphotericin, Ibuprofen, Ciclosporin. Lebendimpfstoffe vermeiden. Nicht mit Grapefruitsaft einnehmen. Hyperkaliämie kann durch Kalium verstärkt werden.

 Die kardialen Nebenwirkungen könnten beim Tauchen verstärkt werden, kardiorespiratorische Komplikationen unter Wasser können zu potenziell lebensbedrohlichen Situationen führen.

Tauchtauglichkeit Wenn keine das Tauchen beeinträchtigenden Nebenwirkungen bestehen, kann bei normaler kardiorespiratorischer Leistungsfähigkeit und sonstiger Erfüllung der allgemeinen Tauchtauglichkeitskriterien das Tauchen evtl. mit Einschränkungen gestattet sein.

Eine positive Stellungnahme zum Tauchen des behandelnden Facharztes sollte vorliegen.

Ciclosporin (Neoimmun®)

Wird eingesetzt zur Verhinderung von Abstoßungsreaktionen bei Organ- oder Knochenmarktransplantation (z. B. Graft-Versus-Host Disease) und bei Autoimmunerkrankungen (endogene Uveitis, Psoriasis, nephrotisches Syndrom, rheumatoide Arthritis, atopische Dermatitis).

Sonnen-, UV-Strahlung meiden. Sorgfältige Überwachung auf Tumoren. Kontrollen: Blutdruck, Blutfette, Kalium, Niere, Zahnstatus (Gingivahyperplasien).

Nebenwirkungen: Infektionen, Tumoren, Niere, Stoffwechsel (Hyperlipidämie), ZNS (Tremor, Kopfschmerz), Hypertonie, Magen/Darm (Gingivitis hypertrophicans), Leber, Haut (Hypertrichose), Muskelkrämpfe, Blutbild.

Wechselwirkungen: Vorsicht mit nephrotoxischen Substanzen. Erhöhte Ciclosporinspiegel u. a. durch Azole, einzelne Antibiotika, orale Kontrazeptiva, Kalziumantagonisten, Meloclopramid, Danazol, Amiodaron, Allopurinol, Cholinsäure. Erniedrigte Ciclosporinspiegel u. a. durch Barbiturate, Carbamazepin, Phenytoin, Metamizol, Rifampicin, Octreotid, Probucol. Disulfiram-ähnliche Effekte mit Cephalosporinen.

Erhöhter und schlecht eingestellter Bluthochdruck kann das Risiko für ein Lungenödem beim Tauchen (Immersion, erhöhte Atemarbeit) erhöhen.

Tauchtauglichkeit besteht bei Erfüllung der allgemeinen Tauchtauglichkeitskriterien im Rahmen der Grunderkrankung und unauffälliger kardiorespiratorischer Leistungsfähigkeit, ggf. mit Einschränkungen.

Azathioprin

Nebenwirkungen: Übermäßige Sonnen- oder UV-Strahlen meiden. Kontrollen: Blutbild, Leber. Vorsicht bei Leber- oder Nierenschäden. Bei Lesch-Nyhan-Syndrom nicht empfohlen. Auf Thiopurin-Methyltransferase-Mangel achten. Auf Varizellen-Zoster-Infektionen bzw. progressive multifokale Leukoenzephalopathie achten.

Der Taucher sollte noch einmal auf die Vermeidung von übermäßiger Sonnenbestrahlung (z. B. Tauchurlaub) hingewiesen werden.

Methotrexat

Nebenwirkungen: Methotrexat kann auch bei bestimmungsgemäßem Gebrauch das Reaktionsvermögen so weit verändern, dass z. B. die Fähigkeit zur aktiven Teilnahme am Straßenverkehr oder zum Bedienen von Maschinen beeinträchtigt wird. Dies gilt in verstärktem Maße im Zusammenwirken mit Alkohol!

Sonnenlicht meiden. Vorsicht bei aktiven Infektionen, auf opportunistische Infektionen achten. Enge Kontrollen: Blutbild, Leber, Niere, Lungenröntgen.

Tauchtauglichkeit Aufgrund des erhöhten Risikos für interkurrente Infekte während Immunsuppression sollten die Untersuchungsintervalle so kurz wie möglich gehalten werden.

Bei Erfüllung der allgemeinen Tauchtauglichkeitskriterien im Rahmen der Grunderkrankung und unauffälliger kardiorespiratorischer Leistungsfähigkeit, Abwesenheit von Anzeichen für akute Infekte kann im Einzelfall das Tauchen ggf. mit Einschränkungen gestattet sein.

Systemische Glukokortikoide (z. B. Prednisolon)

Nebenwirkungen: Ulcus ventriculi oder duodeni, erhöhtes Infektionsrisiko, Abschwächung der Immunvorgänge, verzögerte Wundheilung, Pseudo-Cushing, Vaskulitis, Pankreatitis, Perforation bei Colitis ulcerosa.

Warnhinweis. Glukokortikoide nicht abrupt absetzen.

Durch Veränderung der endogenen Kortisolproduktion delirogene Wirkung möglich (Gereiztheit, Euphorie, Psychosen), siehe oben unter „Akuter Verwirrtheitszustand (Delir)".

 Unter systemischer Kortisontherapie ist ein erhöhtes Risiko für die akute Sauerstoffintoxikation beschrieben.

Besondere Hinweise für Tauchen/Einschränkungen. Sollte Tauchtauglichkeit gegeben sein, ist evtl. die Verkürzung des Untersuchungsintervalls empfohlen.

Tauchtauglichkeit Immunsuppression mit erhöhter Infektneigung (insbesondere pulmonale Infekte) stellt eine Kontraindikation für Tauchen dar.

Nichtsystemische Glukokortikoide (z. B. Budesonid) stellen keine Beeinträchtigung der Tauchtauglichkeit dar.

2.8 Antikoagulanzien

 Die prophylaktische bzw. therapeutische Einnahme von verschiedenen blutgerinnungshemmenden Medikamenten (Antikoagulanzien) erfolgt bei oder nach verschiedenen Erkrankungen. Neben Thrombozyten-Aggregationshemmern wie Acetylsalicylsäure (ASS), Clopidogrel oder Ticagrelor werden vor allem die Coumadine verwendet. Zusätzlich wurden kürzlich eine Reihe neuer Substanzen zugelassen, die sog. „Neuen Oralen Antikoagulanzien" (NOAK). Im Rahmen der Behandlung mit Antikoagulanzien werden auch Kombinationen von zwei oder drei verschiedenen Medikamenten verwendet.

2.8.1 Coumadine (Vitamin-K-Antagonisten)

Zu den Coumadinen zählen: Phenprocoumon (Marcumar®, Marcoumar®, Falithrom®) – Eliminations-HWZ ca. 160 Std. – und Warfarin (Coumadin®) – Eliminations-HWZ ca. 20–80 Std.

Nebenwirkungen: Erhöhtes Blutungsrisiko bei Verletzungen. Bei gleichzeitiger Behandlung mit anderen Medikamenten oder bei abrupter Umstellung der Ernährungsgewohnheiten und Einnahme von Vitamin-K-haltigen Präparaten sowie bei interkurrenten oder gleichzeitig bestehenden Erkrankungen (z. B. Lebererkrankungen, Herzinsuffizienz) kann es zu einer veränderten Wirksamkeit von Phenprocoumon kommen. In diesen Fällen empfiehlt es sich, häufigere Gerinnungskontrollen vorzunehmen.

2.8.2 Neue Orale Antikoagulanzien (NOAK)

Bei den neuen Substanzen (NOAK) Rivaroxaban und Apixaban sowie Dabigatran ist bei unterschiedlichem Wirkmechanismus die orale Einnahme möglich, ohne dass häufige Laborkontrollen nötig sind. Ihre Wirkung auf die Blutgerinnung wird nicht mit herkömmlichen Blutgerinnungstests erfasst. Es besteht keine Möglichkeit einer Antagonisierung, sie sollten vor OPs abgesetzt werden.

2.8.3 Thrombozyten-Aggregationshemmung

Die Dauereinnahme von Acetylsalicylsäure (ASS) gilt im Rahmen des Tauchsports als relativ unbedenklich.

Die anderen Thrombozyten-Aggregationshemmer (Clopidogrel, Prasugrel, Ticagrelor etc.) werden bei unterschiedlichen Indikationen auch in Zweifach- oder Dreifachkombinationen angewendet.

Nebenwirkungen: Als wichtigste Nebenwirkung ist bei der Therapie mit Antikoagulanzien das erhöhte Blutungsrisiko (Gastrointestinaltrakt, Bluthusten, intrakranielle Blutungen etc.) zu beachten. Abhängig von den jeweiligen Medikamentenkombinationen sind die Nebenwirkungen und Wechselwirkungen (z. B. mit anderen Medikamenten, Ernährungsgewohnheiten) genau zu beachten. Jedoch muss dies schon unter normobaren Bedingungen vom behandelnden Arzt berücksichtigt sein.

Die erhöhte Blutungsgefahr bei Verletzungen ist unter Wasser und an der Oberfläche gleich. Jedoch wird eventuell in „remote areas" getaucht, wo der verletzte Taucher nicht so leicht adäquate ärztliche Hilfe erreichen kann und deshalb durch verzögerte Versorgung einen höheren Blutverlust bis hin zum Schock erleiden könnte. Dies gilt allerdings nicht nur für den Tauchurlaub.

Bei Barotraumen des Mittelohrs oder der Nasennebenhöhlen kann leichter eine Einblutung in das Mittelohr oder Nasenbluten entstehen.

Es wurde auf ein gewisses erhöhtes Blutungsrisiko im Innenohr bei DCI in Tierversuchen hingewiesen. Jedoch wurden diese Daten in den letzten Jahren nicht durch weitere kontrollierte Studien belegt. Daraus lässt sich folgern, dass forcierte Druckausgleichsmanöver und dekompressionspflichtige Tauchgänge unter Antikoagulation vermieden werden sollten.

Besondere Hinweise für Tauchen/Einschränkungen. Der Taucher sollte auf verlängerte Blutungen im Rahmen von Barotraumen oder Verletzungen hingewiesen werden.

Tauchanfänger sollten am besten dort tauchen lernen, wo eine adäquate Gesundheitsversorgung leicht erreichbar ist, da zu Beginn der Ausbildung Druckausgleichsprobleme besonders häufig sind.

Grundsätzlich sollte nicht mit einer Verkühlung getaucht werden. Druckausgleichsmanöver sollten nie forciert durchgeführt werden.

Für den Tauchurlaub in „remote areas" oder ohne adäquate Gesundheitsversorgung sollte ein Notfall-Kit für Verletzungen empfohlen werden.

Tauchtauglichkeit Unter Antikoagulation muss die Grunderkrankung genau beurteilt und nach Symptomen für Blutungen gefragt werden.

Für die Einnahme moderner oraler Antikoagulanzien oder diverser Kombinationstherapien gibt es noch wenig Erfahrung, wobei das erhöhte Blutungsrisiko in jedem Fall für die Tauchtauglichkeit kritisch ist!

Der Taucher sollte jedenfalls den Umgang mit seiner gerinnungshemmenden Medikation (Ernährungsempfehlungen, Umgang mit Verletzungen, Mitführen des Gerinnungsausweises) gut beherrschen – dies gilt nicht nur für das Tauchen.

Wenn alle Tauchtauglichkeitskriterien erfüllt sind, kann die Tauchtauglichkeit im Einzelfall bescheinigt werden. Gegebenenfalls sind oben genannte Einschränkungen einzuhalten.

2.9 Antihypertonika

2.9.1 ACE-Hemmer

Lisinopril als Beispiel
Nebenwirkungen: Blut, ZNS, Orthostase, Herz, Husten, Magen/Darm, Haut, angioneurotisches Ödem, Niere, Impotenz, Müdigkeit, Labor.

Wechselwirkungen: Diuretika, Lithium, NSAR, andere Blutdrucksenker, ZNS-Dämpfer, Sympathomimetika, Antidiabetika.

Warnhinweis. Bei verringertem Blutvolumen höheres Risiko einer symptomatischen Hypotonie. Beim akuten Herzinfarkt nur bei hämodynamisch stabilen Patienten anwenden.

Vorsicht bei Mitral- oder Aortenstenose. Bei angioneurotischem Ödem sofort absetzen und Notfallmaßnahmen einleiten. Selten Lebernekrose möglich. Kontrollen: Blutbild, Serumkalium, Blutzucker.

2.9.2 Ca-Antagonisten

Amlodipin als Beispiel
Hat als Kalziumkanalblocker einen direkten relaxierenden Effekt auf die glatte Gefäßmuskulatur und wirkt so blutdrucksenkend.

Nebenwirkungen: ZNS, Palpitationen, Flush, Magen/Darm, Knöchelschwellung, Ödeme, Seh- und Hörstörungen.

Wechselwirkungen: Nicht empfohlen: Grapefruitsaft, Dantrolen i.v., Vorsicht: Simvastatin, CYP3A4-Induktoren und -Hemmer. Andere Blutdrucksenker verstärkt.

Warnhinweis. Vorsicht bei Herzinsuffizienz, Leberschäden, älteren Patienten.

2.9.3 Angiotensin-II-Rezeptor-Antagonisten

Candesartan (Blopress®) als Beispiel
Nebenwirkungen: Atemwegsinfektionen, Schwindel, Kopfschmerzen, Stoffwechsel, Leber. Höhere Häufigkeit von NW bei Kindern und Jugendlichen.

Wechselwirkungen: Andere Blutdrucksenker verstärkt. Erhöhung des Serumkaliums durch andere Arzneimittel. Lithium (nicht empfohlen; Spiegelkontrolle). Wirkungsabschwächung durch nichtsteroidale Entzündungshemmer.

Warnhinweis. Vorsicht bei Nierenschäden, Nierenarterienstenose, Klappenstenose, Hyperkaliämie, Dialysepatienten. Vor Therapiebeginn Volumenmangel ausgleichen. Bei Nierenschäden Serum-Kalium und Kreatinin kontrollieren.

2.9.4 Betablocker

Metoprolol (Beloc®) als Beispiel
Hemmt kompetitiv vorwiegend kardiale Betarezeptoren. Es verringert die agonistische Wirkung von Katecholaminen auf das Herz, die in physischen Stresssituationen freigesetzt werden. Es übt eine negativ inotrope, chronotrope, dromotrope und bathmotrope Wirkung auf das Herz aus, wodurch die Arbeitsleistung des Herzens und so der Sauerstoffverbrauch des Herzens reduziert werden.

Nebenwirkungen: ZNS (lebhafte Träume), Magen/Darm, Depressionen, Haut (Psoriasis), Herz, Bronchospasmen, kalte Extremitäten, vereinzelt Alopezie, Thrombozytopenie.

Wechselwirkungen: Antiarrhythmika, Kalziumantagonisten vom Verapamil- und Diltiazem-Typ (Asystolie), Blutdrucksenker verstärkt, ZNS-Dämpfer (Hypotonie), Narkotika (Kardiodepression), Alpha-Sympathomimetika (Hypertonie, Herzstillstand), Clonidin (Hypertension beim Absetzen), Ergotamin (Gefäßverengung), Xanthine (abgeschwächt), Blutzuckersenker (Maskierung der Hypoglykämie), Curare (verstärkte neuromuskuläre Blockade), Cimetidin (erhöhte Metoprolol-Spiegel), Lidocain verstärkt.

Warnhinweis. Vorsicht bei Diabetes, Psoriasis, Prinzmetal-Angina. Kardiale Kontrolle, Therapie ausschleichend beenden, zuerst Clonidin absetzen.

Die Wirkung der Betablocker kann eine mangelnde Adaptation der erforderlichen Herzleistung unter Wasser bewirken. Unter Therapie mit Betablockern kann ein erhöhtes Risiko für Bronchospasmus bestehen, dadurch könnte beim Tauchen ein Lungenbarotrauma begünstigt werden.

Bei der Behandlung des Bluthochdrucks mit Medikamenten ist zu berücksichtigen, dass es jeweils zu Beginn der Therapie oder auch bei Dosisumstellungen zu Blutdruckschwankungen mit Schwindel, auch zu Müdigkeit kommen kann. In dieser Phase kann das Reaktionsvermögen herabgesetzt sein, so dass z. B. die Fähigkeit zur aktiven Teilnahme am Straßenverkehr oder zum Bedienen von Maschinen beeinträchtigt wird. Zu diesem Zeitpunkt ist auch das Tauchen nicht empfohlen.

Tauchtauglichkeit Unter Therapie mit Betablockern ist das Tauchen generell nicht empfohlen. Für Taucher sollte die Umstellung auf eine andere Blutdruckmedikation mit dem behandelnden Arzt beraten werden.

Bei Erfüllung der allgemeinen Tauchtauglichkeitskriterien insbesondere der kardiopulmonalen Leistungsfähigkeit ist das Tauchen unter Therapie mit ACE-Hemmern, Ca-Antagonisten und Angiotensin-II-Rezeptor-Antagonisten ohne Nebenwirkungen gestattet.

2.10 Diuretika

Diuretika werden sehr häufig in der Bluthochdrucktherapie verordnet, oft in Kombinationspräparaten. Beim Tauchen ist durch die Immersion die Dehydrierung vermehrt. Darüber hinaus führt ein Tauchurlaub in tropischen Gebieten häufig zur Dehydratation durch vermehrtes Schwitzen, insbesondere wenn der Taucher noch nicht ausreichend akklimatisiert ist.

Furosemid (Lasix®)
Nebenwirkungen: Verkehrshinweis! Elektrolyt-, Flüssigkeitsverluste, Dehydratation, Kollaps, Kaliumverluste, Natriummangel, Hypokalzämie, Magen/Darm, Allergien, Blutbild, Haut, Photosensibilität, anaphylaktischer Schock,

Kreatinin- und Harnstoffanstieg, Cholesterin- und Triglyzeridanstieg, Diabetes verschlechtert, Pankreatitis, Hörstörungen, Harnsperre bei Prostatikern. Nephrokalzinose bei Frühgeborenen.

Wechselwirkungen: Herzglykoside gesteigert (Kaliummangel), Glukokortikoide, Laxanzien (Kaliumverlust), Aminoglykoside (verstärkt nephrotoxisch und ototoxisch), Cisplatin (ototoxisch), Antikoagulanzien, Theophyllin, Blutdrucksenker (ACE-Hemmer) verstärkt; Antiphlogistika, Phenytoin, Sucralfat, Aliskiren schwächen Furosemid ab. Lithium, Risperidon, Ciclosporin A.

Empfohlene Kontrolle von: Kalium, Elektrolyte, Flüssigkeitsbilanz, Kohlenhydratstoffwechsel. Kaliumreiche Kost empfohlen.

Erhöhtes Risiko für eine Dekompressionserkrankung bei gesteigerter Dehydratation.

Besondere Hinweise für Tauchen/Einschränkungen. Bei Einnahme von Diuretika sollte der Taucher unbedingt dahingehend aufgeklärt werden, ob und ggf. wie die Dosierung des entwässernden Medikaments zu verändern ist, falls eine gesteigerte Dehydratation schon durch Tauchen und/oder vermehrtes Schwitzen besteht. Gegebenenfalls kann auch eine Pausierung der Diuretika empfohlen werden.

Tauchtauglichkeit Unter Diuretikatherapie sollte der Taucher über Kontrolle und Umgang mit erhöhter Dehydrierung Bescheid wissen. In der Regel ist die Beurteilung der Grunderkrankung für die Tauchtauglichkeit ausschlaggebend.

2.11 Lipidsenker (Statine)

Simvastatin
Nebenwirkungen: Magen/Darm, ZNS, Leber, Pankreas, Haut, Myopathie, Tendinopathie, interstitielle Lungenerkrankung, Myalgie, Rhabdomyolyse, Asthenie, erhöhtes Diabetesrisiko.

Wechselwirkungen: Gegenanzeige CYP3A4-Hemmer: Ketoconazol, Itraconazol, Posaconazol, HIV-Proteasehemmer, Makrolide, Nefazodon. Nicht empfohlen: Fibrate, Niacin (> 1 g/Tag), Grapefruitsaft. Vorsicht: Cumarine, Fusidinsäure (Myopathie), Rifampicin, Fluconazol, Danazol, Colchicin.

Warnhinweis. Auf Myopathie/Rhabdomyolyse bzw. interstitielle Lungenerkrankung achten. Leber kontrollieren. Vorsicht bei übermäßigem Alkoholkonsum.

Fluvastatin
Nebenwirkungen: Magen/Darm, Muskel, Gelenkschmerzen, Schlaflosigkeit, Kopfschmerzen, Schwindel, Hautausschlag, Lunge, Transaminasenanstieg, Diabetes.

Wechselwirkungen: Vorsicht: Ionenaustauscher (4 Std. Abstand), Fibrate, Niacin, Colchicin, Ciclosporin, Cumarine (Blutungen), Rifampicin, orale Antidiabetika, Fluconazol.

Warnhinweis. Vorsicht bei Disposition für Rhabdomyolyse, hohem Diabetesrisiko, Hypothyreose, Alkoholismus. Kontrollen: Leber, Kreatinkinase (Myopathien).

Atorvastatin
Nebenwirkungen: Magen/Darm, Diabetes, Kopfschmerzen, Myalgien, Schlaflosigkeit, ZNS, Tinnitus, Transaminasenanstieg, interstitielle Pneumonie; CK-Anstieg. Thrombozytopenie, Allergien, Haut, selten Leber.

Wechselwirkungen: Erhöhte Atorvastatinspiegel durch CYP3A4-Hemmer: Erythromycin, Clarithromycin, Itraconazol, Proteasehemmer, Grapefruitsaft. Vorsicht: Gemfibrozil, Fibrate, Digoxin, orale Kontrazeptiva, Warfarin, Rifampicin, Ciclosporin, Etezimib, Fusidinsäure.

Warnhinweis. Kontrollen: Leber, CK. Vorsicht bei erhöhtem Rhabdomyolyse-Risiko oder bei vorhergehendem hämorrhagischem Schlaganfall.

Tauchtauglichkeit Besondere Einflüsse auf die Tauchtauglichkeit von Statinen sind nicht bekannt. Für die Tauchtauglichkeitsbeurteilung hinsichtlich Hyperlipidämie siehe Kap. 16, Herz-Kreislauf-Erkrankungen.

2.12 Asthma-Medikamente

Salbutamol (Sultanol®)
Nebenwirkungen: Überempfindlichkeit, lokale Schmerzen, Tremor, Kopfschmerzen, Erbrechen, Blutdruckabfall, Tachykardie, Myokardischämie, Arrhythmien, Hypokaliämie, sehr selten Laktatazidose.

Wechselwirkungen: Andere Beta-Adrenergika, Mutterkornalkaloide (ärztlich überwachen). Trizyklische Antidepressiva, MAO-Hemmer. Xanthine, Kortikoide, Diuretika (Hypokaliämie). Betablocker antagonistisch.

Warnhinweis. Vorsicht bei Diabetes, schweren Herz- und Koronarerkrankungen. Positive Dopingtests möglich.

Fenoterol (Berotec®)
Nebenwirkungen: Verkehrshinweis! Tremor, Tachykardie, Schwindel, Schwitzen, Kopfschmerzen, Husten, Hypokaliämie, Bronchospasmus, Überempfindlichkeitsreaktionen.

Wechselwirkungen: Verstärkung durch andere Beta-Adrenergika, Xanthine, MAO-Hemmer, Inhalationsnarkotika, Anticholinergika, Kortikosteroide (additiver kardiovaskulärer Effekt möglich). Betablocker (Wirkungsaufhebung, verstärkte Bronchialobstruktion).

Warnhinweis. Vorsicht bei Hyperthyreose, schwerer koronarer Herzkrankheit, frischem Herzinfarkt, Diabetes, Phäochromozytom. Serumkalium kontrollieren. Bei Kindern nur unter Aufsicht von Erwachsenen anwenden. Positive Dopingtests möglich. Bei Überdosierung Tachykardie, Extrasystolen, metabolische Azidose. Antidot: kardioselektive Betablocker.

Fenoterol + Ipatropium-Bromid (Berodual®)
Nebenwirkungen: Verkehrshinweis! Tremor, Tachykardie, Schwindel, Kopfschmerz, Mundtrockenheit, schlechter Geschmack, leichter Hustenreiz, Akkommodationsstörungen, paradoxer Bronchospasmus, Hypokaliämie, Überempfindlichkeit.

Wechselwirkungen: Verstärkung durch andere Beta-Adrenergika, Xanthine, MAO-Hemmer, trizyklische Antidepressiva, Anticholinergika (additiver kardiovaskulärer Effekt möglich). Betablocker (Wirkungsaufhebung, verstärkte Bronchialobstruktion). Xanthine, Kortikosteroide, kaliumausscheidende Diuretika (Hypokaliämie).

Warnhinweis. Vorsicht bei Hyperthyreose, schweren Herz-Kreislauf-Erkrankungen (auf myokardiale Ischämie bzw. Hypokaliämie achten), frischem Herzinfarkt, Diabetes, Prostatahyperplasie, Engwinkelglaukom. Nicht mit Augen in Kontakt bringen. Positive Dopingtests möglich. Bei Überdosierung Tachykardie, Antidot für Fenoterol: kardioselektive Betarezeptorenblocker.

Tauchtauglichkeit Sollten bei Patienten unter Anwendung von Asthma-Sprays Nebenwirkungen mit Einfluss auf die kardiale Leistungsfähigkeit auftreten, ist das Tauchen nicht gestattet. Im Zweifel ist auch vor dem 40. Lebensjahr die Durchführung einer Ergometrie empfohlen.

Weitere Tauchtauglichkeitskriterien siehe Kap. 15, Lunge und Atemwege.

2.13 Medikamente aus dem Bereich Gastroenterologie

Aminosalicylat (z. B. Sulfalazin, Mesalazin)
Unter Einnahme von Aminosalicylaten besteht keine grundsätzliche Einschränkung der Tauchtauglichkeit, es sind generell die Tauchtauglichkeitskriterien der Grunderkrankung zu erfüllen (siehe Kap. 19, Gastroenterologie).

Metronidazol
Unter Therapie mit Metronidazol ist das Führen von Maschinen wegen Veränderung des Reaktionsvermögens nicht empfohlen, somit ist Tauchen ebenfalls nicht empfohlen.

2.13.1 Virustatika bei Hepatitis

Insgesamt ergibt sich unter Therapie mit Virustatika eine höhere Infektgefahr durch Schwächung des Immunsystems. Insbesondere häufige pulmonale Infektionen sind für das Tauchen gefährlich.

Interferon alpha/Peg-Interferon alpha
Eliminations-HWZ ca. 2 Std.

Nebenwirkungen: Verkehrshinweis! ZNS-Dämpfung. Patienten ausreichend hydrieren. Auf Lungenveränderungen achten. Auf Depression und Suizidgedanken achten. Erhöhtes psychiatrisches Risiko bei zeitgleichem Drogenmissbrauch. Vorsicht bei Autoimmunerkrankungen.

Ribavirin
Nebenwirkungen: Verkehrshinweis! Infektionen (Pharyngitis), Neoplasien, Blutbild, Überempfindlichkeit, Stoffwechsel, Psyche (Depressionen, Suizidgedanken), Augen, Ohren, Herz, Atemwege, Magen/Darm, Haut, Skelett, Urogenitale, lokale Reaktionen, Gewichtsverlust.

Kontrollen: Leber, Standardblutuntersuchungen, Psyche, Vorsicht bei HCV/HIV-Co-Infektion (erhöhtes Toxizitätsrisiko). Auf psychiatrische Symptome achten, besonders bei Kindern und Jugendlichen. Auf Augenveränderungen achten. Zahnpflege beachten.

Unter Therapie mit Ribavirin sind die o. a. Nebenwirkungen bis 6 Monate nach Therapieende beschrieben.

Besondere Hinweise für Tauchen/Einschränkungen. Sollte überhaupt eine Tauchtauglichkeit im Einzelfall unter virustatischer Therapie möglich sein, ist eine deutliche Verkürzung des Untersuchungsintervalls empfohlen bzw. sollte das Tauchen nur relativ kurzfristig gestattet werden.

Tauchtauglichkeit Bei akuten Infektionen ist das Tauchen kontraindiziert.

Unter Interferon-Therapie ist Tauchen nicht empfohlen.

Bei Therapie mit anderen virustatischen Medikamenten ist die Tauchtauglichkeit einerseits von der Grunderkrankung und der kardiorespiratorischen Leistungsfähigkeit abhängig (siehe Kap. 19, Gastroenterologie).

Etwaige psychiatrische Nebenwirkungen sind genau zu erfragen, die weiteren Nebenwirkungen sind je nach Arzneimittelinformation zu beurteilen, insbesondere die Gefahr der erhöhten Infektanfälligkeit.

Unter Ribavirin sollte bis 6 Monate nach Therapieende nicht getaucht werden.

2.14 Medikamente zur Prophylaxe von Kinetosen (Seekrankheit)

Bei Seekrankheit und Medikamenteneinnahme müssen hinsichtlich Tauchtauglichkeit sowohl die Symptome der Seekrankheit als auch die Ausprägung der Nebenwirkungen der u. a. Medikamente beurteilt werden (siehe auch Kap. 9, Seekrankheit und Tauchen)

Antihistaminika hemmen die histaminerge Neurotransmission und blockieren Signale vom N. vestibularis zum medullären Brechzentrum. Die wichtigste Nebenwirkung der Antihistaminika ist die dosisabhängige Sedierung. Durch Aktivitätsverminderung der am Wachzustand beteiligten Histamin-Neuronen wird das Reaktionsvermögen deutlich beeinträchtigt.

Dimenhydrinat (Vomex A®, Superpep®, Travelgum®, Vertirosan B6®, in: Arlevert®)
Vorsicht bei Epilepsie, Eklampsie, Glaukom, Prostatahypertrophie, Glucose-6-Phosphat-Dehydrogenase-Mangel.

Nebenwirkungen: Somnolenz, Mundtrockenheit, Hypotension, Unruhe, Sehstörungen, ZNS, Magen/Darm, Miktionsbeschwerden, Haut (Photosensitivität).

Wechselwirkungen: Sedativa, Anticholinergika, Alkohol verstärkt, Aminoglykosid (Ototoxizität verschleiert).
 Kann auch bei bestimmungsgemäßem Gebrauch das Reaktionsvermögen so weit verändern, dass z. B. die Fähigkeit zur aktiven Teilnahme am Straßenverkehr oder zum Bedienen von Maschinen beeinträchtigt wird. Dies gilt in verstärktem Maße im Zusammenwirken mit Alkohol.

Cyclizin (Echnatol B6®, Österreich)
Warnhinweis. Vorsicht bei schweren Herzfehlern, Engwinkelglaukom, Magen/Darm- oder Blasenhalsobstruktion, Prostataadenom, Glucose-6-Phosphat-Dehydrogenase-Mangel.

Nebenwirkungen: ZNS, Magen/Darm, Vegetativum (anticholinerg), Haut (Photosensibilität), Auge (Glaukom), Herz (Tachykardie, Hypertonie), Niere, vereinzelt Chorea, Hepatitis, Blutbild.

Wechselwirkungen: Kontraindiziert: MAO-Hemmer (2 Wochen Abstand). Vorsicht: Alkohol, ZNS-Dämpfer (verstärkt), Verstärkung ototoxischer Substanzen (Aminoglykoside, Salizylate, Vancomycin, Schleifendiuretika, Cisplatin).
 Kann auch bei bestimmungsgemäßem Gebrauch das Reaktionsvermögen so weit verändern, dass z. B. die Fähigkeit zur aktiven Teilnahme am Straßenverkehr oder zum Bedienen von Maschinen beeinträchtigt wird. Dies gilt in verstärktem Maße im Zusammenwirken mit Alkohol.

Cinnarizin (in: Arlevert®)
Cinnarizin ist ein Kalziumantagonist und hemmt den Einstrom von Ca-Ionen in die vestibulären Sinneszellen, wirkt somit auf das periphere vestibuläre System.

Nebenwirkungen: Müdigkeit, Magen/Darm, Allergien, Mundtrockenheit, Schwitzen, extrapyramidale Symptome.

Wechselwirkungen: ZNS-Dämpfer verstärkt, Vasodilatoren verstärkt.

Bei prädisponierten Patienten kann es zu Behandlungsbeginn in seltenen Fällen zu Ermüdungserscheinungen kommen, die ohne Dosisreduzierung meist nach wenigen Tagen verschwinden. Kann die Reaktionsfähigkeit beeinträchtigen, es wird daher vom Lenken eines Kraftfahrzeuges abgeraten. Verstärkung durch Alkohol.

Ingwer (Zintona®)
Hat antiemetische Wirkung und positive Wirkung auf Magen-Darm-Trakt.

Nebenwirkungen: Kopfschmerzen, Müdigkeit, Sodbrennen, Magendrücken.

Wechselwirkungen: Vorsicht bei Gallensteinen.

Die Sedierung und Müdigkeit unter Seekrankheitsmedikation kann die Inertgasnarkose (Tiefenrausch) deutlich verstärken; das beeinträchtigte Reaktionsvermögen kann bei einem Problem unter Wasser zu gefährlichen Situationen führen.

Besondere Hinweise für Tauchen/Einschränkungen. Bei Müdigkeit und Sedierung unter Seekrankheitsmedikation keinesfalls tauchen.
Bei subjektiver Symptomfreiheit unter geringer Dosierung keine tiefen Tauchgänge und Verwendung von Nitrox (Limitierung des Inertgaspartialdruckes) empfohlen.

Tauchtauglichkeit Absolute Kontraindikation bei Anwendung oder Einnahme von Scopolamin.
Bei Einnahme von Vitamin C oder Ingwer ist tauchen möglich.
Bei nebenwirkungsfreier Einnahme von Cinnarizin und evtl. Dimenhydrinat, in geringer Dosierung und bei nur leichten Symptomen einer Seekrankheit ist Tauchen mit o. g. Einschränkungen möglich, falls die allgemeinen Tauchtauglichkeitskriterien erfüllt sind.

2.15 Sonstige Medikamente

Oxymetazolin (Nasivin®)
Hält als abschwellender Nasenspray mit seiner Wirkung bis zu 12 Std. lang an, daher eigentlich auch Tauchen möglich.

Wechselwirkungen: MAO-Hemmer (2 Wochen Abstand), trizyklische Antidepressiva, Blutdrucksenker, Anästhetika (Cyclopropan, Halothan); andere Blutdrucksteigerer verstärkt.

Vorsicht bei schweren Herz-Kreislauf-Erkrankungen, Phäochromozytom, Diabetes. Nicht länger als 7 Tage kontinuierlich anwenden. Gewöhnungseffekte: bei Missbrauch Toleranz möglich.

Xylometazolin (Otrivin®)
Hält als abschwellender Nasenspray mit seiner Wirkung bis zu 12 Std. lang an, daher eigentlich auch Tauchen möglich.

Wechselwirkungen: Sympathomimetika verstärkt, Sympatholytika abgeschwächt. Betablocker (Bronchokonstriktion, Hypertonie). Verstärkung durch tri-/tetrazyklische Antidepressiva, MAO-Hemmer (2 Wochen Abstand).

Warnhinweis. Vorsicht bei Hypertonie, Koronarinsuffizienz, Hyperthyreose, Diabetes, Porphyrie, Prostatahypertrophie, Phäochromozytom.

Gewöhnungseffekte: Bei längerer Anwendung und Überdosierung Rhinitis medicamentosa, Rhinitis sicca (Schleimhautatrophie) und Rebound-Effekt möglich.

Tauchtauglichkeit Generell ist das Gesundheitsproblem, weshalb Nasenspray verwendet wird, hinsichtlich Tauchtauglichkeit limitierend.

Acetylcystein (ACC)
Sprengt als Mukolytikum die verbindenden Disulfidbrücken zwischen Mukopolysacccharidfasern und löst somit zähen Schleim z. B. in den Bronchien, Nasennebenhöhlen oder im Mittelohr.

Nebenwirkungen: Anaphylaktoide Reaktion, Dyspepsie, Gesichtsödeme.

Bei Einnahme von ACC ist vor allem das Gesundheitsproblem, weshalb ACC genommen wird, hinsichtlich Tauchtauglichkeit zu beurteilen.

Loperamid (Imodium®)
Wird zur Behandlung von Durchfall eingenommen. Es bindet sich an Rezeptoren in der Darmwand und reduziert die propulsive Peristaltik, es verlängert sich die Transitzeit im Darm und die Wasser- und Elektrolytresorption wird erhöht.

Nebenwirkungen: Magen/Darm, ZNS, Mundtrockenheit, Hautausschläge, Überempfindlichkeit.

Warnhinweis. Verkehrshinweis! Vorsicht bei Leberschäden. Elektrolyte und Flüssigkeit substituieren. Bei Überdosierung ZNS-Depression und paralytischer Ileus, Antidot: wiederholte Naloxon-Gabe.

 Bei Durchfallerkrankung erhöht die Dehydratation das Risiko für eine Dekompressionserkrankung.

Tauchtauglichkeit Bei Einnahme von Loperamid ist vor allem die Durchfallerkrankung hinsichtlich Tauchtauglichkeit zu beurteilen. Taucher sollten über adäquate Maßnahmen bei Durchfallerkrankungen bereits vor einer Tauchreise aufgeklärt werden. Bei akutem Durchfall und Einnahme von Loperamid ist Tauchen nicht empfohlen.

Diabetes-Medikamente
Medikamente zur Therapie des Diabetes mellitus (Metformin, Glinide, Pioglitazon, Sulfonylharnstoffe, Acarbose, DPP-4-Hemmer (Dipeptidyl-Peptidase-4-Hemmer) und Insuline) finden Sie im Kap. 18, Endokrinologie.

Malaria-Medikamente
Medikamente zur Malaria-Prophylaxe finden Sie im Kap. 8, Reisemedizinische Aspekte.

Abschließender Hinweis
Generell können in diesem Kapitel nur einige der Medikamente genannt werden, die aktuell am häufigsten im Rahmen einer Tauchtauglichkeitsuntersuchung zur Diskussion stehen. Es wird empfohlen, sich über die Wirkungen der Medikamente (chronische Einnahme, häufige Bedarfsmedikation), die der Proband einzunehmen angibt, genau zu informieren (Fachinformation).

Die individuelle Abschätzung der Auswirkungen auf die Tauchtauglichkeit liegt in der Verantwortung des Untersuchers. Sollten Fragen offen bleiben, empfehlen die Fachgesellschaften, sich mit erfahrenen Tauchmedizinern zu beraten.

Literatur
Adair AC: Drugs and Diving. SPUMSJ 1979: 59–66.
Bassett BE: Safe diving equals fun diving – prescriptions for diving women. SPUMSJ 1979: 9–14.

Bove F: Drugs and diving. In: Bove F (ed.): Diving medicine. Philadelphia: Saunders, 2010.

Dowse MS, Cridge C, Smerdon G: The use of drugs by UK recreational divers. DHM 2011; 41: 16–21.

Etz P: Einnahme von Medikamenten bei Sporttauchern – Ergebnisse einer katamnestischen Studie. Caisson 2010; 25: 8–14.

Fraisse T, Nicolas B, de Wazieres B: Evaluation of self-medication by scuba divers. Therapie 2005; 60: 409–412.

Gatermann H: Tauchen und Medikamente. Caisson 2009; 24: 29–31.

Gray RN: Scuba diving post-bleomycin therapy – a case report. UHM 2010; 37: 455–457.

Hilger E, Fischer P: Pathophysiologische Korrelate deliranter Syndrome. J Neurol Neurochir Psychiatr 2002; 3: 32–40.

Kruger A, Wojnowski L: Kardiotoxizität von Antrazyklinen – ein ungelöstes Problem. Dt Ärztebl 2006; 103: A2393–2397.

Levano BG: Taking medications when you dive. Alert Diver 1999; Jan-Feb.

Macdonald HM: Hyperbaric oxygenation in the patient with malignancy – friend or foe. DHM 2007; 37: 133–138.

Nord DA: DAN Takes a Look at Over. Alert Diver 1996; May-June.

Smerz RW: Drugs downed divers did. UHMS annual meeting, 2007.

Suter TM et al.: Trastuzumab-associated cardiac adverse effects in the herceptin adjuvant trial. J Clin Oncol 2007; 25: 3859–3865.

Taylor DM, O'Toole KS, Ryan CM: Experienced, recreational scuba divers in Australia continue to dive despite medical contraindications. Wilderness Environ Med 2002; 13: 187–193.

Thalmann ED: Pseudoephedrine and Enriched-Air Diving. Alert Diver 1999; Nov–Dec.

Torp KD, Carraway MS, Ott MC, Stolp BW, Moon RE, Piantadosi CA, Freiberger JJ: Safe administration of HBOT after bleomycin A case series of 15 patients. UHM 2012; 39: 873–879.

van Hulst AR, Rietbroek RC, Gaastra MTW, Schlösser NJJ: To dive or not to dive with Bleomycin: A practical algorithm. Caisson 2012; 27: 13–17.

Walsh JM: Should divers use drugs. SPUMSJ 1979: 16–17.

Williams TH, Wilkinson AR, Davis FM, Frampton CM: Effects of transcutaneous scopolamine and depth on diver performance. Undersea Biomed Res 1988; 15: 89–98.

3 Leistungsfähigkeit

Leistungsfähigkeit kann als Oberbegriff für verschiedene Komponenten verstanden werden; im Mittelpunkt der Tauchtauglichkeitsuntersuchung steht die Komponente Ausdauer und mit Einschränkungen auch die Kraft. Für einen normalen Tauchgang ohne Widrigkeiten (z. B. Strömung) ist im Allgemeinen eine relativ geringe körperliche Leistungsfähigkeit ausreichend. Allerdings korreliert die körperliche Ausdauerleistungsfähigkeit unter zwei Aspekten mit der Tauchsicherheit:

Zunächst sind die Handlungssicherheit und der Spielraum bei kritischen Situationen höher, wenn die körperliche Leistungsfähigkeit hoch ist. Darüber hinaus sinkt das Risiko einer Dekompressionskrankheit, wenn die Ausdauerleistungsfähigkeit steigt. Es sollte aber differenzierte Hinweise zum Tauchverhalten geben, wenn die Leistungsfähigkeit eingeschränkt bzw. niedrig ist (s. unten).

Bei der Beurteilung der Gesamtsituation ist auch die Kombination von körperlichen Aktivitäten vor, während und nach dem Tauchen zu berücksichtigen.

3.1 Leistungstest und zu messende Parameter

Die Beurteilung der Leistungsfähigkeit sollte nach den in der Sportmedizin, Kardiologie und Pulmologie üblichen Untersuchungsverfahren erfolgen und in der Regel eine Fahrradergometrie (und nur in Ausnahmefällen eine Laufbandergometrie) beinhalten. Die Deutsche Gesellschaft für Sportmedizin und Prävention (DGSP) hat in ihren Leitlinien Empfehlungen zur Durchführung von Fahrradergometrie und Laufbandergometrie (die in der ärztlichen Praxis seltener zum Einsatz kommen wird). Die genauen Durchführungsanweisungen sind in den entsprechenden Leitlinien zu finden.

Die Praxisleitlinie Ergometrie der Österreichischen Kardiologischen Gesellschaft lässt sich in der Praxis zur Fragestellung „Leistungsfähigkeit in der symptomlimitierten Ergometrie" recht einfach durchführen. Der Vorteil besteht in der Individualisierung der Protokolle durch Einbeziehung des Erwartungswertes in die Protokollauswahl. Die Untersuchung ist auch relativ rasch (meist nicht länger als 20 min) zu absolvieren (Abb. 3.1).

Bei der Durchführung der Ergometrie ist darauf zu achten, diese symptomlimitiert bis zur Ausbelastungsgrenze durchzuführen, außer es besteht ein Ab-

Teil I   Allgemeine Kapitel

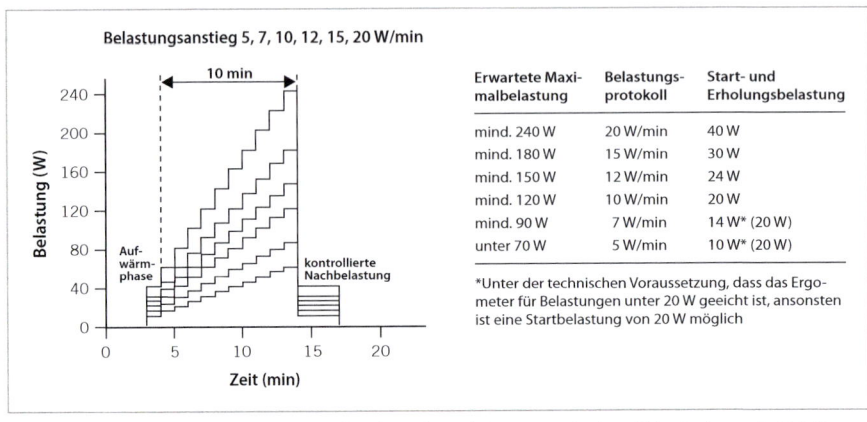

Abb. 3.1: Belastungsprotokolle für Fahrrad-Ergometrie (aus Wonisch et al. 2008)

bruchskriterium. Die Herzfrequenz alleine oder das Erreichen der tabellarischen 100 %-Grenze stellt kein solches Abbruchkriterium dar.

Aus tauchmedizinischer Sicht sollte die kardiopulmonale Leistungsfähigkeit eines Tauchers ausreichend sein, die Effekte der Immersion (kardiale Vor- und Nachlasterhöhung, erhöhte Atemarbeit) auch in kritischen Situationen ohne Probleme überstehen zu können.

Die zusätzliche Durchführung einer spirometrischen Messung oder ergänzend die Bestimmung der Laktatkonzentration, ist nur dann empfehlenswert, wenn eine differenziertere Aussage über die allgemeine Leistungsfähigkeit erforderlich ist und um ggf. spezifische Trainingsempfehlungen aussprechen zu können. Mit diesen Ergometertests kann die Ausdauerleistungsfähigkeit anhand der maximalen Leistung unter Einbeziehung der aerob/anaeroben Schwelle beurteilt werden.

3.2 Allgemeine Leistungsfähigkeit

Bewertung der Leistungsparameter

Zur Beurteilung der Leistungsfähigkeit werden meist Referenzwerte hinsichtlich der maximalen Leistung (PWCmax) auf dem Fahrradergometer bzw. der erreichten Geschwindigkeit auf dem Laufband angegeben. Entscheidend für eine Leistungserbringung im Tauchsport erscheinen jedoch nicht relative, sondern absolute Leistungskriterien. Sofern spiroergometrische Werte vorliegen, kann die Bewertung anhand der maximale O_2-Aufnahme/Körpergewicht erfolgen.

3 Leistungsfähigkeit

Tabelle 3.1: Richtwerte für die körpergewichtsbezogene Leistung bei Fahrradergometerarbeit bzw. für die erzielte Laufgeschwindigkeit auf dem Laufbandergometer für Männer der 3. Lebensdekade (nach DGSP 2005). Alters- und Geschlechtskorrekturen s. Text

Leistung Fahrrad	Geschwindigkeit Laufband	Bewertung der Leistungsfähigkeit
< 2,0 Watt/kg KG	< 2,0 m/s	eingeschränkt
3,0 Watt/kg KG	3,0 m/s	normal
3,5 Watt/kg KG	3,5 m/s	befriedigend
4,0 Watt/kg KG	4,0 m/s	gut
5,0 Watt/kg KG	5,0 m/s	sehr gut
6,0 Watt/kg KG	6,0 m/s	hervorragend

Die in der Spalte „Bewertung der Leistungsfähigkeit" in Tabelle 3.1 genannten Begriffe werden bei Belastungsuntersuchungen im Rahmen der kardiologischen Diagnostik verwendet, dort aber in Relation zum Bevölkerungsdurchschnitt unter Bezugnahme auf Größe, Gewicht, Geschlecht und Alter.

Diese Werte sind für die Tauchtauglichkeit nur von beschränktem Wert, um eine absolut notwendige Leistungsfähigkeit zu beurteilen. Angaben für eine notwendige Leistungsfähigkeit beim Tauchen schwanken zwischen 1 W/kg KG und 2,8 W/kg KG (bzw. 4–11 METs entsprechend Vo_2max 14 ml/kg/min bis 38,5 ml/kg/min) als Mindesterfordernis.

3.3 Leistung und Tauchen

3.3.1 Körperliche Beanspruchung beim Tauchen

Grundsätzlich wird beim Tauchen angestrebt, körperliche Anstrengungen soweit wie möglich zu vermeiden oder diese in Grenzen zu halten. Ein entscheidender Grund dafür ist der leistungsabhängig ansteigende Atemantrieb und der damit beim Tauchen mit Atemgerät verbundene erhöhte Atemgasverbrauch oder die beim Apnoetauchen verkürzte Apnoezeit. Auch unter dem Aspekt des Dekompressionsrisikos sind diese Faktoren relevant, wie im nachfolgenden Abschnitt dargestellt wird.

Situationen, die eine erhöhte körperliche Leistung erfordern, können vermieden werden, wenn ein Tauchgang entsprechend geführt wird und das Tauchgewässer angemessen ausgesucht wird. In diesem Sinne wäre eine besonders hohe körperliche Leistungsfähigkeit für den Taucher nicht erforderlich, vor allem dann, wenn auf eine umfassende Taucherfahrung zurückgegriffen werden kann. Dennoch sind Leistungsspitzen oder stärkere Belastungen durchaus nicht auszuschließen bzw. unvorhersehbar.

- ▶ Tauchanfänger bewegen sich in der Regel nicht so entspannt und ökonomisch wie erfahrene Taucher.
- ▶ Die Tauchvorbereitung, das Anziehen des Kälteschutzanzuges und das Bewegen mit der Ausrüstung außerhalb des Wassers können eine erhebliche körperliche Beanspruchung darstellen. Nicht nur, um diese zusätzliche Erhöhung der Belastungsintensität aus kardiorespiratorischer Sicht zu senken, sondern insbesondere auch, um die Belastungen für Wirbelsäule und den anderen Halteapparat zu reduzieren, sollten schwere Ausrüstungsteile erst unmittelbar vor dem Gewässereinstieg angelegt werden. Präventiv ist auch dafür ein allgemeines körperliches Training zu empfehlen.
- ▶ Aus verschiedenen Gründen kann es erforderlich sein, dass die Fortbewegung mit erhöhtem Tempo oder gegen eine Strömung erfolgen muss.
- ▶ Durch nicht optimale Ausrüstung oder deren unsachgemäße Handhabung kann die körperliche Belastung erheblich ansteigen (z. B. zu großer Abtrieb oder Auftrieb, erhöhter Wasserwiderstand durch Ausrüstungsteile).
- ▶ Hilfeleistungen für den Tauchpartner können erhebliche Beanspruchungen mit sich bringen. Solche Notsituationen sind nicht vorhersehbar und erfordern ggf. maximale Anstrengung.
- ▶ Sicher kann Tauchen an manchen Tauchplätzen auch sehr passiv betrieben werden, wenn keine aktive Fortbewegung nötig ist. Damit beschränkt sich die besondere Anstrengung bestenfalls auf das Atmen unter Wasser. Dennoch: Diese Tauchgänge sind die Ausnahme und zumindest die körperliche Anstrengung eines zügigen Spazierganges muss angenommen werden.

Wie aus der o. a. Aufzählung ersichtlich wird, geht die verstärkte Anstrengung beim Tauchen in den meisten Fällen von einer verstärkten Aktivität für die Fortbewegung aus. Die dazu erforderlichen Vortriebstechniken unter Wasser müssten zusätzlich berücksichtigt werden. Hier bringt die Schwimm- und Taucherfahrung und evtl. ein spezifischer Leistungstest im Tauchtraining Hinweise für die spezifische Leistungsfähigkeit.

 Problematisch kann der Rückschluss von der alters- und geschlechtsbezogenen relativen Beurteilung der Leistungsfähigkeit auf die Tauchtauglichkeit sein. Da die Gewässerbedingungen unabhängig vom Alter oder Geschlecht sind, liefert die relative Leistungsfähigkeit keine Information für die individuelle Bewertung der Tauchbedingungen und kann eine Scheinsicherheit suggerieren. Zum Beispiel kann starke Strömung für einen relativ leistungsstarken 60-jährigen Taucher eine Belastung am Rande seiner Leistungsfähigkeit darstellen.

Auch die auf das Gewicht bezogenen relativen Leistungswerte werden für die Belastung unter Wasser infolge der Auftriebswirkung weniger relevant sein.

Tauchtauglichkeit Die Tauchtauglichkeit sollte auf die absolute Leistungsfähigkeit sowie die oben angeführten technischen Aspekte abgestimmt werden.

3.3.2 Leistung, Leistungsfähigkeit und Dekompressionsrisiko

Untersuchungen zeigen, dass die körperliche Leistungsfähigkeit das Dekompressionsrisiko beeinflusst: Je höher die Leistungsfähigkeit, umso geringer das Risiko einer Dekompressionserkrankung. Darüber hinaus werden Faktoren diskutiert, die das Risiko der N_2-Blasenbildung erhöhen und zudem im Zusammenhang mit der Leistungsfähigkeit stehen: Geschlecht, Alter, Körpergewicht und Fettanteil. Neben der Leistungsfähigkeit als individuelle Größe ist akute körperliche Anstrengung im Zusammenhang mit dem Dekompressionsrisiko zu diskutieren. Hier sind vier Phasen zu unterscheiden:

Körperliche Anstrengung vor dem Tauchgang

Verschiedene Studien zeigen, dass starke aerobe Anstrengungen innerhalb von 24 h vor dem Tauchgang, das Dekompressionsrisiko vermindern können. Voraussetzung ist dabei allerdings, dass Flüssigkeitsverluste kompensiert werden. Da die physiologischen Mechanismen dahinter bisher nicht hinreichend geklärt sind, lassen sich zum heutigen Zeitpunkt noch keine praktischen Konsequenzen ableiten und weitere Studienergebnisse sind zunächst abzuwarten.

Körperliche Anstrengung während des Tauchgangs (vor der Dekompression)

Die körperliche Aktivität während des Tauchgangs führt, bedingt durch die verbesserte Perfusion insbesondere der arbeitenden Muskulatur, zu einer schnelleren Stickstoffaufnahme. Falls durch die verstärkte Wärmebildung die Hautdurchblutung gesteigert ist, trifft dies auch für die Haut zu. Dies ist zunächst nicht kritisch. Da aber während der Dekompression nur moderate Aktivität empfohlen ist und die angetroffenen Wassertemperaturen in der Regel zur Auskühlung führen, ist die Durchblutung von Muskulatur und Haut während der Dekompression oft reduziert. So kommt es dann zu einer verlangsamten Stickstoffabgabe und zur Erfordernis verlängerter Dekompressionszeiten.

Körperliche Anstrengung während der Dekompression
Leichte Bewegung während der Dekompression ist empfehlenswert, um die Durchblutung möglichst umfassend zu gewährleisten. Passives Abwarten bzw. völlige Ruhe während des Sicherheitsstopps oder der Dekompressionszeit ist wegen der damit eingeschränkten Durchblutung nicht empfehlenswert. Andererseits sind hohe Belastungen zu vermeiden, da hierbei die Blasenbildung begünstigt wird.

Körperliche Anstrengung nach dem Tauchgang
Starke Belastungen nach dem Tauchen sind unbedingt zu vermeiden, da dies ebenfalls die Blasenbildung provozieren könnte. Damit sind auch kurzfristige schwere Arbeiten gemeint. Neuere Befunde in jüngster Zeit geben allerdings auch einen Hinweis darauf, dass aerobe Arbeit nach dem Tauchen möglicherweise zur Senkung des Risikos einer DCI beitragen kann. Hierbei dürfte aber auch die Form der Belastung eine erhebliche Rolle spielen. Die mit bestimmten Formen anstrengender Arbeit verbundene Pressatmung ist ebenfalls problematisch. Damit wird der Blasenübertritt in das arterielle System begünstigt. Daher sind schwere Arbeiten mit Pressatmung nach dem Tauchgang zu vermeiden.

Absolut kontraindiziert ist das Tauchen in Apnoe (im Gegensatz zum Schnorcheln an der Wasseroberfläche) nach einem Tauchgang mit Tauchgerät. In Apnoe könnten sich durch Hypoxie evtl. bestehende intrapulmonale AV-Shunts öffnen und durch neuerliche Kompression die bestehenden Mikroblasen verkleinert werden, mit der Gefahr der Überwindung des Lungenfilters und der Arterialisierung der Blasen.

3.3.3 Adipositas

Ein weiterer Parameter, der als besonderes Risiko einer DCI gilt, ist der Körperfettanteil. In diesem Sinne wäre bei der Beurteilung der Tauchtauglichkeit in Abhängigkeit von der Leistungsfähigkeit auch die Bestimmung des BMI eine

Tabelle 3.2: Gewichtsklassifikation bei Erwachsenen anhand des BMI ohne Berücksichtigung der Faktoren Alter und Geschlecht (gem. WHO, 2000 EK IV)

Kategorie	BMI (kg/m²)	Kommentar
Untergewicht	<19	
Normalgewicht	19–25	
Präadipositas	25–30	≥25: Übergewicht
Adipositas Grad I	30–35	
Adipositas Grad II	35–40	
Adipositas Grad III	>40	

wichtige Größe. Da das Bewegen unter Wasser relativ gewichtsunabhängig ist und somit keine übermäßigen orthopädischen Belastungen entstehen, kann die Beurteilung der Tauchtauglichkeit auf diesen Aspekt der Risikoabschätzung beschränkt werden. Als anerkanntes Maß zur Gewichtsbeurteilung gilt der Body-Mass-Index (BMI). Hier sollte die Einteilung der WHO herangezogen werden (Tabelle 3.2).

Bereits bei mäßigem Übergewicht (Präadipositas) sollte auf das gesteigerte Risiko hingewiesen werden, ab einem BMI > 30 kg/m² sollte vorbeugend „Low Bubble Diving" empfohlen werden.

Tauchtauglichkeit In diesem Sinne stellt das Vorliegen einer Adipositas höheren Grades eine relative Kontraindikation für das Tauchen dar.

3.4 Zusammenfassende Hinweise zur Beurteilung

Zur Beurteilung der Leistungsfähigkeit ist auf jeden Fall eine symptomlimitierte Belastungsuntersuchung heranzuziehen. Die absoluten Anforderungen beim Tauchen durch die immersionsbedingte kardiale Vor- und Nachlasterhöhung und die erhöhte Atemarbeit müssen bei der Beurteilung berücksichtigt werden. Eine Belastungshypertonie erhöht unter Umständen das Risiko auf ein Immersionslungenödem. Mit ausreichend Taucherfahrung werden anstrengende Situationen unter Wasser in der Regel besser beherrscht.

Tauchtauglichkeit Für die Tauchtauglichkeit sollte 100 % der alters- und geschlechtsbezogenen Leistungsfähigkeit gefordert werden, andernfalls wäre die Tauchtauglichkeit einzuschränken.

Relative Kontraindikationen	Absolute Kontraindikationen
Kombination von – eingeschränkter absoluter Leistungsfähigkeit, – Fettleibigkeit und – geringer/fehlender Taucherfahrung	– extrem niedrige allgemeine Leistungsfähigkeit

Da die Abwägung der o. g. Punkte im Einzelfall schwierig sein kann, sollte eine Tauchtauglichkeitsuntersuchung immer von einem entsprechend ausgebildeten Tauchmediziner durchgeführt werden. Spezielle Probleme können erfahrenen Tauchmedizinern vorgestellt werden.

Literatur

Adir Y, Shupak A, Gil A, Peled N, Keynan Y, Domachevsky L, Weiler-Ravell D: Swimming-induced pulmonary edema – clinical presentation and serial lung function. Chest 2004; 126: 394–399.

Broome JR, Dutka AJ, McNamee GA: Exercise conditioning reduces the risk of neurologic decompression illness in swine. Undersea Hyperb Med 1995; 22: 73–85.

Carturan D, Boussuges A, Vanuxem P Bar-Hen A, Burnet H, Gardette B: Ascent rate, age, maximal oxygen uptake, adiposity, and circulating venous bubbles after diving. J Appl Physiol 2002; 93: 1349–1356.

Coulange M, Rossi P, Gargne O, Bessereau J, Regnard J, Jammes Y, Barthelmy A, Auffray JP, Boussuges A: Pulmonary oedema in healthy SCUBA divers – new physiopathological pathways. Clin Physiol Funct Imaging 2010; 30: 181–186.

Deutsche Gesellschaft für Sportmedizin und Prävention: Leitlinien zur Belastungsuntersuchung in der Sportmedizin (2002). www.dgsp.de (Zugriff am 14. 08. 2008).

Deutsche Gesellschaft für Sportmedizin und Prävention: Leitlinie Vorsorgeuntersuchung im Sport (2007). www.dgsp.de (Zugriff am 14. 08. 2008).

Deutsche Gesellschaft für Sportmedizin und Prävention: Tabellen und Abbildungen zur Belastungsuntersuchung im Sport (2005). www.dgsp.de (Zugriff am 14. 08. 2008).

Deutsche Gesellschaft für Kardiologie – Herz- und Kreislaufforschung: Leitlinien zur Ergometrie (2000). www.dgkardiol.de (Zugriff am 14. 08. 2008).

Österreichische Kardiologische Gesellschaft: Praxisleitlinien Ergometrie (2008). www.kup.at/kardiologie (Zugriff am 14. 08. 2008).

Dujić Z, Duplančić D, Marinović-Terzić I, Baković D, Ivančev V, Valic Z, Eterović D, Petri N, Wisløff U, Brubakk AO: Aerobic exercise before diving reduces venous gas bubble formation in humans. J Physiol 2004; 55: 637–642.

Dujić Z, Obad A, Palada I, Ivančev V, Valic Z: Venous bubble count declines during strenuous Exercise after an open see dive to 30 m. Aviat Space Environ Med 2006; 77: 592–596.

Dujic Z, Valic Z, Brubakk AO: Benefecial role of exercise on SCUBA diving. Exerc Sport Sci Rev 2008; 36: 38–42.

Henckes A, Lion F, Cochard G, Arvieux J, Arvieux CC: Pulmonary oedema in scuba-diving – frequency and seriousness about a series of 19 cases. Ann Fr Anesth Reanim 2008; 27: 694–699.

Hoffmann U, Holle N: Breitensportliche Trainingspraxis im Tauchen. Delius-Klasing, Edition Naglschmid (in Vorbereitung).

Jetté M, Sidney K, Blümchen G: Metabolic equivalents (METS) in exercise testing, exercise prescription, and evaluation of functional capacity. Clin Cardiol 1990; 13: 555–565.

Koehle MS, Lepawsky M, McKenzie DC: Pulmonary oedema of immersion. Sports Med 2005; 35:183–190.

Löllgen H, Erdmann E (Hrsg.): Ergometrie – Belastungsuntersuchungen in Klinik und Praxis. Berlin Heidelberg New York: Springer, 2000.

Lund KL, Mahon RT, Tanen DA, Bakhda S: Swimming-induced pulmonary edema. Ann Emerg Med 2003; 41: 251–256.

Miller CC III, Calder-Becker K, Modave F: Swimming-induced pulmonary edema in triathletes. Am J Emerg Med 2010; 28: 941–946.

Rattner BA, Gruenau SP, Altland PD: Cross-adaptive effects of cold, hypoxia, or physical training on decompression sickness in mice. J Appl Physiol: 1979; 47: 412–417.

Wenger M, Russi EW: Aqua jogging-induced pulmonary oedema. Eur Respir J 2007; 30: 1231–1232-

Wisloff U, Brubakk AO: Aerobic endurance training reduces bubble formation and increases survival in rats exposed to hyperbaric pressure. J Physiol 2001; 537: 607–611.

Wonisch M, Berent R, Klicpera M, Laimer H, Marko C, Pokan R, Schmid P, Schwann H für die AG Kardiologische Rehabilitation und Sekundärprävention der Österreichischen Kardiologischen Gesellschaft: Praxisleitlinien Ergometrie. J Kardiol 2008; 15 (Suppl A), Krause & Pachernegg GmbH, Verlag für Medizin und Wirtschaft, Gablitz (A), 2008.

Wonisch M, Berent R, Klicpera M, Laimer H, Marko C, Pokan R, Schmid P, Schwann H für die AG Kardiologische Rehabilitation und Sekundärprävention der Österreichischen Kardiologischen Gesellschaft: Praxisleitlinien Ergometrie. http://www.kup.at/kup/pdf/7255.pdf

4 Höheres Lebensalter

Altern ist keine Krankheit; trotzdem leiden ältere Menschen häufiger an Beschwerden und chronischen Krankheiten als jüngere. Im Laufe des Alterns wird die innere Homöostase labiler, da die Reservekapazitäten der Organe und Organsysteme abnehmen. Hierbei besteht eine hohe intra- und interindividuelle Varianz. Für die Ausübung des Tauchsports gibt es generell kein Maximalalter. Allerdings kann eine starke Strömung für einen relativ leistungsstarken 60-jährigen Taucher eine Belastung am Rande seiner Leistungsfähigkeit darstellen.

Neben bestehenden akuten sowie chronischen Erkrankungen müssen auch degenerative körperliche Veränderungen und die körperliche Leistungsfähigkeit im Rahmen der Tauchtauglichkeitsuntersuchung beurteilt werden. Alter per se ist also keine Kontraindikation für das Tauchen, es können sich aber Kontraindikationen ggf. aus Leistungseinschränkungen und/oder Begleiterkrankungen ergeben. Die entsprechenden Kontraindikationen werden in den jeweiligen Kapiteln abgehandelt.

4.1 Allgemeines

4.1.1 Tauchtauglichkeitsuntersuchung

Ab dem 40. Lebensjahr soll die Tauchtauglichkeitsuntersuchung jährlich erfolgen. Neben der Beurteilung von chronischen und akuten Erkrankungen ist die Evaluation der körperlichen und geistigen Leistungsfähigkeit ein wesentliches Kriterium der Tauchtauglichkeit.

Leistungsfähigkeit
Die körperliche Leistungsfähigkeit sollte durch eine symptomlimitierte Ergometrie bestimmt werden (s. Kap. 3, Leistungsdiagnostik), die ab dem 40. Lebensjahr obligatorisch ist. Die gängigen Ergometrietabellen basieren auf Untersuchungen von Probanden, die jünger als 60 Jahre waren. Da die Leistungsgrenzen für ältere Jahrgänge durch Extrapolation dieser Daten errechnet wurden, ist bei höherem Alter eher die absolute Leistungsfähigkeit des einzelnen Probanden in Betracht zu ziehen. Beim Tauchen bleiben erhöhte Atemgasdichte, die Effekte der Immersion und etwaige Strömungen

absolute Faktoren. Für die absoluten Leistungskriterien gibt es in der Literatur unterschiedliche Empfehlungen, da die ergometrische Leistungsfähigkeit nur einen Teil der Belastungsfähigkeit ausmacht, Schwimmtechnik spielt hier eine besondere Rolle.

Die Empfehlungen schwanken zwischen 1,8 W/kg KG und 2,4 W/kg KG, aber auch Angaben wie mindestens eine VO_2max von 37 ml/kg KG (ADTC) sind nachlesbar. Zu bedenken ist dabei, dass der Anteil älterer Taucher in der Statistik der tödlich verunfallten Taucher steigt.

Besonders die Kombination von niedriger absoluter körperlicher Leistungsfähigkeit und Übergewicht, die bei 38 % aller tödlichen Unfälle zu finden ist, ggf. in Kombination mit weiteren im Alter typischen Begleiterkrankungen, ist in Betracht zu ziehen.

Erfahrung

Ist die Ausübung des Tauchsports nur eingeschränkt möglich, sollten die Gründe hierfür und die sich daraus ergebenden Konsequenzen mit dem Taucher ausführlich besprochen werden. Es ist auch wichtig, die Tauchererfahrung in die Beurteilung mit einzubeziehen. Hat der Taucher seine Beziehung zum Tauchsport erst im höheren Alter entdeckt, ist den geistigen Resourcen und dem Risiko der geistigen und körperlichen Überforderung in Gefahrensituationen besondere Aufmerksamkeit zu widmen.

4.1.2 Inzidenz Dekompressionsunfall

Bisher existieren nur wenige Daten zur tatsächlichen Inzidenz von Tauchunfällen in verschiedenen Altersklassen. Doch gibt es Publikationen, die ein erhöhtes Risiko für schwere Dekompressionserkrankungen mit zunehmendem Alter und zudem eine seltenere Restitutio ad integrum aufzeigen. Ursache scheint die verminderte Reservekapazität insbesondere der betroffenen Organe zu sein. Als Grundregel gilt auch im höheren Alter: Je höher die Leistungsfähigkeit, umso kleiner das Risiko eines Dekompressionsunfalls. Der Faktor Temperatur wirkt sich in diesem Zusammenhang mehrfach aus. Im kalten Wasser sind die Tauchanzüge dicker und schwerer. Um dies auszugleichen, braucht man mehr Blei. Dies führt zu körperlicher Anstrengung, evtl. Erschöpfung und dadurch zu eingeschränkter Handlungsfähigkeit.

Der Hydratationszustand ist in höherem Alter reduziert, deshalb ist auf ausreichende Hydrierung zu achten, sonst ist ebenfalls das DCI-Risiko erhöht.

4.2 Physiologische Beanspruchungen des Tauchsports im Alter

Neben erworbenen Erkrankungen u. a. des Herz-Kreislaufs, der Lunge und des Stoffwechsels (s. jeweilige Kapitel) müssen zur Beurteilung der Tauchtauglichkeit auch degenerative strukturelle Veränderungen beurteilt werden, die bei der Ausübung des Tauchsports zu Problemen und tauchtypischen Unfällen führen können.

Nachfolgend sind typische physiologische Beanspruchungen des Körpers im Rahmen des Tauchens dargestellt, die bei der Beurteilung der Tauchtauglichkeit berücksichtigt werden müssen. Dazu werden die altersphysiologischen Veränderungen der jeweiligen Organsysteme dargestellt.

Tauchtauglichkeit Das Vorhandensein chronischer Krankheiten per se schließt Tauchtauglichkeit nicht aus, die Ausprägung und (medikamentöse) Behandlung dieser Krankheiten müssen vom Tauchmediziner individuell beurteilt werden.

4.2.1 Herz-Kreislauf

Die Prävalenz der Herzinsuffizienz steigt ab der 6. Lebensdekade. Hauptursache ist im mittleren Lebensalter die koronare Herzkrankheit, später die arterielle Hypertonie. Die chronische arterielle Hypertonie kann bei hochgradiger linksventrikulärer Hypertrophie mit erhaltener systolischer Funktion zu einer diastolischen Fehlfunktion infolge fibrosebedingter Compliancestörung führen. In fast der Hälfte der Fälle ist die Herzinsuffizienz von einer arteriellen Hypertonie begleitet. Die schwierig zu diagnostizierende Rechtsherzinsuffizienz wird ebenfalls deutlich häufiger. Die Inzidenz der sklerotischen Aortenstenose im höheren Lebensalter steigt, dadurch auch das Risiko eines „Sudden Cardiac Death". Die sklerotischen Veränderungen treten im Prinzip schleichend auf, so dass die Betroffenen mögliche Krankeitszeichen erst spät bemerken.

Das plötzliche Eintauchen vor allem des Gesichts in kaltes Wasser kann zu Bradykardie und Hypotension führen. Bei ausgeprägten strukturellen Veränderungen des Herz-Kreislaufs kann es dabei zur Minderperfusion des zentralen Nervensystems mit Defiziten des Denkvermögens bis zur Bewusstlosigkeit kommen.

Durch die Immersion kommt es während des Tauchgangs zu einer vermehrten Rechtsherzbelastung mit entsprechender renaler Antwort, die zu Dehydratation führt. Bei gleichzeitiger Diuretikaeinnahme ist die Exsikkosegefahr verstärkt. Im höheren Alter ist das Durstgefühl nicht mehr so ausgeprägt, daher ist auf ausreichende Flüssigkeitszufuhr zu achten.

Kälte verursacht eine periphere Vasokonstriktion mit weiterer Rechtsherzbelastung und kann außerdem bei entsprechender Prädisposition koronararterielle Spasmen auslösen. Eine Sympathikusaktivierung durch Angst oder Stress ist in der Regel durch einen Anstieg der Herzfrequenz und des Blutdrucks gekennzeichnet, die ohne weitere körperliche Beschwerden toleriert werden muss. Zudem ist in Notsituationen oft plötzlich eine hohe körperliche Belastung notwendig, für die eine ausreichende kardiopulmonale Leistungsfähigkeit erforderlich ist.

4.2.2 Lunge

 Degenerative Veränderungen des Thorax führen zu einer verminderten Elastizität und Compliance der Lunge. Mit zunehmendem Alter vergrößert sich das Residualvolumen und verkleinert sich die forcierte Vitalkapazität durch verminderte Elastizität des Lungengewebes sowie des Brustkorbs.

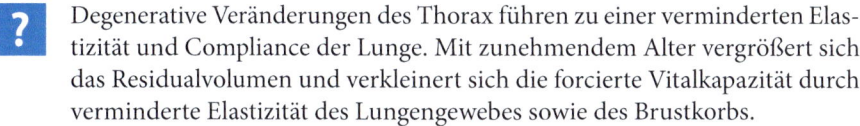 Aufgrund der zunehmenden Atemgasdichte in größeren Tiefen kann die verminderte Lungenelastizität zu erhöhter erforderlicher Atemarbeit führen.

Obstruktive, also häufige pathologische Veränderungen der Lunge können zum „Air Trapping" führen, das ursächlich für ein Barotrauma der Lunge sein kann. Fast noch wichtiger und unterschätzt wird die pulmonale Hypertension aus unterschiedlichen Ursachen, die durch Immersion und Submersion noch gesteigert wird und zu akut aufgetretenen Lungenödemen führen kann.

Tauchtauglichkeit Eine Lungenfunktionsuntersuchung ist unabhängig vom Alter bei jeder Untersuchung zur Tauchtauglichkeit durchzuführen und muss den Normwerten entsprechen.

4.2.3 Haut

Sporttauchen findet häufig in kaltem Wasser statt. Trotz Kälteschutzanzug kommt es häufig zu Auskühlungen bis hin zu milden Hypothermien.

 Reduziertes Unterhautfettgewebe, wie es im höheren Alter regelmäßig vorkommt, kann zusätzlich zu schnellerer Auskühlung führen. Die Kälteempfindlichkeit nimmt im Alter zudem häufig ab, die beginnende Unterkühlung wird deshalb später bemerkt.

4.2.4 Bewegungsapparat

 Ausreichende Schwimm- und Bewegungsfähigkeit im Wasser sind essentielle Fähigkeiten für die Ausübung des Tauchsports und somit für eine Tauchtauglichkeit. Der degenerative Umbau der Knochen und der Muskulatur mit zunehmendem Lebensalter kann zu Problemen bei der Fortbewegung unter Wasser oder an der Wasseroberfläche führen.

Die Zahl älterer Menschen, die über ständige oder rezidivierende Schmerzen, insbesondere Lumboischialgien, klagen, steigt mit zunehmendem Alter. Im Bereich der degenerativen Gelenkerkrankungen und bei LWS-Beschwerden kann das Tauchen sogar entlastend wirken.

Eine Einschränkung der Gelenksbeweglichkeit kann die Bedienung der Tauchausrüstung, den Ausstieg bei hohem Wellengang, den Ausstieg in ein Schlauchboot oder mit voller Tauchausrüstung über eine Leiter auf ein Tauchschiff beeinträchtigen. Durch degenerative Veränderungen des Bewegungsapparats mit einer insgesamt schlechteren Gewebsdurchblutung besteht ein im Gegensatz zu jüngeren Tauchern verändertes Dekompressionsverhalten dieser „Kompartments". Dieses kann möglicherweise zu einem erhöhten Risiko für Dekompressionsunfälle führen.

Tauchtauglichkeit besteht, wenn die sichere Bedienung der Tauchausrüstung und eine ausreichende Fortbewegung mit Tauchausrüstung gewährleistet sind.

4.2.5 Augen

 Im Alter kommt es zu einer Verminderung der Sehleistung, so dass die meisten Menschen in der ersten Hälfte des fünften Lebensjahrzehnts einer ersten altersmedizinischen augenärztlichen Versorgung bedürfen. Aufgrund der nachlassenden Elastizität der Linse ist die optische Naheinstellungsfähigkeit des Auges beim normalen Altern irgendwann so weit herabgesetzt, dass ohne Sehhilfe für die Nähe das Lesen nicht mehr möglich ist. Die optischen Unterwassereffekte kompensieren die Altersweitsichtigkeit zum Teil.

Während des Tauchens ist es jedoch essentiell, Tauchcomputer, Uhr und Finimeter ablesen zu können, seinen Tauchpartner zu sehen und aus der Ferne das Tauchboot bzw. den Taucheinstieg zu erkennen. Eine Überprüfung der Sehfähigkeit auch für die Nähe ist daher zwingend erforderlich (s. Kap. 12, Augenheilkunde).

 Schlechte Sicht wird besonders unter Wasser als Bedrohung und Unsicherheit wahrgenommen. Dies wiederum reduziert die Denkfähigkeit. Da im Alter die Reserven geringer sind, droht Überforderung.

Tauchtauglichkeit Nicht zu vergessen ist in diesem Zusamenhang die Kontrolle der Sehfähigkeit. Wichtig ist, das Problem der notwendigen guten Sicht beim älteren Taucher aktiv anzusprechen, Lösungsmöglichkeiten im Beratungsgespräch zu erwähnen und bei Bedarf eine Beratung beim Augenarzt und/oder Optiker zu empfehlen.

4.2.6 Psychische Belastung und Beanspruchung

Das Sporttauchen fordert zum Teil komplexe Handlungen in einer für den Menschen völlig ungewohnten Umgebung, so dass eine ausreichende Reaktionsgeschwindigkeit und Leistungsfähigkeit des Gehirns für die Tauchsicherheit notwendig sind. Die Prävalenz kognitiver Einschränkungen ist zwar unterschiedlich ausgeprägt, nimmt aber dennoch im Alter exponentiell zu.

Die Taucherfahrung des Probanden ist von großer Bedeutung. Wenn das Intervall zum letzten Tauchgang nicht zu lang ist, werden die Handlungen während des Routinetauchgangs von den Basalganglien gesteuert, die für Routineaktivitäten verantwortlich sind. Sie arbeiten energieeffizient, und, so wie viele andere Hirnregionen, abseits der bewussten Wahrnehmung. Die Überprüfung dieser Funktionen ist bei Tauchanfängern im höheren Alter sehr wichtig. Eine Studie von Brian McElree ergab, dass bemerkenswerterweise nur eine einzige Information genau und ohne Abstriche im Gedächtnis behalten werden kann. Dabei kann durchaus mehr als eine Sache im Kopf behalten werden, bei einer Verarbeitung zu vieler Reize ist jedoch damit zu rechnen, dass das eine oder andere übersehen wird, das relevant sein kann.

 Ausbildung, Training und Erfahrung sind wichtig für die Sicherheit bei der Tauchaktivität. Bei älteren Tauchsporteinsteigern ist die gründliche Ausbildung besonders wichtig. Trotz gründlicher Ausbildung sind diese bei ihren ersten Tauchgängen (es beginnt schon mit dem Anziehen) mit vielen neuen Situationen konfrontiert. Verstehen, Entscheiden, Erinnern, Abspeichern und

Sperren bzw. Hemmen machen den Großteil der bewussten Gedanken aus. Diese Funktionen werden immer wieder neu miteinander kombiniert, damit eine vorausschauende Planung, Problemlösung sowie Kommunikation möglich wird und andere Aufgaben bewältigt werden können.

Es müssen viele neue Entscheidungen und Lösungen getroffen werden, die den noch nicht routinierten älteren Taucher kognitiv sehr fordern können. Kognitive Überforderung sollte beim Tauchen in höherem Alter unbedingt vermieden werden.

Tauchtauglichkeit Anamnestische Daten über die geistige Leistung und Belastbarkeit des älteren Tauchers sollten erhoben werden: Angsterkrankung, Panikerkrankung, Depression, Schizophrenie, bisherige Unfallhäufigkeit, Sturzanamnese, Suizidalität, Ausdrucksmöglichkeit von Angst, Medikamenteneinnahme. Im Zweifelsfall sollte bei älteren Tauchern eine Überprüfung der kognitiven Leistungsfähigkeit evtl. durch eine fachärztliche Begutachtung oder auch ein „Mini Mental Status Test" (MMST) durchgeführt werden.

4.2.7 Ohren

Ein Teil des Hörverlusts ist physiologisch und folgt dem reinen Alterungsprozess der hörenden Strukturen im Mittel- und Innenohr. Ein anderer Teil ist expositionsbedingt durch exzessiven Lärm, durch Gefäß- und Systemerkrankungen oder durch toxische oder medikamentöse Nebenwirkungen. Neben Veränderungen des Hörorgans gibt es auch Veränderungen von Hörnerven und zentralen Hörbahnen, die das Sprachverstehen zusätzlich bei begleitenden Hintergrundstörgeräuschen beeinträchtigen (eine klassische Situation auf Tauchschiffen).

Hörgeräte können nicht mit unter Wasser genommen werden. Aufgrund der grundsätzlich nonverbalen und nichtakustischen Kommunikation unter Wasser führt dies zumindest bei Personen mit Taucherfahrung in der Regel zu keinem Kommunikationsdefizit.

4.2.8 Schwindel und Gleichgewicht

Das Gleichgewicht zu halten, ist ein komplexer Vorgang, der abhängig ist vom Sehvermögen, vestibulärer und peripherer Reizverarbeitung, zentraler Koordinierung und neuromuskulärer Reaktion. Beim Stehen werden Gleichgewichtsänderungen von propriozeptiven und kutanen Sensoren in den Füßen erkannt. Mit dem Sehvermögen werden lineare und räumliche Bewegungen im Blickfeld erfasst und mit dem Vestibularapparat schwankungsbedingte Beschleunigungen des Kopfes registriert. Es kann nachgewiesen werden, dass die Funktion in allen Teilen dieses Systems mit zunehmendem Alter nachlässt, ausgeprägter jedoch bei der peripheren Reizverarbeitung und dem Vestibularapparat. Die Sehfähigkeit wird daher mit zunehmendem Alter immer wichtiger für die Haltungskontrolle.

30 % der älteren Menschen leiden an Schwindel. Für die Entscheidung, ob dieser Schwindel ein Ausschlusskriterium für das Tauchen darstellt, ist eine Differenzierung sinnvoll, da sich „Schwindel bei älteren Menschen" häufig als diffuses Benommenheitsgefühl hinterfragen lässt und sich dabei bestehende Gleichgewichtsstörungen oft durch ein Polyneuropathiesyndrom erklären lassen.

4.2.9 Medikamente

Im Alter nimmt die Anzahl der benötigten Medikamente zu. Insbesondere Präparate, die als Nebenwirkung die geistige und körperliche Leistungsfähigkeit beeinträchtigen, können den Taucher gefährden.

Bei großer Anstrengung oder starker Strömung ist der Taucher weniger leistungsfähig. Beim älteren Taucher ist dies besonders zu berücksichtigen.

Die umfangreichen Auswirkungen und Risiken von Medikamenten im Zusammenhang mit Tauchen ist im Kapitel Medikamente zu finden (siehe Kap. 2).

Die Einschätzung eventueller Wechselwirkungen bei Einnahme von mehreren Medikamenten gleichzeitig bleibt dem Tauchmediziner bei der Tauchtauglichkeitsuntersuchung des Probanden überlassen.

4.3 Empfehlungen zum Tauchverhalten im höheren Lebensalter

Im ärztlichen Gespräch sollte erörtert werden, dass sich das Tauchen möglichst an den jeweils aktuellen geistigen und körperlichen Fähigkeiten orientieren sollte:
- ▶ Tauchgänge, die zu einer großen körperlichen und geistigen Belastung führen können, sollten vermieden werden.
- ▶ Wegen des erhöhten Risikos für einen Dekompressionsunfall sollten Tauchzeit und Tauchtiefe limitiert werden – „Low Bubble Diving".

- ▶ Konservative Tauchplanung, z. B. nur ein Tauchgang täglich.
- ▶ Zu dem Flüssigkeitsverlust während des Tauchens addiert sich der im höheren Lebensalter häufig bestehende chronische Flüssigkeitsmangel. Da dieser ein Risikofaktor für das Auftreten eines Dekompressionsunfalls ist, sollte insbesondere in warmen Ländern auf eine ausreichende Hydrierung geachtet werden. (Kontrolle der Urinfarbe als Dehydratationszeichen ansprechen!)
- ▶ Viele im Alter verordnete Medikamente schließen eine Tauchtauglichkeit aus oder schränken die Tauglichkeit ein. Auf die Medikamentenanamnese muss deshalb besonderer Wert gelegt werden.
- ▶ Beim älteren, weniger erfahrenen Taucher sollte für eine Vorbesprechung des Tauchgangs noch vor dem Briefing gesorgt werden, um das Sicherheitsgefühl zu steigern und psychischer Überforderung entgegenzuwirken. Auch der Tauchgangnachbesprechung ist genügend Zeit zu widmen.
- ▶ Tauchen mit Nitrox ist zu empfehlen, es kann die DCI-Gefahr reduzieren.

Tauchtauglichkeit Ist die Ausübung des Tauchsports nur eingeschränkt möglich, sollte der behandelnde Arzt die Gründe hierfür und die sich daraus ergebenden Konsequenzen mit dem älteren Taucher besprechen und dokumentieren. Bestehen keine Erkrankungen oder degenerativen Veränderungen, die eine Kontraindikation zur Ausübung des Tauchsports darstellen, ist die Person unabhängig vom Lebensalter bei guter körperlicher und geistiger Fitness tauchtauglich.

Literatur

Carturan D, Boussuges A, Vanuxem P et al.: Ascent rate, age, maximal oxygen uptake, adiposity, and circulating venous bubbles after diving. J Appl Physiol 2002; 93: 1349–1356.
Edelmann GM: Unser Gehirn: Ein dynamisches System. München, 1993.
Gordon E (ed.): Integrative neuroscience: bringing together biological, psychological and clinical models oft the human brain. Singapore: Hardwood Academic Publishers, 2000.
Gordon E, Wiliams L et al.: An integrative neuroscience platform: applications and profiles of negativity and positivity bias. J Integr Neurosci 2008; 7: 345–366.
Gross JJ, John OP: Individual differences in two emotion regulation processes: Implications for affect, relationship and well beeing. J Pers Soc Psychol 200; 85: 348–362.
Jetté M et al.: Metabolic equivalents (mets) in exercise testing,exercise prescription, and eavluation of functional capacity. Clin Cardiol 1990; 13: 555–565.
Liedtke AK: Psyche und Tauchen. In: Klingmann C, Tetzlaff K (Hrsg.): Moderne Tauchmedizin. Stuttgart: Gentner, 2012, S. 641–655.

Masicampo EJ, Baumeister RF: Toward a physiology of a dual-process reasoning and judgment: Lemonade, willpower and effortfull rule based analysis. Psychol Sci 2008; 19: 255–260.
McElree B: Working memory and focal attention. J Exp Soc Psychol 2001; 27: 817–835.
Muth CM, Tetzlaff K: Tauchen und Herz: Kardiologische Aspekte des Sporttauchens. Herz 2004; 29: 406–413.
Parker J: The sports diving medical. Victoria: J.L. Publications, 1994.
Pernetzky RG, Wagenpfeil S, Komossa K et al.: Mapping scores onto stages: Mini-mental state examination and clinical dementia rating. Am J Geriatr Psychiatry 2006; 14: 139–144.
Piepho T: Tauchen im Alter. In: In: Klingmann C, Tetzlaff K (Hrsg.): Moderne Tauchmedizin. Stuttgart: Gentner, 2012, S. 689–695.
Richards JM, Gross JJ: Personality and emotional memory: How regulating emotion impairs memory for emotional events. J Res Pers 2003; 40: 631–651.
Rock D: Your brain at work, strategies for overcoming distraction, regaining focus, and working smarter all day long. New York: Harper Collins Publishers, 2009.
Siegel D: Wie wir werden und wie wir sind. Neurobiologische Grundlage subjektiven Erlebens und die Entwicklung des Menschen in Beziehungen. Paderborn: Junfermann, 2006.
Smerz R: Age Associated risks of recreational scuba diving. Hawaii Med J 2006; 65: 139–140.
Smerz R, Overlock R, Nakayama, H: Hawaiian: Deep treatments, efficacy and outcomes, 1983–2003. Undersea and Hyperb Med 2005; 32: 363–373.
Tetzlaff K: Tauchunfallstatistiken. In: Klingmann C, Tetzlaff K (Hrsg.): Moderne Tauchmedizin. Stuttgart: Gentner, 2012, S. 394–404
Tirpitz D: Tauchsport nach dem 6. Dezennium. Caisson 2007; 22: 6–10.
Vohs KD, Baumeister RF, Schmeichel BJ, Twenge JM, Nelson NM, Tice DM: Making choices impairs subsequent self-control: A limited recource account of desicion-making, self regulation, and active initiative. J Pers Soc Psychol 2008; 94: 883–898.
Winker B: Unfallstatistiken. In: Bartmann H, Muth C-M (Hrsg.): Notfallmanager Tauchunfall. Stuttgart: Gentner, 2012, S. 18–26.

5 Kinder und Jugendliche

Die Zahl der Kinder und Jugendlichen mit Interesse am Tauchsport ist seit 1980 stetig gestiegen. So sind in Deutschland beispielsweise ca. 10 000 Mitglieder im VDST e.V. unter 19 Jahre alt. Die Zahl der Kinder und Jugendlichen, die nur im Urlaub tauchen, liegt deutlich höher und kann nur auf ein Mehrfaches der o. g. Zahl geschätzt werden.

Bedingt durch die ansteigende Zahl von Kindern und Jugendlichen, die Tauchsport betreiben, ist es in den letzten Jahren wiederholt auch zu tödlichen Tauchunfällen gekommen. Es ist deshalb zu klären, unter welchen Voraussetzungen ein Kind oder Jugendlicher den Tauchsport ausüben kann und darf. In die Entscheidungsfindung sind unbedingt auch die Erziehungsberechtigten einzubeziehen.

Weiterhin stehen nur geringe tauchmedizinische Daten über jugendliche Taucher zur Verfügung. Die bei Erwachsenen geltenden Regeln können nur mit Vorbehalt auf Kinder und Jugendliche angewandt werden. Es ist unsicher, ob die auf Daten von Erwachsenen beruhenden Dekompressionstabellen ohne Anpassung auch für Kinder und Jugendliche angewendet werden können (Körperoberfläche, Gewicht, Wärmehaushalt etc.).

Weiter ist zu berücksichtigen, dass die psychischen Anforderungen beim Tauchen auf den wachsenden Organismus komplex sind. Problemlösungen unter Wasser, in ungewohnter Umgebung, sind deutlich schwieriger als bei anderen Sportarten. Diesen Anforderungen sollte der jugendliche Taucher sicher gewachsen sein.

Zu berücksichtigen sind die körperlichen und geistigen Differenzen zwischen akzelerierten und retardierten Kindern und Jugendlichen. Der „jugendliche Leichtsinn" mit erhöhter Risikobereitschaft kann beim jugendlichen Taucher gefährlich sein. Dennoch lassen viele Ausbildungsorganisationen das Tauchen ab 16 Jahren nach den Regeln des Tauchens für Erwachsene zu. Eine individuelle Beurteilung der körperlichen und geistigen Leistungsfähigkeit sollte nur mit entsprechender Ausbildung und Erfahrung erfolgen.

5 Kinder und Jugendliche

5.1 Wärmeregulation

Die Wärmeregulation ist im Kindesalter unausgereift. Dies ist insbesondere durch ein schwächer ausgeprägtes Unterhautfettgewebe bedingt und die im Vergleich zu Erwachsenen ungünstigere Relation zwischen Körperoberfläche und Gewicht (bei normalgewichtigen Kindern). Kinder können schon im warmen Wasser, je nach Konstitution evtl. auch bei Wassertemperaturen über 25 °C, Kälte empfinden. Deshalb ist in der Regel ein Tauchanzug erforderlich.

Frieren führt zu verminderter Konzentrationsfähigkeit. Niedrige Wassertemperaturen können nicht einfach mit einem dickeren Neoprenanzug kompensiert werden. Im Vergleich zu Erwachsenen ist die Atemmuskulatur bei Kindern weniger kräftig. Ein eng sitzender dicker Neoprenanzug behindert die Atmung bei Kindern deutlich und führt zur Atemerschöpfung (Essoufflement).

Tauchtauglichkeit Tauchgänge in kaltem Wasser sollen mit Kindern nicht durchgeführt werden. Bei Kältezittern muss der Tauchgang unbedingt abgebrochen werden können.

Die Tauchgangsdauer soll in Abhängigkeit von Temperatur und Kondition des Kindes deutlich kurz gehalten werden. Kälteschutz am Kopf ist besonders wichtig!

5.2 Körpergewicht

Adipositas bei Kindern ist besonders für tiefere Tauchgänge gefährlich. Nach Aufsättigung des Fettgewebes kommt es mit zunehmender Auskühlung zur Reduzierung der Durchblutung und damit zur verzögerten Entsättigung und zur erhöhten Gefahr einer DCI. Wiederholungstauchgänge sollten vermieden werden.

Tauchtauglichkeit Bei schwerer Adipositas (d. h. zwei Standardabweichungen über der 97. Perzentile des Body-Mass-Index) ist das Tauchen kontraindiziert. Moderate Adipositas stellt eine relative Kontraindikation dar.

5.3 Lungenentwicklung

 Die Ausdifferenzierung der Alveolen ist mit dem 8.–9. Lebensjahr abgeschlossen. Das Gesamtvolumen verdreifacht sich jedoch noch bis zum Erwachsenenalter. Die Gasaustauschfläche ist bei Kindern somit vermindert.

Kinder haben häufiger Infekte der Atemwege als Erwachsene. Hinzu kommt die Neigung der kindlichen Bronchien, exspiratorisch zu kollabieren. Das kindliche Bronchialsystem reagiert auf Kältereize früher als das erwachsene mit einer Bronchokonstriktion infolge höherer Reagibilität.

Die Atemmuskulatur ist bei Kindern noch ungenügend ausgeprägt. Vitalkapazität (VC) und exspiratorisches Reservevolumen (ERV) sind vermindert. Erst nach dem 12. Lebensjahr besteht in der Regel eine abgeschlossene Lungenentwicklung. Das betrifft auch die Atemregulation für pCO_2.

 Bei Kindern ist der Durchmesser der Atemwege kleiner mit folglich erhöhtem Risiko für Lungenüberdehnungen während der Dekompression bei bereits leichten Atemwegsinfekten.

Bei Bronchokonstriktion erhöht sich die Resistance, es kommt zu turbulenter Strömung der Atemluft mit konsekutiv erhöhter Atemarbeit. Kinder haben eine höhere Atemfrequenz und atmen flacher; außerdem besteht die Neigung zur Atemerschöpfung (Essoufflement).

Zudem ist die Gefahr der Lungenüberblähung beim Kind erhöht. Zu bedenken ist auch die Tendenz von Kindern zum Atemanhalten und Hyperventilieren.

Bei ehemaligen Frühgeborenen mit einem Pneumothorax könnte ein erhöhtes Risiko für ein Rezidiv (auch AGE) bestehen. Hinsichtlich des Tauchens wurden zu diesem Thema leider keine verlässlichen Daten gefunden.

Tauchtauglichkeit Wie beim Erwachsenen sollte bei einer akuten Bronchitis bis zum nächsten Tauchgang die vollständige Ausheilung abgewartet werden. Nach überstandenem Infekt ohne Restsymptome kann wieder getaucht werden. Bei fraglichem Restbefund wäre eine Lungenfunktion erforderlich.

Bei chronisch obstruktiven oder restriktiven Lungenerkrankungen einschließlich Asthma bronchiale (insbesondere „exercise-induced asthma"), Lungenzysten, Bronchiektasen, Lungensequester, Mukoviszidose, spontanem Pneumothorax und allen Lungenerkrankungen, die mit einer eingeschränkten Funktion oder der Gefahr einer Überblähung verbunden sind, ist das Tauchen nicht erlaubt.

Relative Kontraindikationen für Erwachsene sind für Kinder und Jugendliche generell restriktiver zu bewerten.

5.4 Asthma bronchiale

Asthma bronchiale gilt als häufigste chronische Krankheit im Kindesalter. Die Symptomatik ist oft vielfältig (Husten, Pfeifen, Atemnot).
Obwohl 50 % der kindlichen und jugendlichen Asthmatiker im Erwachsenenalter asymptomatisch werden, zeigen 30–50 % aller 7-jährigen Kinder mit klassischer Asthmasymptomatik als junge Erwachsene erneut persistierende asthmatische Beschwerden.

Tauchtauglichkeit Ein Asthma bronchiale stellt bei Kindern und Jugendlichen ein erhöhtes Risiko und damit eine Kontraindikation dar.
Zur Beurteilung der Lungenfunktion bei Kindern und Jugendlichen mit Asthma solle ein fachärztlicher Befund vorliegen.
Bei auffälliger Anamnese und einer Obstruktion in der Spirometrie spätestens bei einem Tiffeneau-Quotienten $FEV_1/FVC < 70\%$ sollte auf jeden Fall die weitere Beurteilung durch einen Lungenfacharzt erfolgen.

5.5 HNO-Bereich

In Verbindung mit beim Kind häufig vergrößerten Adenoiden können Belüftungsstörungen auftreten. Ungefähr ab dem 14. Lebensjahr besteht in der Regel eine „erwachsene" Tubenfunktion. Bedingt durch einen horizontalen Verlauf der Tuba Eustachii (Ohrtrompete) kommt es bei Kindern zu einer erschwerten Öffnung der Verbindung zwischen Mittelohr und Rachen. Daher ist das für das Tauchen notwendige Druckausgleichsmanöver oft schwieriger durchzuführen als bei Erwachsenen.

Besonderes Augenmerk sollte bei der Befragung nach Zeichen einer gestörten Mittelohrbelüftung liegen: Schnarchen, Hörverlust (wie laut ist der Fernseher?), rezidivierende Infekte, Mundatmung.

Beim Tauchen von Kindern kommt es häufiger zu einem Barotrauma des Trommelfells und des Mittelohrs.

Tauchtauglichkeit Nur wenn das Kind problemlos einen Druckausgleich durchführen kann, ist eine Tauchtauglichkeit gegeben.
Bei akutem Infekt der oberen Luftwege oder der Nasennebenhöhlen besteht vorübergehendes Tauchverbot bis zum Abklingen des Infekts.

Die Erkrankungen im HNO-Bereich können hinsichtlich der Tauchtauglichkeit entsprechend der Empfehlungen für Erwachsene beurteilt werden.

5.6 Kopf/Nervensystem

Tauchtauglichkeit Z. n. Kopfverletzungen mit anhaltenden Beschwerden oder Störungen sind absolute Kontraindikationen.

Bekannte zerebrale Krampfanfälle sowie alle anderen Erkrankungen des zentralen Nervensystems, bei denen es zu einer Bewusstseinsstörung, einer Aufmerksamkeitsstörung oder einer motorischen Störung kommen kann, sind Kontraindikationen für das Tauchen.

Ausnahmen sind einfache Fieberkrämpfe im Kleinkindesalter ohne Rezidiv.

Eine Muskeldystrophie, eine myotone Dystonie oder andere Muskelerkrankungen, insbesondere die, die auch kardiale Symptome entwickeln können, sind mit dem Tauchsport nicht vereinbar.

Tauchen mit Einschränkungen
Über die Teilnahme an therapeutischen Projekten von Kindern oder Jugendlichen mit nur gering beeinträchtigenden neurologischen Problemen (z. B. operierte Spina bifida) oder Muskelerkrankungen muss im Einzelfall konsensuell unter Einbeziehung von Neuropädiatern und erfahrenen Tauchmedizinern entschieden werden.

5.7 Herz/Kreislauf

Bei Kindern und Jugendlichen besteht eine erhöhte Inzidenz für ein offenes Foramen ovale (PFO). Zu beachten ist, dass die kardiorespiratorische Belastbarkeit von akzelerierten oder retardierten Jugendlichen (im Vergleich zum chronologischen Alter) erheblich differieren kann. Das Herz ist bei retardierten Kindern kleiner, die Frequenz höher und die Leistungsgrenzen werden schneller erreicht.

Durch ein PFO kann es nach längeren, tieferen Tauchgängen häufiger zu einem Übertritt von venösen Gasbläschen in den linken Vorhof, den linken Ventrikel und den Systemkreislauf mit Kopf- und Hirngefäßen kommen.

Eine Embolisierung dieser Gasbläschen (Arterielle Gasembolie, AGE) in die Gehirngefäße kann zu akuten neurologischen Ausfällen oder zu subklinischen Veränderungen führen (s. Kap. 27, Tauchen nach Tauchunfall).

Für Kinder und Jugendliche sollten Tauchzeit und Tauchtiefe so streng limitiert sein, dass nach aktuellem Stand der Wissenschaft kein erhöhtes DCI-Risiko besteht und selbst bei Vorliegen eines persistierenden Foramen ovale (PFO) mit R-L-Shunt bei erhöhtem rechts-atrialen Druck (durch Pressen) nicht von einem erhöhten DCI-Risiko auszugehen ist.

Wie für Erwachsene wird ein allgemeines Screening auf PFO nicht empfohlen. Bei größeren Tauchtiefen im Jugendalter sollten bei bekanntem PFO die Empfehlungen des Low Bubble Diving angewandt werden (s. Kap. 16, Herz-Kreislauf-Erkrankungen). Die uneingeschränkte Anwendbarkeit von Dekompressionstabellen und Tauchcomputern kann aufgrund fehlender Daten für Jugendliche nicht als gesichert gelten. Diesbezüglich sollen die Empfehlungen des Low Bubble Diving bei Jugendlichen mit PFO konservativer interpretiert werden.

Tauchtauglichkeit Bekannte Herzrhythmusstörungen (insbesondere symptomatische Bradykardie, paroxysmale Tachykardien, WPW-Syndrom, AV-Block III. Grades, Long-QT-Syndrom, Brugada-Syndrom) sind absolute Kontraindikationen für die Ausübung des Tauchsports.

Sonst herzgesunde Kinder oder Jugendliche mit normaler körperlicher Belastbarkeit, bei denen in Ruhe vereinzelte supraventrikuläre oder ventrikuläre Extrasystolen auftreten, die unter Belastung verschwinden, sind tauchtauglich.

Bei allen anderen Herzrhythmusstörungen oder Beschwerden, die in Ruhe oder bei körperlicher oder psychischer Belastung zu plötzlichen unkontrollierbaren Situationen (Schwindel/Synkope) führen können, darf nicht getaucht werden. In diesen Fällen sind grundsätzlich fachärztliche Befunde für die Beurteilung der Tauchtauglichkeit erforderlich.

Bei folgenden Erkrankungen ist das Tauchen kontraindiziert: dilatative und hypertrophe Kardiomyopathien, arrhythmogene rechtsventrikuläre Dysplasie, hämodynamisch bedeutsame rechts- oder linksventrikuläre Belastung durch Septumdefekte, Verengung von Gefäßen, Klappenstenosen oder Klappeninsuffizienzen, pulmonale Hypertension und Vorhofseptumdefekte.

Eine leichte Stenose der Pulmonal- oder Aortenklappe (Gradient < 40 mmHg) bei sonst normalem Herzbefund stellt eine relative Kontraindikation dar. Eine mögliche Tauchtauglichkeit sollte gemeinsam mit dem behandelnden Facharzt diskutiert werden.

Nach elektrophysiologischen Untersuchungen oder Interventionen ist zur Beurteilung der Tauchtauglichkeit immer eine positive Beurteilung des Kardiologen erforderlich. Diese sollte die zusätzliche kardiopulmonale Belastung durch die Immersion berücksichtigen (s. Kap. 16, Herz-Kreislauf-Erkrankungen).

Die Beurteilung der körperlichen Belastbarkeit und Tauchtauglichkeit nach Herzoperationen, kathetergestützten Interventionen bzw. elektrophysiologischen Untersuchungen/Ablationen sollte wie beim Erwachsenen in Zusammenarbeit mit dem behandelnden Facharzt erfolgen, ist bei Kindern und Jugendlichen jedoch besonders vorsichtig zu beurteilen.

5.8 Stoffwechselerkrankungen

Bei der Tauchtauglichkeitsbeurteilung von jugendlichen Typ-I-Diabetikern stehen der Lebensstil, die Behandlung und der Umgang mit der Erkrankung selbst im Vordergrund. Der Umgang mit Aktivität (Sport), Ernährung und Medikation stellt hohe Anforderungen an den Jugendlichen. Das erhöhte Risiko für eine Hypoglykämie beim Tauchen und die Gefahr einer potenziell lebensbedrohenden Situation unter Wasser sollten nicht unkritisch eingegangen werden.

Tauchtauglichkeit Bei einem bestehenden Diabetes mellitus Typ I darf im Kindes- und Jugendalter nicht getaucht werden (evtl. Ausnahme bei älteren Jugendlichen in speziellen Gruppen unter besonderer Anleitung).

Bei anderen Stoffwechselerkrankungen kann erst nach Rücksprache mit dem behandelnden Spezialisten (z. B. pädiatrischer Endokrinologe) eine Entscheidung getroffen werden.
Dabei sind zu erwartende Symptome und die daraus folgenden Komplikationen besonders zu berücksichtigen.

5.9 Orthopädische Erkrankungen

Der pubertäre Wachstumsschub vom 10.–16. Lebensjahr bringt die größten körperlichen Veränderungen mit sich. Theoretisch könnte man davon ausgehen, dass Mikrobläschen (die bei längeren, tieferen Tauchgängen vermehrt auftreten) im stark durchbluteten Bereich der Metaphyse rasch wieder ausgewaschen werden und nicht die Diffusion der nicht durchbluteten knorpeligen Wachstumsfuge stören. Über Störungen im Bereich der Wachstumsfugen durch Tauchen liegen bisher keine gesicherten Erkenntnisse vor.

Schäden am Skelettsystem in der Wachstumsphase können zu langfristigen Funktionseinschränkungen führen. Es besteht beim Tauchen eine erhöhte Gefahr für Schädigungen des Skelettsystems.

Besonders das Tragen der schweren Tauchausrüstung, aber auch eine nicht kindgerechte Ausrüstung kann zu Mikrotraumen an der Wachstumsfuge, zu einem Einbruch von Wirbelkörpern und zu einer Verschlechterung vorbestehender Skeletterkrankungen führen.

Tauchtauglichkeit Ein kurzzeitiger Ausschluss vom Tauchen besteht bei Verletzungen am Bewegungsapparat (die nach Abheilung zu keiner Einschränkung der mechanischen Belastbarkeit führen).

Permanente orthopädische Probleme oder Fehlbildungen sowie Arthritis gelten als relative Kontraindikationen für die Ausübung des Tauchsports.

Eine Trichterbrust mit nur gering eingeschränkter Lungenfunktion stellt eine relative Kontraindikation dar. Bei schwerer Trichterbrust mit Einschränkung der rechtsventrikulären Funktion und reduzierter Lungenfunktion darf nicht getaucht werden.

Bei aktiver Arthritis sollte auf Tauchsport verzichtet werden. Die Einstellung mit hochdosierten Medikamenten (z. B. Methotrexat).stellt ebenfalls eine absolute Kontraindikation dar.

5.10 Allergien

Tauchtauglichkeit Bei Allergien gegen Gummi oder Kunststoffe, die in der Tauchausrüstung verwendet werden, sollte nicht getaucht werden.

Auch allergische Rhinitis sowie Sinusitis mit Einschränkung der Tubenventilation oder der NNH-Belüftung sind absolute Kontraindikationen (siehe Kap. 13, HNO-Heilkunde).

Bei allergischer Rhinitis/Sinusitis mit jahreszeitlicher Häufung (Heuschnupfen) kann im symptomfreien Intervall außerhalb der Allergieperiode getaucht werden, sofern die allgemeinen Tauchtauglichkeitskriterien erfüllt sind.

Im Fall der Befürwortung einer Tauchtauglichkeit bedarf es einer eingehenden Aufklärung und dem sicheren Ausschluss eines Asthmas bronchiale.

5.11 Psyche

Ein Kind, das Tauchen lernen möchte, muss in der Lage sein sich über längere Zeit konzentrieren zu können sowie die Tauchtheorie im Wesentlichen zu begreifen und Anweisungen zuverlässig befolgen zu können. Das Kind/der Jugendliche muss Risiken und Gefahren unter Wasser abschätzen können.

Dabei ist zu beachten, dass die körperliche und geistige Entwicklung eines Kindes nicht seinem chronologischen Alter entsprechen muss. Der Unterschied zwischen biologischem und chronologischem Alter kann bis zu plus/minus drei Jahren betragen. Zudem haben Kinder im Vergleich zu Erwachsenen eine kürzere Aufmerksamkeitsspanne und sind leicht ablenkbar.

Das Verhalten unter Stress ist generell kaum vorhersagbar. In Notsituationen wird häufig reflexhaft und mit Panik reagiert. Dies führt oft zu fatalen Unfällen. Bei manchen Jugendlichen muss mit einem risikosuchenden Verhalten gerechnet werden.

Das ungenügende Erkennen von Gefahren, die fehlende Einsicht in Anweisungen und die reflexhaften Reaktionen in Gefahrensituationen stellen eine erhebliche Gefährdung für das Kind bzw. den Jugendlichen dar.

Tauchtauglichkeit Für die Tauchtauglichkeit von Jugendlichen stellen die geistige Reife und ein hohes Maß an Eigenverantwortlichkeit und Vernunft eine entscheidende Fähigkeit dar.

Bedeutsame Lernstörungen, Intelligenzminderung und schwere psychische Erkrankungen sind absolute Kontraindikationen für den Tauchsport.

Aber auch bei Verhaltensauffälligkeiten mit erhöhter Impulsivität und hohem Risikoverhalten, Neigung zu Angst- oder Panikreaktionen, Beklemmung in engen Räumen oder auf freien Plätzen und schwerer Depression darf nicht getaucht werden.

Bei Kindern oder Jugendlichen mit Autismus kann es zu nicht vorhersagbaren Reaktionen kommen, so dass Tauchsport nicht möglich ist.

Alle psychischen Erkrankungen, die mit einem zentral wirkenden Medikament behandelt werden, sind mit dem Tauchsport nicht vereinbar (siehe Kap. 2, Medikamente).

Eine Anorexie oder eine Bulimie stellen eine schwere Persönlichkeitskrise dar und sind bis zur Stabilisierung eine Kontraindikation für das Tauchen.

Kinder oder jüngere Jugendliche können keine „Buddy-Funktion" übernehmen. Dies ist aus körperlichen und psychischen Gründen nicht möglich. Für diese Altersgruppe werden deshalb zur Begleitung zwei zertifizierte Tauchpartner gefordert. Die Rettung eines anderen Tauchers im Notfall führt sicherlich zu Überforderung oder evtl. Panik. Es sollte versucht werden, die eigenen Wünsche der Kinder und Jugendlichen in Bezug auf den Tauchsport zu erfragen und nicht den manchmal zu ehrgeizigen Anforderungen der Eltern zu folgen.

5.12 ADS/ADHS

Das Aufmerksamkeits-Defizit-Syndrom (ADS) und die Aufmerksamkeits-Defizit-Hyperaktivitäts-Störung (ADHS) sind zwei der häufigsten kinder-/jugendpsychiatrischen Störungen. Kernsymptome sind Unaufmerksamkeit, Hyperaktivität und Impulsivität. Problematisch ist eine gleichzeitig bestehende Störung des Sozialverhaltens, da diese die Prognose verschlechtert.

Bei ADS/ADHS können Kinder und Jugendliche in ihrer Fähigkeit zur Selbstreflexion erheblich eingeschränkt sein und ihre emotionale sowie soziale Befindlichkeit unter Umständen nicht realistisch einschätzen. Ein hoher Prozentsatz von Kindern und Jugendlichen mit ADHS leidet auch als Erwachsener weiter unter den Folgen der Erkrankung.

In der medikamentösen Therapie des ADS/ADHS stehen Psychostimulanzien an erster Stelle. Diese Medikamente stellen für das Tauchen eine absolute Kontraindikation dar (siehe Kap. 2, Medikamente).

Seit einiger Zeit wird im Rahmen besonderer pädagogischer Projekte ein spezielles Tauchen für ADS/ADHS-Kinder angeboten. Das Tauchen in solchen Projekten geschieht mit besonders geschulten und qualifizierten Ausbildern sowie Betreuern unter optimalen Bedingungen in einem sehr klaren, kontrollierten und strukturierten Rahmen.

Es ist jedoch zu hinterfragen, ob die in Projekten betreuten Jugendlichen die Grenzen verstehen: nämlich, dass sie nur unter den Projektbedingungen tauchen können und nicht außerhalb des Projekts. Außerdem muss noch einmal auf die einzig relativ sichere Tiefe von 1,80 m hingewiesen werden, aus der auch bei raschem Aufstieg kein erhöhtes Risiko für ein Lungenbarotrauma besteht.

Tauchtauglichkeit Grundsätzlich ist eine Tauchtauglichkeit bei Kindern und Jugendlichen mit ADS oder ADHS nicht gegeben. Unter Medikation mit Psychostimulanzien ist Tauchen ebenfalls kontraindiziert.

5.13 Praktische Durchführung der Untersuchung bei Kindern und Jugendlichen

Der Umfang der Tauchtauglichkeitsuntersuchung bei Kindern und Jugendlichen ist ähnlich wie bei Erwachsenen (siehe Kap. 1, Allgemeinmedizin). Diese Untersuchung sollte jedoch bei Kindern möglichst von einem tauchmedizinisch und pädiatrisch erfahrenen Arzt durchgeführt werden.

5.13.1 Ausführliche Anamnese

Es ist eine ausführliche Anamnese und intensive körperliche Untersuchung mit besonderer Berücksichtigung kardiologischer, HNO-ärztlicher, neurologischer und orthopädischer Aspekte durchzuführen.

Probleme in der Schwangerschaft, Frühgeburtlichkeit und postnatale Komplikationen sollten ebenfalls erhoben werden. Nach der Familienanamnese sollte gefragt werden (Hypertonie, Herzkrankheiten, Diabetes mellitus, Asthma, Marfan-Syndrom, unklare Todesfälle etc. bei Blutsverwandten). Diese Fragen sind von Kindern und Jugendlichen in der Regel nicht zuverlässig zu beantworten und richten sich an die Eltern/Erziehungsberechtigten, die für Nachfragen unbedingt anwesend sein sollten. Durch einige Testfragen an das Kind/den Jugendlichen kann ein Eindruck gewonnen werden, wie verantwortungsbewusst das Kind oder der Jugendliche ist.

Sollte bereits getaucht werden, so könnte über die Beobachtung und Beurteilung der tauchenden Kinder bzw. Jugendlichen durch den Tauchausbilder zusammen mit den Eltern ein Eindruck gewonnen werden, ob das Kind/der Jugendliche zum jetzigen Zeitpunkt geeignet ist, den Tauchsport zu erlernen und auszuüben. Natürlich wäre es in dieser Situation besonders schwierig, einem bereits tauchenden Jugendlichen eine zuvor erteilte Taucherlaubnis wieder abzusprechen.

5.13.2 Medikamente bei Kindern und Jugendlichen und Auswirkungen beim Tauchen

Die Wirkung von Medikamenten vor dem Tauchen ist leider wenig untersucht. Häufig muss man von Wirkungsweise, Einfluss auf die Verkehrstüchtigkeit und Einfluss auf die Herz-Lungen-Funktion die Auswirkungen auf das Tauchen abschätzen. Es gelten generell die gleichen Empfehlungen für Medikamente und Tauchen wie bei Erwachsenen.

Bei regelmäßiger Medikamenteneinnahme sind die Auswirkungen auf das Tauchen und die zugrunde liegende Erkrankung in die Beurteilung der Tauchtauglichkeit einzubeziehen. Auch eine eventuell damit zusammenhängende Erhöhung des Risikos für Tauchzwischenfälle ist zu berücksichtigen.

Tauchtauglichkeit Alle Medikamente, die zu einer Einschränkung körperlicher oder intellektueller Fähigkeiten führen, dürfen vor dem Tauchen nicht eingenommen werden. Dazu gehören Psychostimulanzien, Antidepressiva, Neuroleptika, zentral wirkende Schmerzmittel und Antihistaminika. Genaue Informationen siehe Kap. 2, Medikamente.

5.13.3 Apparative Untersuchungen

Es werden die gleichen Untersuchungen empfohlen wie bei Erwachsenen. Bei der Lungenfunktionsuntersuchung müssen unbedingt die entsprechenden Normwerte für Kinder und Jugendliche zur Beurteilung verwendet werden. Durch Größen- und Gewichtsmessung kann der BMI errechnet werden. Das ermöglicht die Einordnung in Perzentilen-Kurven für Kinder und Jugendliche.

Das Verhalten des Kindes/Jugendlichen sollte während der gesamten Untersuchung beobachtet werden, um die psychologische Reife besser einschätzen zu können. Psychologische Auffälligkeiten können auch mittels Fragebogen erhoben werden. Bei Auffälligkeiten sollte eine fachärztliche Stellungnahme angefordert werden.

5.13.4 Zusätzliche fachärztliche Untersuchungen

Die Beurteilung, beispielsweise durch Psychologen, durch auf Kinder spezialisierte Pulmonologen oder Kardiologen, oder eine Stellungnahme des behandelnden Kinderarztes zur Tauchtauglichkeit könnte zusätzlich erforderlich sein.

5.13.5 Implantierte Geräte

Es gelten die gleichen Empfehlungen wie für Erwachsene.

5.14 Abschließende Beurteilung zur Tauchtauglichkeit

Gute Schwimmfähigkeit ist Voraussetzung für das Tauchen. Bei Kindern und Jugendlichen sind nicht nur die körperlichen Voraussetzungen, sondern insbesondere auch die geistigen und emotionalen Fähigkeiten einzuschätzen. Die Entwicklung muss nicht unbedingt dem chronologischen Alter entsprechen. Deshalb ist es schwierig, allgemeingültige Altersempfehlungen für die Tauchtauglichkeit von Kindern und Jugendlichen zu geben.

Sehr viele Tauchmedizinexperten empfehlen das Tauchen für Kinder unter 10 Jahren nicht, von vielen Experten wird Tauchen erst ab 12 Jahren empfohlen. Der individuell sehr unterschiedliche Entwicklungsstand von Kindern und Jugendlichen gibt dem erfahrenen Tauchmediziner hier einen gewissen Ermessensspielraum. Dieser Ermessensspielraum beinhaltet aber auch, dass aus allgemeinen medizinischen Aspekten das Tauchen nicht für jeden 12-Jährigen empfohlen werden kann.

Es ist dabei aus ärztlicher Sicht zu beurteilen, ob das Tauchen bei dem untersuchten Kind/Jugendlichen evtl. zu Überforderung führt, was in Paniksituationen und Unfällen enden kann.

5.14.1 Aufklärung der Kinder/Jugendlichen und der Erziehungsberechtigen

Es ist unumgänglich, bei allen gesetzlich Minderjährigen (also bis zum vollendeten 18. Lebensjahr) auch die Erziehungsberechtigten über Risiken und Gefahren des Tauchsports eingehend aufzuklären und diese Aufklärung entsprechend zu dokumentieren. Für diese Aufklärung ist es unerheblich, ob die Erziehungsberechtigten selbst tauchen oder nicht. Im Falle eines Tauchunfalls besteht das potenzielle Risiko für eine schwere Gesundheitsschädigung oder den Tod. Die Fachgesellschaften gehen daher nicht davon aus, dass die Jugendlichen allein die Tragweite der eingegangenen Risiken und die Verantwortung beurteilen können. Die Erziehungsberechtigten sind daher bei allen Minderjährigen in die Verantwortung über die Sicherheit beim Tauchen einzubeziehen.

Vom Tauchmediziner sollte eine strukturierte Aufklärung (mittels Untersuchungsbogen oder Aufklärungsbogen) durchgeführt werden (siehe die Websites von GTÜM und ÖGTH). Bei der Aufklärung müssen medizinische Risiken, potenzielle Gefahren und möglicherweise auftretende akute Erkrankungen, die vorübergehend das Tauchen verbieten, erwähnt werden.

Außerdem kann der erfahrene Tauchmediziner für den jugendlichen Probanden zu optimaler Ausrüstung und Tauchverhalten individuelle Hinweise geben. Tauchen mit Kindern und Jugendlichen ist grundsätzlich möglich, unterliegt aber besonderen Bedingungen: Tauchgänge müssen in jeder Hinsicht an das Alter und die individuelle Entwicklung des Kindes angepasst sein (Tauchpartner, Ausrüstung, Tiefe, Dauer, Temperatur, Sichtverhältnisse).

5.14.2 Empfehlung zum Untersuchungsintervall

Tauchtauglichkeit Bis zum vollendeten 18. Lebensjahr sollte das Untersuchungsintervall nicht länger als ein Jahr sein.

5.14.3 Bescheinigung der Tauchtauglichkeit/Einschränkungen

Aufgrund ihrer körperlichen und psychischen Voraussetzungen darf Kindern und Jugendlichen im Notfall nicht die Rettung ihres Tauchpartners zugemutet werden. Sie sind in dieser Hinsicht nicht als vollwertige Tauchpartner zu betrachten. In der Tauglichkeitsbescheinigung wird daher oft die Einschränkung „Begleitung durch einen (oder auch zwei) zertifizierten, erfahrenen erwachsenen Taucher" ohne Hinweis auf eine bestimmte Ausbildung/Brevet gemacht.

Wie lange kann der Jugendliche im Wasser bleiben ohne zu frieren? Im Vergleich zu Erwachsenen ist das Risiko einer schnelleren Unterkühlung besonders zu beachten. Hinsichtlich der Tauchzeit könnte eine individuelle Einschränkung der Tauchtauglichkeit erfolgen.

Verschiedene Tauchsportverbände und Tauchausbildungsorganisationen haben diesbezüglich unterschiedliche Ausbildungsrichtlinien. Allen gemeinsam ist, dass die Kinder und Jugendlichen sehr konservativ (flache Tiefen, kurze Tauchzeiten) und mit erfahrener Begleitung tauchen sollen. Im Detail sind diese Ausbildungsrichtlinien jedoch nicht Inhalt dieser Empfehlungen zur medizinischen Tauchtauglichkeitsbescheinigung für Kinder und Jugendliche.

Tauchtauglichkeit Neben bestehenden Erkrankungen wird die individuelle Tauchtauglichkeit durch die Faktoren Kommunikationsfähigkeit, Motorik, Sensorik, Intellekt und Psyche bestimmt.

5.14.4 Untersuchungsformulare

Von den Websites der Fachgesellschaften GTÜM und ÖGTH können standardisierte Vordrucke für Anamneseerhebung, Untersuchung und Tauchtauglichkeitsbescheinigung, sowie für die Aufklärung speziell für die Tauchtauglichkeitsuntersuchung von Kindern und Jugendlichen heruntergeladen werden.

5.15 Tauchausrüstung für Kinder und jüngere Jugendliche – Medizinische Aspekte

Die Tauchausrüstung muss für Kinder und jüngere Jugendliche angepasst sein. Sie sind kleiner, haben nicht so viel Kraft und frieren schneller als Erwachsene.

Die Tauchmaske muss gut angepasst sein, um Eindringen von Wasser und mögliche Panikreaktionen zu vermeiden. Der Schnorchel mit passendem Mundstück darf nicht zu lang sein und muss einen geringeren Durchmesser haben als für Erwachsene (DIN 7878). Der Atemregler sollte mit einem kleineren Mundstück versehen sein und einen passenden (evtl. kürzeren) Mitteldruckschlauch zum Anschluss an die erste Stufe haben.

Der Neoprenanzug mit Kopfhaube (wegen Wärmeverlust) darf nicht zu locker sitzen, aber auch nicht einengen und insbesondere die Atmung behindern. Die Größe der Tarierweste muss Gewicht und Größe des Tauchers entsprechen. Die Druckgasflasche darf nicht zu groß und zu schwer sein.

Die mechanische Belastbarkeit der jugendlichen Gelenke begrenzt die Größe und den Härtegrad der Schwimmflossen. Ein weiches Flossenblatt berücksichtigt dies und beugt Fehlbelastungen vor. Schwere Ausrüstungsgegenstände wie Bleigurt und Flasche sollten möglichst von den Ausbildern oder Betreuern zum Pool getragen werden.

Eine starke Fehlbelastung der Wirbelsäule, insbesondere in der Wachstumsphase, durch zu große und schwere Tauchausrüstung kann zu bleibenden Schäden führen. Auskühlung und Frieren führen zu Verlust der Konzentration. Ein zu eng sitzender oder zu dicker Neoprenanzug führt zu Behinderung der Atmung („Essoufflement") mit Panik als mögliche Folge.

Tauchen bei Strömung kann mit kleinen weichen Flossen schlechter bewältigt werden (weniger Vortrieb) und stellt ein hohes Risiko für Abtreiben oder Trennung vom Tauchpartner dar (auch an der Oberfläche). Dies ist auch der Literatur zu Tauchunfällen bei Kindern und Jugendlichen zu entnehmen.

5.16 Tauchausbildung und Tauchgangsplanung

 Verschiedene Sporttauchorganisationen haben in den letzten Jahren Kindertauchprogramme entwickelt. Allgemein sind die Ausbildungskriterien und die Tauchgangsplanung für Kinder und Jugendliche sehr konservativ (kurze flache Tauchgänge im Schwimmbad oder unter schwimmbadähnlichen Bedingungen). Tauchlehrer und Tauchpartner sollten ausreichend Erfahrung und Qualifikation besitzen.

Auch aus medizinischer Sicht ist die möglichst konservative Tauchausbildung und Tauchgangsplanung für Kinder und Jugendliche sehr wichtig, um potenzielle Gefahren zu vermeiden. Das Fehlen belastbarer wissenschaftlicher Daten lässt es leider nicht zu, im Rahmen dieser Empfehlungen der tauchmedizinischen Gesellschaften GTÜM und ÖGTH bestimmte Tauchzeiten, Tiefengrenzen, Wassertemperaturangaben für verschiedene Altersstufen (oder Größe und Gewicht) als unbedenklich oder sicher anzugeben.

Besonders kritisch ist zu sehen, dass viele Tauchsportorganisationen für Jugendliche ab 16 Jahren die Richtlinien (Ausbildung und Tauchgangsplanung) für das Tauchen von Erwachsenen gelten lassen. Gerade in diesem Alter ist jugendliche Risikobereitschaft oft mehr im Vordergrund, als Vernunft und Verantwortungsbewusstsein.

 Die Tiefe und die Tauchdauer (Konzentrationsdauer) sollten so konservativ wie möglich sein. Dekompressionspflichtige Tauchgänge und Wiederholungstauchgänge stellen bei Kindern und Jugendlichen ein erhöhtes Risiko dar und müssen vermieden werden. Eine Tauchausbildung von Kindern/Jugendlichen sollte nur durch entsprechend ausgebildete Tauchlehrer erfolgen. Dabei müssen Ausbildung und Ausrüstung speziell auf Kinder zugeschnitten sein.

Literatur

Beyer C: Tauchtauglichkeit – Besondere Aspekte bei Kindern und Jugendlichen. In: Klingmann C, Tetzlaff K (Hrsg.): Moderne Tauchmedizin, 2. Aufl. Stuttgart: Gentner, 2012.
Beyer C: Tauchtauglichkeitsuntersuchungen bei Kindern und Jugendlichen mit angeborenen Herzfehlern. Kinder-Jugendarzt 2006; 37: 12.
Beyer C, Winkler B, Muth CM, Tetzlaff K: Tauchtauglichkeit von Kindern und Jugendlichen: Vorschlag für einen neuen Untersuchungsbogen. Caisson 2011; 2.
Caruso JL, Uguccioni DM, Ellis JE, Dovenbarger JA, Bennett PB: Diving fatalities involving children and adolescents: 1989–2002. UHM 2004; 31: 329.
Davis FM: Decompression sickness in a 14-year-old diver. SPUMS J 2003; 33: 75–76.
Edmonds C, Lowry CH, Pennewater J, Walker R: Diving and Subaquatic Medicine. London: Arnoöd, 2002.

Edmonds C: Children and diving: a review of SPUMS articles. SPUMS J 2003; 33: 206–211.
Hebestreit H et al.: Kinder-Jugendsportmedizin. Stuttgart: Thieme, 2002.
Lemaître F, Bedu M, Coudert J: Pulmonary function of recreational divers: a cross sectional study. Int J Sports Med 2002; 23: 273–278.
Lemaître F, Tourny-Chollet C, Hamidouche V, Lemouton MC: Pulmonary function in children after a single scuba dive. Int J Sports Med 2006; 27: 870–874.
Lentze MJ, Schaub J, Schulte FJ, Spranger J: Pädiatrie, 2. Auflage. Berlin: Springer, 2007.
Lindemann H, Leupold W: Lungenfunktion bei Kindern. Stuttgart: Kohlhammer, 2003.
Löhler J: Zu frühes Geräte-Tauchen kann bei Kindern Lunge und Gehör schädigen. Caisson 2012; 27: 11.
Malhotra MS, Wright HC: The effects of a raised intrapulmonary pressure on the lungs of fresh unchilled cadavers. J Pathol Bacteriol 1961; 82: 198–202.
Malhotra MS, Wright HC: Arterial air embolism during decompression and its prevention. Proceedings of the Royal Syciety of London, series B. Biological Sciences 1961; 153: 418–427.
Mitchell S: Children in diving: how young is too young? SPUMS J 2003; 33: 81–83.
Muth CM, Wendling J, Tetzlaff K: Tauchtauglichkeitsuntersuchungen bei Sporttauchern mit besonderer Berücksichtigung medizinischer Grenzfälle. Dtsch Z Sportmed 2002; 53: 170–176.
Panchard MA, Bänziger O, Fuchs H, Haldi H, Oswald H: Empfehlungen für die Tauchtauglichkeit beim Kind. Paediatrica 2006; 17: 15–19.
Pollock NW, Dunford RG, Denoble PJ, Caruso JL: Annual Diving Report – 2009 Edition (Based on 2007 Data). Durham, NC: Divers Alert Network, 2013; pp. 153.
Prohaska R: Sicherheit beim „Kindertauchen". Caisson 2012; 27: 25–27.
Prohaska R, Welslau W: Tauchen mit Kindern und Jugendlichen. Caisson 2012; 27: 28.
Schaefer KE, McNulty WP Jr, Carey C, Liebow AA: Mechanisms in development of interstitial emphysema and air embolism on decompression from depth. J Appl Physiol 1958; 13: 15–29.
Smerz RW: Epidemiology and treatment of decompression illness in children and adolescents in Hawaii, 1983–2003. SPUMS J 2005; 35: 5–10.
Smerz RW: Age associated risk of recreational scuba diving. Hawaii Med J 2006; 65: 140–141, 153.
Vandenhoven G, Collard F, Schamp E: Children and diving: medical aspects. Eight years' sports medical followup of the first scuba diving club for children in Belgium. SPUMS J 2003; 33: 70–73.
Winkler BE, Tetzlaff K, Muth CM, Hebestreit H: Pulmonary function in children after open water scuba dives. Int J Sports Med 2010;10:724–730
Wollin P, Christmann M, Kroker A, Zielen S: Lungenfunktionsmessungen bei Kindern vor und nach einem altersadaptierten Scuba Tauchgang im Schwimmbad. Caisson 2011, 26: 17–20.

Internet

http://www.gtuem.org
http://www.oegth.at

6 Tauchen mit Einschränkungen

Als eine der Voraussetzungen zur Ausübung des Tauchsports gilt eine gute allgemeine körperliche Leistungsfähigkeit. Neben dieser körperlichen und mentalen Leistungsfähigkeit spielen auch die tauchtechnischen Fertigkeiten wie Tarierung und Beherrschen des Tauchgeräts eine entscheidende Rolle. Daher sind auch körperlich nicht behinderte Tauchbeginner im weiteren Sinne eingeschränkt und bedürfen eines erfahrenen Tauchpartners. Prinzipiell sollte bei allen körperlichen Beeinträchtigungen oder chronischen Krankheiten ein erfahrener Taucherarzt aufgesucht werden, da bezüglich der taucherischen Relevanz der Beeinträchtigungen ein hohes Fachwissen und viel Erfahrung notwendig sind. Erst die genaue Erfassung des körperlichen Status mit allen bestehenden Einschränkungen und den damit verbundenen Risiken, in Kombination mit den erforderlichen Ausrüstungsanpassungen und der Einteilung in das entsprechende Tauchpartnersystem erlaubt die Beurteilung der Tauchtauglichkeit. Inwieweit mit Beeinträchtigungen Tauchgänge absolviert werden können, ist abhängig vom Grad der Einschränkungen und ihrer taucherischen Bedeutung. So gibt es Handicaps, die nur unter gewissen Umständen eine Relevanz unter Wasser haben (z. B. funktionell unbedeutsame Amputationen). Andere Behinderungen sind permanent relevant und werden im Folgenden genauer beschrieben.

6.1 Allgemeines

Die Tauchtauglichkeitsuntersuchung eines Probanden mit Beeinträchtigungen ist erfahrungsgemäß komplexer als die eines gesunden Tauchers. Grundsätzlich sind die gültigen Richtlinien wie für Gesunde anwendbar – meist geht der Umfang jedoch deutlich über die empfohlene Basisuntersuchung hinaus. Bei den meisten Tauchverbänden muss vor Beginn eines internationalen Tauchscheins eine tauchmedizinische ärztliche Freigabe erfolgen, bei anderen Tauchunternehmungen wie Schnuppertauchen oder Belegung so genannter Spezialkurse ist lediglich eine medizinische Selbstauskunft nötig. Inwieweit die Tauchtauglichkeit für das selbstständige brevetierte Tauchen oder Schnuppertauchen, Tauchen im Rahmen der Rehabilitation oder andere nicht zertifizierte Tauchausübungen gelten muss, wird kontrovers diskutiert. Vor jedem Aufenthalt unter Wasser sollte aber eine tauchmedizinische Freigabe erfolgen.

Betroffene Gruppen
- ▶ Körperbehinderte Taucher
- ▶ Gehörlose Taucher
- ▶ Sehbehinderte Taucher
- ▶ Taucher mit chronischen Erkrankungen
- ▶ In Rehabilitation befindliche Taucher

Die Zielgruppe der mental Beeinträchtigten wurde hier bewusst weggelassen, da diese aus den Kriterien des regulären Sporttauchens komplett herausfällt. Eine Untersuchung und Bewertung der Tauchtauglichkeit ist im Rahmen des „therapeutischen Tauchens" (H3, s. unten) möglich, sollte jedoch dem ausgebildeten Taucherarzt mit dementsprechender Erfahrung vorbehalten sein.

6.2 Tauchtauglichkeitskriterien

Die Problematik der Tauchtauglichkeit bei beeinträchtigten Personen ist, dass man in der Regel keine absolute Freigabe für die Ausübung des Tauchsports geben kann, sondern eine limitierte Freigabe treffen muss. Daher hat es sich bewährt, die Tauglichkeit in verschiedene Gruppen einzuordnen. Diese Zuordnung ist meistens dynamisch und erfolgt oft in Absprache mit dem Handicaptauchlehrer, der die Fertigkeiten unter Wasser meistens besser beurteilen kann. Die Kriterien, nach denen gemäß dem Tauchpartnerkonzept ein beeinträchtigter oder chronisch kranker Taucher unter Wasser einzubinden ist, ergeben sich aus seiner Grunderkrankung und den damit verbundenen Fähigkeiten in Notfallsituationen adäquat zu reagieren sowie sich aktiv an Rettungsmaßnahmen beteiligen zu können. Somit sind die Einteilungskriterien medizinischer und praktischer Art und erfordern eine gute Zusammenarbeit zwischen Taucherarzt und Handicaptauchlehrer. Handicaptauchlehrer absolvieren bei manchen Tauchverbänden eine mehrtägige Ausbildung und erlernen die taucherisch relevanten Grundlagen im Umgang mit Handicaps unter Wasser.

Je nach Taucherfahrung oder bei stadienhaften Krankheitsverläufen ergibt sich von Zeit zu Zeit die Notwendigkeit der Neubewertung. Diese sollte sowohl vom Tauchmediziner als auch vom Handicaptauchlehrer in Kooperation durchgeführt werden. Die Handicap-Stufeneinteilung sowie die Mehrstufeneinteilung weisen in Abhängigkeit des zugehörigen Verbands geringe Unterschiede auf und haben oft unterschiedliche Bezeichnungen.

Sinnvoll ist ein eindeutiger Vermerk auf dem Tauchtauglichkeitsattest, damit die Limitierung oder das Ausmaß der Behinderung ausreichend vom Tauchlehrer oder Tauchpartner verstanden werden kann.

Eine derzeit gängige Methode der Gruppierung ist es, die Fertigkeiten des Betroffenen mit den Anfordernissen an einen regulären Tauchschein zu vergleichen. Um einen international anerkannten Tauchschein eines Tauchverbands zu erhalten, muss man grundlegende Übungen unter Wasser beherrschen. Dazu gehören je nach Euronorm-Einteilung auch Methoden der Selbstrettung und der Partnerrettung. Es empfiehlt sich, auch den eingeschränkten Taucher in eine derartige Gruppierung einzustufen. Wird er es ggf. mit Hilfsmitteln schaffen, die international geforderten Grundübungen zu beherrschen, so kann er aus tauchtechnischer Sicht auch einen regulären Tauchschein absolvieren, vorausgesetzt, es sprechen keine tauchmedizinischen Fakten dagegen.

6.2.1 Handicap-Stufeneinteilung

Limitierter Taucher (L-Taucher). Taucher, deren Beeinträchtigung nur unter gewissen Umständen taucherisch relevant ist, sind „limited" und können mit einem bloßen Vermerk „limited" auf dem Attest zumeist im „normalen" Rahmen tauchen. In diese Gruppe gehören z. B. Taucher mit Amputationen ohne wesentliche funktionelle Beeinträchtigungen.

Gehörlose sind nicht als „limitierte" Taucher zu bezeichnen, da sie Hilferufe des Partners an der Oberfläche nicht hören können. Telefonische Hilferufe bzw. Verständigung zur Hilfeanforderung sind nicht möglich.

Oft sind technische Umbauten am Gerät wie Verlängerung des Inflatorschlauchs oder Modifizierung der Schnellablässe notwendig. Hier ist noch anzumerken, dass bei sämtlichen herstellerfremden Modifizierungen (z. B. anderes Mundstück am Atemregler oder längerer Mitteldruckschlauch etc.) der Garantieanspruch an den Hersteller erlischt.

Handicapped Taucher (H-Taucher). Taucher mit einem permanent taucherisch relevanten Handicap bilden die Gruppe der eigentlichen H-Taucher (Rollstuhlfahrer, Dystrophien, funktionell bedeutsame Amputationen etc.). Die Kriterien der Einteilung (H1, H2 oder H3) orientieren sich an den Fähigkeiten, die im Kurs verlangten Grundübungen sowie ggf. eine Eigen- und Fremdrettung durchführen zu können.

H2-Taucher können nach regelmäßigem Tauchtraining unter Umständen in die H1-Gruppe aufsteigen.

Die Orientierung an der Euronorm ist aus versicherungsrechtlichen Gründen für den Abschluss einer normalen Tauchversicherung wünschenswert. Unter

Berücksichtigung des Sicherheitsaspekts für den Taucher selbst (Eigenhilfe durch z. B. Notaufstieg), aber auch dessen Tauchpartner, kann nach Aussprache der Tauchtauglichkeit die notwendige Betreuung unter Wasser mit Einstufung in ein spezielles Partnersystem festgelegt werden (Tabelle 6.1). Dies erfolgt bereits bei Festlegung der H-Gruppe durch den Taucherarzt, im Weiteren jedoch durch den Tauchlehrer – u. U. nach Rücksprache mit dem

Tabelle 6.1: Stufeneinteilung von Behinderungen

Handicap	Beschreibung	Tauchpartner	Begleitpersonen
L	Handicap taucherisch nur unwesentlich relevant oder nur in bestimmten Situationen. Eigenhilfe und Rettung des Tauchpartners sind möglich.	Autonomer Sporttaucher (EN 14153-2)	Keine
H-1	Handicap taucherisch immer einschränkend. Grundübungen werden erfüllt, der Proband verfügt über eine ausreichende Kondition. Eigenhilfe und Rettung des Tauchpartners sind möglich.	Autonomer Sporttaucher (EN 14153-2), Zusatzausbildung/Erfahrung mit H-Tauchern empfohlen	Bei Rollstuhlfahrern „Oberflächentauchpartner" empfohlen
H-2	Handicap taucherisch immer einschränkend. Grundübungen werden erfüllt, konditionell ist jedoch kein normaler Tauchgang möglich. Der Proband braucht Aufmerksamkeit und Führung durch einen erfahrenen Tauchlehrer und einen weiteren erfahrenen Tauchpartner. Eigenhilfe möglich, Rettung des Tauchpartners nicht möglich.	Tauchgruppenleiter (EN 14153-3) mit Ausbildung und Erfahrung im Behindertentauchen und ein weiterer erfahrener Tauchpartner.	Bei Rollstuhlfahrern „Oberflächentauchpartner" nötig
H-3	Grundübungen nicht möglich, konditionell keine Reserven für aktives alleiniges Tauchen. Eigenhilfe nicht möglich. Alle geistigen Behinderungen	Tauchlehrer (EN14413-1) plus mindestens ein autonomer Sporttaucher (EN 14153-2), beide jeweils mit Ausbildung und Erfahrung im Behindertentauchen	Oberflächentauchpartner und dritte Hilfsperson nötig

Taucherarzt. Der Taucherarzt muss bei allen Auskünften an den Tauchlehrer primär von seiner ärztlichen Schweigepflicht durch den Betroffenen entbunden werden.

6.2.2 Tauchgangsplanung

Die Tauchzeit sollte unter Berücksichtigung von Auskühlung und Muskelermüdung ggf. verkürzt werden. Generell ist von dekompressionspflichtigen Tauchprofilen abzusehen. Empfehlenswert ist eine Verringerung der Aufstiegsgeschwindigkeit vor allem im Flachwasserbereich (z. B. 5 m/min). Ein Tiefenlimit ergibt sich einerseits schon aus der Tauchzeitbegrenzung, die für längere Dekompressionsstopps keinen Raum lässt, andererseits aus der Grunderkrankung selbst.

6.2.3 Tauchtiefen

Die „sichere" Tauchtiefe, aus der ohne das Risiko eines Überdruckbarotraumas der Lunge (mit Pneumothorax, Pneumomediastinum oder arterieller Gasembolie) aufgetaucht werden kann, liegt nach bisherigen Erkenntnissen bei ca. 1,80 m (bezogen auf den Lungenmittelpunkt). Diese Tiefe ist daher für Schnuppertauchen (ohne Tauchtauglichkeitsuntersuchung) und Handicap-Tauchen mit komplexen Einschränkungen zu empfehlen.

Darüber hinaus ist eine fixe Zuordnung maximaler Tauchtiefen zu Handicap-Gruppen nicht sinnvoll. Eine Tauchtiefenbegrenzung ist aber oft gruppenunabhängig aufgrund der eingenommenen Medikamente erforderlich. Die Nebenwirkungen zentralwirksamer oder sedierender Medikamente können die tiefenabhängigen Inertgaswirkungen (Tiefenrausch) verstärken und führen daher zur Empfehlung einer Tiefenlimitierung.

Aktuelle Dekompressionsempfehlungen (Tabellen oder Computerprogramme) basieren auf den Erfahrungen mit „gesunden" erwachsenen Tauchern. Bei Menschen mit Handicap, z. B. mit gelähmten Extremitäten oder Muskeldystrophien, kann aber aufgrund veränderter Durchblutungs- und Muskelverhältnisse die Sättigung und Entsättigung von Inertgasen in den betroffenen Bereichen (Kompartments) deutlich verändert sein. Eine unkritische Anwendung normaler Dekompressionsempfehlungen (Dekotabellen, Tauchcomputer) auf Handicap-Taucher erscheint riskant. Aus prinzipiellen Überlegungen sollten daher deutlich konservativere Tauchprofile gewählt werden.

6.3 Untersuchungsstrategie

In der Praxis hat sich Folgendes bewährt: Ausführliches Anamnesegespräch zur Eruierung der individuellen Beeinträchtigung:
- ▶ erworben/angeboren,
- ▶ stadienhafter Verlauf (z. B. MS, Muskelerkrankungen, rheumatische Erkrankungen) oder stabiles Krankheitsbild (z. B. traumatischer Querschnitt, Z. n. Amputation, operative/krankheitsbedingte Versteifungen),
- ▶ krankheitsspezifische Medikation,
- ▶ Sichtung der Vorbefunde, Krankenhaus-/OP-Berichte,
- ▶ Erfassung der Kommunikationsmöglichkeiten und intellektuellen Fähigkeiten,
- ▶ Einschätzung der psychischen Belastbarkeit,
- ▶ Evaluation der möglichen Komplikationen beim Tauchen (z. B. Blasenschrittmacher, Ventrikelshunt).

Zeigen sich bereits bei der anamnestischen Abklärung Befunde, die mit dem Tauchen nicht zu vereinbaren sind (beispielsweise posttraumatische Epilepsie nach Schädel-Hirn-Trauma, akuter Schub einer stadienhaft verlaufenden Erkrankung), kann die Untersuchung an dieser Stelle abgebrochen werden.

 Alle zentral wirksamen Medikationen wie Benzodiazepine, Neuroleptika, Antidepressiva, Muskelrelaxanzien, Schlafmittel etc. stellen eine relative Kontraindikation dar. Im Ausnahmefall kann die Tauchtauglichkeit bei Betroffenen ausgesprochen werden, wenn sie ihre Medikation über einen langen Zeitraum (> 3–6 Monate) und ohne nennenswerte Nebenwirkungen in konstanter Dosierung einnehmen. Zu beachten ist hier aber die veränderte Wirkstoffkinetik unter Druckbedingungen, so dass besonders bei solchen Patienten unter hyperbarer Exposition, insbesondere bei tiefen Tauchgängen > 20 m paradoxe Effekte auftreten können. Daher ist bei Einnahme zentralwirksamer Medikamente zumindest eine Tiefenbeschränkung nötig, sofern überhaupt Tauchtauglichkeit besteht.

Weitere Untersuchungen:
- ▶ Allgemeine Anamnese (Erfassung wie beim gesunden Taucher).
- ▶ Basisuntersuchung entsprechend der gültigen Richtlinien:
  - ■ Die genaue Beobachtung des Probanden beim Ent- und Bekleiden oder beim Transfer vom Rollstuhl auf die Untersuchungsliege gibt Aufschluss über die motorischen und koordinativen Fähigkeiten.
  - ■ Apparative Untersuchungen müssen unter Umständen individuell variiert werden, wie z. B. Handkurbelergometrie anstelle eines Fahrrad-

ergometers bei Lähmung der Beine. Auch die Laktatkinetik und die Herzfrequenz unter Belastung sind aus leistungsphysiologischer Sicht bei vielen Beeinträchtigten deutlich verändert.
- Individuelle Untersuchung: Hierbei ist die Erfassung des aktuellen Krankheitsstatus mit der Dokumentation aller Symptome entscheidend. Die notwendigen Zusatzuntersuchungen und interdisziplinäre Abklärungen richten sich prinzipiell nach der Art der körperlichen Einschränkung oder Erkrankung (s. Abschnitt 6.4, Besonderheiten).

▶ Bewertung und Aufklärung: Weitere Aspekte bestehen in der Beurteilung der Wahrscheinlichkeit, mit der sich eine Erkrankung unter tauchphysiologischen Bedingungen verschlechtern könnte, dem Ertrinkungsrisiko sowie eventueller Veränderungen des Dekompressionsverhaltens.

6.3.1 Kriterien der Tauchtauglichkeit

▶ Motorik: Beweglichkeit, Stabilität, Muskelkraft, Ausdauer, Störungen der Koordination, Feinmotorik und Bewegungspräzision.
▶ Kommunikation: taktile, optische oder gestische Signale möglich?
▶ Sensorik: Gleichgewichtssinn, Lagesinn, Sehen, Hören, Tasten.
▶ Psyche: Welche Abweichungstendenzen der psychischen Reaktion auf Außenreize und Stress sind zu erwarten? Neigung zu Panikreaktionen bei Enge oder Weite (Blauwassertauchgänge)
▶ Intellekt: Gelingt die Erkennung, Verarbeitung und Reproduktion von Lerninhalten?
▶ Medikation siehe Kap. 2, Medikamente.

 Im Falle eines Tauchunfalls wird die Symptomatik möglicherweise durch vorher bestehende motorische, neurologische Ausfälle (Lähmungen, Gefühlsstörungen) oder Schmerzen verschleiert. Dies erschwert die Differenzialdiagnose einer Dekompressionserkrankung erheblich. Eine adäquate Therapie setzt somit voraus, dass die bereits vor dem Tauchgang vorhandenen Einschränkungen/Symptome bekannt sind.

Einschränkungen/Symptome können evtl. im Tauchtauglichkeitsattest vermerkt werden. Dies liegt auch im Eigeninteresse des untersuchten Tauchers.

6.3.2 Tauchtauglichkeitsattest

Die Tauchtauglichkeitsbescheinigung muss in ihren Einschränkungen klar formuliert sein. Die notwendige Betreuung unter Wasser ergibt sich manchmal bereits eindeutig aufgrund medizinischer Kriterien (z. B. beim Tetraplegiker), kann sich jedoch auch erst nach den ersten Tauchgängen herausstellen. Eine exakte Klassifizierung ist am Ende einer Ausbildung vom Handicap-Tauchlehrer vorzunehmen, da oft erst im Verlauf eines Kurses deutlich wird, was der Taucher wirklich kann und was nicht. Um einen offenen Dialog zwischen Taucherarzt und Tauchlehrer zu ermöglichen, sollte die Schweigepflicht vom beeinträchtigten Taucher bzw. vom Sorgeberechtigten/Vormund schriftlich aufgehoben werden. Hierdurch stehen dem Tauchlehrer die notwendigen Informationen zur Verfügung, um bei einem Notfall adäquat reagieren zu können.

6.3.3 Nachuntersuchungsintervalle

Die Evaluation der individuellen gesundheitlichen Situation stellt immer nur eine aktuelle Standortbestimmung dar. Nur durch eine genaue Erstuntersuchung können im weiteren Verlauf vergleichende Bewertungen des Erkrankungsstatus herangezogen werden. Viele Erkrankungen verlaufen in Stadien und unterliegen damit ständigen Veränderungen. Daher ist ein kurzes zeitliches Intervall zwischen der Untersuchung und den geplanten Tauchgängen einzuhalten und hierdurch können die Nachuntersuchungsintervalle variieren. Meist sind sie gegenüber den üblichen Untersuchungsintervallen für Sporttaucher deutlich verkürzt. Vor allem bei stadienhaft verlaufenden Erkrankungen sind oft mehrmals im Jahr und gegebenenfalls vor jeder neuen Tauchausfahrt erneute Untersuchungen erforderlich. Wesentlich erscheint die Öffnung der Schweigepflicht für alle Beteiligten, vor allem für den Tauchlehrer und die Tauchpartner.

Im Falle eines Tauchunfalls sind Informationen der Tauchbegleiter über vorbestehende Symptome für den behandelnden Arzt von unschätzbarem Wert.

6.4 Besonderheiten

6.4.1 Rückenmarks-/Wirbelsäulenverletzungen

Entscheidend sind die Lähmungshöhe und die individuelle Ausprägung der damit verbundenen Einschränkung (Restfunktion der Muskulatur, Sensibilität, Spastik, Rumpfstabilität, Atmung). Die hohe klinische Varianz erlaubt keine generelle tauchmedizinische Einteilung. Wichtig ist die Abklärung der erhaltenen individuellen Fähigkeiten und Funktionen. Gerade bei Rückenmarksverletzungen kann eine trainierte oder erhaltene Rumpfstabilität entscheidend für die taucherischen Fähigkeiten sein. Dies ist für die Einteilung in das entsprechende Tauchpartnersystem (s. Abschnitt 6.2.1) wichtig. Zu beachten gilt, dass sich Verbesserungen noch bis zu einem Jahr nach einem Trauma einstellen können und in der Regel erst danach ein Status quo der Einschränkung erreicht wird. Allerdings ist bei vielen Betroffenen durch taucherisches Training eine Kompensationsfähigkeit ihrer motorischen Defizite zu beobachten.

Bei hohen Querschnittslähmungen ist die Atemmechanik und -funktion beeinträchtigt, was sich in einer verminderten Lungenfunktion ausdrückt. Aufgrund der schlechten Durchblutungssituation und mangelnden Regenerationsfähigkeit verbunden mit Gefühlstörungen der zumeist reduzierten Hauttrophik besteht ein erhebliches Verletzungsrisiko. Schon kleinste Traumen können zu therapieresistenten chronischen Ulzera führen. Die meist verminderte Thermoregulationsfähigkeit kann einerseits einen Hitzestau mit kollaptischen Zuständen verursachen und die Dehydratation begünstigen, andererseits zu starkem Wärmeverlust und Auskühlung unter Wasser führen.

Besondere Fragestellung:
- Lähmungshöhe,
- komplett/inkomplett,
- schlaff/spastisch,
- auslösende Faktoren einer bestehenden Spastik,
- Muskelschwächen, insbesondere im Lippen-/Mundbereich,
- Rumpfstabilität ja/nein,
- Einschränkung der Atemfunktion,
- Thermoregulation (Schweißbildung, Kältezittern, Temperaturempfinden),
- Blasen-/Mastdarmschwächen, Verwendung eines Katheters oder Blasenschrittmachers,
- Schmerzpumpe (siehe Kap. 1, Allgemeinmedizin),
- Sprachprobleme,
- Cave bei zentral wirksamen Substanzen! (siehe Kap. 2, Medikamente)

Individuelle Untersuchung:
- Erfassung des neurologischen Status (schlaffe – spastische Parese),
- auslösende Faktoren der Spastik eruieren,
- muskuläre Restfunktionen, Rumpfstabilität,
- besonderes Augenmerk ist auf die Lungenfunktion zu richten, da diese bei hoher Querschnittslähmung in der Regel eingeschränkt ist. Die normal

vorgegebenen Richtlinien der Messwerte (siehe Kap. 15, Lungen- und Atemwegserkrankungen) sind hier nur begrenzt anwendbar. Mangelnde inspiratorische Thoraxbeweglichkeit wird meist durch Bauchatmung ausgeglichen, evtl. ist eine lungenfachärztliche Beurteilung des Risikos für ein Lungenbarotrauma/Air trapping nötig.

Beim Blasen-/Mastdarmschrittmacher (Vorderwurzelstimulator) handelt es sich um ein passives Implantat zur Steuerung der Blasen-/Mastdarmfunktion bei spastischer Blasenlähmung. Spezielle, an den Spinalnerven implantierte Elektroden werden durch eine direkt unter der Haut liegende Kabelverbindung mit einem ebenfalls unter der Haut liegenden Empfängerblock verbunden und durch einen externen Signalgeber aktiviert. Das in Deutschland gängigste Modell ist der Finetech-Brindley-Vorderwurzelstimulator. Laut Hersteller sind die einzelnen Komponenten bis 3 bar drucktauglich.

Eventuelle Zusatzuntersuchungen:
- weiterführende neurologische Abklärung (z. B. EEG),
- Bodyplethysmographie, Spiral-CT, pulmologische Abklärung,
- urologische Diagnostik.

Die Gefahr beim Tauchen mit einem Blasenschrittmacher besteht in einem Kabelbruch, ausgelöst durch zu eng anliegende Ausrüstung – v. a. des Bleigurts. Empfehlenswert ist die Verwendung von Bleigurten aus dem Apnoebereich aus elastischem Gummi bzw. von in die Tarierweste integrierten Bleigewichten.

Tauchrelevante Komplikationen:
- erhöhtes Ertrinkungsrisiko
- Essoufflement („Außer-Atem-Sein" aufgrund erhöhter Atemarbeit mit konsekutiver CO_2-Retention und Symptomen der CO_2-Intoxikation) bei Schwächen der Atemmuskulatur,
- Verletzungsrisiko ungeschützter Extremitäten (z. B. durch Schleifen am Grund)
- Gefahr von Hautverletzungen vorwiegend in trophisch vulnerablen Arealen (Füße, Gesäß),
- Kabelbruch eines Blasenschrittmachers,
- Schmerzpumpe (Limitierung siehe Kap. 1, Allgemeinmedizin),
- Spastik unter Wasser (v. a. bei Passage von Sprungschichten),
- Auskühlung/Überhitzung,
- Exazerbation chronischer Harnwegsinfektionen.

Relative Kontraindikationen	Absolute Kontraindikationen
– Muskuläre Lippen-/Mundschwäche (Atemregler kann nicht über längere Zeit im Mund gehalten werden – u.U. an Land vorher ausprobieren!), evtl. mit Kontrolle und Hilfe des entsprechend geschulten Tauchpartners möglich – Druckausgleichsmanöver kann nicht selbstständig durchgeführt werden, Druckausgleich kann im Falle fehlender Handfunktion vom entsprechend ausgebildeten Tauchpartner durchgeführt werden	– Dekubitus oder andere offene Wunden – Die Blasenentleerung vor und nach dem Tauchen kann nicht selbstständig durchgeführt werden – Akuter/chronischer Harnwegsinfekt, hohes Exazerbations-/Aszensionsrisiko! – Läsionelle Epilepsie, wenn nicht 5 Jahre anfallsfrei ohne Medikation, mit normalem EEG und normalem Kernspintomogramm des Schädels (nach Epilepsie-Protokoll)

6.4.2 ICP (Infantile Zerebralparese)

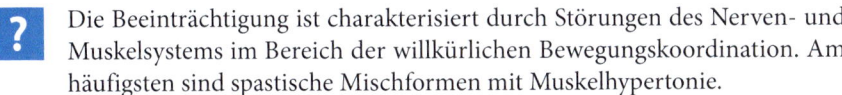 Die Beeinträchtigung ist charakterisiert durch Störungen des Nerven- und Muskelsystems im Bereich der willkürlichen Bewegungskoordination. Am häufigsten sind spastische Mischformen mit Muskelhypertonie.

Aufgrund des vielfältigen Symptomenkomplexes der frühkindlichen Hirnschädigung sind, neben der genauen Erfassung des Lähmungsbildes, die folgenden Aspekte für den Tauchsport besonders zu berücksichtigen:
- Epilepsie mit einer Häufigkeit von 30–50 %,
- psychische Störungen, Verhaltensstörungen,
- Intelligenzminderung,
- Entwicklungsverzögerung,
- Augensymptome (gehäuft Strabismus),
- Hör- und Sprachstörungen,
- muskuläre Hypotrophie.

 Tauchrelevante Komplikationen:
- kognitives Unvermögen, die lebensnotwendigen Tauchregeln trotz max. Anzahl der Begleitpersonen zu verstehen, z. B. Atemanhalten beim Auftauchen,
- Spastik unter Wasser (v. a. bei Passage von Sprungschichten),
- Auskühlung/Überhitzung,
- schwierige Compliance und Führung des Probanden unter Wasser.

Relative Kontraindikationen	Absolute Kontraindikationen
– Muskuläre Lippen-/Mundschwäche (Atemregler kann nicht über längere Zeit im Mund gehalten werden – u. U. an Land vorher ausprobieren!), evtl. mit Kontrolle und Hilfe des entsprechend geschulten Tauchpartners möglich – Druckausgleichsmanöver kann nicht selbstständig durchgeführt werden, Druckausgleich kann im Falle fehlender Handfunktion vom entsprechend ausgebildeten Tauchpartner durchgeführt werden.	– Epilepsie jedweder Form

6.4.3 Muskuläre Erkrankungen

Es gibt über 800 Arten von Muskelerkrankungen mit jeweils unterschiedlicher Ausprägung, Befallsmuster und Verlauf. Die verschiedenen Untergruppen werden in erster Linie durch ihr klinisches Befallsmuster unterschieden (pelvifemoraler Typ, skapulohumeraler Typ etc.). Wesentlich ist die Muskelfunktion der Atem- und Gesichtsmuskulatur.

Besondere Fragestellung:
- ▶ Welche Form der Muskelerkrankung (Ausprägung der Muskelschwäche, Faszikulationen, Myotonie [verspätete Muskelerschlaffung], Steifigkeit, Koordinationsstörungen, Unbeholfenheit)?
- ▶ Stadienhafter Verlauf? Progredienz?
- ▶ Welche Muskelpartien sind betroffen?
- ▶ Einschränkung der perioralen Muskulatur?
- ▶ Beeinträchtigung der Herz-Lungen-Funktion?
- ▶ Medikation und deren Nebenwirkungen beachten!
- ▶ Psychische und kognitive Situation (Labilität?).

Individuelle Untersuchung:
- ▶ Die Inspektion der Muskulatur gibt Aufschluss über Hyper-/Pseudohypertrophie, Atrophien, Faszikulationen,
- ▶ Muskelpalpation: Atrophie, Faszikulation, abnorme Konsistenz, Myotonie,

- ▶ Kraftprüfung: für spätere Vergleichszwecke wichtig,
- ▶ Funktionsprüfung: ergibt meist ein besseres Bild der Beeinträchtigung. Um eine Einteilung in eines der Tauchpartnerkonzepte vornehmen zu können, sollten speziell die für den Tauchsport relevanten Bewegungsabläufe geprüft werden (z. B. Druckausgleichsmanöver Hand zu Nase, Bedienung der Tarierweste, Wechselatmung, Beinschlag etc.). Manchmal ist eine erneute Beurteilung unter Wasser notwendig, da dort zwar die Schwerkraft aufgehoben ist, zusätzlich jedoch der Wasserwiderstand überwunden werden muss.
- ▶ Reflexstatus: Die Reflexe können sowohl abgeschwächt als auch gesteigert sein.
- ▶ Eventuelle Zusatzuntersuchungen:
  - weiterführende neurologische Abklärung (z. B. EMG),
  - Messung der Atemmuskelkraft,
  - Belastungs-EKG, wenn möglich.

 Tauchrelevante Komplikationen: kardiopulmonale Dekompensation bei Atmung im Überdruck.

Tauchtauglichkeit Wichtig für die Tauchtauglichkeit ist in jedem Fall der Ausschluss von obstruktiven Ventilationsstörungen. Eine reduzierte Vitalkapazität ist akzeptabel, wenn keine Obstruktion und/oder Überblähung vorliegt und die Atemmechanik nicht wesentlich beeinträchtigt ist. Dies sollte fachärztlich abgeklärt werden.

Absolute Kontraindikationen
- Akuter Schub oder hohe Krankheitsaktivität
- hochdosierte Medikation mit Steroiden (s. Kap. 2, Medikamente)
- Dosisänderung der Medikation innerhalb der letzten 8 Wochen
- Kardiale Beeinträchtigung
- Obstruktive Ventilationsstörung, verminderte Lungendehnbarkeit, Einschränkung der Atemmuskelfunktion
- Abschwächung des Schluckreflexes
- Periorale Muskelschwäche (evtl. relative Kontraindikation)

6.4.4 Multiple Sklerose (MS)

Generelle Empfehlungen s. Kap. 10, „Neurologie und Neurochirurgie".

6.4.5 Amputationen

 Die vollständige oder teilweise Absetzung einer Extremität kann durch Unfall oder aber durch eine Grunderkrankung (z. B. Diabetes mellitus) begründet sein. Wichtig ist die Eruierung der Amputationsursache, da auch andere Körperteile bzw. der Gesamtorganismus (z. B. Durchblutungsstörungen) betroffen sein können. Fehlende Gliedmaßen (insbesondere der Beine) führen zu einem Ungleichgewicht unter Wasser, das durch entsprechende Gewichtsverteilung (Bleigewichte, Gewichtssäckchen) ausgeglichen werden sollte, um eine Rotation der amputierten Körperseite in Richtung Wasseroberfläche und damit verbundene Tarierungsprobleme und Stressreaktionen zu vermeiden. Liegen ausgedehnte Narbenbildungen vor, sind konservative Tauchprofile einzuhalten. Eine Prothese ist beim Tauchen zumeist eher hinderlich, sollte der Proband jedoch mit Prothese tauchen wollen oder müssen, ist auf entsprechende Druckfestigkeit und einen guten Sitz (ohne Lufteinschlüsse zwischen Korb und Stumpf) zu achten, da dies zu einem lokalen Barotrauma führen könnte.

Besondere Fragestellung:
- Amputationshöhe,
- Phantomschmerzen,
- Druckschmerzen (Amputationsaneurysma? Stumpfneurinom?),
- Medikation, insbesondere zentral wirksame Substanzen wie Carbamazepin oder Opiate sind besonders kritisch zu bewerten (siehe Kap. 2, Medikamente),
- prothetische Versorgung beim Tauchen? Wenn ja: Überprüfung des Sitzes. Oft ist das Tauchen ohne Prothese die bessere Wahl.

Individuelle Untersuchung:
- Stumpfuntersuchung (Druckempfindlichkeit, Druckstellen, Ulzera, Ausdehnung der Narben),
- Inspektion der Art und des Sitzes einer prothetischen Versorgung.

Eventuelle Zusatzuntersuchungen: evtl. angiologische Abklärung bei V. a. Amputationsaneurysma.

 Tauchrelevante Komplikationen:
- Prothesenbarotrauma (Barotrauma der Haut durch Hohlraum zwischen Stumpf und Prothese, wenn mit Prothese getaucht wird),
- lokale DCI infolge Vernarbung,
- Unterkühlung durch fehlenden Kälteschutz.

Relative Kontraindikation	Absolute Kontraindikation
– Offene Druckstellen, Ulzera	– Schmerzmedikation mit zentral dämpfenden Substanzen (evtl. mit Tiefenlimit möglich)

6.4.6 Sehbehinderung – Blindheit

Solange keine ophthalmologischen Kontraindikationen vorliegen (siehe Kap. 12, Augenerkrankungen) kann im Rahmen der Stufeneinteilung getaucht werden. Ein stark sehbehinderter Proband, dessen Fehlsichtigkeit nicht so weit korrigierbar ist, um unter Wasser die Geräte (z. B. Tauchcomputer) ablesen zu können, sowie blinde Taucher sind zwingend in Stufe H3 einzuteilen (siehe Stufeneinteilung Tabelle 6.1). Ein weiterer Aspekt ist die Koordinationsfähigkeit. Hier ist anzumerken, dass diese zwar erfahrungsgemäß besser als die eines gesunden Tauchers ist, die visuelle Orientierung unter Wasser (oben/unten, Gefühl für die Tiefe) jedoch stark beeinträchtigt sein kann.

Besondere Fragestellung:
- ▶ Restsehfähigkeit (hell/dunkel),
- ▶ Ablesen der Instrumente möglich?
- ▶ Orientierung unter Wasser möglich?
- ▶ Gesichtsfeldeinschränkungen,
- ▶ Koordination.

Individuelle Untersuchung:
- ▶ Koordinationstests im Rahmen der Tauchtauglichkeit.

Eventuelle Zusatzuntersuchungen:
- ▶ Augenärztliche Abklärung.

Tauchrelevante Komplikationen:
- ▶ Siehe Kap. 12, Augenerkrankungen,
- ▶ Orientierungslosigkeit unter Wasser, bedenklich in Notsituationen,
- ▶ Tarierprobleme bei fehlender visueller Referenz.

Kontraindikationen: s. Kap. 12, Augenerkrankungen.

6.4.7 Gehörlosigkeit

Prinzipiell ist ein gehörloser Mensch uneingeschränkt tauchtauglich, solange der Grund der Ertaubung oder Schwerhörigkeit keine Kontraindikation an sich darstellt (siehe Kap. 13, HNO). Zu berücksichtigen ist jedoch, dass der Taucher weder Geräusche von Bootsmotoren noch warnende Signalrufe hören kann. Aus Sicherheitsgründen sollte daher immer eine Signalboje als zusätzlicher Ausrüstungsgegenstand mitgeführt werden. Der Tauchpartner muss eine normale Hörfähigkeit besitzen. Gehörlose können Hilferufe des Partners an der Oberfläche nicht hören. Telefonische Hilferufe bzw. Verständigung zur Hilfeanforderung sind nicht möglich. Damit ist die Selbst- und Fremdrettung nur eingeschränkt möglich.

Literatur

Bennett PB, Elliot DH, Brubakk AO, Neuman TS: Physiology and medicine of diving, 5th edn. London: Saunders, 2003.

Berger M, Gerstenbrand F, De Col C et al.: Movement disorders in weightlessness. Wien Med Wschr 1993; 143: 614–619.

Carin-Levy G, Jones D: Psychosocial aspects of scuba diving for people with physical disabilities: an occupational science perspective. Can J Occup Ther 2007; 74: 6–14.

Cheng J, Diamond M: SCUBA diving for individuals with disabilities. Am J Phys Med Rehabil. 2005; 84: 369–375.

Edmonds C, Lowry C, Pennefather J, Walker R: Diving and subaquatic medicine, 4th edn. London: Arnold, 2002.

Hasch H: Pilotprojekt zur Untersuchung der rehabilitativen Aspekte des SCUBA-Tauchens. Deutsches Institut für Normung: www.din.de

Malhotra MS, Wright HC: The effects of a raised intrapulmonary pressure on the lungs of fresh unchilled cadavers. J Pathol Bacteriol 1961; 82: 198–202.

Malhotra MS, Wright HC: Arterial air embolism during decompression and its prevention. Proceedings of the Royal Syciety of London, series B. Biological sciences 1961; 153: 418–427.

Novak HF, Ladourner G: Scuba diving as a rehabilitation approach in paraplegia. Rehabilitation 1999; 38: 181–184.

Parker J: The sports diving medical. A guide to medical conditions relevant to scuba diving. Melbourne: J.L. Pulications, 1994.

Schaefer KE, McNulty WP Jr, Carey C, Liebow AA: Mechanisms in development of interstitial emphysema and air embolism on decompression from depth. J Appl Physiol 1958; 13:15–29.

7 Apnoetauchen

„Apnoe"tauchen bedeutet aus dem Griechischen übersetzt Tauchen „mit angehaltenem Atem". Gemeint ist das Tauchen ohne zusätzliche Atemgasvorräte, die die Aufenthaltszeit unter Wasser verlängern. Bei dieser Art zu tauchen wird meist die sog. „ABC-Ausrüstung" verwendet, d. h. Maske, Schnorchel und Flossen, ergänzend evtl. ein Neoprenanzug zur Wärmeisolation.

Apnoetauchen hat in den letzten Jahren immer mehr Beachtung gewonnen. Man muss dabei zwischen Apnoetauchen als Breitensport im Rahmen von Tauchkursen, Clubs und Vereinen, Apnoetauchen als Wettkampfsport und Apnoetauch-Rekordversuchen deutlich unterscheiden. Für den Breitensport liegt der tauchmedizinische Fokus auf der allgemeinen körperlichen Tauglichkeit. Bei Apnoewettkämpfen und beim Apnoetraining ist durchaus mit tauchmedizinischen Zwischenfällen zu rechnen. Daher wird hier tauchmedizinische Erfahrung und Aufklärung zur Unfallverhütung benötigt. Insbesondere die Tieftauchrekordversuche in Apnoe bergen nach bisheriger tauchmedizinischer Erfahrung große Risiken. Aufgrund der Tatsache, dass gerade die Tieftauchrekordversuche außerhalb der bisher als gesichert geltenden tauchmedizinischen Erkenntnisse durchgeführt werden, können allgemeingültige tauchmedizinische Empfehlungen für die sichere Durchführung von Rekordversuchen nicht gegeben werden.

7.1 Medizinische Grundlagen

In allen starrwandigen Hohlräumen des Körpers ist wie beim Gerätetauchen ein Druckausgleich erforderlich. Als physiologische Besonderheit werden die flexiblen Hohlräume entsprechend dem Umgebungsdruck unter Wasser komprimiert. Dies betrifft vorwiegend die Lunge.

Im Gegensatz zum Apnoetauchen kommt es beim Tauchen mit Atemgerät zu keiner Kompression flexibler Hohlräume im Bereich der Atemorgane, da das Atemgas aus Mundstück/Maske/Helm mit dem in der Tauchtiefe herrschenden Umgebungsdruck eingeatmet wird.

7.1.1 Physiologische Kompensationsmechanismen der Lunge

Das Thoraxvolumen verkleinert sich durch Dehnung des Zwerchfells nach kranial, Expirationsstellung des Brustkorbs und Einziehung der Zwischenrippenräume. Außerdem findet ein unterdruckbedingter venöser Rückstrom von Blut in den Thorax statt, der zu einer Auffüllung thorakaler venöser Blutgefäße und der Vorhöfe führt (so genanntes thorakales „blood pooling"). Neben der Verkleinerung der Lunge führt auch das vermehrte Blutvolumen im Brustkorb zu einer Verkleinerung des Lungengasvolumens. Erst wenn alle genannten Kompensationsmechanismen zusammen keine ausreichende Volumenverringerung erreichen können, kann es ab einer bestimmten Tauchtiefe zu einem Unterdruckbarotrauma der Lunge kommen.

7.1.2 Spezielle Techniken der Wettkampfsportler beim Apnoetauchen

? „Lung packing", „buccal pumping", „glossopharyngeal insufflation" (GI) oder „den Karpfen machen" vergrößert durch schluckweises Nachdrücken von Luft in die Lunge bei bereits maximaler Inspirationsstellung die Totalkapazität (die gesamte Gasmenge) der Lunge. Ziel ist die Einatmung von zusätzlichem Sauerstoff für eine längere Apnoezeit und die Vergrößerung der Zieltiefe, ohne dass es zum Unterdruckbarotrauma der Lunge kommt. Dieses Manöver führt aufgrund der intrathorakalen Druckerhöhung zur Reduktion des venösen Rückflusses in den Thorax. Im Extremfall kann es hierdurch zu Bewusstlosigkeit oder zum pulmonalen Überdruckbarotrauma kommen (Pneumothorax, Mediastinalemphysem, arterielle Gasembolie).

? „Empty lung maneuvre", „negative packing" oder "glossopharyngeal exsufflation" (GE): Diese Technik stellt genau das Gegenteil des „lung packing" dar. Der Taucher saugt schluckweise Luft aus der bereits in Expirationsstellung befindlichen Lunge. Als Vorbereitung für Tieftauchgänge können mit dieser Technik die elastischen Strukturen (Zwerchfell, Brustkorb) vorgedehnt werden. Wenn in dieser Situation einer extremen Expiration zusätzlich einige Meter abgetaucht wird, können die sonst nur in großer Tiefe auftretenden Druckverhältnisse im Thorax simuliert werden.

⚠ „Lung packing" und „Empty lung maneuvre" stellen potenziell gefährliche Manöver dar, die insbesondere bei Ungeübten zu schweren Komplikationen führen können!

7.2 Spezielle Krankheitsbilder

7.2.1 Schwimmbad-Blackout und Aufstiegs-Blackout

Beim Apnoetauchen werden zwei verschiedene Entstehungsmechanismen für einen O_2-Mangel (Hypoxie) unterschieden, denen aufgrund der charakteristischen Verläufe eigene Namen gegeben wurden. Beim Streckentauchen kann es zum „Schwimmbad-Blackout" kommen, beim Tieftauchen zu einem „Aufstiegs-Blackout", das früher auch als „Flachwasserohnmacht" bezeichnet wurde.

Schwimmbad-Blackout

Als Schwimmbad-Blackout wird eine plötzliche Bewusstlosigkeit bezeichnet, die während des Streckentauchens ohne Warnsymptome durch O_2-Mangel des zentralen Nervensystems auftritt. Der Schwimmbad-Blackout tritt häufig nach Hyperventilation vor dem Tauchversuch auf, ist jedoch bei trainierten Tauchern auch ohne Hyperventilation möglich.

Während des Atemanhaltens verbraucht der Körper ständig O_2, ohne dass über die Atemwege weiter O_2 in die Lunge gelangt. Der O_2-Partialdruck in der Lunge und der arterielle O_2-Partialdruck fallen kontinuierlich ab, bis der einsetzende Atemreiz zum Auftauchen zwingt. Die Stimulierung der Atmung wird allerdings primär durch den Anstieg des arteriellen CO_2-Partialdruckes bewirkt, der Atemreiz über einen „O_2-Mangel" ist wesentlich schwächer ausgeprägt. Durch die fehlende CO_2-Abatmung während des Apnoetauchgangs steigt der CO_2-Partialdruck im arteriellen Blut ausgehend vom Normalwert von 53 mbar (40 mmHg) kontinuierlich an, bis ab ca. 80 mbar (60 mmHg) der Atemreiz nicht mehr zu unterdrücken ist (diese Grenze ist jedoch individuell unterschiedlich ausgeprägt).

Wurde vor dem Atemanhalten hyperventiliert, so kann der CO_2-Partialdruck im arteriellen Blut bei Beginn des Streckentauchens bis auf ca. 20 mbar (15 mmHg) gesenkt werden. Dies hat zur Folge, dass der arterielle CO_2-Partialdruck wegen der unveränderten CO_2-Produktion erst viel später zu einem starken Atemreiz führt. Damit besteht die Gefahr eines akuten O_2-Mangels mit Bewusstlosigkeit ohne vorherige Warnsymptome für den Taucher, wenn die kritische 40 mbar (30 mmHg) -Grenze für die O_2-Versorgung des zentralen Nervensystems unterschritten wird.

Die Toleranz hoher CO_2-Teildrücke ist individuell sehr verschieden und bei trainierten Tauchern ausgeprägter als bei Anfängern. Dies führt beim trainierten Taucher zu einer Gefährdung durch einen „Schwimmbad-Blackout" auch ohne vorherige Hyperventilation.

Aufstiegs-Blackout

Eine plötzliche Bewusstlosigkeit, die während der Auftauchphase eines Apnoe-Tieftauchgangs in geringer Wassertiefe ohne Warnsymptome durch O_2-Mangel des zentralen Nervensystems auftritt, nennt man „Aufstiegs-Blackout". Die frühere Bezeichnung „Flachwasserohnmacht" wird nicht mehr verwendet, da sie zu Verwechslungen mit anderen Krankheitsbildern führen kann. Hyperventilation ist keine zwingende Voraussetzung für das Auftreten eines Aufstiegs-Blackouts.

7.2.2 Loss of Motor Control (LMC)

Bei einem O_2-Teildruckabfall kann auch ohne erkennbare Warnsymptome schlagartig Bewusstlosigkeit einsetzen. Bei einer langsameren Abnahme des O_2-Teildrucks können in einer Übergangsphase zwischen der vollständig intakten ZNS-Funktion und Bewusstlosigkeit Warnsymptome auftreten.

Eine bei Apnoe-Training und -Wettkämpfen zu beobachtende Ausprägung einer solchen „Borderline-Hypoxie" ist das LMC („loss of motor control"), der Verlust der motorischen Kontrolle. Es wird unter Apnoetauchern wegen der teilweise auftretenden rhythmischen Muskelkontraktionen auch als „Samba" bezeichnet. Das LMC ist in der Regel nur bei trainierten Apnoetauchern zu beobachten. Es ist als Vorstufe des Blackout zu betrachten und durch ZNS-Hypoxie bedingt. Es wird beim Zeit- und Tieftauchen beobachtet. Betroffene Apnoisten können diese hypoxiebedingten Muskelkontraktionen teilweise noch bewusst wahrnehmen.

7.2.3 Hämoptysen (Blutspucken)

Hämoptysen oder blutig tingiertes Sputum finden sich in der Anamnese häufiger nach Apnoetauchgängen in größere Tiefen. Sie sind aber vielfach auch bei Tauchgängen beschrieben, die unterhalb der individuellen, durch den Quotienten aus Residualvolumen/Totale Lungenkapazität (RV/TLC) definierten Tauchtiefe blieben, beispielsweise wenn im Training in kompletter Exspiration abgetaucht wird, um die Brustkorb- und Zwerchfellelastizität zu trainieren.

Es gibt Hinweise, dass die Quelle der Blutungen unterhalb der Stimmritze liegen könnte. Dies konnte aber noch nicht definitiv bestimmt werden. Grundsätzlich handelt es sich sehr wahrscheinlich um Symptome eines Unterdruckbarotraumas der Lunge.

Hämoptysen können als Folge eines pulmonalen Barotraumas beim Apnoetauchen auftreten. Ursächlich könnte ein Unterdruckbarotrauma der Lunge sein. Auch Druckunterschiede innerhalb der Lunge z. B. durch Luftumverteilung beim Lagewechsel (Ab-, Auftauchen) sind als Ursache möglich. Als schwere Komplikation eines pulmonalen Barotraumas beim Apnoetauchen ist auch eine arterielle Gasembolie (AGE) möglich.

Differenzialdiagnostisch ist auch an Hämoptysen anderer Genese zu denken.

7.2.4 Dekompressionserkrankung („decompression illness", DCI)

Verschiedentlich wurde bereits über das Auftreten von Dekompressionserkrankungen bei Apnoetauchern auf verschiedenen Inseln im Pazifikraum berichtet. Aufgrund der Erfahrungen der letzten Jahrzehnte muss dies auch für Sport-Apnoisten als gesichert gelten, insbesondere bei tiefen Rekordtauchgängen. Die Differenzialdiagnose zwischen AGE und DCS ist oft nicht möglich, beides kann bei Apnoe-Tieftauchgängen auftreten.

Es gibt Hinweise, dass sich evtl. bestehende intrapulmonale Shunts vor allem unter Hypoxie öffnen. Es könnten nach SCUBA-Tauchgängen, also Tauchgängen mit einem Tauchgerät und Atemgasversorgung, entstandene Mikroblasen über solche Shunts leichter in das arterielle System übertreten und arterielle Gasembolien begünstigen. Deshalb ist vom Apnoetauchen nach SCUBA-Tauchgängen am selben Tag abzuraten.

7.3 Besonderheiten bei der praktischen Durchführung der Untersuchung

Prinzipiell ist für das Apnoetauchen genau der gleiche Untersuchungsumfang wie für das Gerätetauchen erforderlich. Bei der Anamnese sollten allerdings auch die apnoespezifischen Krankheitsbilder und Symptome abgefragt werden.

Die HNO-Untersuchung muss ebenso gründlich wie für das Gerätetauchen durchgeführt werden. Es finden sich beim Apnoetauchen jedoch häufiger Hinweise auf geringgradige Barotraumata der Nasennebenhöhlen (NNH) und Ohren. Diesbezüglich ist ggf. eine weiterführende Diagnostik und HNO-fachärztliche Abklärung notwendig (siehe Kap. 13, HNO).

Bei der Lungenfunktionsdiagnostik gelten die gleichen Anforderungen wie für das Gerätetauchen, auch wenn kein komprimiertes Atemgas verwendet wird. Bei Apnoisten besteht prinzipiell das Risiko lokaler Lungenüberdehnungen. Bei tieferen Apnoetauchgängen ist eine passagere (Teil-)Atelektase der Lunge möglich. Beim Aufstieg besteht dann durch das Zusammenspiel von rascher Dekompression, Luftumverteilung und partieller Überdehnung das Risiko einer lokalen Überdehnung oder eines Gewebeeinrisses. Bei anamnestischen Hinweisen auf mögliche Lungenschädigungen sollten grenzwertige Befunde in der Routinelungenfunktion unbedingt eine fachpulmologische Abklärung veranlassen.

Bei der abschließenden Beurteilung ist der Apnoetaucher darauf hinzuweisen, dass bei den heute von vielen Apnoisten erreichten Tauchzeiten und Tauchtiefen durchaus ein Risiko für eine Dekompressionserkrankung (DCI) besteht. Dies gilt insbesondere für wiederholte Apnoetauchgänge mit kurzer Oberflächenpause, z. B. beim Wettkampftraining.

Für die Erste Hilfe und die weitere Therapie beim Tauchunfall gelten die Empfehlungen der Leitlinie Tauchunfall (s. www.gtuem.org oder www.oegth.at oder www.suhms.org).

Zur Bescheinigung und den Untersuchungsintervallen gelten die gleichen Empfehlungen wie für das Gerätetauchen.

Literatur

Andersson JPA et al.: Cardiovascular and respiratory responses to apneas with and without face immersion in exercising humans. J Appl Physiol 2004; 96: 1005–1010.

Delahoche J et al.: Arterial oxygen saturation and heart rate variation during breath-holding: comparison between breath-hold divers and controls. SportsMed 2005; 26: 177–181.

Ehrmann U , Pittner A, Paulat K, Radermacher P, Muth CM: Herzfrequenz und metabolische Parameter beim Apnoetauchen. Dtsch Z Sportmed 2004; 55: 295–298.

Ferretti G: Extreme human breath-hold diving. Eur J Appl Physiol 2001; 84: 254–271.

Hoffmann U et al.: Herz-Kreislaufregulation bei Kombination von Apnoe und körperlicher Belastung. Caisson 2004; 19: 8–11.

Jacobson FL et al.: Pneumomediastinum after lung packing. UHM 2006; 33: 313–316.

Kallweit O et al.: Dekompressionkrankheit beim Apnoetauchen. Caisson 2005; 19: 37.

Kiyan E, Aktas S, Toklu AS: Hemoptysis provoked by voluntary diaphragmatic contractions in breath-hold divers. Chest 2001; 120: 2098–2100.

LeMaitre F et al.: Decompression sickness in breath-hold divers: A review. J Sports Sci 2009; 27: 1519–1534.

Lindholm P et al.: Pulmonary squeeze and haemoptysis after breath-hold diving; an experimental study in humans. EUBS, 2003.

Loring SH, O'Donnell CR, Butler JP, Lindholm P, Jacobson F, Ferrigno M: Transpulmonary pressures and lung mechanics with glossopharyngeal insufflation and exsufflation

beyond normal lung volumes in competitive breath-hold divers. J Appl Physiol 2007; 102: 841–846.
Lovering Andrew T. et al.: Pulmonary pathways and mechanisms regulating transpulmonary shunting into the general circulation: An update. Injury Int J Care Injured 2010; 41: S16–S23.
Muth CM: Apnoetauchen. In: Klingmann C, Tetzlaff K (Hrsg.): Moderne Tauchmedizin. Stuttgart: Gentner, 2007, S. 125–149.
Muth CM: Physiologische Aspekte des Tieftauchens in Apnoe. Caisson 2003; 18: 7–11.
Muth CM, Radermacher P, Pittner A, Steinacker J, Schabana R, Hamich S, Paulat K, Calzia E: Arterial blood gases during diving in elite apnea divers. Int J Sports Med 2003; 24: 104–107.
Muth CM, Ehrmann, U, Radermacher P: Physiological aspects of apnea diving. Clin Chest Med 2005; 26: 381–394.
Ørnhagen H et al.: Mechanisms of „buccal-pumping" („lung-packing") and its pulmonary effects. Diving and Hyperbaric Medicine: Collection of manuscripts for the XXIV Annual Scientific Meeting of the European Underwater and Baromedical Society, Stockholm, Sweden, FOA-B-98-00342-721-SE, 1998, S. 80–83.
Potkin R, Cheng V, Siegel R: Effects of glossopharyngeal insufflation on cardiac function: an echocardiographic study in elite breath-hold divers. J Appl Physiol 2007; 103: 823–827.
Radermacher P, Falke KJ, Park YS, Ahn DW, Hong SK, Qvist J, Zapol WM: Nitrogen tensions in brachial vein blood of Korean ama divers. J Appl Physiol 1992; 73: 2592–2595.
Sawatzky D: Apnoe-Tauchen und Dekompressionserkrankung, Barotrauma der Lunge, Caisson 2004; 19: 54–56.
Scherhag A et al.: Birgt Wettkampf-Apnoetauchen ein Langzeit-Risiko. Caisson 2005; 20: 8–12.
Schipke JD: Kardiovaskuläre und respiratorische Antworten auf Apnoe bei arbeitenden Menschen mit und ohne Immersion des Gesichtes. Caisson 2003; 18: 11–18.
Simpson G et al.: Pulmonary effects of "lung packing" by buccal pumping in an elite breath-hold diver. SPUMS J 2003; 33: 122–126.
Stickland MK et al.: Intra-pulmonary shunt and pulmonary gas exchange during exercise in humans. J Physiol 2004; 561: 321–329.
Strauss MB, Wright PW: Thoracic squeeze diving casualty. Aerospace Med 1971; 42: 673–675.
Tetzlaff K, Scholz T, Walterspacher S, Muth CM, Metzger J, Roecker K, Sorichter S: Characteristics of the respiratory mechanical and muscle function of competitive breath-hold divers. Eur J Appl Physiol 2008; 103: 469–475.
Torti SR et al.: PFO, Empfehlungen der Schweizerischen Gesellschaft für Unterwasser- und Hyperbarmedizin zum Tauchen mit einem Foramen ovale. SUHMS 2006, www.suhms.org

8 Tauchtauglichkeit unter reisemedizinischen Aspekten

Eine Analyse der Daten von 53 reise- and tropenmedizinisch ausgerichteten Ambulanzen über einen 5-Jahres-Zeitraum resultierte in 42 173 Reiserückkehrern mit 49 379 Diagnosen. Erkrankte kamen aus Asien (32,6 %), Subsahara-Afrika (26,7 %) Lateinamerika und Karibik (19,2 %) und Nordafrika, Mittlerer Osten, Nordamerika und Australasien (21,5 %) (Leder et al. 2013).

Taucher können reisebedingte Erkrankungen bekommen, die eine permanente oder zeitweise Kontraindikation für das Tauchen darstellen. Insbesondere akute Erkrankungen während eines Tauchurlaubs, aber auch Nebenwirkungen von verschreibungspflichtigen Medikamenten (z. B. Malariaprophylaxe) oder von im Urlaubsland gekauften Medikamenten können eine zeitweise Einschränkung der Tauchtauglichkeit nach sich ziehen.

8.1 Allgemeines

8.1.1 Dehydrierung

Dehydrierung (insbesondere in chronischen und schweren Fällen) kann zu Kopfschmerzen, verminderter Aufmerksamkeit (Vigilanz), Irritabilität, Konfusion, Müdigkeit, Muskelkrämpfen, verminderter Thermoregulation bis hin zum Schockzustand führen (auch bei Nichttauchern). Daher sollte eine Dehydrierung grundsätzlich vermieden werden.

Dehydrierung ist ein zusätzlicher Risikofaktor für das Auftreten einer Dekompressionskrankheit. Während des Tauchurlaubs auftretende Durchfallerkrankungen, vermehrtes Schwitzen durch Hitze bei gleichzeitiger Einnahme blutdrucksenkender Medikamente, insbesondere Diuretika, haben negative Auswirkungen auf die Blutdruckregulation und erfordern Überwachung und Anpassung einer antihypertensiven Therapie (Dehydration and Diving, DAN Europe).

8.1.2 Alkohol (Longdrink, „Sundowner" etc.)

 Alkoholaufnahme (zusammen mit Seekrankheit, Reisedurchfall, exzessivem Schwitzen, Diuretika und langen Flugreisen) kann potenziell zu Dehydrierung bei Tauchern führen. Alkohol und Tauchen kann einen sicheren Tauchgang in einen Alptraum für Taucher und alle an der Rettung Beteiligten verwandeln. Alkoholeinfluss wird auch bei 80 % der Ertrinkungsfälle bei erwachsenen Männern angenommen (Diving and sub aquatic medicine 2002). Die Konzentrations- und Funktionsfähigkeit ist auch bei erfahrenen Tauchern ab einer Blutalkoholkonzentration von 0,4 Promille signifikant eingeschränkt. Ein 80–85 kg schwerer Mann erreicht diesen Wert, wenn er 2 Glas Bier à 0,2 Liter auf leeren Magen trinkt (Perrine 1994).

8.2 Reisediarrhoe

In den letzten 20 Jahren epidemiologischer Studien zur Reisediarrhoe hat sich die Inzidenz nicht wesentlich verändert. Eine 2004 veröffentlichte Studie an 73 630 Reiserückkehrern aus Goa (Indien), Mombasa (Kenia), Montego Bay (Jamaica) und Fortaleza (Brasilien) zeigte ein Risiko von bis zu 54 % an Durchfall zu erkranken. Dabei war der Ort der Nahrungsaufnahme deutlich wichtiger als die jeweils gegessenen Speisen. Die klassische Hygieneberatung vor der Reise (Vermeidung von bestimmten Speisen oder Getränken etc.) schien das Risiko nur gering oder gar nicht zu beeinflussen. Möglicherweise führt die Beratung zumindest zu einer reduzierten Aufnahme an Erregern und damit milderen Verläufen einer Reisediarrhoe (Steffen et al. 2004). Die Reisediarrhoe ist aber vermutlich fester Bestandteil jeder Fernreise.

Die klassische Reisediarrhoe, definiert als 3 oder mehr ungeformte Stühle innerhalb von 24 Stunden mit mindestens einem weiteren Symptom, zeigt meistens einen unkomplizierten Verlauf ohne Fieber und ist innerhalb von 48–72 Stunden selbstlimitierend. 10 % der Erkrankten haben eine Erkrankungsdauer von über einer Woche und ungefähr 2 % von über einem Monat. Dabei können Reisende während eines Urlaubs mehrere Reisedurchfallepisoden erleiden. Die Erreger sind Bakterien, Protozoen und Viren in Speisen oder Getränken. Enterotoxische E. coli (ETEC), Campylobacter und Salmonellen sind die häufigsten Auslöser des Reisedurchfalls.

Die in Deutschland, Österreich und der Schweiz erhältliche Impfung (Dukoral) schützt in 60 % gegen ETEC-Erreger und zu 23 % generell gegenüber Reisedurchfall. Die Impfung bietet einen kurzfristigen Schutz (unter drei Monaten) gegen ETEC, der jedoch weniger als 50 % aller Reisedurchfälle verursacht. Eine 2013 veröffentlichte Studie zur Prophylaxe der Reisediarrhoe zeigte, dass die Einnahme von Rifaximin einen mäßigen Schutz (48 %) gegen Reisedurchfall bei Kurzreisenden in Asien bot (Zanger et al. 2013).

Eine generelle Antibiotikaprophylaxe ist nicht zu empfehlen, außer bei Personen mit einem individuell erhöhtem Risiko, beispielsweise durch Vorerkrankungen.

Dehydrierung hat einen wesentlichen Einfluss auf die Tauchtauglichkeit und sollte auf jeden Fall verhindert bzw. korrigiert werden.

Da die Einhaltung von Hygieneregeln nur einen geringen Einfluss auf das Risiko zu haben scheint, sollte man Reisende darüber aufklären und mehr über anerkannte Strategien zur Selbstbehandlung beraten.

Reisende haben nicht immer schnellen Zugang zu medizinischer Versorgung, daher sollten sie sich je nach Reisegebiet gegebenenfalls ein angemessenes Antibiotikum vor der Reise verschreiben lassen und dieses als sog. „Stand-by"-Medikament mitnehmen. Gleichzeitig sollten sie über die Selbstdiagnose und Einnahmedauer aufgeklärt werden.

Die Tauchtauglichkeit ist durch häufigen Stuhldrang und/oder gleichzeitig bestehende Dehydrierung eingeschränkt bzw. nicht gegeben. Chinolone (Ciprofloxacin, Levofloxacin, Ofloxacin, Norfloxacin) sind, mit Ausnahme für Thailand (hier Azithromycin), die Antibiotika zur Behandlung der Reisediarrhoe, sofern keine Kontraindikationen vorliegen. Azithromycin kann insbesondere bei unter 18-jährigen Jugendlichen und Schwangeren angewendet werden. Vorsicht bei vorbestehenden Herzerkrankungen. Eine weitere Alternative zur Behandlung ist das Rifaximin (Xifaxan (D), Colidimin (A), Xifaxanta (UK)) das für Personen ab einem Alter von 12 Jahren zur Behandlung zugelassen ist.

Unter Medikation mit zentral wirksamen Medikamenten (z. B. Loperamid) kann die Tauchtauglichkeit eingeschränkt sein. Motilitätshemmer wie z. B. Loperamid werden oft zur Behandlung von Durchfallerkrankungen eingesetzt. Es kann hierbei als Nebenwirkung zu einer längeren Verstopfung führen. Loperamid (z. B. Imodium®) wirkt auf das zentrale Nervensystem, was die Tauchtauglichkeit prinzipiell einschränkt.

Keine Tauchtauglichkeit besteht bei blutigem Stuhl und Fieber. Es handelt sich nicht mehr um einen unkomplizierten Reisedurchfall. Sofern möglich sollte eine spezifische Diagnostik oder Therapie in die Weg geleitet werden. Loperamid sollte bei diesen Symptomen ebenfalls nicht eingenommen werden.

Tauchtauglichkeit Tauchtauglichkeit besteht bei Z.n. unkomplizierter Reise-diarrhoe mit ausreichender Rehydrierung.

Relative Kontraindikation	Absolute Kontraindikationen
– Unkomplizierte Reise-Diarrhoe mit/ohne Medikation und mit ausreichender Rehydrierung	– Diarrhoe mit blutigem Stuhl – Diarrhoe mit Fieber – Diarrhoe mit unzureichender Rehydrierung

Zur Rehydrierung eignen sich am Besten Zucker-Salz-Mischgetränke, die als orale Rehydratationslösungen (ORS) durch die WHO oder andere kommerzielle Anbieter auf dem Markt erhältlich sind.

8.3 Mückenschutz

8.3.1 Expositionsprophylaxe

Insekten können Krankheiten wie z.B. Malaria, Dengue-Fieber, Gelbfieber and Rickettsiosen übertragen, einige davon können lebensgefährlich verlaufen. Diese Erkrankungen kann man am Besten mit persönlichen Schutzmaßnahmen verhindern.

In einigen Fällen ist eine Medikamentenprophylaxe (Malaria) oder eine Impfung (Gelbfieber) möglich. Eine Medikamenteneinnahme kann jedoch nie die persönlichen Schutzmaßnahmen ersetzen.

8.3.2 Mückenschutzmittel

Die wirksamsten Mückenschutzmittel enthalten DEET (N-N-Diethylmetatoluamid) oder Picaridin (Natrapel (US), Picaridin Insect Repellent (US), Cutter Advanced, Cutter Advanced Sport, KBR3032, Bayrepel, Autan (RS)). Picaridin hat eine vergleichbare Wirksamkeit wie DEET bei gleicher Konzentration des Wirkstoffes. Picaridin riecht etwas angenehmer als DEET (Nobite, AntiBrumm forte) und sollte alle 4–6 Std. aufgetragen werden.

DEET wirkt gegen Mücken, Zecken, Flöhe und „Chiggers" (Sandflöhe) und hat ein eindrucksvolles Sicherheitsprofil. Es gibt 30 dokumentierte Fälle einer schweren Nebenwirkung (Toxizität) bei Milliarden von Benutzern über einen Zeitraum von über 30 Jahren. Die meisten Fälle mit toxischer Enze-

> **Mückenschutz – Vorsichtsmaßnahmen**
>
> Folgende Maßnahmen können das Risiko einer Krankheitsübertragung durch Insekten minimieren:
> - Lange, helle Kleidung, möglichst kein Indigo-Farbstoff (blaue Jeans!), da dies als Lockstoff wirkt.
> - Mückenschutz mit DEET (mindestens 30–35 %, besser > 50 %) oder Picaridin (Konzentration größer 20 %).
> - Häufiges Auftragen des Mückenschutzmittels auf die Haut in regelmäßigen Abständen.
> - Schlafen unter Moskitonetzen oder in voll klimatisierten Räumen.
> - Mücken, die Malaria übertragen (Anophelesmücke), sind generell nachtaktiv, insbesondere morgens und abends in den Dämmerungsstunden. Auftragen des Mückenschutzes vor Sonnenuntergang bis kurz nach Sonnenaufgang.
> - Aedes-Mücken, die Dengue Fieber, Gelbfieber (Impfpflicht beachten!) und Chikungunya (siehe unten) übertragen, sind generell tagaktiv. Hier den Mückenschutz am Tag, besonders in den frühen Morgenstunden und am späteren Nachmittag auftragen.
> - Culex-Mücken, die West Nile-Virus und Japanische Enzephalitis (Impfung erhältlich) übertragen, sind meistens aktiv in den frühen Morgenstunden und Abendstunden. Hier sollte aber der Mückenschutz auch den ganzen Tag aufgetragen werden.
> - Kleidung, Zeltbahnen, Schlafsäcke und Moskitonetze mit entsprechender Maschengröße sollten mit Permethrin (oder auch einem anderen Pyrethroid) behandelt werden, wenn man sich in einem Gebiet mit sehr hohem Malariarisiko aufhält.
> - Schlafen in einem Raum mit Klimaanlage und intakten Fenstergittern oder/und Benutzung eines Moskitonetzes.
> - In Gegenden, wo von Zecken übertragene Erkrankungen ein Risiko darstellen, sollte mindestens einmal am Tag eine Untersuchung auf Zecken am Körper erfolgen.

phalopathie oder Krämpfen traten bei Kindern auf, bei denen exzessive Mengen über einen langen Zeitraum aufgetragen wurden.

Es werden zunehmend sog. natürliche Mückenschutzmittel angeboten, die meistens Eukalyptus, Zitronella, Sojabohnen-Öl, Geranien-Öl, Lebertran oder 2-undecanone (IBI 246) enthalten. Die Datenlage zur Wirksamkeit ist jedoch nicht ausreichend, um sie als gleichwertig zu DEET oder Picaridin einzustufen (Fradin u. Day 2002).

8.4 Malaria

Am Anfang der Überlegungen muss eine Gefährdungsanalyse durch einen reise- bzw. tropenmedizinisch qualifizierten Arzt erfolgen. Die Tendenz geht heute eher dahin, die Chemoprophylaxe auf Hochrisikogebiete zu konzentrieren und häufiger als bislang üblich die „Stand-by"-Prophylaxe zu empfehlen (Details zu den neuen Empfehlungen der Deutschen Tropenmedizinischen Gesellschaft zur Malariaprophylaxe finden Sie unter www.dtg.mwn.de).

Eine „Stand-by"-Medikation bedeutet, dass der Reisende Tabletten für einen kompletten Therapiezyklus vorsorglich mitnimmt und dann im Verdachtsfall (Fieber etc.) einnimmt. Nach Einnahme sollte zur Sicherung des Therapieerfolgs ein Arzt aufgesucht werden. Weiteres Tauchen sollte für wenigstens 3 Wochen, sicherheitshalber eher länger (s. unten) eingestellt werden.

In Einzelfällen ist bei P. falciparum auch ein Schnelltest beim geübten Anwender zur schnellen gezielten Selbstmedikation sinnvoll (z. B. Langzeitaufenthalt, Safari), besonders wenn eine Prophylaxe nicht möglich oder sinnvoll ist, bzw. eine Diagnostik nicht zeitnah verfügbar (Marx et al. 2005).

8.4.1 Lariam

Lange Zeit galt die Regel: „Einmal Lariam® (Mefloquin) vertragen, immer vertragen". Lariam® wird seit 1976 zur Prophylaxe und Therapie eingesetzt. Die Erfahrungen mit dem Präparat als Chemoprophylaktikum basieren auf über 22 Millionen Verordnungen. Das ist im Vergleich mit der Anzahl der Verordnungen von z. B. Malorone® (s. unten) ein extrem großer Erfahrungsschatz. Es gibt für Lariam® aber auch vereinzelt Berichte über auch bei wiederholter Einnahme erstmalig auftretende Nebenwirkungen.

 Im Juli 2013 hat die US-Zulassungsbehörde für Lebensmittel und Arzneimittel (FDA) eine sog „Black Box Warning" (die stärkste aller Warnungen) für Lariam® betreffs der neurologischen und psychiatrischen Nebenwirkungen herausgegeben. Der Beipackzettel und eine Taschenkarte enthalten jetzt diese Information und insbesondere den Hinweis, dass die neurologischen Nebenwirkungen länger anhalten können oder sogar für immer bestehen können. Die neurologischen Nebenwirkungen können Schwindel, Verlust des Balancegefühls oder Tinnitus sein. Die psychiatrischen Nebenwirkungen sind unter anderem Ängstlichkeit, Misstrauen, Depression oder Halluzinationen. Die bis 2013 geltenden Empfehlungen der GTÜM zur Malariaprophylaxe und -therapie mit Lariam® bei Tauchern mussten aufgrund der „Black Box Warning" zurückgezogen werden. Eventuell wird die Einnahme von Lariam in Zukunft gar nicht mehr oder nur noch stark eingeschränkt empfohlen werden.

8.4.2 Doxycyclin

Doxycyclin ist in Deutschland zur Chemoprophylaxe der Malaria nicht zugelassen, was eine intensive Aufklärung über das Präparat durch den verordnenden Arzt nach sich ziehen muss (sog. „off-label-use"). Ein Vorteil ist, dass die Reisenden unter dieser Prophylaxe gleichzeitig gegen Rickettsiosen, Leptospirose und Pest geschützt sind.

Doxycyclin (1-mal täglich 1 Tablette à 100 mg, 1 Tag vor bis 4 Wochen nach Ausreise) wird zwar von der WHO für diese Indikation empfohlen, hat aber in seltenen Fällen eine Photosensibilisierung provoziert. Auf die Notwendigkeit zum Gebrauch eines Sonnenschutzmittels mit einem hohen Schutzfaktor sind die Reisenden hinzuweisen.

8.4.3 Malarone

Malarone® (Atovaquone/Proguanil) ist in Deutschland zur Chemoprophylaxe der Malaria zugelassen. Das Nebenwirkungsprofil des Präparats unter prophylaktischer Dosierung (1 Tablette täglich = 250 mg Atovaquone + 100 mg Proguanil, 2 Tage vor bis 7 Tage nach Ausreise) ist gemäß den bislang vorliegenden Studien hervorragend. Die Studien zur Therapie der Malaria mit Malarone® unter einer 4fach höheren Dosierung täglich deuten in die gleiche Richtung. Dennoch kann eine abschließende Bewertung des Nebenwirkungsrisikos erst nach einer Phase breiter Beobachtung erfolgen.

Ein Vorteil von Malarone® ist das Einnahmeprozedere, das auch eine kurzfristige Exposition zulässt („Last Minute-Reisen"). Es reicht, die Einnahme am Tag vor der Einreise zu beginnen. Aufgrund der kausalen Wirksamkeit auch auf die Gewebeformen der Malariaparasiten braucht es lediglich bis 7 Tage nach Ende der Exposition genommen werden, was die Compliance im Vergleich zu den derzeitigen Regimen zur Malariaprophylaxe erhöhen wird. Aus derzeitiger Sicht lässt das bislang bekannte Nebenwirkungsprofil von Malarone® eine Verordnung für Taucher möglich erscheinen. Malarone® ist allerdings relativ teuer (ca. 58 Euro für 12 Tabletten).

Tauchtauglichkeit Tauchtauglichkeit besteht nach heutigem Erkenntnisstand bei Malaria-Prophylaxe mit Doxycyclin oder Malarone®.

Absolute Kontraindikationen
– Akuter Fieberschub bei Malaria

8.5 Andere relevante Reise- und Tropenerkrankungen

8.5.1 Arbovirale Infektionen

Arbovirale Infektionen werden durch eine Vielzahl von Moskitos, Sandflöhen oder Zecken übertragen. Es sind fast alle sog. Zoonosen, mit der Ausnahme von Dengue-Fieber und Chikungunya. Die Infektionen zeigen beim Menschen meistens einen nur kurz andauernden und milden Verlauf. Einige können jedoch auch ein schweres Krankheitsbild hervorrufen. Viele haben eher eine lokal epidemiologische Bedeutung, können jedoch auch Reisende infizieren. Immunität nach durchgemachter Infektion ist normalerweise lebenslang. Die meisten arboviralen Infektionen benötigen keine medizinische Versorgung. Schwere Symptome sollten aber zur stationären Abklärung führen. Diagnose ist durch Virusnachweis im Blut im Frühstadium der Erkrankung und-Nachweis oder Serologie im späteren Zeitpunkt möglich. Die Behandlung ist symptomatisch.

8.5.2 Dengue-Fieber

Bis zu 2 % aller Reiserückkehrer haben eine Dengue-Infektion, die typischerweise durch Fieber mit Knochen-/Muskelschmerzen und evtl. leichtem Hautausschlag gekennzeichnet ist. Dengue-Infektionen nehmen weltweit zu und sind ein Hauptgrund für Krankenhauseinweisungen bei Reiserückkehrern und Langzeitreisenden mit Fieber. Prospektive Studien schätzen die „attack rate" von Dengue-Fieber bei Tropenreisenden auf ca. 2,9 % bei einem einmonatigem Aufenthalt in Asien. Bei israelischen Reisenden mit durchschnittlich 5 Monaten Reisedauer betrug die Serokonversionsrate 6,7 %. Das Risiko ist ebenfalls von der saisonalen Aktivität abhängig (Schwartz et al. 2008).

Infektion mit einem der 5 Dengue-Subtypen kann die immunologische Empfindlichkeit und damit das Risiko von Komplikationen erhöhen, wenn eine erneute Infektion mit einem anderen Dengue-Subtyp erfolgt. Daher sollte rein theoretisch eine erneute Reise in ein Endemiegebiet mit anderen Subtypen nach durchgemachter Dengue-Infektion vermieden werden. Zur Inzidenz und Risikoabschätzung einer Dengue-Zweitinfektion bei Reisenden gibt es aber keine genauen Daten. Eine Impfung ist zurzeit noch nicht erhältlich.

8.5.3 Chikungunja

Chikungunja-Virus wird durch Aedesmücken, die gleiche Mückenart die auch Dengue-Virus überträgt, vorwiegend während der Tageszeit übertragen. Häufigste Symptome sind Fieber und starke Gelenkschmerzen, oft in Händen und Füssen. Andere Symptome sind Kopf- und Muskelschmerzen, Gelenkschwellung oder auch ein Hautausschlag. Die Erkrankungsdauer beträgt etwa eine Woche und die Behandlung ist symptomatisch. Serologischer Nachweis ist möglich. Eine Impfung ist zurzeit noch nicht erhältlich.

8.6 Medikamente

Bei Einnahme von reisemedizinisch indizierten Medikamenten sollte jede Verminderung des physischen Gesundheitszustandes, des Wachzustands, der Reaktionszeit oder der Entscheidungsvermögens aufmerksam registriert werden.

Eventuelle Wechselwirkungen und Auswirkungen auf die Tauchtauglichkeit finden Sie im Kap. 2, Medikamente.

Literatur

Edmonds C et al.: Diving and Subaquatic Medicine. CRC Press, 2002.
Fradin MS, Day JF: Comparative efficacy of insect repellents against mosquito bites. N Eng J Med 2002; 347: 13–18.
Marx A: Meta-analysis: accuracy of rapid tests of malaria in travellers returning from endemic areas. Ann Intern Med 2005; 142: 836–846.
Harper B: I'm taking this medication – can I dive? (http://www.alertdiver.com/Im_Taking_This_MedicationCan_I_Dive)
Leder K, Torresi J, Libman M et al.: GeoSentinel surveillance of illness in returned travellers, 2007–2011. Ann Intern Med 2013; 158: 456–468.
Leigh D: DAN Discusses Malaria and Antimalarial Drugs. Alert Diver 2002 Sept.
Perrine MW, Mundt JC, Weiner RI: When alcohol and water don't mix: diving under the influence. J Stud Alcohol 1994; 55: 517–524.

Recreational Diving Fatalities Workshop Proceedings: http://www.diversalertnetwork.org/files/Fatalities_Proceedings.pdf

Schwartz E, Weld LH et al.: Seasonality, annual trends, and characteristics of dengue in ill returned travelers, 1997–2006. Emerg Infect 2008 Jul (Available from http://wwwnc.cdc.gov/eid/article/14/7/07-1412.htm).

Steffen R, Tornieporth N, Costa Clemens SA et al.: Epidemiology of travellers diarrhoea: details of a global survey. J Travel Med 2004; 11: 231–238.

Zanger P, Nurjadi D, Gabor J et al.: Effectiveness of Rifaximin in prevention of diarrhoea in individuals travelling to south and southeast Asia: a randomized, double-blind, placebo-controlled, phase 3 trial. Lancet Infectious Diseases 2013; 13: 946–954.

9 Seekrankheit

„Seekrankheit" ist eine Ausprägungsform der Kinetose („Motion Sickness"). Präzise ausgedrückt handelt es sich auch nicht um eine Krankheit, sondern um eine physiologische Reaktion des gesunden Körpers auf widersprüchliche Sinneseindrücke. An beidseitigem Vestibularisausfall „Erkrankte" werden nicht „seekrank". Hingegen verspüren 90 % aller Exponierten in Abhängigkeit von Ausmaß, Dauer und Randbedingungen einer Exposition Symptome, die eine Skala von „mild" bis „extrem" normal verteilt füllen.

9.1 „Seekrankheit" allgemein und ohne Erfordernis einer medikamentösen Therapie

Tauchen findet häufig von bewegten maritimen Plattformen unterschiedlicher Bauart und Stabilität aus statt. Davon und vom jeweiligen Seegebiet abhängig besteht immer das grundsätzliche Risiko einer Kinetose. Die überwiegende Mehrzahl der Betroffenen gewöhnt sich schnell, was dann mit zunehmend rückläufigen Symptomen einhergeht. Weil sie vornehmlich über Histamin vermittelt sind, kann eine histaminarme Kost recht zuverlässig unterstützend einwirken, wenngleich sie aber auch den Speiseplan deutlich einschränkt.

Es sollte auf Folgendes verzichtet werden:
- ▶ eiweißreiche tierische Nahrung,
- ▶ Fisch und andere Meerestiere,
- ▶ roh gereifte Erzeugnisse wie Hartkäse und Salami,
- ▶ Konservenprodukte (Ketchup),
- ▶ Tomaten,
- ▶ Schokolade,
- ▶ Wein sowie Alkohol überhaupt.

Auf ausreichend Schlaf, Ruhe und Erholung muss überdies Wert gelegt werden, denn Wachzustand und Stress sind Histaminproduzenten. Eine mit etwa 10 % eher kleine Gruppe zeigt anhaltende Beschwerden und verlangt nach weiterer Therapie. Dabei ist das Problem zu beachten, dass „Seekrankheit" nicht nur „Spaßverderber" ist, sondern bei Tauchern sehr sicherheitsrelevante Folgeerscheinungen mit sich bringen kann, entweder die Symptomatik an sich oder die Nebenwirkungen einer dann zumeist medikamentösen Therapie.

Die individuellen Symptome der unbehandelten „Seekrankheit" sind vielfältig:
- ▶ Das mildere Müdigkeitssyndrom umfasst Gähnattacken, Abgeschlagenheit, Fatigue, Arbeitsunlust und soziales Desinteresse.
- ▶ Das schwerer wiegende Übelkeitssyndrom ist über Mattigkeit, Hitzewallungen, Schwindelgefühl, Schweißausbrüche, Tachypnoe und Tachykardie, epigastrische Beschwerden bis hin zu permanenter Übelkeit und rezidivierendem Erbrechen gekennzeichnet.

Daraus leitet sich das Gefährdungs- und Risikopotenzial ab. Rückzug auf sich selbst und die eigenen Symptome führen zu extremer Ablenkung, Erkrankte sind nicht „teamfähig", Fremd- und Eigengefährdung kann die Folge sein.
- ▶ Wiederholtes Erbrechen und starkes Schwitzen führen zu einem Flüssigkeitsdefizit, das sich additiv auf andere mit dem Tauchen assoziierten Ursachen einer Hypovolämie auswirkt und zur signifikanten Steigerung des Risikos einer Dekompressionskrankheit führen kann.
- ▶ Die Auswirkungen inertgasbedingter Störungen („Tiefenrausch") können früher und heftiger auftreten. Insbesondere bei Einnahme von zentral sedierenden Medikamenten stellt dies ein Sicherheitsrisiko beim Tauchen dar.

Tauchtauglichkeit Wenn die „Seekrankheit" nach kurzem Expositionsintervall (mehrere Ausfahrten von Land aus, ein bis zwei Tage an Bord bei einer Tauchkreuzfahrt) zu einem raschen Gewöhnungseffekt führt, durch histaminarme Ernährungsumstellung, günstige Positionierung an Bord an Oberdeck oder mit Blick zum Horizont sowie nebenwirkungsfreie Hilfsmittel (wie Akupressurarmbänder) nebenwirkungsarm positiv beeinflusst werden kann, bestehen für die Tauchtauglichkeit bei gesicherter Patienten-Compliance keine ernsthaften Bedenken.

9.2 „Seekrankheit" mit Erfordernis einer medikamentösen Therapie

Die Wirkweise gegen „Seekrankheit" eingesetzter Medikamente ist vielfach unklar. Kein Medikament ist dafür spezifisch entwickelt worden und erreicht bei jedem und unter allen Bedingungen die Symptomfreiheit. Annähernd jedes wirksame Medikament hat teils erhebliche, mit dem Tauchen nicht zu vereinbarende, unerwünschte Nebenwirkungen. Das macht auch eine medikamentöse Prophylaxe problematisch. Pharmakologisch sind es zumeist Antihistaminika oder Parasympathikomimetika:

- ▶ Vitamin C (Kautabletten oder Brausetabletten) ist eine mit Wirksamkeit belegte nebenwirkungsfreie Alternative mit Einfluss auf den Histaminabbau – es müssen aber etwa 2 g Wirkstoff kurz vor der Exposition eingenommen werden.
- ▶ Das am häufigsten eingesetzte Medikament ist das Antihistaminikum Dimenhydrinat, das auch bei schwereren Symptomen gut wirksam ist. Es hat eine relativ sichere therapeutische Breite mit nur moderaten Nebenwirkungen, die aber mit Müdigkeit/Benommenheit einhergehen und nicht grundsätzlich mit dem Tauchen vereinbar sind. Eine vergleichsweise sichere Applikationsform ist das Reisekaugummi-Dragee mit 20 mg Wirkstoff. Zwei Reisekaugummi-Dragees müssen es schon sein, wenn mit 40 mg Dimenhydrinat akute Beschwerden der „Seekrankheit" bekämpft werden sollen, wobei es auch auf das lebhafte Kauen ankommt.
- ▶ Cinnarizin als Einzelsubstanz ist aktuell nur noch über internationale Apotheken erhältlich, hat beinahe ideal gute Wirkung und geringe Nebenwirkungen. Der Calziumantagonist wird auch mit Dimenhydrat kombiniert angeboten. Die Kombination Cinnarizin/Dimenhydrinat hat bezüglich der Wirkung einen additiven Effekt, die Dosis kann im Vergleich zu den Einzelkomponenten niedriger sein, so sind die Nebenwirkungen gestreut und geringer.
- ▶ Ingwer (flüssiger Auszug oder Kapseln sind im Handel erhältlich) ist ein altes Therapeutikum mit neuer Zukunft. Ingwerbestandteile blockieren die Serotoninrezeptoren, das Brechzentrum im Gehirn kann nicht erregt werden, Übelkeit bleibt aus.
- ▶ Homöopathische Mittel, wie z. B. Cocculus, zeigen sich in einigen Fällen wirksam und sind nebenwirkungsfrei.
- ▶ Transdermale Systeme mit dem parasympathikomimetischen Wirkstoff Scopolamin scheiden wegen ihrer geringen therapeutischen Breite für das Tauchen aus, die Nebenwirkungen sind erheblich. Es besteht die Gefahr eines akuten Verwirrtheitszustandes (Delir).

- ▶ Wer an sich bereits Neigung zur Kinetose festgestellt hat, sollte sich vor Tauchen mit Ausfahrten auf See um ein individuell gestaffeltes Therapiekonzept bemühen.
- ▶ Sicher nebenwirkungsfreie Therapieansätze sind Ingwer- und Vitamin-C-Zubereitungen und daher bevorzugt zu empfehlen.

- Wer bereits zuvor manifeste Ausprägungsformen der „Seekrankheit" auf maritimen Plattformen beim Tauchen erlebt hat, sollte Prophylaxe und „Stand-By"-Medikation mit Dimenhydrinat Reise-Kaudragees austesten.
- Homöopathische Lösungen testen und bei Wirksamkeit beibehalten.
- Voraussetzungen sind auch hier histaminarme Ernährung, genügend Schlaf und Verzicht auf Alkohol.

Tauchtauglichkeit Tauchtauglichkeit besteht bei leichten Seekrankheitssymptomen, die nicht mit Störungen des Gleichgewichts und der Koordinationsfähigkeit einhergehen. Eventuell ist die Einnahme von Cinnarizin mit und ohne Dimenhydrinat eine Option, wenn Wirksamkeit bei Freiheit von Nebenwirkungen anamnestisch erwiesen ist und auch sonst keine Kontraindikationen vorliegen.

Relative Kontraindikation	Absolute Kontraindikationen
– Durch Gewöhnung und Ernährungsumstellung zu beeinflussende „Seekrankheit" – Mit nebenwirkungsarmen Therapiemethoden zu beeinflussende „Seekrankheit" – Nachweislich gute Verträglichkeit an sich nebenwirkungsreicher Pharmakotherapie	– Nicht zu beeinflussende „Seekrankheit" – Nur mit deutlichen Nebenwirkungen zu beeinflussende „Seekrankheit" – Rezidivierendes Erbrechen bei Übelkeitssyndrom – Einnahme von Scopolamin-haltigen Medikamenten

Literatur

Böttcher I, Klimek L: Das Histaminintoleranzsyndrom. HNO 2008; 56: 776–783.
Jarisch R: Seekrankheit, Histamin. Österr. Ärztezeitung 2009; 5: 32–41.
Jarisch R: Histaminintoleranz – Histamin und Seekrankheit, 3. Auflage. Stuttgart: Thieme 2013.
Jordan K, Müller F, Schmoll HJ: Neue antiemetische Strategien – nicht nur in der Onkologie. Internist 2009; 50: 887–894.
Michel O: Die Kinetose in den Griff bekommen. HNO 2009; 3: 24–28.
Noppens R, Hennes HJ: Kinetosen bei Hubschraubereinsätzen. Notfall Rett Med 2001; 4: 426–430.
Schmähl F, Stoll W: Kinetosen. HNO 2000; 48: 346–354.

Teil II

Spezialkapitel

10 Neurologie/Neurochirurgie

Die ungestörte Funktion des Nervensystems als Steuerungszentrum für motorische, sensorische und kognitive Funktionen einschließlich der Orientierung stellt eine wichtige Grundvoraussetzung für das Tauchen dar. Die möglichen Störungen, die mit neurologischen Erkrankungen einhergehen können, sind vielfältig und ähnlich komplex wie Aufbau sowie Funktionsweise des Nervensystems. Viele Erkrankungen und Störungen aus dem neurologischen und neurochirurgischen Fachgebiet sind mit Symptomen vergesellschaftet, die mit dem Tauchen nicht vereinbar sind. Einige dieser Erkrankungen erschweren die tauchmedizinische Beurteilung durch ihre ausgeprägte Dynamik im Krankheitsverlauf. Wissenschaftliche Studien zur Tauchtauglichkeit bei neurologischen Erkrankungen und nach neurochirurgischen Eingriffen sind kaum vorhanden, so dass sich die Empfehlungen zur Tauchtauglichkeit meist an der Pathophysiologie und klinischen Symptomen orientieren. Das folgende Kapitel stellt die wichtigsten neurologischen und neurochirurgischen Erkrankungen, die die Tauchtauglichkeit beeinflussen können, kurz vor.

10.1 Allgemeines

10.1.1 Neurologische Untersuchung

Die Erhebung des neurologischen Untersuchungsbefunds ist obligatorischer Bestandteil der Tauchtauglichkeitsuntersuchung. Diese umfasst die Prüfung der wichtigsten Hirnnerven. Bei der Untersuchung der Motorik ist auf das Vorliegen von Lähmungen oder Atrophien zu achten, die Reflexe sollten symmetrisch auslösbar sein, das Babinski-Zeichen negativ. Die Sensibilitätsprüfung erfolgt in aller Regel orientierend, außer bei Angabe von Beschwerden. Zur Untersuchung der Koordination werden Zeigeversuche, Prüfung repetitiver Abfolgen (Diadochokinese) und eine Gangprüfung durchgeführt.

In Taucherkreisen ist der „5-Minuten Neurocheck" von DAN (Divers Alert Network) und aus der „Leitlinie Tauchunfall" (GTÜM/ÖGTH/SUHMS) gut bekannt. Er wurde für Laien zur orientierenden Dokumentation neurologischer Symptome von Tauchunfällen entwickelt (siehe www.gtuem.org oder www.oegth.at). Dieser Untersuchungsablauf, ergänzt durch den Reflexstatus, einen Unterberger-Tretversuch, evtl. zusätzlich einen „verschärften Romberg-Test" („sharpened Romberg test" (SRT), s. auch Gibbs 2010 und Lee 1998), kann als Mindestanforderung an den neurologischen Teil der ärztlichen Tauchtauglichkeitsuntersuchung verwendet werden.

10.1.2 Spezialuntersuchungen

Zusatzuntersuchungen wie EEG, andere elektrophysiologische Untersuchungen oder bildgebende Verfahren (v. a. MRT) können erforderlich sein, wenn sich aus der Anamnese und/oder der neurologischen Untersuchung Hinweise für eine Erkrankung des Nervensystems ergeben. Bei Indikation sollte eine fachärztliche Stellungnahme zur Tauchtauglichkeit vorliegen.

10.1.3 Klinische Syndrome

Entsprechend dem Aufbau und der Funktionsweise des Nervensystems wird zwischen zerebralen, spinalen und peripheren neurologischen Syndromen unterschieden. Für eine zerebrale Manifestation sprechen halbseitige Lähmungen (Hemiparese) mit oder ohne halbseitige Gefühlsstörungen (Hemihypästhesie), Sprachstörungen (Aphasie) oder andere neuropsychologische Störungen wie Neglect (Nichtwahrnehmen einer Körperhälfte), Apraxie (Störung zielgerichteter Bewegungen) oder Agnosie (Nichterkennen), in schweren Fällen auch Bewusstseinsstörungen. Weitere zerebrale Symptome sind Gesichtsfelddefekte, Doppelbilder, Koordinations- und Gangstörungen. Das häufigste spinale Syndrom ist das inkomplette oder komplette Querschnittssyndrom mit sensomotorischer Lähmung (Tetra- oder Paraparese) unterhalb des betroffenen Rückenmarkssegments, häufig auch mit einer Störung der Blasen- und Mastdarmfunktion. Periphere Syndrome äußern sich in ausstrahlenden Schmerzen, Sensibilitätsstörungen und in schweren Fällen schlaffen Lähmungen, die sich dem Versorgungsgebiet eines oder mehrerer peripherer Nerven oder Nervenwurzeln zuordnen lassen.

10.2 Erkrankungen des Gehirns

10.2.1 Anfallserkrankungen

Epilepsie

Die Epilepsie ist eine chronische Erkrankung, die durch das wiederholte Auftreten epileptischer Anfälle gekennzeichnet ist. Bedingt durch abnorme, synchrone und sich selbst terminierende elektrische Entladungen von Nervenzellen des Gehirns führen epileptische Anfälle zu einer plötzlich beginnenden, in aller Regel spontan wieder abklingenden neurologischen Funktionsstörung. Epileptische Anfälle können verschiedene Ursachen haben: genuine Epilepsien mit genetischem Hintergrund, die meist im Kindes- oder Jugendalter beginnen, und symptomatische Epilepsien, denen eine Störung der Integrität des Gehirngewebes zugrunde liegt (unter anderem eine frühkindliche Hirnschädigung, Schädel-Hirn-Verletzungen, Infektionen des Gehirns, Hirntumoren, Durchblutungsstörungen, Hirnblutungen und toxische Ursachen). Der „klassische" generalisierte tonisch-klonische Anfall (Grand mal) führt zu Bewusstlosigkeit, zentraler Apnoe, Verkrampfung der Muskulatur gefolgt von rhythmischen motorischen Zuckungen für die Dauer von etwa 3–5 min. Meist kommt es zu Zungenbiss, Einnässen und zu einer verlängerten Reorientierungsphase von ca. 30 min nach dem Anfall. Neben dem Grand mal gibt es aber noch viele andere Anfallsformen wie z. B. komplexfokale Anfälle, die sich durch eine Art „Abwesenheit", d. h. eine kurzzeitig veränderte Reaktion auf äußere Reize und durch komplexe unwillkürliche Verhaltensabläufe (Automatismen) äußern können.

Aufgrund der anfallsartig auftretenden Bewusstseinsstörung stellt das Vorliegen einer manifesten Epilepsie eine absolute Kontraindikation zum Tauchen dar. Der Grund für diese strenge Empfehlung liegt nicht nur in dem hohen Risiko, bei einem epileptischen Anfall im bzw. unter Wasser zu ertrinken, sondern auch durch die erhebliche Gefährdung des Tauchpartners bei einem Rettungsversuch. Durch den während eines generalisierten Anfalls auftretenden Atemstillstand kann beim notfallmäßigen Auftauchen eine Lungenüberdehnung mit nachfolgendem Pneumothorax oder arterieller Gasembolie entstehen.

Eine Vorgeschichte epileptischer Anfälle führt im Allgemeinen zu einem dauerhaften Ausschluss vom Berufstauchen. Ob es für Sporttaucher Ausnahmen von dieser Regel geben soll, wird kontrovers diskutiert. Bei einem Sauerstoffpartialdruck über ca. 1,6 bar, entsprechend einer Tauchtiefe von ca. 66 m mit Pressluft, können aufgrund der Sauerstofftoxizität generalisierte Krampfanfälle ausgelöst werden. Bei Atmung von reinem Sauerstoff oder bei Mischgasen mit höherem Sauerstoffanteil ist dies bereits in geringeren Tiefen möglich. Obwohl sich in experimentellen und epidemiologischen Untersuchungen bislang nicht belegen ließ, dass Tauchen zu einem erhöhten Risiko für einen epileptischen Anfall führt, ist das zumindest pathophysiologisch denkbar. Ebenso ist möglich, dass vorgeschädigte Neurone im Hinblick auf die Entstehung epileptischer Anfälle vulnerabler gegenüber der Sauerstofftoxizität sind.

Nach den Begutachtungsleitlinien zur Kraftfahreignung des Gemeinsamen Beirats für Verkehrsmedizin beim Bundesministerium für Verkehr, Bau- und Wohnungswesen und beim Bundesministerium für Gesundheit können Patienten mit der Vorgeschichte einer Epilepsie nach einjähriger Anfallsfreiheit einen PKW und nach fünfjähriger Anfallsfreiheit ohne Medikation sogar einen LKW führen. Somit ist abzuleiten, dass gut kontrollierte, langfristig (über mehrere Jahre) anfallsfreie Patienten mit unauffälligem EEG und unauffälliger kranialer MRT unter ausführlicher Aufklärung über die Risiken, im Sinne einer relativen Kontraindikation, tauchen dürfen. Eine solche Entscheidung muss individuell, in Kenntnis der gesamten Vorgeschichte, gemeinsam durch einen Tauchmediziner und einen Facharzt für Neurologie getroffen werden. Dem Taucher und dem Tauchpartner sollte bewusst sein, dass das Risiko, einen epileptischen Anfall zu erleiden, bei entsprechender Vorgeschichte nie ganz aufgehoben und höher als in der Allgemeinbevölkerung ist. Tauchgänge sollten in jedem Fall flach und weit außerhalb der Dekompressionspflichtigkeit sein, zudem ist von Mischgasen mit höherem Sauerstoffanteil abzuraten.

Tauchtauglichkeit Bei Anfallsfreiheit von fünf Jahren ohne Medikation ist das Risiko für einen epileptischen Anfall während eines Tauchgangs als relativ gering einzustufen. Nach umfangreicher Information von Taucher und Tauchpartner über die möglichen Risiken kann eine ggf. eingeschränkte Erlaubnis erwogen werden. Die Entscheidung über eine sollte gemeinsam mit dem behandelnden Neurologen erfolgen, zumindest eine aktuelle fachärztliche Stellungnahme des behandelnden Neurologen zur Tauchtauglichkeit vorliegen.

Antiepileptika
Einnahme von Antiepileptika bei Epilepsie führt zu Tauchuntauglichkeit. Antiepileptika werden aber immer häufiger auch aus anderer Indikation verschrieben, z. B. bei neuropathischen Schmerzen und zur Stimmungsstabilisierung bei psychischen Erkrankungen. Zu Auswirkungen auf die Tauchtauglichkeit siehe Kap. 2, Medikamente.

Einzelne epileptische Anfälle
 Ein einmaliger epileptischer Anfall sollte von einer Epilepsie abgegrenzt werden. Unter dem Einfluss von Provokationsfaktoren wie z. B. Schlafmangel, Flackerlicht, grippalen Infekten, Alkoholentzug oder bestimmten Medikamenten kann es ohne das Vorliegen einer Epilepsie zu einem einzelnen epileptischen Anfall kommen, man spricht dann von einem Gelegenheitsanfall.

Die Ursache eines solchen Anfalls sollte in jedem Fall durch einen Facharzt für Neurologie geklärt werden. Dazu gehört eine gründliche neurologische Untersuchung mit Zusatzdiagnostik, insbesondere EEG (Elektroenzephalographie) und MRT (Magnetresonanztomographie) des Gehirns. Bei unauffälliger neurologischer Diagnostik und Vorliegen eines klar definierten Provokationsfaktors ist die Tauchtauglichkeit nach Anfallsfreiheit von 6 Monaten und nochmaliger fachärztlicher Stellungnahme gegeben, sofern der anfallsbegünstigende Provokationsfaktor nicht mehr vorliegt. Ebenso bestehen keine Einwände gegen die Ausübung des Tauchsports bei einer Vorgeschichte einmaliger epileptischer Anfälle in der frühen Kindheit, z. B. einem Fieberkrampf, sofern dieser nicht auf einer fortbestehenden neurologischen Erkrankung beruht.

Tauchtauglichkeit Tauchtauglichkeit besteht nach einzelnen Anfällen in der Kindheit ohne neurologische Grunderkrankung und nach stattgehabtem Gelegenheitsanfall mit Anfallsfreiheit über 6 Monate, sofern der Provokationsfaktor nicht fortbesteht und eine aktuelle fachärztliche Freigabe für das Tauchen durch den behandelnden Neurologen vorliegt.

Relative Kontraindikationen	Absolute Kontraindikationen
– Epilepsie mit fünfjähriger Anfallsfreiheit ohne Medikation – Epilepsie mit fünfjähriger Anfallsfreiheit mit niedrig dosierter Monotherapie eines nicht sedierenden Antiepileptikums im Rahmen des Tauchens mit Einschränkungen, evtl. mit Tiefenlimit (siehe Kap. 2, Medikamente)	– Manifeste Epilepsie – Therapie mit sedierenden Antiepileptika – Polytherapie mit Antiepileptika – Eindosierung oder Reduktion von Antiepileptika

Synkopen und andere Formen anfallsartiger Bewusstlosigkeit

In der Bevölkerung wesentlich häufiger als epileptische Anfälle sind nichtepileptische Ursachen anfallsartiger Bewusstseinsstörungen. Dazu zählen insbesondere die Synkopen, bei denen es durch einen systemischen Blutdruckabfall zu einer kurzzeitigen Störung der Gehirndurchblutung kommt. Klinisch äußert sich die Synkope zunächst durch ein Schwindel- und Schwächegefühl, Schweißausbruch, teils begleitet von Verschwommensehen oder Übelkeit, gefolgt von einer kurz andauernden Bewusstlosigkeit mit kaum messbarem Puls und Blutdruck. Die Ursachen für Synkopen sind vielfältig und können harmlos sein, wie die vasovagale oder orthostatische Synkope, die nach längerem Stehen, bei Hitze, unangenehmen Eindrücken oder starken Schmerzen auftreten kann. Abzugrenzen sind kardiale Synkopen auf dem Boden von Herzrhythmusstörungen.

Andere Differenzialdiagnosen von anfallsartigen Bewusstseinsstörungen sind Hypoglykämien, Hyperventilationstetanien, eine Narkolepsie mit plötzlich auftretenden Einschlafattacken und psychogene Ursachen.

Genau wie epileptische Anfälle sind manifeste wiederkehrende Synkopen oder andere anfallsartige Bewusstseinsstörungen mit dem Tauchen nicht vereinbar. Eine möglichst genaue Klärung der Ursache mittels kardiologischer und neurologischer Diagnostik sollte erfolgen und eine Behandlung eingeleitet werden.

Tauchtauglichkeit Personen mit wiederkehrenden anfallsartigen Bewusstseinsstörungen sind zunächst nicht tauchtauglich, unabhängig von deren Ursache. Eine genaue Diagnosestellung und Anfallsfreiheit über einen längeren Beobachtungszeitraum (mindestens 6 Monate) sind für die weitere Entscheidung bezüglich der Tauchtauglichkeit erforderlich.

10.2.2 Zerebrovaskuläre Erkrankungen

Hirninfarkt und TIA

Bei einer zerebralen Ischämie kommt es aufgrund einer gestörten Blutversorgung zu einer Beeinträchtigung des zerebralen Stoffwechsels bis hin zum Untergang von Gehirngewebe im Sinne eines Hirninfarkts (Schlaganfall). Klinisches Leitsymptom sind akut auftretende neurologische Ausfälle. Diese hängen von der Lokalisation und Größe des Hirninfarkts ab; daraus resultiert die heterogene Prognose bezüglich der Rückbildung der Symptome. Bei rascher Rückbildung der klinischen Symptomatik spricht man von einer transitorischen ischämischen Attacke (TIA), wobei die klassische Trennung zwischen TIA und manifestem Hirninfarkt heute als überholt gilt. Da das Rezidivrisiko von der Dauer der Initialsymptome unabhängig ist, sollte jede zerebrale Ischämie in der Akutphase ernst genommen werden.

Nach den Empfehlungen für das „Tauchen mit Einschränkungen" (siehe Kap. 6) ist Tauchen prinzipiell möglich, sofern der Taucher mit seiner körperlichen Einschränkung vertraut ist und umgehen kann. Lähmungen, die die Leistungsfähigkeit beim Schwimmen oder Tauchen einschränken, sind zu beachten. Die Tauchpartner sollten mit einbezogen sein und das Ausmaß der neurologischen Defizite kennen, um diese in Notfallsituationen von neurologischen Symptomen einer Dekompressionserkrankung unterscheiden zu können. Das Ausmaß der neurologischen Funktionseinschränkung bestimmt die Tauchtauglichkeit nach einem Schlaganfall aber nicht allein; das Hauptaugenmerk sollte auf Begleiterkrankungen liegen. Zerebrale Durchblutungsstörungen sind häufig Folge einer Arteriosklerose, die wiederum mit den klassischen Risikofaktoren arterieller Hypertonus, Diabetes mellitus, Hypercholesterinämie, Übergewicht und Nikotinabusus assoziiert ist. In anderen Fällen sind ein Vorhofflimmern oder andere Herzerkrankungen die Ursache der zerebralen Ischämie, die wiederum relative oder absolute Kontraindikationen zum Tauchen darstellen können. Ein persistierendes Foramen ovale (PFO) und AV-Shunts im Lungenkreislauf zählen ebenfalls zu den Risikofaktoren für einen Schlaganfall und spielt auch für die Tauchtauglichkeit eine Rolle. Infolge eines Schlaganfalls kann es zur Entstehung einer symptomatischen Epilepsie kommen. Diese wiederum wäre eine absolute Kontraindikation zum Tauchen (s. oben unter „Epilepsie").

Tauchtauglichkeit Nach kürzlich stattgehabtem Schlaganfall oder einer TIA gilt ein absolutes Tauchverbot.

Liegt das Ereignis > 1 Jahr zurück, kann die Tauchtauglichkeit im Einzelfall wieder gegeben sein, selbst wenn stabile neurologische Defizite fortbestehen (relative Kontraindikation).

Gründliche neurologische und internistische Untersuchung mit Belastungs-EKG (und ggf. Koronarangiographie) zum Ausschluss relevanter Begleiterkrankungen sind unbedingt erforderlich, bevor nach einem Schlaganfall wieder getaucht werden darf.

Intrazerebrale Blutung (ICB)

Eine intrazerebrale Blutung ist eine schwerwiegende Erkrankung mit hoher Mortalität. Intrazerebrale Blutungen sind intraparenchymatöse Blutungen im Großhirn, den Stammganglien, dem Hirnstamm oder dem Kleinhirn, die schlagartig auftreten und denen verschiedene Ursachen zugrunde liegen können: arterielle Hypertension (häufigste Ursache), Gefäßmissbildungen, Antikoagulation, Tumoren, Vaskulitiden, Eklampsie, genetische Vaskulo- oder Koagulopathien, Traumen, Sinusvenenthrombose.

Die Blutung breitet sich ausgehend vom rupturierten Blutgefäß durch das Hirngewebe aus, bis sie von Gerinnungsvorgängen und einem steigenden Hirndruck gestoppt wird. Um das Hämatom herum entsteht ein Ödem, das die (regionale) Hirndurchblutung beeinträchtigt. Die Folge sind ischämische

Schäden. Typische Symptome sind Kopfschmerz, Übelkeit, Erbrechen und Vigilanzstörungen. Entsprechend der Blutungslokalisation kann es zu Lähmungen, Empfindungsstörungen, Sehstörungen, vegetativer Dysregulation, Bewusstseinsstörung oder Krampfanfällen kommen. Infolge der hämatombedingten Raumforderung und des Hirnödems steigt der Hirndruck oft dramatisch an.

Intrazerebrale Blutungen bringen häufig schwere Behinderungen mit sich, die unter Wasser eine Gefahr darstellen. Eine ICB kann zudem auf einer Gefäßmalformation oder anderen angeborenen Defekten beruhen, die ein erhöhtes Rezidivrisiko beinhaltet oder zu weiteren, mit dem Tauchen nicht vereinbaren Störungen führt.

Tauchtauglichkeit Voraussetzungen zur Beurteilung der Tauchtauglichkeit sind: eine ausführliche Anamnese unter Hinzuziehung der Vorbefunde und Verlaufsberichte der behandelnden Ärzte. Besondere Aufmerksamkeit ist auf zugrunde liegende Systemerkrankungen oder Missbildungen zu richten. Der Patient darf in seiner Fähigkeit zur selbständigen Planung und Ausführung von Tauchgängen nicht beeinträchtigt sein. Tauchtauglichkeit besteht bei Restitutio ad integrum ohne systemische Grundkrankheit und ohne symptomatische Epilepsie.

Subarachnoidalblutung (SAB)

Die SAB ist ein lebensbedrohliches Krankheitsbild, das meist eine unmittelbare neurochirurgische oder interventionelle Therapie erfordert. Der Subarachnoidalblutung (SAB) liegt hingegen meist eine Ruptur eines Aneurysmas im Bereich der intrakraniellen Arterien zugrunde. Sie äußert sich durch ein heftiges Kopfschmerzereignis, Meningismus, Bewusstseinstörungen, Übelkeit, Erbrechen, Lichtscheu oder Hirnnervenausfälle.

Entscheidend für die Beurteilung der Tauchtauglichkeit sind die häufigen neurologischen und neuropsychologischen Defizite gleichermaßen wie die Gefahr von Rezidivblutungen (weitere Aneurysmata): Bis zu 33 % der SAB-Patienten haben multiple Aneurysmata und jedes unverschlossene Aneurysma hat (je nach Größe) ein Blutungsrisiko von bis zu 3 % pro Jahr. Eine SAB ohne Aneurysmanachweis kann verschiedene Ursachen haben (venöse Blutung, Tumoren, Dissektionen, Fistel, Malformationen, Infektionen, verborgene oder thrombosierte Aneurysmata) und ist somit vom Komplikationsrisiko nur schwer einzuschätzen.

Tauchtauglichkeit Nach vollständiger Aneurysmaausschaltung und einer nicht relevanten neurologischen Residualsymptomatik (> 1 Jahr) kann das Tauchen mit Einschränkungen möglich sein.

Nach vollständiger Genesung, vollständiger Ausschaltung des ursächlichen Aneurysmas, fehlender systemischer Grundkrankheit bzw. nichtaneurysmatischer kryptogener Subarachnoidalblutung (inkl. Kontrollbildgebung innerhalb 1 Jahr nach Ereignis) ist das Tauchen uneingeschränkt möglich.

Bei einer persistierenden Gefäßmalformation oder Fortbestehen eines Aneurysmas ist das Tauchen kontraindiziert.

Zerebrale vaskuläre Missbildungen (Malformationen)

Unter diesem Begriff werden verschiedene Gefäßmissbildungen zusammengefasst (arteriovenöse Malformation = AVM, kapilläre Hämangiome, Kavernome). Häufig werden diese als Zufallsbefund entdeckt; apparent werden sie durch Blutungen, Epilepsie oder fokalneurologische Ausfälle. Patienten mit AVM haben ein Blutungsrisiko, bei unbehandelten Gefäßmissbildungen besteht ein relevantes Blutungsrisiko. Behandelt werden Malformationen operativ, mit Embolisation oder Bestrahlung. Bei Blutungsereignissen erfolgt die Therapie wie bei ICB bzw. SAB. Die Letalität einer AVM-Blutung beträgt 10–15 %, das Rezidivblutungsrisiko 50 %. Eine AVM-Blutung führt in 10–30 % zu permanenten, neurologischen Defiziten.

Patienten mit bekannten zerebralen Gefäßmissbildungen sind besonders durch erneute Blutungsereignisse gefährdet. Weitere neurologische Symptome hängen stark von der Lokalisation des Herdes und von therapiebedingten Komplikationen ab. Inwieweit physiologische und physikalische Einflussfaktoren des Tauchens das Risiko für Blutungen erhöhen, ist nicht bekannt.

Tauchtauglichkeit Da jede Blutung unter Wasser mit akuten neurologischen Symptomen akut das Leben des Tauchers gefährdet, sind unbehandelte Gefäßmissbildungen nicht mit dem Tauchen vereinbar.

Tauchtauglichkeit besteht bei Restitutio ad integrum nach vollständiger Entfernung der Malformation (> 1 Jahr nach Operation bzw. > 3 Jahre nach Bestrahlung und/oder Embolisation) und ohne persistierende Krampfneigung. Die genannten relativen und absoluten Kontraindikationen können im Rahmen des Tauchens mit Einschränkungen im Einzelfall gegebenenfalls anders bewertet werden.

Relative Kontraindikationen	Absolute Kontraindikationen
– Z.n. Hirninfarkt, TIA, intrakranieller Blutung mit stabilem neurologischen Defizit, z. B. leichte stabile Paresen oder leichte sensible Ausfälle ohne Relevanz für den Tauchsport – Z.n. hypertensiver ICB, wenn der Hypertonus ausreichend eingestellt wurde und bei nicht relevanter Residualsymptomatik (> 1 Jahr) – Nicht relevante, neurologische Residualsymptomatik nach SAB und vollständiger Aneurysmaausschaltung (> 1 Jahr) – Zustand nach Operation eines asymptomatischen Aneurysmas – Nicht relevante neurologische Residualsymptomatik nach vollständiger Entfernung eine zerebralen vaskulären Malformation (> 1 Jahr bzw. > 3 Jahre nach Bestrahlung)	– Hirninfarkt, TIA, Hirnblutung in der Akutphase – Systemische Grundkrankheit als Ursache der Ischämie/ICB, Gefäßmalformation – Nicht eingestellter Hypertonus, andere relevante Begleiterkrankungen (z. B. schwere KHK, Herzinsuffizienz, siehe entsprechende Fachkapitel) – Nicht vollständig entfernte Gefäßmalformation bzw. inkomplett oder nicht verschlossenes Aneurysma als Ursache einer SAB – Weitere, unbehandelte Aneurysmata – Symptomatische Epilepsie – Residuelles neuropsychologisches Defizit – Kleinhirn- oder Hirnstammsymptome – Vegetative Störungen

10.2.3 Tumoren des Nervensystems

Primäre Hirntumoren sind Neubildungen in Gehirn, Rückenmark, Hypophyse und Hirnhäuten unterschiedlicher Dignität. Sekundäre Hirntumoren entstehen als Metastasen maligner Neubildungen außerhalb des ZNS. Typisch für Hirntumoren und differenzialdiagnostisch relevant ist eine ausgeprägte Progredienz und Varianz der Symptomatik: So können Kopfschmerz, zerebrale Krampfanfälle (häufig!), neuropsychische Defizite, Wesensveränderungen, Wahrnehmungsstörungen, endokrine Störungen, Hirndruckzeichen und fokale Ausfallserscheinungen (entsprechend der Tumorlokalisation) Erstmanifestationen einer Tumorerkrankung sein. Therapeutisch wird versucht, die Tumoren operativ vollständig zu entfernen. Begleitend könnte Bestrahlung und Chemotherapie zum Einsatz kommen. Fortgeschrittene Stadien werden palliativ behandelt.

Vor allem bei intrazerebralen Tumoren, die mit schweren neurologischen Defekten und einer ausgeprägten Dynamik des Krankheitsverlaufes einhergehen, besteht in der Regel keine Tauchtauglichkeit.

Auch das Vorliegen von neurologischen oder neuropsychologischen Defiziten (Denkstörungen, Orientierung, Gleichgewicht), die den Taucher oder seine Partner unter Wasser gefährden könnten, sowie Epilepsien führen zu einer Tauchuntauglichkeit.

Tauchtauglichkeit Die Wartezeit nach Therapie bis zu einer (erneuten) Tauchtauglichkeit ist differenziert zu betrachten:
– Bei sehr gutartigen Tumoren mit geringer Rezidivneigung und ohne Notwendigkeit der Nachbehandlung, z. B. Meningeome, ist nach erfolgter Operation mindestens ein Intervall von 1 Jahr einzuhalten.
– Bei hirneigenen Tumoren mit nicht unerheblicher Neigung zu Rezidiven und Entwicklung einer symptomatischen Epilepsie, z. B. Astrozytom WHO II, ist nach erfolgter Operation mindestens ein Intervall von 2 Jahren einzuhalten, es sind regelmäßig Kontrollen zum Rezidiv-Ausschluss durchzuführen.
– Nach Strahlentherapie von Gehirntumoren ist mindestens ein Intervall von 3 Jahren einzuhalten.

Voraussetzungen für eine uneingeschränkte Tauchtauglichkeit für Hirntumorpatienten sind ein benigner oder niedrigmaligner Tumor in einem frühen Stadium, mit günstiger Lokalisation und niedrigem Rezidivrisiko.

Der Behandlungsverlauf sollte insgesamt unkompliziert sein ohne weitere Schäden durch Operation, Bestrahlung oder Chemotherapie. Es dürfen keine neurologischen Störungen vorliegen, die den Taucher unter Wasser gefährden. Wichtig ist eine normale körperliche Belastbarkeit. Einschränkungen im täglichen und beruflichen Leben dürfen nicht bestehen.

Tauchtauglichkeit besteht bei Restitutio ad integrum nach erfolgreicher kurativer Behandlung benigner Tumoren, regelmäßigem Rezidivausschluss und ohne persistierende Krampfneigung. Zur Tauchtauglichkeitsuntersuchung muss eine aktuelle fachärztliche Stellungnahme des behandelnden Neurologen/Neurochirurgen vorliegen.

Die unten genannten relativen und absoluten Kontraindikationen können im Rahmen des Tauchens mit Einschränkungen im Einzelfall anders bewertet werden.

Relative Kontraindikationen	Absolute Kontraindikationen
– Sicher geheiltes Tumorleiden (z. B. nach kindlichem Hirntumor, nach kleinem und günstig gelegenem, benignem Hirntumor) ohne relevante Residualsymptomatik und Krampfneigung und nach Rezidivausschluss – Kleinhirn- oder Hirnstammsymptome mit geringen Einschränkungen – Vegetative Störungen mit geringen Einschränkungen – Querschnittssymptomatik mit geringen Einschränkungen – Psychologische oder neuropsychologische Symptome	– Maligne Hirntumoren, maligne spinale Tumoren, Tumorrezidive und Metastasen extrakranieller Tumoren mit Hinweis auf wesentliche oder wechselnde neurologische Ausfälle – Persistierende Epilepsie – Kleinhirn- oder Hirnstammsymptome mit starker Einschränkung – Vegetative Störungen mit starker Einschränkung – Querschnittssymptomatik mit geringer Einschränkung

10.2.4 Morbus Parkinson, neurodegenerative Erkrankungen

Der M. Parkinson ist eine extrapyramidalmotorische Erkrankung mit dem Leitsymptom Hypokinese, d. h. einer allgemeinen Verlangsamung von Bewegungsabläufen. Weitere Symptome sind Rigor (Tonuserhöhung mit Steifigkeit der Muskulatur), Ruhetremor und autonome Störungen. Die Erkrankung ist im Frühstadium medikamentös gut behandelbar, schreitet aber fort.

Eine weitere häufige degenerative Erkrankung des Nervensystems ist die Demenz vom Alzheimer-Typ, die selten auch schon vor dem 60. Lebensjahr beginnen kann. Zudem gibt es eine Vielzahl weiterer neurodegenerativer Erkrankungen mit unterschiedlichen Symptomen und Erkrankungsverläufen.

Aufgrund der Verlangsamung von Bewegungsabläufen mit verlängerter Reaktionszeit stellt der M. Parkinson eine Kontraindikation zum Tauchen dar. Ausnahmen sind im frühen Stadium der Erkrankung möglich, wenn unter Medikation ein unauffälliger neurologischer Befund vorliegt. Regelmäßige Kontrollen (ca. alle 6 Monate) sind erforderlich. Manche Parkinsonmedikamente (insbesondere die Dopaminagonisten Ropinirol, Pramipexol und Cabergolin) können zu einer vermehrten Tagesmüdigkeit führen, daher darf bei Einnahme dieser Präparate nicht getaucht werden.

Eine Alzheimer-Erkrankung ist eine absolute Kontraindikation zum Tauchen. Auch die sonstigen degenerativen Erkrankungen des zentralen Nervensystems führen oft zum Ausschluss vom Tauchen.

Tauchtauglichkeit Das Vorliegen einer degenerativen Erkrankung des zentralen Nervensystems stellt in vielen Fällen eine Kontraindikation für das Tauchen dar.

10.2.5 Traumata des ZNS

Schädel-Hirn-Trauma (SHT)

Eine Verletzung des Hirns kann sich als isoliertes Schädel-Hirn-Trauma oder aber im Rahmen eines Polytraumas ereignen. Die Einteilung des SHT erfolgt nach Schweregraden in SHT °I (Leichtes SHT) bis SHT °III (schweres SHT). Typische Komplikationen bzw. Zusatzverletzungen sind das offene SHT, intrazerebrale Hämatome und Blutungen, Kontusionsherde, diffuser Axonschaden, Liquorfisteln, sekundäre Ischämien, Hirnödem, Hydrozephalus, Nachblutungen, Traumata bzw. Komplikationen weiterer Organsysteme (Polytrauma, Multiorganversagen), sekundäre Infektionen (Pneumonie/ARDS, Sepsis, Meningitis, Hirnabszess) und insbesondere das posttraumatische Syndrom mit Kopf- und Nackenschmerz, Benommenheit, psychischen Veränderungen, Abgeschlagenheit, Schwindel, Sehstörungen, Übelkeit, Erbrechen, Aufmerksamkeitsstörungen und Kreislaufstörungen.

Schwere Schädel-Hirn-Traumata gehen zumeist mit ausgeprägten neurologischen, vegetativen und psychologischen Störungen einher. Bemerkenswert ist hierbei, dass Vernarbungen im Bereich der Glia und sekundäre Komplikationen noch nach Jahren auftreten können. Traumabedingte, psychologische bzw. psychiatrische Alterationen werden vom Patienten selbst nicht immer wahrgenommen. Traumata des ZNS sind häufig mit Verletzungen weiterer Organsysteme (Polytrauma) vergesellschaftet, die, je nach Ausprägung und Verlauf, für sich genommen ebenfalls nicht mit dem Tauchen vereinbar sein können.

Vorbefunde und Verlaufsberichte zum SHT und zu evtl. vorhandenen Zusatzverletzungen sind von den behandelnden Ärzten anzufordern. Ein besonderes Augenmerk ist nicht nur auf die primären Defizite, sondern auch auf Komplikationen und Spätkomplikationen zu richten.

Tauchtauglichkeit Voraussetzungen für eine uneingeschränkte Tauchtauglichkeit nach SHT °I und °II sind nach entsprechendem Zeitintervall das Fehlen von neurologischen Störungen, die den Taucher unter Wasser gefährden (Epilepsie, Bewusstseinsstörungen, kognitive Einschränkungen, vegetative Störungen, körperliche Behinderung, psychologische/psychiatrische Probleme, neuroendokrine Störungen), keine Einschränkung im täglichen und beruflichen Leben und eine gute körperliche Belastbarkeit.

Tauchtauglichkeit besteht bei Restitutio ad integrum und ohne persistierende Krampfneigung. Zur Tauchtauglichkeitsuntersuchung muss eine aktuelle fachärztliche Stellungnahme des behandelnden Neurologen/Neurochirurgen vorliegen.

Die unten genannten relativen und absoluten Kontraindikationen können im Rahmen des Tauchens mit Einschränkungen im Einzelfall anders bewertet werden.

Relative Kontraindikationen	Absolute Kontraindikationen
– SHT °I mit posttraumatischem Syndrom in Form von isoliertem Kopfschmerz – Isolierte, geringgradige Paresen oder Sensibilitätsstörungen – Kleinhirn- oder Hirnstammsymptome mit geringen Einschränkungen – Vegetative Störungen mit geringen Einschränkungen	– SHT °I <3 Monate bzw. SHT °II <2 Jahre – SHT °III – Persistierendes posttraumatisches Syndrom – Persistierende Epilepsie – Psychologische, neuropsychologische oder psychiatrische Symptome mit starker Einschränkung – Neuroendokrine Störungen – Kleinhirn- oder Hirnstammsymptome mit starker Einschränkung – Vegetative Störungen mit starker Einschränkung – Komplexe Paresen – Komplizierter Verlauf (Nachblutung, Herniation, Infektionen, Hydrozephalus) – Liquorfistel – Relevante Zusatzverletzungen oder Organkomplikationen

10.2.6 Infektionen des Nervensystems

Hirnabszess

Hirnabszesse sind umschriebene und abgekapselte bakterielle Infektionen des Hirngewebes, die zu einer eiterbildenden Einschmelzung des betroffenen

Gewebes führen. Als Erreger finden sich zumeist anaerob-aerobe Mischinfektionen. Immundefiziente Patienten können gehäuft Hirnabszesse mit atypischen Keimen aufweisen.

In der Regel ist das Großhirn betroffen, Kleinhirnabszesse trifft man eher selten an. Typisch sind Defektheilungen mit zumeist erheblicher bleibender neurologischer Residualsymptomatik: Häufig sind fokal neurologische Defizite und kognitive Störungen festzustellen; in 30–70% der Patienten bleibt eine Epilepsie zurück.

Die hohe Rate an Epilepsien nach Hirnabszessen birgt das Hauptrisikopotenzial für den Tauchsport. Ein weiterer limitierender Faktor ist das gehäufte Auftreten schwerer, neurologischer Behinderungen, das die Planung oder Ausführung von Tauchgängen massiv beeinträchtigt (kognitive Störungen, fokal neurologische Defizite). Ist eine Sanierung des Fokus nicht sicher gelungen oder wurde der Hirnabszess durch eine schwere Grundkrankheit verursacht (z.B. pulmonale Infektionen, Herzfehler, AIDS, Immunschwäche), so ist das Rezidivrisiko hoch.

Tauchtauglichkeit Vor der Beurteilung der Tauchtauglichkeit sind die Vorbefunde und Verlaufsberichte anzufordern, um sich ein Bild von der Schwere der Erkrankung und der zugrunde liegenden Gesundheitsstörungen zu machen. Ist der Patient in seinem täglichen und beruflichen Leben nicht eingeschränkt, bei vollständiger Wiederherstellung, sicherer Herdsanierung, fehlender Grundkrankheit und ohne persistierende Krampfneigung, so besteht Tauchtauglichkeit. Zur Tauchtauglichkeitsuntersuchung muss eine aktuelle fachärztliche Stellungnahme des behandelnden Neurologen/Neurochirurgen vorliegen.

10.2.7 Liquorzirkulationsstörungen

Hydrozephalus

Ein Hydrozephalus entsteht infolge von Liquorabfluss- bzw. Liquorresorptionsstörungen und kann akut oder chronisch bestehen. Die Ursachen hierfür sind vielgestaltig (z.B. Tumoren, Infektionen, Blutungen, iatrogen, Missbildungen). Ein Hydrozephalus führt zu einer Steigerung des intrazerebralen Druckes, der wiederum die zerebrale Durchblutung beeinträchtigt und somit zur funktionellen Störung führt. Entweder wird die Ursache der Liquorzirkulationsstörung behandelt, oder es wird eine Liquordrainage angelegt.

Chronische Fälle werden mit Implantation eines internen Shunt-Systems versorgt, wobei eine Ableitung ins Peritoneum (vp-Shunt = ventrikuloperitoneale Ableitung) bzw. in den rechten Vorhof (va-Shunt = ventrikuloatriale Ableitung) möglich ist. Übliche Shuntprobleme sind Infektion, Ventilfehlfunktion, Kathetermigration und Überdrainage.

 Die Gefahr für Hydrozephaluspatienten besteht darin, dass es durch die physikalischen und physiologischen Veränderungen während der Immersion zu einem akuten Anstieg des Hirndrucks kommen kann, der auch durch den Shunt nicht adäquat ausgeglichen wird. Theoretisch könnte die Ausrüstung Einfluss auf die Shunt-Funktion haben (Maskenband, Kopfhaube). Daher ist bei engen Kopfhauben Vorsicht geboten. Der Shunt verläuft im Bereich des Halses subkutan und kann theoretisch verlegt oder geknickt werden. Theoretisch können auch dekompressionsbedingte Gasbläschen im Liquor zu einer Ventilschädigung oder Dysfunktion führen. Die Shuntfunktion sollte daher regelmäßig überprüft werden.

Manche Autoren postulieren eine Kontraindikation bei ventrikuloatrialem Shunt aufgrund des Risikos für die Entstehung von Gasbläschen im Herzvorhof. Allerdings gibt es hierzu keine klinischen Daten beim Menschen; im Tiermodell wurde gezeigt, dass Fremdkörper wie Katheter im Gefäßsystem mit z. T. massiver Blasenbildung während der Dekompression einhergehen können. Ein vp-Shunt sollte diesbezüglich unproblematisch sein.

Tauchtauglichkeit Bei der Beurteilung der Tauchtauglichkeit von Hydrozephaluspatienten sind drei Aspekte zu berücksichtigen:
- Der Shunt muss sicher und korrekt funktionieren, und zwar unter den Bedingungen einer Immersion und mit vollständiger Ausrüstung.
- Die den Hydrozephalus verursachende Grundkrankheit muss mit dem Tauchsport vereinbar sein.
- Eine evtl. vorliegende neurologische Residualsymptomatik darf die Planung und Ausführung von Tauchgängen nicht beeinträchtigen.

Tauchtauglichkeit besteht bei Erwachsenen mit Restitutio ad integrum nach komplikationsloser Shuntversorgung (> 1 Jahr) und ohne persistierende Krampfneigung.

Neurologie/Neurochirurgie

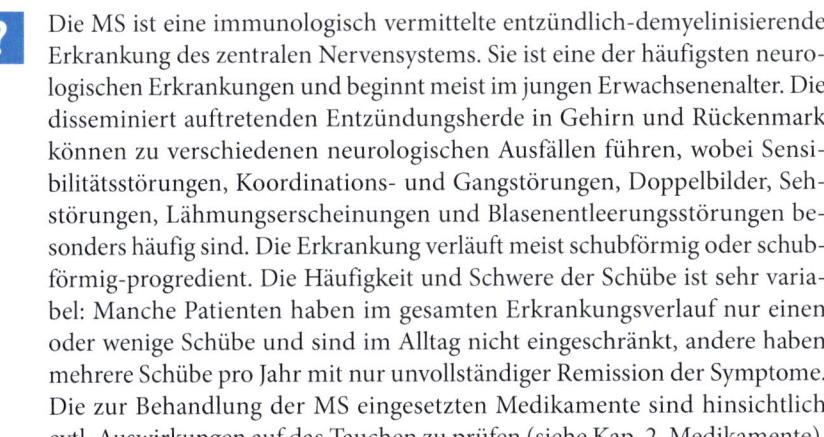

Relative Kontraindikationen	Absolute Kontraindikationen
– Komplikationslose vp-Shuntversorgung (> 6 Monate) bei Erwachsenen (ab 18 Jahre) – va-Shuntversorgung (> 6 Monate) bei Erwachsenen (ab 18 Jahre) nur gemäß Empfehlungen für „low bubble diving" (siehe Anhang)	– Schwere Grundkrankheit (Tumor, ICB, SAB usw., siehe entsprechende Kapitel) – Hydrozephalus ohne Shuntversorgung – Relevante neurologische Residualzustände – Gehäufte Shunt-Komplikationen bzw. Schwierigkeiten bei Shunteinstellung – Shuntversorgung < 6 Monate – Shuntkinder und Jugendliche (unter 18 Jahre) wegen des ausgeprägten Längenwachstums, das zur Shuntdislokation führen kann

10.2.8 Multiple Sklerose (MS)

Die MS ist eine immunologisch vermittelte entzündlich-demyelinisierende Erkrankung des zentralen Nervensystems. Sie ist eine der häufigsten neurologischen Erkrankungen und beginnt meist im jungen Erwachsenenalter. Die disseminiert auftretenden Entzündungsherde in Gehirn und Rückenmark können zu verschiedenen neurologischen Ausfällen führen, wobei Sensibilitätsstörungen, Koordinations- und Gangstörungen, Doppelbilder, Sehstörungen, Lähmungserscheinungen und Blasenentleerungsstörungen besonders häufig sind. Die Erkrankung verläuft meist schubförmig oder schubförmig-progredient. Die Häufigkeit und Schwere der Schübe ist sehr variabel: Manche Patienten haben im gesamten Erkrankungsverlauf nur einen oder wenige Schübe und sind im Alltag nicht eingeschränkt, andere haben mehrere Schübe pro Jahr mit nur unvollständiger Remission der Symptome. Die zur Behandlung der MS eingesetzten Medikamente sind hinsichtlich evtl. Auswirkungen auf das Tauchen zu prüfen (siehe Kap. 2, Medikamente).

Bislang gibt es keine Hinweise, dass der Verlauf einer MS durch das Tauchen ungünstig beeinflusst wird. Erkrankungssymptome können sich allerdings bei Erhöhung der Körpertemperatur, z. B. durch Fieber, ein heißes Bad, hohe Außentemperaturen oder durch exzessive Muskelarbeit verschlechtern (Uthoff-Phänomen).

Aufgrund der erhöhten Temperaturempfindlichkeit sollten Patienten mit MS besondere Tauchgangsvorbereitungen treffen wie angemessene Kleidung, Vermeiden von Überanstrengung, heißem Wasser und Saunagängen.

Tauchtauglichkeit Während eines akuten Erkrankungsschubs darf nicht getaucht werden. Im schubfreien Intervall ist Tauchen unter Umständen möglich, sogar bei Vorliegen bestimmter persistierender neurologischer Defizite: nach den Empfehlungen zum „Tauchen mit Einschränkungen" ist Tauchen evtl. möglich.

Relative Kontraindikationen	Absolute Kontraindikationen
– Schubfreies Intervall ohne neurologisches Defizit – Manche stabile neurologische Defizite im schubfreien Intervall nach den Empfehlungen zum Tauchen mit Einschränkungen	– Akuter Schub – Schwere neurologische Defizite, insbesondere Koordinations- und Gleichgewichtsstörungen – Fatigue – Symptomatische Epilepsie

10.2.9 Migräne und andere Kopfschmerzformen

 Die häufigste Kopfschmerzform ist der Spannungskopfschmerz. Die Schmerzen sind von mittlerer Intensität, haben einen dumpfen Charakter und sind meist im gesamten Hirnschädel (holozephal) lokalisiert. Sie können manchmal mehrere Tage anhalten.

Die Migräne äußert sich mit attackenartig auftretenden, stechenden oder pulsierenden, meist halbseitigen Kopfschmerzen, die von Lichtscheu, Übelkeit und gelegentlich von den Kopfschmerzen vorausgehendem Flimmersehen (Migräneaura) begleitet sein können. In seltenen Fällen treten im Rahmen der Migräneaura auch neurologische Ausfälle wie halbseitige Sensibilitätsstörungen, Sprachstörungen oder sogar Lähmungserscheinungen auf.

Der Cluster-Kopfschmerz ist selten und führt zu heftigen, attackenartigen, einseitigen Schmerzen reißenden Charakters im Bereich des Auges und der Stirn, meist begleitet von einseitigem Tränen des Auge und Sekretion der Nase. Von diesen primären Kopfschmerzformen müssen bedrohliche Ursachen für Kopfschmerzen abgegrenzt werden, z. B. Subarachnoidalblutung, intrakranielle Blutung, Sinusvenenthrombose oder Meningitis.

Heftige akut einsetzende, noch nie in dieser Art aufgetretene Kopfschmerzen sollten umgehend abgeklärt werden. Auch bei bekannten Kopfschmerzsyndromen sollte während einer akuten Kopfschmerzattacke nicht getaucht werden. Wenn es im Rahmen einer Migräne mit Aura auch zu halbseitigen Sensibilitätsstörungen, Sprachstörungen oder Paresen kommt, ist eine Verwechslung mit einer Dekompressionserkrankung möglich. Bei häufigem Auftreten derart schwerer Migräneauren sollte daher auch im beschwerdefreien Intervall vom Tauchen abgeraten werden.

Angesichts der Häufigkeit von Kopfschmerzsyndromen in der Bevölkerung kann eine Kopfschmerzattacke während des Tauchgangs beginnen; der Tauchgang sollte dann kontrolliert beendet werden. Viele Taucher berichten über regelmäßig auftretende Kopfschmerzen nach einem Tauchgang. Diese sind am ehesten so genannte Anstrengungskopfschmerzen.

Tauchtauglichkeit Eine schwere Migräne mit Aura kann eine Kontraindikation zum Tauchen darstellen.

Relative Kontraindikationen	Absolute Kontraindikationen
– Hohe Attackenfrequenz, insbesondere bei Migräne mit Aura – Aktuell bestehende Spannungskopfschmerzen	– Akute noch nie in dieser Art aufgetretene Kopfschmerzattacke – Akuter Migräneanfall (mit Aura)

10.3 Spinale Erkrankungen

10.3.1 Traumatische Querschnittslähmung

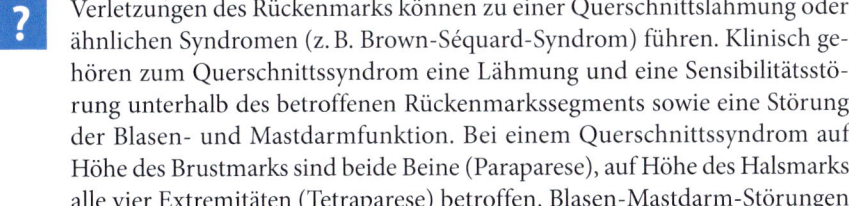
Verletzungen des Rückenmarks können zu einer Querschnittslähmung oder ähnlichen Syndromen (z. B. Brown-Séquard-Syndrom) führen. Klinisch gehören zum Querschnittssyndrom eine Lähmung und eine Sensibilitätsstörung unterhalb des betroffenen Rückenmarkssegments sowie eine Störung der Blasen- und Mastdarmfunktion. Bei einem Querschnittssyndrom auf Höhe des Brustmarks sind beide Beine (Paraparese), auf Höhe des Halsmarks alle vier Extremitäten (Tetraparese) betroffen. Blasen-Mastdarm-Störungen können in unterschiedlicher Ausprägung vorliegen (siehe Kap. 21, Urologie).

Im akuten Stadium und nach nicht abgeschlossener Rehabilitation darf unter keinen Umständen getaucht werden. In jedem Fall ist eine ausreichend lange Wartezeit von über 1 Jahr erforderlich. Im chronischen Stadium ist die Ausübung des Tauchsports bei Vorliegen einer Tetraparese, einer hohen zervikalen Querschnittslähmung mit Beteiligung der Atemhilfsmuskulatur sowie tiefer gelegenen Querschnittslähmung mit Paraparese nur nach den Empfehlungen des Tauchens mit Einschränkungen möglich. Dem Taucher sollte das Risiko bewusst sein, dass neurologische Symptome im Falle einer Dekompressionserkrankung schwerer ausfallen können.

Tauchtauglichkeit Tauchtauglichkeit besteht bei Restitutio ad integrum und bei geringen Paresen oder Sensibilitätsstörungen ohne Einschränkungen im täglichen Leben. Für die Tauchtauglichkeit ist die uneingeschränkte Atmung unter Wasser ein wichtiges Kriterium. Die unten genannten relativen und absoluten Kontraindikationen können im Rahmen des Tauchens mit Einschränkungen im Einzelfall anders bewertet werden.

Relative Kontraindikationen	Absolute Kontraindikationen
– Querschnittssyndrom nach Dekompressionserkrankung (s. Kap. 27, Tauchen nach Tauchunfall) – Zervikaler Querschnitt (Tetraparese, Beteiligung der Atemhilfsmuskulatur) im Rahmen des Tauchens mit Einschränkungen – Thorakaler Querschnitt mit stabiler Paraparese nach Abschluss der Rehabilitation, Wartezeit > 1 Jahr	– Akuter Querschnitt – Komplizierter Verlauf (Abszess, Syringomyelie, Myelomalazie, Liquorzirkulationsstörungen, spinaler Abszess usw.) – Relevante Zusatzverletzungen oder Organkomplikationen

10.3.2 Andere Erkrankungen des Rückenmarks

Andere Ursachen für eine Schädigung des Rückenmarks sind Bandscheibenvorfälle (insbesondere im Halsmark), spinale Ischämien, erbliche Erkrankungen und die Dekompressionserkrankung. Die Poliomyelitis (spinale Kinderlähmung) führt zu einer infektiösen Schädigung u. a. der Vorderhornzellen des Rückenmarks.

Bei anderen Ursachen schwerer, aber stabiler neurologischer Störungen wie z. B. bei abgelaufener Poliomyelitis ist genauso zu verfahren wie bei einem Querschnittsyndrom. Bei progredienten (z. B. erbliche spinale Erkrankungen) bzw. fluktuierenden Defiziten oder bei Gefahr der Verschlechterung durch das Tauchen (z. B. zervikaler Bandscheibenvorfall, zervikale Myelopathie) darf nicht getaucht werden (Ausnahmen siehe Kap. 6, Tauchen mit Einschränkungen).

10.3.3 Lumbale Bandscheibenvorfälle

Aufgrund der Häufigkeit lumbaler Bandscheibenvorfälle kommen diese natürlich auch bei Sporttauchern vor. Zudem stellt das Tragen schwerer Lasten einen Risikofaktor dar. Das typische klinische Bild sind in das Bein ausstrahlende Rückenschmerzen, die dem Versorgungsgebiet einer Nervenwurzel folgen (= radikuläre Verteilung). Je nach Ausmaß der Schädigung können neurologische Ausfälle wie Sensibilitätsstörungen und Paresen hinzukommen. Bei den selteneren großen medianen Bandscheibenvorfällen kann es akut zu einer schweren Paraparese, evtl. mit Blasen- und Mastdarmlähmung kommen (Konus- bzw. Kaudasyndrom). Hierbei handelt es sich dann um einen ernsten neurologischen Notfall.

Bei einem akuten Bandscheibenvorfall darf nicht getaucht werden. Auch nach unvollständiger Erholung kann das Tragen der Tauchausrüstung ein Rezidiv auslösen. Nach vollständiger Erholung kann in aller Regel wieder uneingeschränkt getaucht werden. Grundsätzlich kann es auch während eines Tauchgangs zu einem Bandscheibenvorfall kommen. Bei neurologischen Symptomen ist die Abgrenzung zu einer Dekompressionserkrankung u. U. schwierig. Im Zweifelsfall sollten ggf. eine Druckkammerbehandlung und die diagnostische Klärung mittels MRT-Bildgebung erfolgen.

Tauchtauglichkeit Tauchtauglichkeit besteht bei Zustand nach Bandscheibenvorfall ohne Residuen und bei Zustand nach Bandscheibenoperation ohne Residuen (Wartezeit etwa 6 Monate). Bei persistierenden, aber stabilen neurologischen Defiziten liegt eine relative Kontraindikation vor. Eine Bandscheibenoperation in der Vorgeschichte spricht nicht gegen die Tauchtauglichkeit. Zur Tauchtauglichkeitsuntersuchung muss eine aktuelle Stellungnahme des Operateurs/behandelnden Facharztes zu der für das Tauchen nötigen Beweglichkeit und normalen Belastbarkeit vorliegen.

Relative Kontraindikationen	Absolute Kontraindikationen
– Kleiner akuter Bandscheibenvorfall ohne neurologische Symptomatik (vom Tauchen ist abzuraten) – Z.n. Bandscheibenvorfall mit stabilem Residuum (Wartezeit entsprechend fachärztlicher Empfehlung) – Z.n. Bandscheiben-OP mit stabilem Residuum (Wartezeit entsprechend Empfehlung des Operateurs)	– Akuter Bandscheibenvorfall mit neurologischer Symptomatik – Progrediente oder fluktuierende neurologische Symptomatik

10.4 Periphere Neuropathien, neuromuskuläre Erkrankungen

10.4.1 Periphere Nervenläsion

Läsionen eines oder mehrerer peripherer Nerven können durch Druck, Trauma oder bei bestimmten infektiösen Erkrankungen entstehen. Klinische Leitsymptome sind Schmerzen, Sensibilitätsstörungen und schlaffe Paresen (mit Atrophie im chronischen Stadium) im Versorgungsgebiet eines peripheren Nervs.

Im Falle eines Residuums sollte die neurologische Störung auch dem Tauchpartner genau bekannt sein, um Verwechslungen mit der Dekompressionserkrankung zu vermeiden (evtl. im Tauchtauglichkeitsattest dokumentieren).

Tauchtauglichkeit Im akuten Stadium einer peripheren Nervenläsion sollte nicht getaucht werden. Nach vollständiger Remission oder bei stabilem neurologischem Defizit kann die Tauchtauglichkeit wiedererlangt werden, sofern die Handhabung der Geräte sichergestellt ist.

10.4.2 Periphere Fazialisparese

Bei einer Lähmung des VII. Hirnnerven (N. facialis) kommt es zu einer halbseitigen schlaffen Parese der mimischen Muskulatur, der Lidschluss ist vermindert. Beidseitige und rezidivierende Fazialisparesen erfordern gründliche weiterführende Diagnostik.

Tauchtauglichkeit Im akuten Stadium einer Fazialisparese darf nicht getaucht werden. Nach vollständiger Remission und anschließender Wartezeit von etwa einem weiteren Monat kann in aller Regel wieder getaucht werden. Bei stabilen Restsymptomen nach peripherer Fazialisparese sollte sichergestellt sein, dass das Mundstück gut im Mund gehalten werden kann.

10.4.3 Polyneuropathie

Eine Polyneuropathie bezeichnet eine generalisierte Erkrankung mehrerer peripherer Nerven, es gibt symmetrische und asymmetrische Verteilungstypen. Polyneuropathien können vielen verschiedenen Ursachen zugrunde liegen. Klinisch äußern sich periphere Neuropathien durch sensible, motorische, und/oder autonome Störungen. Sensible Störungen führen bei Polyneuropathien besonders an den Füßen zu einer erhöhten Anfälligkeit für unentdeckte Hautverletzungen, die sich im weiteren Verlauf infizieren können. Die Temperaturwahrnehmung kann ebenfalls gestört sein, bis hin zu unbemerkten Verbrennungen.

Die Ursache der Polyneuropathie sollte möglichst geklärt sein. In manchen Fällen ist die Grunderkrankung für die Beurteilung der Tauchtauglichkeit wichtiger als die Polyneuropathie selbst. Beispiel hierfür ist die diabetische Polyneuropathie.

Tauchtauglichkeit Bei stabiler und leichtgradiger Symptomatik kann unter Umständen getaucht werden, wobei die Haut intakt sein soll. Ausgeprägte autonome Störungen sollen möglichst ausgeschlossen sein.

10.4.4 Neuromuskuläre Erkrankungen

Der Begriff neuromuskuläre Erkrankung ist ein Sammelbegriff vieler Erkrankungen, die entweder die motorischen Bahnen im zentralen oder peripheren Nervensystem, die neuromuskuläre Übertragung an der motorischen Endplatte oder den Muskel selbst betreffen können. Das Leitsymptom ist eine motorische Schwäche mit oder ohne Atrophien. Beispiele sind Muskeldystrophien, die amyotrophe Lateralsklerose und die Myasthenia gravis.

Tauchtauglichkeit Aufgrund der motorischen Schwäche mit möglicher Mitbeteiligung der Atemhilfsmuskulatur besteht bei neuromuskulären Erkrankungen eine absolute Kontraindikation zum Tauchen. Im Einzelfall kann eine medikamentös gut eingestellte Myasthenia gravis unter bestimmten Umständen mit einer eingeschränkten Tauchtauglichkeit vereinbar sein. Dabei muss zuvor gegebenenfalls ein erhöhter Vagotonus ausgeschlossen werden (evtl. Ergometrie), da sowohl Bradykardie als auch Bronchospasmus für das Tauchen disqualifizieren.

Relative Kontraindikation	Absolute Kontraindikation
– Medikamentös gut eingestellte Myasthenia gravis als Einzelfallentscheidung bei fehlendem erhöhten Vagotonus	– Neuromuskuläre Erkrankungen mit Beteiligung der Atemhilfsmuskulatur

Literatur

Almeida M do R, Bell GS, Sander JW: Epilepsy and recreational scuba diving: an absolute contraindication or can there be exceptions? A call for discussion. Epilepsia 2007; 48: 851–858.

Bartsch T, Cordes P, Keil R, Reuter M, Hutzelmann A, Tetzlaff K, Deuschl G: Cervico-thoracic disc protrusions in controlled compressed-air diving: clinical and MRI findings. J Neurol 2001; 248: 514–516.

Bennett PB, Elliot DH, Brubakk AO, Neuman TS: Physiology and medicine of diving, 5th edn. Edinburgh: Saunders, 2003.

Boussuges A, Blanc F, Carturan D: Hemodynamic changes induced by recreational scuba diving. Chest 2006; 129: 1337–1343.

Bove AA, Davis JC: Diving medicine, 4th edn. Philadelphia: Saunders, 2004.

Brandt T, Diener HC, Gerloff C: Therapie und Verlauf neurologischer Erkrankungen, 6. Aufl. Stuttgart: Kohlhammer, 2012.

Chang SK, Tominaga GT, Wong JH, Weldon EJ, Kaan KT: Risk factors for water sports-related cervical spine injuries. J Trauma 2006; 60: 1041–1046.

DAN (Divers Alert Network): www.daneurope.de

Diener HC, Weimar C: Leitlinien für die Diagnostik und Therapie in der Neurologie, 5., vollst. überarbeitete Aufl. Stuttgart: Thieme, 2012.

Dreifuss FE: Epileptics and scuba diving. JAMA 1985; 253: 1877–1878.

Edmonds C, Lowry C, Pennefather J, Walker R: Diving and subaquatic medicine, 4th edn. London: Arnold, 2002.

Gibbs CR: Sea legs – sharpened Romberg test after three days on a live-aboard dive boat. DHM 2010; 4: 189–194.

Gräcmann N, Albrecht M: (Stand 2. November 2009): Begutachtungs-Leitlinien zur Kraftfahrereignung, Bundesanstalt für Straßenwesen. Bergisch Gladbach, Dezember 2010.
Halsey MJ: Effects of high pressure on the central nervous system. Physiol Rev 1982; 62: 1341–1377.
Howard GM, Radloff M, Sevier TL: Epilepsy and sports participation. Curr Sports Med Rep 2004; 3: 15–19.
Huang ET, Hardy KR, Stubbs JM, Lowe RA, Thom SR: Ventriculo-peritoneal shunt performance under hyperbaric conditions. Undersea Hyperb Med 2000; 27: 191–194.
Klingmann C, Tetzlaff K: Moderne Tauchmedizin. 2. vollst. überarbeitete Aufl. Stuttgart: Gentner Verlag, 2012.
Lee CT: Sharpening the sharpened Romberg. SPUMS 1998; 28: 125–132.
Madorsky JG, Madorsky AG: Scuba diving: taking the wheelchair out of wheelchair sports. Arch Phys Med Rehabil 1988; 69: 215–218.
Moskopp D, Wassman HD: Neurochirurgie. Stuttgart: Schattauer, 2004.
Muth CM, Radermacher P: Kompendium der Tauchmedizin. Köln: Deutscher Ärzteverlag, 2006.
Niessen KH: Pädiatrie, 6. Aufl. Stuttgart: Thieme, 2001.
Parker J: The sports diving medical. A guide to medical conditions relevant to scuba diving. Melbourne: J.L. Publications, 1994.
Rengachary SS, Ellenbogen RG: Principles of neurosurgery, 2nd edn. Amsterdam: Elsevier, 2004.
Schlegel U, Weller M, Westphal M: Neuroonkologie, 2. Aufl. Stuttgart: Thieme, 2003.
Taylor DM, O'Toole KS, Ryan CM: Experienced, recreational scuba divers in Australia continue to dive despite medical contraindications. Wilderness Environ Med 2002; 13: 187–193.
Weidauer H, Klingmann C: Tauchmedizin aktuell. Stuttgart: Gentner, 2004.
Wendling J, Ehm O, Ehrsam R, Knessl P, Nussberger P: Tauchtauglichkeit Manual, 2. Aufl. Gesellschaft für Tauch- und Überdruckmedizin (GTÜM), Österreichische Gesellschaft für Tauch- und Hyperbarmedizin (ÖGTH), Schweizerische Gesellschaft für Unterwasser- und Hyperbarmedizin (SGUHM), 2001.

11 Psychiatrie und Psychosomatik

Bei den meisten Tauchunfällen besteht ein Missverhältnis zwischen einem während des Tauchgangs entstandenen Problem und den Fähigkeiten der beteiligten Taucher, dieses angemessen zu lösen. Es lässt sich in der Regel eine Ursachenkette rekonstruieren, die zum Tauchunfall geführt hat. In dieser spielen psychische Faktoren oft eine entscheidende Rolle. Psychische Störungen beeinflussen auf verschiedenste Weise die Fähigkeit eines Menschen, auftretende Probleme angemessen zu lösen. Sie können ihrerseits auch spezifische Probleme erzeugen, und damit das Risiko für einen Zwischenfall beim Tauchen dramatisch erhöhen. Während akute Psychosen die Tauchtauglichkeit ausschließen, kann bei anderen Störungen die Tauchtauglichkeit durchaus gegeben sein.

11.1 Allgemeines

11.1.1 Basisuntersuchung

Teil der Tauchtauglichkeitsuntersuchung ist das Erheben einer ausführlichen Anamnese, in der auch nach Erkrankungen aus dem psychiatrisch-psychotherapeutischen Gebiet gefragt wird wie Psychosen, Depressionen, Neigung zu Angstreaktionen oder Panikattacken. Zudem sollte mögliches klaustrophobes oder agoraphobes Erleben eruiert werden und nach dem Gebrauch von Alkohol, Nikotin, (psychisch wirksamen) Medikamenten sowie Drogen gefragt werden. Wichtig ist auch die Frage nach laufenden oder stattgefundenen psychiatrischen sowie psychotherapeutischen Behandlungen.

Grundsätzlich sollte immer die Motivation hinterfragt werden, die den zu Untersuchenden zum Tauchsport bringt. Die Frage der Fremdmotivation ist zu prüfen (insbesondere bei Kindern und Jugendlichen).
Die Untersuchung verläuft zweigleisig. Während der Anamneseerhebung, in der der zu Untersuchende wichtige Informationen mitteilen kann, wird gleichzeitig sein Verhalten (Gestik, Mimik, Sprechweise) beobachtet: Hierbei ist auch auf die Stimmungslage zu achten, die gehoben oder gedrückt sein kann. Ist der Antrieb gesteigert oder gemindert, ergeben sich Auffällig-

keiten beim Denken oder der Wahrnehmung? Ist der Patient bewusstseinsklar, allseits orientiert? Gibt es einen Anhalt für eine Wahnsymptomatik oder für Gedächtnisstörungen?

Es ist zu unterscheiden, ob es sich um eine Erstuntersuchung vor Tauchbeginn oder um einen erfahrenen Taucher handelt. Bei erfahrenen Tauchern kann eine Schilderung der bisher gemachten Erfahrungen für die Beurteilung der Tauchtauglichkeit sehr aufschlussreich sein.

11.1.2 Weitergehende Untersuchungen

Ergibt sich aus der Anamnese oder der Untersuchung ein Anhalt für eine Erkrankung im psychiatrisch-psychotherapeutischen Fachgebiet oder berichtet der zu Untersuchende von psychischen Beeinträchtigungen im Alltag oder bei der Arbeit, ist die Frage der Tauchtauglichkeit anhand der im Folgenden zu den einzelnen Krankheitsbildern zusammengestellten Kriterien zu beurteilen. Anhand dieser wird es in den meisten Fällen möglich sein, die Entscheidung über Tauchtauglichkeit in Bezug auf das psychiatrischpsychotherapeutische Fachgebiet zu fällen. Berichtet der Proband über eine vor Kurzem durchgemachte psychiatrische oder psychosomatische Erkrankung, so sollte vor der Feststellung der Tauchtauglichkeit ein Befund über die Tauchfreigabe aus fachärztlicher Sicht eingeholt werden. Zweifelsfälle, die insbesondere im Bereich der relativen Kontraindikation liegen werden, können es ebenfalls notwendig machen, einen Kollegen des Fachgebiets hinzuzuziehen, bevorzugt jemanden, der mit dem Tauchsport vertraut ist.

Eine ganze Reihe organischer Erkrankungen kann in psychischen Belastungssituationen eine Verschlimmerung erfahren. Stress ist zum Beispiel in der Lage, bei einem gut kompensierten Asthmatiker einen Anfall auszulösen. Entsprechende Komplikationen könnten bei bestehenden chronischen Grunderkrankungen und damit verbundenen psychischen Beeinträchtigungen zu einer Tauchuntauglichkeit führen, obwohl jede Beeinträchtigung für sich betrachtet keine absolute Kontraindikation darstellt.

11.1.3 Psychopharmaka

Einen wesentlichen Anteil bei der Beurteilung der Tauchtauglichkeit hat eine Medikamenteneinnahme. Viele liquorgängige Medikamente haben eine sedierende Komponente oder können zu einer Herabsetzung der Aufmerksamkeit, Konzentration und Reaktionsgeschwindigkeit führen. Die Wirkung ist hierbei unter anderem von der Dosierung, der Dauer der Einnahme und in hohem Maße von der individuellen Reaktion abhängig.

Da es bisher keine publizierten Studien gibt, die eine risikolose Einnahme von bestimmten Substanzgruppen im Rahmen des Tauchsports zeigen, ist auch bei einer theoretischen Gefährdung das Tauchen prinzipiell kontraindiziert. Besonders kritisch ist die Einnahme von Psychopharmaka bei der Ausübung des Apnoetauchens zu sehen. Bisher fehlen Untersuchungen zur Wechselwirkung von zentral wirksamen Medikamenten und Apnoetauchen (mit zerebraler Hypoxie) auf Atemantrieb, Bewusstsein und Gehirnstoffwechsel, daher ist im Zweifel Apnoetauchen kontraindiziert.

Tauchtauglichkeit Bei längerfristiger Medikation (> 3 Monate), niedriger Dosierung ohne Dosisänderung und ohne Nebenwirkungen im Alltag (z. B. vorhandene Fahrtauglichkeit) und günstigem Krankheitsverlauf kann im Einzelfall eine Tauchtauglichkeit bestätigt werden.

11.2 Schizophrenie und schizoaffektive Störungen

Bei den schizophrenen Psychosen handelt es sich um eine schwere psychische Erkrankung, gekennzeichnet durch Störungen des Denkens, des Antriebs, der Wahrnehmung (z. B. Stimmenhören), des Affekts (inadäquat, verflacht), des Körper- und Selbstgefühls, des Ich-Erlebens und des Verhaltens. Die Bewusstseinsklarheit und die intellektuellen Fähigkeiten sind meist nicht beeinträchtigt. Die Krankheit verläuft kontinuierlich oder in Schüben mit der Möglichkeit der Totalremission oder der Ausbildung von Defektzuständen. Eher episodisch auftretende Störungen mit sowohl wahnhafter als auch affektiver Symptomatik werden schizoaffektive Psychosen genannt. Sie stehen im Verlauf den affektiven Psychosen (s. unten) näher.

Die Beeinträchtigung der Urteilsfähigkeit durch Wahninhalte oder Verfolgungsgefühle gefährdet die Fähigkeit, sich während des Tauchens und insbesondere bei Zwischenfällen situationsgerecht zu verhalten. Dadurch entstehen sowohl eine Selbst- als auch eine Fremdgefährdung, insbesondere bei begleitender Suizidalität (Selbstmordgefährdung). Zudem können Reizüberflutungen, Überstimulationen oder belastende Lebensereignisse eine Psychose verschlimmern oder einen neuen Schub auslösen.

Tauchtauglichkeit Bei akuten Psychosen besteht keine Tauchtauglichkeit. Auch bei Einnahme von Psychopharmaka mit sedierender Wirkung besteht keine Tauchtauglichkeit. Bei Wechselwirkungen von Medikamenten mit Beeinträchtigung von Urteilsfähigkeit und/oder Leistungsfähigkeit besteht ebenfalls keine Tauchtauglichkeit. Nach abgeklungener Psychose sollte ein psychosefreies Intervall von 3 bis 5 Jahren ohne Medikation eingehalten werden. Es ist wichtig, dass in diesem Zeitraum regelmäßig Kontrolluntersuchungen stattfanden und zur Tauchtauglichkeitsuntersuchung ein aktuelles psychiatrisches Attest vorliegt.

Relative Kontraindikationen	Absolute Kontraindikationen
– Einmalige psychotische Episode länger als 6 Monate zurückliegend – Abgeklungene Psychose, längeres psychosefreies Intervall (ca. 3–5 Jahre) – Remission unter Dauermedikation ohne Nebenwirkungen, Wechselwirkungen und Sedierung (s. Kap. 2, Medikamente) bei gutartigem Krankheitsverlauf, wiederhergestellten Beziehungen und gutem sozialem Umfeld	– Akute Psychose – Psychosen in Remission unter Gabe von Neuroleptika – Abgeklungene Psychose, aber mangelnde Compliance in Bezug auf fachärztliche Betreuung

11.3 Affektive Störungen

Bei den affektiven Psychosen handelt es sich um Erkrankungen, die gekennzeichnet sind durch Veränderungen der Gestimmtheit, des Antriebs und der Kognition. Die Bewusstseinslage ist meist nicht verändert. Die Krankheit verläuft meist phasisch mit zwischenzeitlichen Remissionen. Es werden drei Verlaufsformen unterschieden:
- ▶ monopolare Depression: nur depressive Phasen, liegt bei etwa 65 % der Erkrankten vor;
- ▶ monopolare Manie, bei höchstens 5 % der Erkrankten;
- ▶ bipolare Störung: Wechsel zwischen depressiven und manischen Phasen, bei ca. 30 % der Erkrankten.

Das Risiko, an einer affektiven Psychose zu erkranken, liegt bei 10–20 %. Das typische Ersterkrankungsalter liegt bei 30–40 Jahren. Die Erkrankungshäufigkeit steigt bei familiärer Prädisposition. Symptome der Depression sind Niedergeschlagenheit, Leeregefühl, Hoffnungslosigkeit, Angst, Verzweiflung und Antriebsverarmung. Die Patienten fühlen sich klein und wertlos, voller Grübeln und Selbstvorwürfen. Appetit- und Schlaflosigkeit sind wichtige Indikatoren. Auf Suizidalität ist besonders zu achten!

Manische Patienten fallen auf durch ihre Verworrenheit, die grundlose Heiterkeit, die manchmal schnell in Gereiztheit umschlagen kann, Allmachtsgefühle und Selbstüberschätzung. Die psychomotorische Erregtheit und Enthemmung, verbunden mit dem verminderten Schlafbedürfnis, macht sie für ihre Umgebung sehr anstrengend.

Manische Patienten überschätzen in ihrer Kritiklosigkeit und Sprunghaftigkeit ihre Fähigkeiten und unterschätzen mögliche Gefahren. Dies führt zu einer großen Gefährdung des Tauchers selbst und der Tauchpartner. Es besteht die Gefahr des Verlusts der Selbstkontrolle und von aggressiven Durchbrüchen.

Die Freud- und Antriebslosigkeit sowie die Einengung des Denkens führen zur Tauchuntauglichkeit auch bei monopolaren Depressionen. Bei abgeklungenen affektiven Psychosen sind die Manie und manische Phasen kritischer zu beurteilen als monopolare Depressionen. Die manchmal schwer einzuschätzende Suizidalität birgt das Risiko der Selbst- und Fremdgefährdung und ist auch im Zweifelsfall eine Kontraindikation für die Ausübung des Tauchsports.

Tauchtauglichkeit Meistens stellen die sedierenden Eigenschaften und/oder Wechselwirkungen mit anderen Medikamenten für die Medikation affektiver Störungen eine Kontraindikation für das Tauchen dar.

Relative Kontraindikationen	Absolute Kontraindikationen
– Z.n. affektiver Psychose – Dauermedikation (siehe Kap. 2, Medikamente)	– Akute affektive Psychose – Hohe Rezidivneigung – Suizidalität und Z.n. wiederholten Suizidversuchen

11.4 Persönlichkeitsstörungen

Unter Persönlichkeitsstörungen werden abnorme Verhaltens- und Erlebnisweisen verstanden, die nicht passager sind und die mit einer Beeinträchtigung der beruflichen Leistungsfähigkeit und der sozialen Anpassungsfähigkeit einhergehen. Der subjektive Leidensdruck muss nicht mit dem Ausmaß der Beeinträchtigung übereinstimmen, oft leidet auch die Umwelt ebenso oder mehr als der Betroffene selbst. Diesen Störungen gemeinsam ist eine allgemeine Unausgeglichenheit in Einstellungen und Verhalten, die mehrere Funktionsbereiche (Beziehungen, Denken, Antrieb, Affekte, Wahrnehmung, Impulskontrolle) umfasst. Durch oftmals störende Verhaltensweisen kommt es leicht zu Konflikten mit der Umwelt. Allerdings muss eine „akzentuierte Persönlichkeit" nicht unbedingt von Krankheitswert sein.

Die Gefährdung während des Tauchens entsteht dadurch, dass die Person durch verringerte Selbstkontrolle, Aggressivität, inadäquate Reaktionen sowie Missachtung sozialer Normen (Tauchregeln!) in Schwierigkeiten gerät und sich selbst oder andere gefährden kann. Zudem können Störungen, die mit verminderter Angst- oder Frustrationstoleranz einhergehen oder bei denen eine hohe Kränkbarkeit und Probleme mit Autoritäten zu beobachten sind, vor allem in Tauchgruppen und während des Lernens Probleme bereiten.

Bei schweren Persönlichkeitsstörungen besteht keine Tauchtauglichkeit. Liegt eine geringere Ausprägung vor, so ist im Einzelfall (jedenfalls nicht ohne psychiatrische Stellungnahme des behandelnden Psychiaters) das Gefährdungspotenzial zu beurteilen.

Der beste Anhaltspunkt für die Beurteilung der Schwere der Störung ist das Ausmaß der Beeinträchtigung im Alltagsleben (Anamnese). Anzeichen für Störungen der Impulskontrolle oder verminderter Stresstoleranz zeigen sich daran, wie der Patient sich bei der Untersuchung gegenüber dem Arzt verhält. Insbesondere dann, wenn die Frage seiner Tauchtauglichkeit kritisch erörtert wird, kann der Umgang mit Autorität, Regeln, Beschränkungen unmittelbar beobachtet werden. Wenn derartige Störungen während der relativen kurzen Zeitspanne einer Tauchtauglichkeitsuntersuchung nicht erkannt werden, dann liegt die Verantwortung beim Tauchlehrer, Tauchgruppenleiter oder Tauchpartner. Daher sollte man zur Beurteilung z. B. nach Erlebnissen mit Tauchpartnern oder Gruppen beim Tauchen fragen.

Relative Kontraindikationen	Absolute Kontraindikationen
– Weniger schwere Persönlichkeitsstörungen – Persönlichkeitsstörungen mit verminderter Angst- und Stresstoleranz	– Schwere Persönlichkeitsstörungen – Störungen mit begleitenden anderen Erkrankungen (Depressionen, Sucht)

Tauchtauglichkeit Die Tauchtauglichkeit sollte relativ kurz vor dem Tauchurlaub oder mit evtl. verkürztem Intervall ausgestellt werden.

11.5 Neurotische, Belastungs- und somatoforme Störungen

Bei den neurotischen Störungen handelt es sich um seelische Fehlentwicklungen, die mit Veränderungen der Wahrnehmung, der Empfindungen und des Erlebens einhergehen. Für die Frage der Tauchtauglichkeit sind vor allem die generalisierte Angststörung, die Panikstörung, die Phobie und die neurotische Depression wichtig.

11.5.1 Neurotische Depression

Typische Symptome der neurotischen Depression sind Bedrücktheit, Leeregefühl, Anhedonie (Freudlosigkeit), Antriebsarmut und Versagensgefühle mit Selbstwertproblematik. Auch hier kann eine Suizidalität bestehen.

Die Bedrücktheit und Antriebslosigkeit macht diese Personen unaufmerksam für ihre Umgebung und die manchmal vorhandene Suizidalität birgt das Risiko der Selbst- und Fremdgefährdung. Im akuten Stadium besteht daher keine Tauchtauglichkeit.

Tauchtauglichkeit Bei chronischen Formen, die weniger stark ausgeprägt sind, kann das Tauchen nach Einzelfallentscheidung, evtl. mit Einschränkungen, möglich sein.
  Der Grad der Schwere lässt sich beurteilen anhand der Einschränkungen, zu denen die Erkrankung im Alltagsleben des zu Untersuchenden führt. So sprechen beispielsweise lange Phasen von Arbeitsunfähigkeit gegen eine Tauchtauglichkeit.

11.5.2 Generalisierte Angststörung

Patienten mit einer generalisierten Angststörung leiden unter einer allgemein überhöhten Ängstlichkeit, die von körperlicher Symptomatik, wie Kopfschmerzen, Schwindel und Schwächegefühlen häufig begleitet wird. Sie sind übertrieben besorgt und schreckhaft.

Diese Patienten werden in der Regel nicht den Wunsch haben, den Tauchsport auszuüben. Bei der Anamnese zeigt eine genaue Erfragung der Gründe für den Entschluss zum Tauchen oft gute Hinweise für eine Beratung und Beurteilung. Es ist abzuwägen, inwieweit sie durch ihre Angst im Rahmen einer Gefahrensituation in einen Zustand der Lähmung kommen könnten, der für sie und eventuelle Tauchpartner gefährlich ist.

11.5.3 Phobie

Bei den Phobien sind für Taucher insbesondere die Agoraphobie und die Klaustrophobie wichtig. Agoraphobie bedeutet Angst vor weiten Räumen oder Höhen, im Gegensatz zur Klaustrophobie, bei der sich die Angst auf abgeschlossene Räume bezieht. Aber auch Tierphobien können in Einzelfällen zum Problem werden. Das Schweben an einer Steilwand oder das Tauchen unter einem Überhang kann plötzlich phobische Reaktionen auslösen.

Die Gefahr während des Tauchens liegt in der plötzlichen Fluchtreaktion, die meist zum unkontrollierten Aufstieg und somit zu potenzieller Lebensgefahr führt.

Bei der Tauchtauglichkeitsuntersuchung muss die mögliche Gefährdung durch die Phobie sorgfältig beurteilt und ggf. vom Tauchen abgeraten werden.

11.5.4 Panikstörung

Die Panikstörung ist ein anfallsartiger intensiver Angstzustand, der meist nur kurz anhält. Ihm geht aber häufig eine sich bei Chronifizierung immer mehr ausweitende „Angst vor der Angst" voraus. Innere Unruhe, Gespanntheit und begleitende vegetative Beschwerden mit Mundtrockenheit, Tachykardie, Schweißausbrüchen, Hyperventilation und Erstickungsgefühl sind typische Symptome.

Die Panik als eine Reaktion auf eine den Taucher überfordernde Situation stellt eine zentrale Ursache für Tauchunfälle dar. Bei einer bestehenden Panikstörung ist auch ohne wesentlichen äußeren Einfluss mit einem anfallsartigen Angstzustand zu rechnen. Während eine Paniksituation über Wasser als sehr unangenehm empfunden wird, führt diese unter Wasser, auch durch die mögliche Fluchtreaktion zur Wasseroberfläche, zu einer extremen Gefährdung bis zur Lebensgefahr.

Manche Menschen mit Angststörungen suchen den Tauchsport als „Trainingsfeld", um sich in dieser „Extremsituation" ihre Angst abzugewöhnen. Von solchen Versuchen der Selbsttherapie ist i. d. R. abzuraten, es sei denn, es geht über den Weg einer besonders intensiven und entsprechend empathisch durchgeführten Ausbildung, wie z. B. beim Tauchen mit Einschränkungen. Wichtig ist auch, sich ein Bild davon zu verschaffen, welche Bewältigungsmöglichkeiten dem Untersuchten bei Auftreten von Angst oder Panik zur Verfügung stehen. Wenn jemand in seinem Alltag mit auftretenden Ängsten umgehen kann, ist eher zu erwarten, dass ihm dies auch beim Tauchen gelingt.

Tauchtauglichkeit Während bei schweren Panikstörungen das Tauchen kontraindiziert ist, kann bei weniger stark ausgeprägten Formen die Tauchtauglichkeit möglich sein. Wichtig ist, dass es durch die Erkrankung zu keiner zusätzlichen Gefährdung des Patienten und der Mittaucher kommt.

Angst- und Panikstörungen, die den Patienten im Alltag erheblich und/oder ständig beeinträchtigen, die zu längeren Zeiten von Arbeitsunfähigkeit führen oder deren Chronifizierung zu einem den Patienten schützenden und schnell aktivierbaren Helfersystem geführt haben, (z. B. der Patient wird zur Tauchtauglichkeitsuntersuchung begleitet, weil Angst das selbständige Aufsuchen des Arztes verhindert,) sind als schwer einzustufen und sprechen gegen die Tauchtauglichkeit.

Relative Kontraindikationen	Absolute Kontraindikationen
– Weniger schwere Formen neurotischer Störungen – Weniger schwer ausgeprägte Angst- und Panikstörungen – Agoraphobie – Klaustrophobie – Entsprechende Tierphobien	– Akute und chronisch häufig rezidivierende neurotische Depressionen – Schwere Angst- und Panikstörungen – Angst- und Panikstörungen, die sich bereits unter Wasser manifestiert haben (mit dadurch ausgelösten Tauchzwischenfällen)

11.6 Alkohol-, Nikotin-, Medikamenten- und Drogenmissbrauch, Sucht

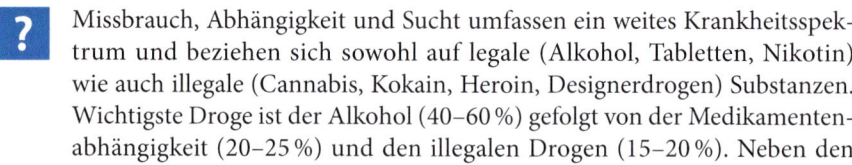 Missbrauch, Abhängigkeit und Sucht umfassen ein weites Krankheitsspektrum und beziehen sich sowohl auf legale (Alkohol, Tabletten, Nikotin) wie auch illegale (Cannabis, Kokain, Heroin, Designerdrogen) Substanzen. Wichtigste Droge ist der Alkohol (40–60 %) gefolgt von der Medikamentenabhängigkeit (20–25 %) und den illegalen Drogen (15–20 %). Neben den

akuten Symptomen des Rausches, die mit Störungen des Bewusstseins, der Denk- und Urteilsfähigkeit bis hin zu motorischen Störungen einhergehen, führt der chronische Substanzmissbrauch zu Persönlichkeitsveränderungen. Auch niedrige Blutalkoholspiegel können sich in Kombination mit der vom Umgebungsdruck abhängigen Inertgaswirkung (Tiefenrausch) kritisch bzw. für einen Tauchunfall begünstigend erweisen. Alkohol, Nikotin, Cannabis oder andere Drogen und Medikamente können auch zu pathologischen Veränderungen an verschiedenen Organsystemen führen und so Tauchuntauglichkeit hervorrufen.

Bei chronischer Abhängigkeit und im Rahmen eines akuten Rauschzustands besteht keine Tauchtauglichkeit. Aber auch ein häufiger Substanzmissbrauch, z. B. übermäßiger Alkohol- oder Cannabis-Konsum an fast jedem Wochenende oder regelhaft in Konfliktsituationen spricht gegen eine Tauchtauglichkeit, selbst wenn Anzeichen einer körperlichen Abhängigkeit fehlen. Hier muss von einer psychischen Abhängigkeit ausgegangen werden. Bei weniger häufigem Gebrauch ohne erkennbare psychische Abhängigkeit kann das Urteil weniger kritisch ausfallen.

Bei der Abgrenzung hilft auch hier die Frage nach dem Ausmaß der Auswirkungen des Suchtmittelgebrauchs auf den Alltag des Untersuchten. Ein kritikloser Umgang mit Suchtmitteln in Verbindung mit dem Führen von Kraftfahrzeugen beispielsweise spricht dafür, dass von der Person auch kein verantwortungsvoller Umgang damit beim Tauchen erwartet werden kann.

Bei Abstinenz von mindestens einem Jahr ohne persistierende psychische Veränderung ist die Beurteilung eventueller Organschäden ausschlaggebend.

Vom Rauchen insbesondere vor dem Tauchgang ist bekanntermaßen dringend abzuraten. Kontraindikationen ergeben sich hier aber eher durch die schädlichen Folgen des Rauchens an den geschädigten Organsystemen und sind von dem entsprechenden Fachgebiet her zu beurteilen (siehe auch Kap. 15, Lunge).

Relative Kontraindikationen	Absolute Kontraindikationen
– Wiederholter Substanzmissbrauch an der Grenze zur psychischen Abhängigkeit – Abstinenz von mindestens einem Jahr ohne persistierende psychische Veränderung – Z.n. chronischer Abhängigkeit in Behandlung	– Akuter Rausch – Häufiger Substanzmissbrauch – Chronische Abhängigkeit

11.7 Delir – akuter Verwirrtheitszustand

 Delirien (akute Verwirrtheitszustände) zählen zu den häufigsten neuropsychiatrischen Störungen. Gemeinsame Merkmale sind: die Bewusstseinsstörung, die Veränderung kognitiver Funktionen (Störung von Gedächtnis, Orientierung und Sprache), ein akuter Beginn und das Fluktuieren/Wechseln der Symptomatik. Häufig zeigen sich Wahnvorstellungen, Halluzinationen, illusionäre Verkennungen und Stimmungsauffälligkeiten.

Ursachen für ein Delir sind äußerst vielfältig: Grunderkrankungen wie z. B. ein zerebraler Insult (Schlaganfall), ein Schädel-Hirn-Trauma, ein Gehirntumor, Alkoholismus – aber auch Alkoholentzug, Hypoxie (Sauerstoffmangel), Stoffwechselentgleisungen wie z. B. Hypoglykämie (Unterzucker), Lebererkrankungen, Medikamenten- und Drogenmissbrauch sowie Nebenwirkungen von vielen unterschiedlichen Medikamenten.

 Bei Auftreten eines akuten Verwirrtheitszustands mit Gedächtnis- und Orientierungsstörung, Bewusstseinsstörung, Stimmungsauffälligkeiten und evtl. Wahnvorstellungen wäre eine Person beim Tauchen akut gefährdet, daher ist dann Tauchen unbedingt verboten!

Tauchtauglichkeit Durch Einnahme von Medikamenten mit potenziell delirogener Nebenwirkung kann dann Tauchen manchmal nur eingeschränkt möglich sein (siehe Kap. 2, Medikamente).

11.8 Essstörungen

 Bei der Magersucht kommt es zu einer bedrohlichen Abmagerung. Sie beginnt meist in der Adoleszenz und betrifft 1–2 % aller jungen Frauen dieses Alters (0,1 % der jungen Männer). Exzessives Fasten, Vermeiden bestimmter Nahrungsmittel, teilweise selbstinduziertes Erbrechen, Laxanzien- und Diuretikaabusus, Einnahme von Appetitzüglern führen zu einer Abnahme des Körpergewichts auf einen Body-Mass-Index von < 17,5. Dies führt zu erheblichen körperlichen Störungen wie Amenorrhö, Hypoglykämie, Elektrolytstörungen, Hypotonie, Bradykardie und körperliche Schwäche. Gleichzeitig sind übertriebene körperliche Aktivität und ein übersteigerter Ehrgeiz zu beobachten.

Bei der Bulimie kommt es oft mehrmals täglich zu „Fressattacken", wobei das Normalgewicht durch Erbrechen aufrechterhalten wird. Dieser Mechanismus wird suchtartig wiederholt. Auch hier sind die somatischen Folgen erheblich: Dehydratation, Elektrolytstörungen, Herzrhythmusstörungen, Zahn-, Larynx- und Ösophagusschäden.

Essstörungen sind häufig mit Depressionen und Alkoholmissbrauch vergesellschaftet.

 Die vielfältigen organischen Begleiterscheinungen bedingen verschiedene Gefahren während des Tauchens. Durch die Dehydratation steigt das Risiko einer Dekompressionskrankheit. Aufgrund des Abbaus des Unterhautfettgewebes kommt es zu einer schnelleren Auskühlung und durch den Abbau der Muskulatur zu einer verminderten Leistungsfähigkeit.

Tauchtauglichkeit Tauchtauglichkeit besteht bei Z.n. Anorexie oder Bulimie mit normalisiertem Körpergewicht und Essverhalten sowie normalen blutchemischen Parametern und normaler Leistungsfähigkeit.
Bei manifester Essstörung besteht keine Tauchtauglichkeit.

Absolute Kontraindikation
– Manifeste Anorexia nervosa oder Bulimie

11.9 Hyperventilationssyndrom

Das akute Hyperventilationssyndrom wird meist durch Angst, Panik und akute Stressoren ausgelöst. Betroffen sind beide Geschlechter mit einer Häufung im zweiten und dritten Lebensjahrzehnt. Typisch ist das anfallsartige Auftreten mit beschleunigter und vertiefter Atmung. Hierdurch kommt es im Verlauf zu einer vermehrten Abatmung von Kohlendioxid und entsprechend zu einem Absinken des arteriellen pCO_2. Dies führt zu den typischen tetanischen Symptomen (z. B. Muskelkrämpfe: „Pfötchenstellung" der Hände, „Karpfenmaul").

Neben diesen können auch weitere neuromuskuläre Beschwerden, aber auch Benommenheit, Schwindel und Sehstörungen auftreten. Akute Anfälle können meist durch Beruhigung, Empathie und weitere psychoedukative Maßnahmen behandelt werden.

Beim chronischen Hyperventilationssyndrom kommt es zu einer sehr unterschiedlichen Beschwerdevielfalt. Neben Müdigkeit, Schwindelgefühlen, kalten Extremitäten bestehen meist auch psychische oder körperliche Symptome. Während das akute Hyperventilationssyndrom durch das plötzliche Auftreten einfach diagnostiziert werden kann, ist dies beim chronischen Geschehen schwieriger. Psychotherapeutische Maßnahmen sind zur Behandlung häufig notwendig.

 Sowohl die typischen Symptome des akuten als auch des chronischen Hyperventilationssyndroms können zu einer Gefährdung des Tauchers führen. Zudem kann es durch die veränderten Atmungsbedingungen unter Wasser zu Angst und Panik kommen, was wiederum einen akuten Hyperventilationsanfall triggern kann.

Nicht zu verwechseln ist das dargestellte Syndrom mit Hyperventilation im Rahmen von Apnoe-Versuchen. Auch hierbei kommt es zu einer Reduktion des arteriellen pCO_2, was durch das Hinauszögern des Einatemreizes zu Hypoxie mit Bewusstseinsstörungen bis hin zur Bewusstlosigkeit im Wasser führen kann. Hierbei erfolgt die Hyperventilation aber willentlich oder unbewusst im Rahmen von Anspannung sowie Aufregung.

Tauchtauglichkeit Tauchtauglichkeit besteht, wenn über einen Zeitraum von mindestens 12 Monaten keine Symptome oder Anfälle mehr bestehen.

Bei bekanntem akuten oder chronischen Hyperventilationssyndrom ist das Tauchen kontraindiziert.

Absolute Kontraindikation
– Akutes oder chronisches Hyperventilationssyndrom

Literatur

Ermann M: Psychosomatische Medizin und Psychotherapie. Stuttgart: Kohlhammer, 2007.
Hewer W, Rössler W (Hrsg.): Akute psychische Erkrankungen. München: Urban & Fischer, 2007.
Payk T: Checkliste Psychiatrie und Psychotherapie. Stuttgart: Thieme, 2003.

12 Augen

Das Sehen ist beim Tauchen unser wichtigster Sinn. Zur Orientierung über und unter Wasser und zum Erkennen von gefährlichen Situationen ist eine optimale Sehschärfe von großer Bedeutung. Ein Taucher sollte darüber und über evtl. vorhandene Sehfehler oder Augenerkrankungen Bescheid wissen, da beispielsweise eine zu geringe Sehschärfe, bestimmte Erkrankungen oder Operationen sich auch auf die Tauchtauglichkeit auswirken und vorübergehend oder dauerhaft zur Tauchuntauglichkeit führen können.

12.1 Allgemeines

12.1.1 Basisuntersuchung

Eine Basisuntersuchung (Augenscreening) sollte jeder Arzt im Rahmen der allgemeinen Tauchtauglichkeitsuntersuchung durchführen. Bei unauffälliger Vorgeschichte der Augen (z. B. Verletzungen oder Operationen) und kompletter Beschwerdefreiheit sind eine äußerliche Inspektion der Augen und eine Sehschärfenprüfung notwendig (z. B. Lesen kleiner Schrift auf dem Tauchtauglichkeitsuntersuchungsbogen [Nahsehen] und einfacher Sehtafel-Test in 5–6 m Distanz für den Fernbereich, monokular und binokular).

12.1.2 Weitergehende augenfachärztliche Untersuchungen

Bei opthalmologischen Auffälligkeiten sollte eine augenfachärztliche Untersuchung, ggf. mit vollständiger Abklärung, erfolgen. Das heißt: Bei Auffälligkeiten in der Vorgeschichte des Tauchers und der Basisuntersuchung, bei überstandenen oder bestehenden Augenerkrankungen bzw. Verletzungen, nach Operationen und natürlich bei aktuellen Beschwerden sollte zur Tauchtauglichkeitsuntersuchung ein aktueller augenärztlicher Befund vorliegen.

Nach Tauchzwischenfällen und -unfällen mit Augenbeteiligung sollten augenärztliche Kontrolluntersuchungen erfolgen.

Zu achten ist auch auf Augenallergien und toxische Augenreizungen, vor allem durch Chlor (Tauchtraining im Schwimmbecken) oder durch Pflanzen, die im oder am Wasser wachsen, ferner durch UV- und sichtbares Licht.

Nach fistulierenden Operationen (z. B. Trabekulektomie) kommt es in seltenen Fällen bei langen Tauchgängen in der ersten postoperativen Zeit zu subjektiven Beschwerden, die evtl. auf den Druck in der Maske bei zunehmender Tauchtiefe auf die Filterzone zurückgeführt werden könnte. Hierzu sollte zur Tauchtauglichkeitsuntersuchung im aktuellen augenärztlichen Befund ggf. Stellung genommen werden.

12.2 Optische Korrektur unter Wasser

Die bestmögliche Sehschärfe ist beim Tauchen gerade gut genug!

Eine optimierte Sehfähigkeit ist sowohl für die Orientierung über als auch unter Wasser wichtig. Das Ablesen der Instrumente sowie das klare Erkennen von Gegenständen, Tauchern, Tieren und Gefahrensituationen in der Ferne und in der Nähe ist dabei von erheblicher Bedeutung. Notaufstiege, ausgelöst durch Sehprobleme, werden immer wieder in der Fachliteratur beschrieben. Daher muss jede relevante Minderung der Sehschärfe zu einer Untersuchung beim Augenarzt und einer möglichst optimalen optischen Korrektur führen. Es gibt zwei gängige Möglichkeiten der Korrektur vorhandener Fehlsichtigkeit beim Tauchen:

12.2.1 Kontaktlinsen

Wenn Taucher Kontaktlinsen verwenden können, so kommen diese unter der Maske als Korrektur zum Tauchen in Frage. Im Wasser werden im Allgemeinen weiche Kontaktlinsen bevorzugt, da sie seltener verloren werden. Eine Korrektur mit Kontaktlinsen ist sinnvoll, weil auch bei Verlust der Tauchermaske unter Wasser noch bestmögliche Sehfähigkeit gegeben sein sollte.

Harte Linsen können von erfahrenen Trägern zum Tauchen ebenfalls getragen werden, weisen allerdings wegen der geringeren Haftfläche und größeren Beweglichkeit eine höhere Verlustgefahr auf als weiche Linsen. Unter Kontaktlinsen können beim Tauchen Gasbläschen auftreten, die dann vorübergehend kleine Eindellungen in der Hornhaut hervorrufen und so zu einer Sehminderung führen. Kurz nach dem Auftreten sind diese Bläschen durch den Lidschlag gut zu beseitigen. Langsames Auftauchen und das Einhalten der Austauchzeiten helfen, insbesondere bei sehr langen Tauchgängen, ihr Auftreten zu minimieren oder zu vermeiden. Dieses Phänomen kann prinzipiell bei weichen und bei harten Kontaktlinsen auftreten, unabhängig davon, ob die Linsen als „hoch sauerstoffdurchlässig" bezeichnet sind.

12.2.2 Korrigierte Tauchermaske

Die Korrektur der Tauchermaske kann entweder innen auf der Rückseite der Maskenscheiben durch Einkleben von Gläsern erfolgen oder die Gläser der Frontscheiben werden selbst in der entsprechenden Korrekturstärke geschliffen. Die letztgenannte Korrekturart erlaubt es oft nicht, die Gläser genau zu zentrieren, was zu Sehproblemen führen kann. Daher sind eingeklebte Gläser vorzuziehen.

Eine optimale Tauchermaskenkorrektur kann nur von einem mit dem Tauchen vertrauten Optiker vorgenommen werden. Werden Scheitelabstand und Zentrierung nicht optimiert oder erfolgt das Einkleben nicht blasenfrei, so sind Sehstörungen die Folge, die die Sicherheit über und unter Wasser beeinträchtigen.

Der Ausgleich einer vorhandenen Fehlsichtigkeit sollte zumindest einseitig in der Ferne und in der Nähe erfolgen, da Taucher sowohl fern als auch nah eine optimale Sehfähigkeit benötigen.

Eine beidäugig vorhandene Kurzsichtigkeit (Myopie) sollte voll ausgeglichen werden, bei einseitigem Vorliegen ist nach Gewöhnung nicht in jedem Fall ein Ausgleich notwendig.

Weitsichtigkeiten (Hyperopien) sind ebenfalls entsprechend der noch vorhandenen Naheinstellungsfähigkeit (Akkommodationsbreite) zu korrigieren. Sie wirken sich beim Tauchen stärker als über Wasser aus, was insbesondere bei älteren Tauchern beachtet werden muss. Besteht eine Alterssichtigkeit (Presbyopie), so wird ein Ausgleich bereits ab einer Nahkorrektur von +0,5 bis +1,0 Dioptrien (dpt) erforderlich. Dieser kann dann durch ein reines Nahglas (evtl. auch nur einseitig) oder durch ein Bifokalglas (zweistufige Optik) erfolgen.

Bei Weitsichtigkeit können Gläser bis zu +10, bei Kurzsichtigkeit bis zu −22 dpt eingeklebt werden.

Wenn eine stärkere Hornhautverkrümmung (Astigmatismus) vorliegt, so lassen sich zum Ausgleich Zylindergläser bis −8 dpt in die Tauchermaske einsetzen. Nahkorrekturen sind bis +3,5 dpt korrigierbar. Heute sind sogar mehrfach brechende Gläser (Multifokalgläser) zum Einkleben vorhanden. Bei Schielstellungen erforderliche Prismengläser können ebenfalls eingebaut werden. Bei latenten Schielstellungen erforderliche Prismengläser können ebenfalls eingebaut werden.

Bei Tauchurlauben sollten immer zwei (ggf. korrigierte) Tauchermasken mitgeführt werden, falls eine verloren oder zu Bruch geht. Bei fehlsichtigen Kontaktlinsenträgern sollte eine der zwei Masken korrigiert sein, für den Fall, dass die Kontaktlinsen wegen Entzündungen nicht getragen werden können. Auch sollte immer ein zweites Kontaktlinsenpaar mitgeführt werden.

Tauchtauglichkeit Tauchtauglichkeit besteht grundsätzlich bei einer Sehschärfe über 0,7 (70 %) auf dem besseren Auge mit oder ohne Korrektur, wenn die Korrektur auch in der Tauchmaske oder durch Kontaktlinsen vorhanden ist (Feststellung durch Sehtest). Tauchtauglichkeit besteht bei einer Sehschärfe zwischen 0,5 (50 %) und 0,7 (70 %) auf dem besseren Auge mit oder ohne Korrektur, wenn die Korrektur auch in der Tauchmaske oder durch Kontaktlinsen vorhanden ist und die Sehschärfe von einem Augenarzt festgestellt wird. Dies entspricht der Regelung für die Pkw-Führerschein-Eignung.

Relative Kontraindikationen	Absolute Kontraindikationen
– Sehschärfe 0,5 bis 0,7 (50–70 %) mit oder ohne Korrektur. – Bei sonst unauffälliger Untersuchung beim Augenarzt und optischer Korrektur ist Tauchtauglichkeit gegeben	– Sehschärfe kleiner als 0,5 (50 %) in der Ferne und/oder Nähe mit oder ohne Korrektur

12.2.3 Speziallinsen

Eine dritte relativ ungebräuchliche Korrekturmöglichkeit stellen Kontaktlinsen für Apnoetaucher dar, die den Brechkraftverlust der Hornhaut unter Wasser von +43 dpt ausgleichen und ohne zusätzliche Tauchermaske optimales Sehen unter Wasser gewährleisten (s. Holland 2009a,b).

12.3 Grauer Star (Katarakt)

Der Graue Star (Katarakt) ist eine Trübung der Augenlinse, die zu einer schleichenden Sehminderung, verschwommenem Sehen, einer erhöhten Blendempfindlichkeit sowie zu einer Farbsehminderung führt. Eine Katarakt tritt in der Mehrzahl der Fälle als Altersveränderung auf, kann aber seltener auch durch Verletzungen, Entzündungen oder Medikamente entstehen oder angeboren sein. Als Therapie der Linsentrübung kommt nur eine Operation in Frage, bei der die getrübte Augenlinse entfernt und eine Kunststofflinse in das Auge eingesetzt wird. Die Operation des Grauen Stars (Kataraktoperation) ist der mit Abstand am häufigsten durchgeführte Eingriff, sowohl in der Augenheilkunde als auch in der gesamten Medizin. Die Kataraktoperation wird heutzutage in aller Regel in einer Kleinschnitttechnik (Schnittgröße 1,5 bis 3 mm) und mit Einsetzen einer Faltlinse in die Linsenkapsel (Hülle) der Hinterkammer des Auges ohne Naht durchgeführt.

Wird eine Linsentrübung durch einen Augenarzt festgestellt, kann getaucht werden, solange eine ausreichende Sehschärfe vorhanden ist. Durch das Tauchen mit Pressluft kommt es nach heutigen Erkenntnissen zu keinem Fortschreiten der Linsentrübung, wenn in den empfohlenen Grenzen getaucht wird.

Nach einer Kataraktoperation ist eine Tauchkarenz bis zur endgültigen Abheilung des Auges einzuhalten, da sonst zum Beispiel schwere Entzündungen (Endophthalmitis) auftreten können. Die geschilderten neuen Operationstechniken erlauben eine deutlich kürzere Tauchkarenz. Derzeit ist bei absolut unkomplizierter Operation in Kleinschnitttechnik und regelrechter postoperativer Heilung eine Tauchpause von mindestens einem Monat einzuhalten. Den postoperativen Verlauf muss in jedem Fall ein Augenarzt überwachen, der dann auch die augenärztliche Freigabe zum Tauchen bestätigt.

Nach dem Einsetzen von Kunstlinsen kann evtl. eine erhöhte Blendempfindlichkeit beim Tauchen, insbesondere in Urlaubsländern mit intensiver Sonneneinstrahlung, schon über Wasser vorkommen, daher sollten Brillen zum Schutz vor UV- und grellem sichtbarem Licht mitgeführt werden. Diesbezüglich sollte der Taucher vom Augenarzt aufgeklärt werden.

Relative Kontraindikation	Absolute Kontraindikation
– Abgeheilte Kataraktoperation mit ausreichender Sehfunktion (> 4 Wochen postoperativ bei Kleinschnitttechnik, ansonsten längere Karenz abhängig vom OP-Verfahren), Beurteilung vom Augenarzt vorliegend	– Z.n. Kataraktoperation (Kleinschnitttechnik) innerhalb der ersten 4 Wochen

12.4 Grüner Star (Glaukom)

Der Grüne Star (Glaukom) kann zu einer Schädigung des Sehnerven (Papille) und einer resultierenden Funktionsstörung in Form von Gesichtsfeldausfällen und Sehminderung führen. Oft, aber nicht immer (Normal- oder Niederdruckglaukom), ist ein erhöhter Augeninnendruck vorhanden. Ursächlich liegt eine Störung der Kammerwasserzirkulation vor. Der Grüne Star stellt eine der häufigsten Erblindungsursachen ab dem 40. Lebensjahr dar. Wichtig für das Tauchen ist die Weite des Kammerwinkels des Auges, die in einer Kammerwinkeluntersuchung (Gonioskopie) beurteilt wird. Offenwinkelglaukome (mit weitem Kammerwinkel) machen den häufigsten Teil der Glaukome aus, Engwinkel- oder gar Winkelblockglaukome (mit engem bis extrem verengtem Kammerwinkel) kommen seltener vor.

Therapeutisch werden beim Offenwinkelglaukom mit hohem intraokularem Druck Augentropfen verabreicht, die den Augeninnendruck senken. Beim Versagen dieser Therapie oder bei Engwinkelglaukomen kommen Laser- oder filtrierende Operationen in Frage, durch die ein neuer Kammerwasserabfluss zur Drucksenkung geschaffen wird.

Ein vorliegendes Glaukom bei einem Taucher erfordert im Rahmen der Tauchtauglichkeitsuntersuchung in jedem Fall die Untersuchung durch einen Augenarzt. Bei der Beurteilung der Tauchtauglichkeit kommt es zum einen auf die Form des Kammerwinkels (weit, eng, anfallsgefährdet etc.) an und zum anderen darauf, ob bereits Schäden am Sehnerven und Gesichtsfeldausfälle vorhanden sind. Auch können einige lokal angewandte drucksenkende Augentropfen, z. B. Betablocker, beim Tauchen zu unerwünschten Wirkungen führen, was bei der Tauchtauglichkeitsuntersuchung berücksichtigt und besprochen werden sollte.

Ein Offenwinkelglaukom erlaubt das Tauchen, wenn der Augendruck gut eingestellt ist und noch kein Sehnervenschaden bzw. Gesichtsfeldausfälle vorhanden sind. Beim Glaukom mit weitem Kammerwinkel treten nur geringe und schnell vorübergehende Änderungen des Augeninnendrucks beim Tauchen auf. Liegt jedoch bereits ein Sehnerven- und/oder Gesichtsfeldschaden vor, so muss vom Tauchen abgeraten werden.

Ist das Tauchen aus beruflichen Gründen notwendig, sind engmaschige Kontrollen erforderlich, um eine Zunahme der Schädigung auszuschließen. Bei Befundverschlechterungen besteht Tauchverbot. Für berufsgenossenschaftlich Versicherte gelten in Deutschland die Bestimmungen der G31, in Österreich die entsprechenden Bestimmungen der AUVA, diese können von der o. g. Empfehlung abweichen.

Insgesamt ist die Häufigkeit eines schweren Glaukomanfalls beim Engwinkelglaukom sehr viel höher als bei den anderen Glaukomformen, wobei viele Faktoren auslösend sein können. Dabei droht nicht nur der Verlust des Auges, sondern, durch den auftretenden erheblichen Schmerz bedingt, auch der unkontrollierte Notaufstieg.

Ist bei einem Taucher ein enger Kammerwinkel ohne begleitenden Sehnervenschaden bzw. Gesichtsfeldausfälle durch einen Augenarzt diagnostiziert worden, so kann das Auge vorsorglich mittels Laser (Nd-YAG-Iridotomie) oder chirurgisch (Iridektomie) behandelt werden. Hierbei wird ein kleines Loch in die Regenbogenhaut gelasert oder geschnitten.

Absolutes Tauchverbot besteht beim unbehandelten Glaukom mit engem Kammerwinkel, weil dieser beim Tauchen zu einem Glaukomanfall mit der Gefahr von bleibenden Schäden bis hin zur Erblindung führen kann. Hier ist der Abfluss des Kammerwassers behindert. Bei einer weiten Pupille (wie sie z. B. bei Zwie- und Dämmerlicht regelhaft auftritt) wird diese Störung verschlimmert. Dabei kann es ebenfalls zu einem Glaukomanfall kommen.

Tauchtauglichkeit Nach chirurgischer oder Laser-Therapie des engen Kammerwinkels ist das Tauchen wieder möglich. Der Taucher sollte jedoch gut über sein Krankheitsbild samt den Risiken sowie ein mögliches Fortschreiten der Erkrankung informiert sein und regelmäßige augenärztliche Kontrollen vornehmen lassen.

Relative Kontraindikationen	Absolute Kontraindikationen
– Engwinkelglaukom mit offener Iridotomie/Iridektomie und gut eingestelltem Augeninnendruck ohne Sehnervenschaden bzw. Gesichtsfeldausfälle – Offenwinkelglaukom mit gut reguliertem Augeninnendruck ohne Sehnervenschaden bzw. Gesichtsfeldausfälle, Vorsicht: Art der Augentropfen, Fortschreiten des Glaukoms möglich! Tauchtauglichkeit muss vom Augenarzt bestätigt werden!	– Jedes Glaukom mit schlecht eingestelltem Augeninnendruck – Jedes Glaukom mit vorhandenem Sehnervenschaden und Gesichtsfeldausfällen (Ausnahmemöglichkeiten siehe oben im Text).

12.5 Netzhautriss, Netzhautablösung (Amotio retinae)

Altersveränderungen, wie Verflüssigungen, Ablösungen und Verklumpungen des Glaskörpers können eine Zugwirkung an der Netzhaut ausüben und zu einem Netzhautriss (Netzhautforamen) mit evtl. folgender Netzhautablösung

(Amotio retinae) führen. Bei einer bestehenden Kurzsichtigkeit (Myopie) ist das Risiko von Netzhautdegenerationen mit der Gefahr eines Netzhautloches oder einer Netzhautablösung erhöht. Daher ist in diesen Fällen in regelmäßigen Abständen eine augenärztliche Untersuchung notwendig. Bestehen Netzhautveränderungen oder gar ein Netzhautriss ohne oder mit Netzhautablösung, so muss der Augenarzt entscheiden, ob und welcher Therapie diese bedürfen, ob konservativ vorgegangen oder eine Operation mit Laserstrahlen bzw. chirurgisch erfolgen soll.

Grundsätzlich erhöht das Tauchen die Gefahr einer Netzhautablösung nicht. Nach einer operativen Behandlung (z. B. einer Laser- oder Kältekoagulation, Plomben- oder augeneröffnenden Operation [Vitrektomie] der Netzhaut) muss eine Tauchkarenz eingehalten werden. Eine postoperative Tauchtauglichkeit kann nur bescheinigt werden, wenn eine entsprechende augenärztliche Freigabe vorliegt. Dazu muss ein stabil verheiltes Auge vorliegen.

Tauchtauglichkeit Tauchtauglichkeit besteht bei Myopie (Kurzsichtigkeit) ohne versorgungsbedürftige Netzhautdegenerationen oder mit ausreichend behandelten Veränderungen (augenärztliche Kontrollen sind wichtig).

Relative Kontraindikation	Absolute Kontraindikation
– Stabil verheilter Befund nach Netzhautoperation	– Nicht abgeheilte Netzhautoperationswunden (Tauchkarenz unterschiedlich je nach vorliegender Erkrankung, durchgeführter OP und postoperativem Befund, z. B. nach Netzhaut-Laserbehandlung mind. 3 Wochen, nach Vitrektomie mind. 3 Monate, aktuelle augenärztliche Beurteilung erforderlich)

12.6 Refraktive Chirurgie

Mit refraktiv-chirurgischen Eingriffen können gewisse Fehlsichtigkeiten behandelt werden mit dem Ziel, die Brechkraft des Auges möglichst gut einem gewünschten Wert anzunähern. Brillen oder Kontaktlinsen sowie geschliffene Gläser in einer Maske können entbehrlich werden. Die wichtigsten

Laserverfahren sind die photorefraktive Keratektomie (PRK) und die Laser-in-situ-Keratomileusis (LASIK).

Bei der PRK wird die oberste Schicht der Hornhaut, das Epithel, mechanisch entfernt und anschließend die darunter liegende Schicht (das Stroma) entsprechend der Fehlsichtigkeit mit Excimer-Laserstrahlen abgetragen. Das Epithel bildet sich in wenigen Tagen neu und schließt die oberflächliche Wunde. Wegen meist stärkerer Schmerzen während des Epithelheilungsprozesses muss nach dem Eingriff einige Tage lang eine vom Augenarzt angepasste therapeutische Kontaktlinse (Verbandlinse) getragen werden.

Bei der LASIK wird zunächst mit einem Mikrokeratom („Hobel") eine dünne Hornhautlamelle (Flap) geschnitten und wie ein Deckel umgeklappt. Anschließend wird mittels eines Excimer-Lasers das Innere der Hornhaut behandelt, so dass die gewünschte Korrektur erreicht wird. Anschließend wird der Flap ohne Naht zurückgeklappt. Er saugt sich von selbst fest und muss nicht angenäht werden. Danach treten kaum Schmerzen auf. Der Flap verklebt innerhalb der folgenden vier bis fünf Wochen, verwächst aber erst nach einigen Jahren, so dass beim Tauchen Vorsicht geboten ist.

Diese Eingriffe sind natürlich auch für fehlsichtige Wassersportler sehr interessant. Fragen zum Tauchen nach solchen Eingriffen häufen sich. Zur postoperativen Tauchtauglichkeit gibt es jedoch momentan noch keine verbindlichen Empfehlungen. Der Verband der Laserchirurgen empfiehlt eine Mindestkarenz von 3 Monaten. Zur Tauchtauglichkeitsuntersuchung muss eine entsprechende augenfachärztliche Freigabe für das Tauchen vorliegen. Ein refraktiver Eingriff ändert die optischen Eigenschaften des Auges, so dass Nebeneffekte wie Blendung oder Sehprobleme bei Dämmerlicht auftreten können.

Es kann auch z. T. zu (meist vorübergehenden) Trübungen der Hornhaut („haze") kommen. Die Stabilisierung der Sehschärfe kann, je nach Ausgangsbefund, bis zu 9 Monate dauern. Während des Heilungsprozesses der Hornhaut kann ein Teil der Fehlsichtigkeit zurückkehren (Regression), so dass ein erneuter Eingriff oder weiterhin eine Brille bzw. Kontaktlinsen notwendig sind. Bei zu frühem Beginn kann sich das Tauchen ungünstig auswirken.

Relative Kontraindikation	Absolute Kontraindikation
– Frühestens 3 Monate nach stabil verheilter refraktiver OP (kann im Einzelfall einige Jahre dauern)	– Z.n. refraktivem Eingriff innerhalb der ersten 3 Monate

12.7 Gefäßveränderungen der Netzhaut (Gefäßverschlüsse, diabetische Retinopathie u. a.)

 Das Gefäßverschlüsse der Netzhaut (venös oder arteriell), diabetische Netzhautveränderungen (diabetische Retinopathie) und andere Gefäßveränderungen unterschiedlicher Genese (hypertensive Retinopathie, Arteriosklerose, Morbus Raynaud, Morbus Coats etc.) führen zu einem Netzhautschaden mit einer resultierenden Sehminderung und haben je nach Grunderkrankung und Ausmaß der Schädigung eine unterschiedliche Prognose.

Beim Tauchen verliert der Körper Flüssigkeit aus den Gefäßen, was zu einer Erhöhung der Blutviskosität, des Hämatokritwerts, führt. Die Immersionseffekte und die Kopf-unter-Körper-Situation führen beim Abtauchen zur Erhöhung des zerebralen und intraokularen Venendruckes sowie zu einem Augeninnendruckanstieg, begünstigt durch die klappenlosen Halsvenen. Schwer erkrankte Gefäße neigen unter Belastung zu Blutaustritten und Schwellungen (Ödemen), zudem sind Gefäßverschlüsse (Embolien, auch vorübergehende [TIAs]) oder die Bildung von Klein- oder Mikrothromben möglich.

Hieraus resultiert, dass bei allen fortgeschrittenen Gefäßveränderungen der Netzhaut, egal welcher Ursache, absolutes Tauchverbot besteht, da evtl. akute oder chronische Funktionsverschlechterungen des Sehorgans beim Tauchen auftreten können.

Tauchtauglichkeit Die Behandlung und die Entscheidung über eine mögliche Tauchtauglichkeit bei vorhandenen Gefäßveränderungen gehören in die Hand eines Augenarztes, der u. a. das Ausmaß des Netzhautschadens und das mögliche Progressionsrisiko beurteilt.

Relative Kontraindikation	Absolute Kontraindikation
– Beginnende Gefäßveränderungen und stabil abgeheilte Gefäßverschlüsse ohne Komplikationen, augenfachärztlicher Befund erforderlich	– Fortgeschrittene Gefäßveränderungen der Netzhaut, unabhängig von der Ursache, mit hohem Risiko des Fortschreitens beim Tauchen, augenfachärztlicher Befund erforderlich

12.8 Verletzungen

 Bei den Augenverletzungen kann man zwischen mechanischen, chemischen (z. B. feste, flüssige oder gasförmige Stoffe) und optischen Einwirkungen (z. B. Verblitzung beim Schweißen, UV-, Infrarot-, Laserstrahlung) unterscheiden. Der größte Teil der Augenverletzungen wird durch mechanische Einwirkungen verursacht. Mechanische Einwirkungen können eine Augapfelprellung, eine offene Augenverletzung (perforierende oder penetrierende) oder oberflächliche Fremdkörper zur Folge haben. Einwirkungen mit Eröffnung des Auges sind schwerwiegende Verletzungen und bedürfen einer operativen Versorgung.

12.8.1 Augenverletzungen beim Tauchen

 Direkte Augenverletzungen beim Tauchen sind extrem selten. Die Tauchermaske schützt die Augen über und unter Wasser weitgehend vor Verletzungen. Die weitaus häufigsten Verletzungen der Augen sind Erosionen und Prellungen des vorderen Augenabschnitts und seiner Anhangsgebilde (Lider, Tränenorgane) durch die eigene Hand bzw. die Tauchermaske beim Auf- oder Absetzen derselben. Erosionen der Hornhaut sind oft extrem schmerzhaft, sie heilen, je nach Ausdehnung, im Allgemeinen innerhalb 3–10 Tagen ab. Bei großer Ausdehnung und starken Schmerzen können (hoch gasdurchlässige) therapeutische Kontaktlinsen (Verbandlinsen) zur Schmerzfreiheit und besseren Heilung beitragen. Bis zur Ausheilung besteht Tauchverbot.

Tauchtauglichkeit Vor erneuter Tauchtauglichkeit ist ein entsprechender augenfachärztlicher Befund einzuholen.

12.8.2 Maskenbarotrauma des Gesichts und der Augen

Durch mangelhaften oder fehlenden Druckausgleich in der Tauchermaske kann es zu Sogwirkungen (Unterdruckeffekt) und einem „Maskenbarotrauma" kommen, das Einblutungen in die Haut und Augenbindehaut der von der Taucherbrille bedeckten Bereiche zur Folge hat (blutunterlaufene Augenbindehäute, evtl. Schwellung der Augenumgebung). Dieser Zustand ist im Allgemeinen harmlos und bildet sich in wenigen Tagen (durch Resorption) zurück. Die beste Prophylaxe ist der möglichst kontinuierliche Druckausgleich unter bzw. in der Maske während des Abtauchens.

Untersuchungen (Schnell 2008) zeigten, dass das Tauchen mit Schwimmbrillen, die wegen eines fehlenden Nasenerkers keinen Druckausgleich erlauben, bis 3 m Tauchtiefe keinerlei Gefahr darstellt.

12.8.3 Dekompressionserkrankung der Augen

Werden die Austauchzeiten nicht eingehalten, kann es zur Dekompressionserkrankung unter Mitbeteiligung der Augen kommen. Bei Tauchenden, die schon einmal Symptome einer Dekompressionserkrankung hatten, fand man in über 50 % der Fälle Gefäß- und Augenveränderungen in Form von verengten, verhärteten oder erweiterten Kleingefäßen (Mikroaneurysmen an Arteriolen) oder Schäden der Sinneszellen, auch an der Stelle des schärfsten Sehens (in der Makula) (s. Holden 1992; Holland 2009; Ostochowics 1987; Polkinghorne 1988; Schnell 2012).

Nach Augenverletzungen ist eine Tauchtauglichkeit erst nach vollständiger Wundheilung gegeben. Sie sollte danach in Abstimmung mit einem Augenarzt bescheinigt werden.

Tauchtauglichkeit Tauchtauglichkeit besteht bei stabil abgeheilten leichten Augenverletzungen mit ausreichender Sehfunktion. Eine augenärztliche Kontrolle ist wichtig.

Relative Kontraindikation	Absolute Kontraindikation
– Zustand nach schweren Augenverletzungen	– Nicht abgeheilte Augenverletzungen

12.9 Augenprothese

Augenprothesen sind Ersatzaugen, die nach einer Augenentfernung (nach Unfall oder Krankheit) aus kosmetischen Gründen eingesetzt werden können. Die Prothese besteht aus einer Glas- oder Kunststoffschale. Bei beiden Prothesenarten besteht ein Hohlraum zwischen der eingesetzten Prothese und der Augenhöhle.

Augenprothesen müssen vor dem Tauchen entfernt werden. Doppelwandige Augenprothesen aus Glas bergen das Risiko der Implosion (Einbruch nach innen) wegen des herstellungsbedingten Unterdrucks. Es besteht aber grundsätzlich das Risiko eines Barotraumas hinter der Prothese. Bei allen Augenprothesen (bei Glas mehr als bei Kunststoff) ist die Zerbrechlichkeit problematisch. Schwere Schnittverletzungen der Augenhöhle durch Zerbrechen der Prothese mit nachfolgender Panikreaktion können die Folge sein.

Tauchtauglichkeit Nach Entfernung der Augenprothese besteht Tauchtauglichkeit.

Absolute Kontraindikation
– Tauchen mit Augenprothesen aus Glas oder Kunststoff

12.10 Weitere augenärztliche Kontraindikationen

Relative Kontraindikationen	Absolute Kontraindikationen
– Sonstige Gesichtsfeldeinschränkungen auf weniger als 60° horizontal und 50° vertikal in den Außengrenzen sowie binokulare, deckungsgleiche Ausfälle im zentralen Gesichtsfeld innerhalb von 30° – Tauchen im Rahmen des Tauchens mit Einschränkungen (Handicap-Tauchen) kann möglich sein. – Einschränkungen der Sehfähigkeit bis Blindheit können im Rahmen des Tauchens mit Einschränkungen (Handicap-Tauchen) tauchtauglich sein, wenn Tauchen die Erkrankung nicht verschlechtern kann	– Akute oder nicht abgeheilte schwere Infektionen – Nach allen Augenoperationen bis zum endgültigen Verheilen – Alle fortgeschrittenen Gefäßerkrankungen der Netz- und Aderhaut (z. B. Veränderungen bei Diabetes mellitus, sklerotische oder entzündliche Gefäßveränderungen, Folgen von Embolien oder Thrombosen etc.) – Alle fortgeschrittenen degenerativen Veränderungen des Auges (z. B. altersabhängige Makuladegeneration [AMD] etc.) – Schwere Hornhaut-, Strahlenkörper-, Netzhaut- und Sehnerverkrankungen – Alle Augenerkrankungen, die sich durch Tauchen verschlechtern können – Funktionsverlust eines Auges bis zur Gewöhnung an die Einäugigkeit

Literatur

Butler FK: The Eye and Diving in DAN Answers Divers' Most-Asked Questions About Their Eyes. Alert Diver (1998), zit. nach http://www.diversalertnetwork.org/medical/articles/High-Pressure_Ophthalmology

DAN-Report Durham: (Verantwortlich: Denoble P): Alert Diver (2007), zit. nach http://www.tauchsport.de/tauchsicherheit/2007/0001_dan_tauchunfall_report.html

Holden R, Morsman CD, Lane CM: Ocular fundus lesions in sports divers using safe diving practices. Brit J Sports Med 1992; 26: 90–92.

Holland R: Tauchen mit Kontaktlinsen? Teil 1. Akt Kontaktol 2009a; 13: 18–25.

Holland R: Tauchen mit Kontaktlinsen? Teil 2. Akt Kontaktol 2009b; 14: 22–25.

Kalthoff H: Tauchmedizin für Augenärzte. Der Augenarzt 1991; 25: 193–197.

Khan K et al.: Implosion einer Augenprothese beim tauchgang in 18 Metern Tiefe. Dtsch. Ztsch Sportmed 2011; 62: 334–336.

Klingmann C, Tetzlaff K (Hrsg.): Moderne Tauchmedizin, 2. Auflage. Stuttgart: Gentner-Verlag, 2012.

Le May M: Ophthalmological aspects of fitness to dive. SPUMSJ 1996; 26: 253–259.

Ostochowics MZ: History of the ophthalmological investigations in decompression sickness. Bull Inst Marit Trop Med Gdynia 1987; 38: 207–209.

Polkinghorne PJ, Sehmi K, Cross MR, Minassian D, Bird AC: Ocular fundus lesions in divers. Lancet 1988; 2: 1381–1383.

Schnell D: Sport mit Kontaktlinsen. Z Prakt Augenheilkd (Sonderveröffentlichung) 2003: 1–32.

Schnell D, Hoffmann U, Scheuten K, Schnell HJ, Radermacher M, Pingel E: Tauchen mit Schwimmbrillen. Dtsch Ztsch Sportmed 2008; 59: 68–72.

Schnell D: Augen. In: Klingmann C, Tetzlaff K (Hrsg.): Moderne Tauchmedizin, 2. Auflage. Stuttgart: Gentner-Verlag, 2012, S. 483–506.

Fahrerlaubnis-Verordnung vom 13. Dezember 2010 (BGBl. I S. 1980), die durch Artikel 1 der Verordnung vom 16. April 2014 (BGBl. I S. 348) geändert worden ist

13 HNO-Heilkunde

Das Ohr stellt ein wichtiges Sinnesorgan dar, mit dessen Hilfe das Hören und durch das periphere Gleichgewichtsorgan die räumliche Orientierung und die visuelle Fixierung bei Kopf- und Körperbewegungen ermöglicht wird. Ohren und Nasennebenhöhlen unterliegen während des Tauchens als starre luftgefüllte Hohlräume den Druck- und Volumenveränderungen der Atemgase, so dass sie besonders häufig von Verletzungen betroffen sind.

13.1 Allgemeines

13.1.1 Basisuntersuchung

Im Rahmen der Tauchtauglichkeitsuntersuchung sollte explizit nach Vorerkrankungen und Voroperationen im HNO-Bereich gefragt werden. Liegen keine Vorerkrankungen im HNO-Bereich vor, ist eine otoskopische Untersuchung des Gehörgangs und des Trommelfells ausreichend. Auch bei erfolgreichem Druckausgleich gelingt es nicht immer, eine Trommelfellbewegung zu erkennen. Ist bei otoskopischer Untersuchung nicht sicher, ob der Druckausgleich gelungen ist, sollte eine HNO-fachärztliche Untersuchung mit Ohrmikroskopie, Endoskopie der Nase und des Nasenrachenraums sowie Tympanometrie erfolgen.

Im Rahmen der Routine-Tauchtauglichkeitsuntersuchung sollte eine ausführliche Anamnese bezüglich Vorerkrankungen und Voroperationen im HNO-Bereich erfolgen. Konnten solche ausgeschlossen werden, ist die im Kapitel Allgemeinmedizin beschriebene Untersuchung ausreichend.

13.1.2 Weitergehende Untersuchungen

Ergibt die Anamnese eine relevante HNO-ärztliche Vorerkrankung oder wurde der Proband im Hals-Nasen-Ohren-Bereich operiert, sollte die Tauchtauglichkeit in Zusammenarbeit mit einem HNO-Facharzt erfolgen. Insbesondere ist die erweiterte HNO-ärztliche Untersuchung mittels Ohrmikroskopie sowie die Endoskopie der Nase und Nasennebenhöhlenostien, des Nasenrachens und des Larynx durchzuführen. Im Rahmen dieser Untersuchung können abhängig von der zugrunde liegenden Vorerkrankung zusätzliche apparative Untersuchungen notwendig werden.

13.2 Erkrankungen des äußeren Ohres

13.2.1 Gehörgangsentzündungen

 Gehörgangsentzündungen und regelmäßig wiederkehrende Entzündungen des äußeren Gehörgangs stellen eines der häufigsten Probleme bei Tauchern dar. Fast 50 % aller Taucher hatten schon einmal eine Otitis externa in der Vorgeschichte. Ursächlich sind die Aufweichung der Gehörgangshaut und damit der Verlust der lokalen Barrierefunktion und das feuchte Lokalmilieu im Gehörgang. Durch die Verwendung von Ohrenstäbchen und der damit verbundenen Mikrotraumatisierung der Gehörgangshaut wird die bakterielle Infektion des Gehörgangs zusätzlich begünstigt.

Auszuschließen sind: Belüftungsstörung des Gehörgangs, Reduktion des Allgemeinzustands durch Schmerzen oder Infektionszeichen.

Relative Kontraindikation	Absolute Kontraindikationen
– Beginnende Otitis externa	– Deutliche Gehörgangsschwellung – Ausbreitung der Entzündung in die Umgebung

13.2.2 Gehörgangsstenosen, -atresien und -duplikaturen

Gehörgangsverengungen können vorübergehender und permanenter Natur sein. Durch die Verengung können Belüftungsstörungen, Schallleitungsstörungen, Einschränkungen der Reinigungsfunktion und rezidivierende Entzündungen auftreten. Ursächlich kommen folgende Erkrankungen in Betracht:
▶ Cerumen obturans (Ohrenschmalz, den Gehörgang komplett verschließend),
▶ Exostosen (Knochenmehrbildung im Gehörgang),
▶ Gehörgangsstenosen (Engstellen im Gehörgang),
▶ Gehörgangsatresien (angeborene Fehlbildung),
▶ Gehörgangsduplikatur (angeborene Fehlbildung).

Cerumen verursacht selten eine Belüftungsstörung des Gehörgangs oder eine Schallleitungsstörung und sollte nicht entfernt werden. Cerumen obturans, also die vollständige Verlegung des Gehörgangs durch Ohrenschmalz, muss entfernt werden. Danach ist gelegentlich der Gehörgang gereizt oder entzündet.

Exostosen kommen bei Tauchern häufig vor und haben nur selten Krankheitswert. Es handelt sich um einen kompakten, den Gehörgang einengenden Knochen, der von dünner Gehörgangshaut bedeckt wird. Selten treten rezidivierende Entzündungen des Gehörgangs auf, so dass die Exostosen abgetragen werden müssen. Nach Abtragen der Exostosen ist die Tauchtauglichkeit wieder hergestellt. Gehörgangsexostosen können den Blick auf das Trommelfell vollständig verlegen.

Gehörgangsstenosen treten in Folge von Entzündungen, häufiger jedoch als Folge von Operationen auf. Handelt es sich um eine unvollständige Stenose und treten keine gehäuften Entzündungen auf, ist die Tauchtauglichkeit nicht eingeschränkt. Bei vollständiger Verlegung des Gehörgangs besteht die Gefahr eines Außenohrbarotraumas, da hinter der Stenose entweder ein luftgefüllter Raum besteht oder die Stenose auf das Trommelfell übergreift. Bis zur operativen Entfernung der Stenose besteht ein Tauchverbot.

Gehörgangsatresien sind selten. Mittels Computertomographie wird das Ausmaß der Ohrmissbildung beurteilt. Liegt nur eine Gehörgangsatresie vor, d. h., das Mittel- und Innenohr sind normal angelegt, besteht bei regelrechter Belüftung des Mittelohrs die Möglichkeit zu tauchen. Jedoch sollte ein Probetauchgang unter Aufsicht eines Tauchlehrers in kaltem Wasser erfolgen, um das Auftreten von Drehschwindel durch eine einseitige kalorische Reizung der Gegenseite auszuschließen und die regelrechte Mittelohrbelüftung zu überprüfen.

Gehörgangsduplikaturen treten selten auf und schränken die Tauchtauglichkeit nicht ein, sofern keine rezidivierenden Entzündungen auftreten.

Tauchtauglichkeit Tauchtauglichkeit besteht bei Cerumen und reizlosen Gehörgangsexostosen.

Relative Kontraindikationen	Absolute Kontraindikation
– Unvollständige Gehörgangsstenosen – Exostosen mit rezidivierenden Entzündungen oder eingeschränkter Sicht auf das Trommelfell – Gehörgangsatresien – Gehörgangsduplikaturen	– Vollständige Gehörgangsstenosen

13.3 Mittelohr

13.3.1 Tubendysfunktion, Trommelfellnarbe und Trommelfellperforation (Trommelfellriss)

 Das Mittelohr wird durch die Tuba auditiva (Eustachi'sche Röhre) über den Nasenrachen belüftet. Mittelohrbelüftungsstörungen können akut im Rahmen eines Infekts oder aufgrund einer chronischen Tubendysfunktion auftreten.

Akute Mittelohrbelüftungsstörungen treten als Folge einer Tubendysfunktion im Rahmen eines akuten Infekts auf.

Chronische Mittelohrbelüftungsstörungen treten als Folge einer Tubendysfunktion auf dem Boden einer chronischen Entzündung der Nase oder des Nasenrachenraums oder einer Tubendysfunktion durch Vernarbungen oder Raumforderungen auf.

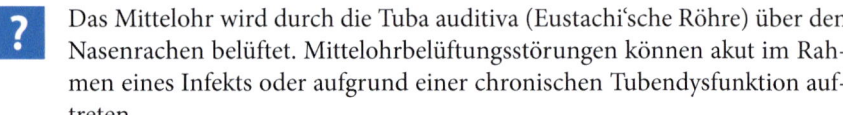 Aufgrund der unzureichenden Belüftung des Mittelohrs kann beim Tauchen ein Mittelohrbarotrauma entstehen, das sich durch Schmerzen, Sekretansammlung oder Einblutung in Mittelohr oder Trommelfell äußert. Tritt als Folge des Mittelohrbarotraumas eine Trommelfellperforation während des Tauchgangs auf, besteht die Gefahr des Drehschwindels durch den kalorischen Reiz des kalten Wassers und die Gefahr einer Panikreaktion, die zu einem Notaufstieg mit möglicherweise fatalen Folgen führen könnte. Die Tubendysfunktion kann darüber hinaus ein Innenohrbarotrauma verursachen, in dessen Folge permanente Hörschädigungen, Tinnitus und ebenso akuter Schwindel resultieren können.

 Taucher mit akuten Mittelohrbelüftungsstörungen sind nicht tauchtauglich, bis die Mittelohrbelüftung wieder uneingeschränkt funktioniert.

Bei der chronischen Tubendysfunktion zeigen sich häufig Veränderungen im Mittelohr und am Trommelfell selbst. Das Trommelfell zeigt ausgedünnte Bereiche (atrophe Narben) oder Verkalkungen, das Trommelfell kann der medialen Paukenhöhlenwand anliegen oder es liegt ein Loch im Trommelfell vor, außerdem kann ein Paukenerguss Zeichen einer Tubendysfunktion sein.

Taucher mit atrophen Trommelfellbereichen, die keine Trommelfellperforationen in der Vorgeschichte vorweisen und deren atrophes Trommelfell während des Druckausgleichs die Trommelfellebene nicht verlässt (sich nicht aufbläht), können tauchen, sollten jedoch über das Risiko einer Trommelfellperforation aufgeklärt werden (Schwindel, Panik, Notaufstieg). Bläht sich das Trommelfell beim Druckausgleichsmanöver nach Valsalva auf, besteht bis zur operativen Korrektur keine Tauchtauglichkeit. Die Entscheidung über die Tauchtauglichkeit bei Vorliegen eines atrophen Trommelfells sollte HNO-fachärztlich getroffen werden.

Taucher mit Trommelfellperforationen sind aufgrund des oben beschriebenen Risikos für eine kalorische Reizung des Labyrinths und aufgrund der Infektionsgefahr durch die Trommelfellperforation nicht tauchtauglich. Dies gilt für akute und chronische Trommelfellperforationen sowie bei Einlage von Paukendrainageröhrchen.

Tauchtauglichkeit Tauchtauglichkeit besteht nur bei geschlossenem und stabilem Trommelfell und regelrechter Belüftung des Mittelohrs (funktionierender Druckausgleich). Bei Trommelfelldefekt oder atropher Trommelfellnarbe ist Tauchen evtl. mit speziellen Tauchmasken möglich, wenn das Ohr durch eine dicht abschließende aber belüftete Kammer vor Wasserkontakt geschützt ist (Achtung: erhöhtes Risiko). Tauchen mit Taucherhelm ist in diesen Fällen evtl. möglich.

Relative Kontraindikationen	Absolute Kontraindikationen
– Chronische Tubendysfunktion mit eingeschränktem Valsalva-Manöver – Atrophe Trommelfellnarben	– Trommelfellperforation – Instabile atrophe Trommelfellnarbe – Paukendrainage – Akute Tubendysfunktion bei nicht funktionierendem Druckausgleich

13.3.2 Mittelohroperationen

Allgemeines

Operationen im Bereich des Mittelohrs dienen unterschiedlichen Zielsetzungen, die abhängig von der zugrunde liegenden Erkrankung sind. Man unterscheidet Operationen zur Wiederherstellung des Trommelfells und der Gehörknöchelchenkette (Tympanoplastiken), Operationen, die der Entfernung akuter und chronischer Entzündungen, aber auch der Tumorentfernung dienen (Mastoidektomien, Radikalhöhlenanlage, Labyrinthektomien, Petrosektomien), Operationen zur Verbesserung der Schallübertragung bei Otosklerose (Stapesplastiken, Malleovestibulopexien), Operationen zur Abdichtung der runden oder ovalen Fensternische und die Implantation von aktiven Mittelohrimplantaten und Cochlea-Implantaten. Das Operationsergebnis kann sehr unterschiedlich ausfallen und teilweise die Funktion und Anatomie des (Mittel-)Ohrs deutlich verändern.

Nach Ohroperationen bestehen mehrere mögliche Gefahren. Das Trommelfell kann postoperativ nicht ausreichend stabil sein, so dass die Gefahr einer Trommelfellperforation durch die Druck- und Volumenschwankungen beim Auf- bzw. Abtauchen durch Veränderung des Umgebungsdrucks besteht (kalorischer Reiz → Drehschwindel → Panik → Notaufstieg). Es kann zum Barotrauma und damit Verlust des operativen Ergebnisses kommen (s. oben: akute Mittelohrbelüftungsstörungen). Ebenso kann eine permanente Hörminderung bis zur Ertaubung oder eine anhaltende Schädigung des Gleichgewichtsorgans auftreten. Implantierte Mittelohrverstärker oder Cochlea-Implantate können beschädigt werden oder zu Verletzungen führen. Druckänderung oder einfließendes Wasser in eine operativ geformte Höhle (Mastoidektomiehöhle) kann zu Drehschwindel und Panik führen. Die Einsicht in den OP-Bericht ist sinnvoll. Aus diesen Gründen muss die Beurteilung des Operationsergebnisses und der Tauchtauglichkeit nach Operationen am Ohr vom HNO-Facharzt beurteilt werden.

Nach jeder Operation am Ohr muss das Trommelfell ausreichend stabil und die Mittelohrbelüftung gewährleistet sein.

Tympanoplastik

Man unterscheidet verschiedene Formen der Tympanoplastik:
- Tympanoplastik Typ I: Rekonstruktion des Trommelfells bei intakter Ossikelkette
- Tympanoplastik Typ II: Rekonstruktion der Ossikelkette unter Erhaltung der ursprünglichen Paukenhöhle vorzugsweise unter Beibehaltung des ursprünglichen Ossikelaufbaus
- Tympanoplastik Typ III: Ersatz der Ossikelkette oder Abflachung der Paukenhöhle
  - Typ IIIa: Abflachen der Pauke. Das Trommelfell wird dem Stapesköpfchen aufgelegt
  - Typ IIIb: Einsetzen eines Ossikelersatzes zwischen Stapesköpfchen und Trommelfell (PORP, „partial ossicular replacemment prothesis")
  - Typ IIIc: Einsetzen eines Ossikelersatzes zwischen Fußplatte und Trommelfell (TORP, „total ossicular replacement prothesis")
- Tympanoplastik Typ IV und V: heute nicht mehr gebräuchlich

Nach einer Tympanoplastik Typ I kann nach ausreichender Stabilisierung des Trommelfells (keine sich vorwölbenden atrophen Narben) und ausreichender Mittelohrbelüftung (funktionierender Druckausgleich) wieder getaucht werden. Nach Tympanoplastik Typ II kann bei stabilem Trommelfell und positiver Mittelohrbelüftung wieder getaucht werden. Nach einer Tympanoplastik Typ IIIa und IIIb kann bei ausreichend stabilem Trommelfell und ausreichender Mittelohrbelüftung wieder getaucht werden.

 Beachtet werden sollte, dass aufgrund der Vorerkrankung, die zur Durchführung einer Tympanoplastik Typ III zwang, häufig die Mittelohrbelüftung eingeschränkt ist.

Nach einer Tympanoplastik Typ IIIc, also nach Einsetzen einer TORP-Prothese, besteht die Gefahr einer Perforation der Fußplatte, da anders als bei der PORP-Einlage oder der Tympanoplastik Typ IIIa die Stapesstruktur mit der schützenden Funktion des Muskulus Stapedius nicht mehr erhalten ist und die TORP-Prothese mit einer kleinen Auflagefläche auf der Fußplatte ruht. Bewegungen des relativ großflächigen Trommelfells können deshalb direkt auf eine kleine Fläche der Fußplatte übertragen werden (Größenrelation führt zur Druckverstärkung!). Es wurden auch Ermüdungsbrüche der Fußplatte und Eintauchen der TORP-Prothese in das Innenohr beobachtet. Eine Medline-Recherche der Jahre 1966–2007 erbrachte allerdings bisher keine solche Verletzung bei Tauchern. Aus diesem Grund kann nach einem negativen Provokationstest (Durchführung einer Tympanometrie unter Beobachtung, ob Nystagmen oder Schwindel auftreten) das Tauchen gestattet werden.

Da die Studienlage jedoch nicht umfassend ist, sollte der Taucher über das Restrisiko einer Ertaubung und Schwindel (Notaufstieg) aufgeklärt werden.

Tauchtauglichkeit Tauchtauglichkeit besteht bei Tympanoplastik Typ I, Typ II, IIIa und IIIb, wenn das Trommelfell stabil und die Mittelohrbelüftung ausreichend ist.

Relative Kontraindikation	Absolute Kontraindikationen
– Tympanoplastik Typ IIIc mit stabilem Trommelfell bei ausreichender Mittelohrbelüftung und negativem Provokationstest	– Tympanoplastik Typ IIIc und Auftreten von Schwindel oder Nystagmen bei Provokation – Instabiles Trommelfell – Fehlende Mittelohrbelüftung

Stapesplastik und Malleovestibulopexie

 Im Rahmen einer Otosklerose, gelegentlich aber auch aufgrund chronisch entzündlicher Prozesse, kann eine Verknöcherung der Stapesfußplatte oder der gesamten Ossikelkette auftreten. Eine solche Verknöcherung führt zu einer Versteifung des Schallleitungsapparats und konsekutiver Schallleitungsschwerhörigkeit. Das Vestibularorgan ist in der Regel nicht betroffen. Eine solche Schallleitungsschwerhörigkeit kann durch Hörgeräte rehabilitiert werden. Bei einer Stapesplastik (Operation) wird ein Teil oder die ganze Fußplatte entfernt bzw. perforiert und der Schall mittels Prothese vom langen Ambossschenkel auf das Innenohr übertragen. Steht der lange Ambossschenkel aufgrund von Vorerkrankungen nicht zur Verfügung, kann eine längere Prothese am Hammergriff fixiert werden. Diese Vorgehensweise nennt sich Malleovestibulopexie.

Die Gefahr nach Anlage einer Stapesplastik oder Malleovestibulopexie besteht in der Dislokation der Prothese. Bei Trommelfelleinwärtsbewegung ist es möglich, dass die Prothese zu einem Eintauchen der Prothese in das Innenohr führt und das Gleichgewichtsorgan reizt. Drehschwindel und Orientierungsverlust können resultieren. Bei Trommelfellauswärtsbewegungen ist es denkbar, dass die Prothese aus dem Innenohr disloziert und eine perilymphatische Fistel auftritt. Hierdurch kann ebenfalls Schwindel auftreten. Ebenso ist eine Ertaubung möglich und kann bei Tauchern beobachtet werden. Aus diesem Grund wird die Tauchtauglichkeit nach Stapesplastik international kontrovers diskutiert.

In einer retrospektiven Fragebogen-basierten Evaluation von 917 Patienten nach Stapesplastik wurden 22 Taucher zu Beschwerden nach Stapesplastik befragt. Keiner der Taucher zeigte Folgeschäden, die durch das Tauchen verursacht wurden. Die Autoren postulierten daher, dass für Taucher kein erhöhtes Risiko für cochleovestibuläre Folgeschäden nach Stapesplastik bestände.

Trotzdem müssen mechanische Grundsätze bedacht werden. Die Aufhängung und Konstruktion des Hammers und Ambosses führen dazu, dass die Bewegungen der Stapesprothese deutlich geringer sind als die des Trommelfells. Untersuchungen der Mittelohrmechanik am Felsenbeinlaborpräparat zeigen jedoch, dass die Stapesprothese bei Druckbelastung im äußeren Gehörgang bis zu 0,5 mm in das Innenohr eintauchen kann. Deshalb ist es denkbar, dass es unter Wasser durch Bewegungen des Trommelfells zu einem starken vestibulären Reiz kommt.

Das Tauchen nach Stapesplastik ist grundsätzlich möglich. Um eine vestibuläre Reizung während Druckänderungen im Gehörgang zu überprüfen, sollte jedoch jeder Patient nach Stapesplastik im Rahmen der HNO-ärztlichen Tauchtauglichkeitsuntersuchung einen Provokationstest erhalten. Hierbei wird der Druck im Gehörgang auf positive und negative Werte verändert, z. B. im Rahmen einer Tympanometrie, und gleichzeitig beobachtet, ob Nystagmen auftreten oder der Patient Schwindel beklagt (siehe auch Vorgehen bei der Tympanoplastik Typ IIIc (Z.n. Tympanoplastik mittels TORP). Fällt der Provokationstest negativ aus, zeigt der Patient also keine Nystagmen und keinen Schwindel bei Druckbelastung, besteht Tauchtauglichkeit. Der Patient sollte jedoch über das Restrisiko, durch das Tauchen zu ertauben oder an Schwindel als Langzeitfolge zu leiden, aufgeklärt werden.

Durch die Malleovestibulopexie werden die protektiven mechanischen Einflüsse der verbliebenen Ossikelkette auf die Prothese aufgehoben. Aus diesem Grund werden Bewegungen des Trommelfells direkt auf die Prothese übertragen. Es kann nicht ausgeschlossen werden, dass während des Tauchens eine erhebliche Dislokation der Prothese auftritt. Da praktische Erfahrungen zu Tauchern nach Malleovestibulopexie ebenso wie labortechnische Untersuchungen am Felesenbeinpräparat fehlen, kann zum heutigen Zeitpunkt nach Malleovestibulopexie keine Tauchtauglichkeit bescheinigt werden.

Taucher mit Otosklerose sollten vor einer operativen Therapie auf das Risiko des Verlusts der Tauchtauglichkeit und das erhöhte Ertaubungs- und Schwindelrisiko während des Tauchens aufgeklärt werden. Der Verzicht auf eine operative Therapie und die Verwendung von Hörgeräten sollte diesen Tauchern angeboten werden.

Relative Kontraindikation	Absolute Kontraindikation
– Stapesplastik (bei negativem Provokationstest)	– Malleovestibulopexie

Radikalhöhlenanlage

Im Rahmen von Ohroperationen kann es notwendig werden, eine Radikalhöhle anzulegen. Hierbei wird das Mastoid ausgebohrt, die Bogengänge – zumindest der laterale – dargestellt, die Paukenhöhle in der Regel verkleinert, häufig in Kombination mit hörverbessernden Maßnahmen (siehe Tympanoplastik), und die Gehörgangshinterwand entfernt (engl.: „canal wall down technique"). Es resultiert eine große Operationshöhle, die möglichst wieder epithelialisiert wird. Das Ausmaß der Freilegung des Labyrinths kann unterschiedliche Ausmaße annehmen; ebenso kann im Rahmen der Operation eine Radikalhöhlenverkleinerung durch Einbringen von Muskel, Knochenspänen, Knorpel und anderen körpereigenen Materialien erfolgen.

Aufgrund der fehlenden knöchernen Abschirmung des Labyrinths kann in die Radikalhöhle einströmendes Wasser zu einer starken Reizung des Gleichgewichtsorgans führen. Dies äußert sich durch erhebliche Schwindelbildung im Wasser. Das Ausmaß der Labyrinthreizung ist sehr unterschiedlich. Manche Patienten erfahren selbst in vermeintlich warmem Badewasser massiven Drehschwindel (durch die Differenz zur Körpertemperatur), während andere Patienten keinen Schwindel bei Immersion erleben.

Aus diesem Grund kann keine generelle Aussage zur Tauchtauglichkeit nach Radikalhöhlenanlage gemacht werden. Vielmehr sollte ein Provokationstest erfolgen: Der Proband wird auf einer Posturographieplatte positioniert (Aufzeichnung der Abweichung des körperlichen Schwerpunkts) und das betroffene Ohr und die gesunde Gegenseite mit Eiswasser geflutet, nicht gespült! Anschließend ist auf Körperabweichungen und das Auftreten von Nystagmen zu achten. Steht keine Posturographieplatte zur Verfügung, kann die Beurteilung der Standabweichung visuell erfolgen.

Tauchtauglichkeit Taucher mit Radikalhöhlenanlage können bei ausbleibendem Schwindel und Körperabweichung nach Flutung beider Gehörgänge mit Eiswasser grundsätzlich tauchen. Über das Restrisiko von Schwindel unter Wasser sollte aufgeklärt werden.

Relative Kontraindikation	Absolute Kontraindikation
– Radikalhöhle (z. B. nach Obliteration) ohne Schwindel oder Fallneigung nach Eiswasserflutung	– Radikalhöhlenanlage mit Schwindel oder Fallneigung nach Eiswasserflutung

Aktive Mittelohrimplantate und knochenverankerte Hörhilfen (BAHA)

Bei aktiven Mittelohrimplantaten handelt es sich um schallverstärkende Hörhilfen. Mittels Mikrofon wird der Schall aufgenommen, verstärkt und mittels eines akustomechanischen Wandlers auf die Gehörknöchelchenkette, eine Hörprothese oder in den Bereich der Rundfensternische übertragen. Man unterscheidet teilimplantierbare (Vibrant Soundbridge der Firma Medel) und vollimplantierbare Hörhilfen (Firma Envoy und Otologics). Bei den teilimplantierbaren Hörhilfen wird auf die Kopfhaut ein Wandler aufgesetzt, der für die Übertragung der elektrischen Stimuli auf den implantierten Teil zuständig ist.

Knochenverankerte Hörhilfen (engl.: „bone anchored hearing aids", BAHA) übertragen den Schall mittels einer in den Knochen fixierten Schraube, auf die die Hörhilfe aufgesetzt wird und so den Schädel in Schwingung versetzen kann.

Für die Beurteilung der Tauchtauglichkeit ist die Druckstabilität der implantierten Gerätschaften maßgeblich. Ein Hören unter Wasser ist auch bei den voll implantierbaren Hörgeräten nur bedingt möglich, da sich die physikalischen Voraussetzungen (Schallgeschwindigkeit unter Wasser ca. 4fach erhöht) nicht ändern. Schall kann also wahrgenommen, jedoch nicht geortet werden.

Grundsätzlich sollte vor Erteilung der Tauchtauglichkeit nochmals beim Hersteller bezüglich der Druckstabilität gefragt werden, da Geräteänderungen auftreten können. Der aufsetzbare Wandler der Firma MedEl muss vor Betreten des Wassers abgenommen werden. Die implantierten Anteile der Vibrant Soundbridge sind bis zu 50 m in der Druckkammer gestestet worden, blieben funktionstüchtig und zeigten keine Verformung.

Somit ist eine Tauchtauglichkeit für Taucher mit Mittelohrimplantat der Firma MedEl (Vibrant) bis 40 m gegeben. Die Firma Envoy gibt an, dass ihre Geräte nicht druckstabil sind (persönliche Mitteilung). Die aktiven Mittelohrimplantate der Firma Otologics wurden bisher nicht in einer Druckkammer getestet. Der Hersteller gibt eine Druckstabilität bis 10 m (1 bar Überdruck) an. Da eine ausreichende Testung für beim Tauchen auftretenden Umgebungsdruck fehlt, besteht zunächst keine Tauchtauglichkeit nach Implantation dieser aktiven Mittelohrverstärker. Bis zum Vorliegen solcher Untersuchungen sollte das Tauchen nicht gestattet werden.

Bei den knochenverankerten Hörhilfen kann der elektronische Teil abgenommen werden. Die implantierte Schraube stellt keine Beeinträchtigung der Tauchtauglichkeit dar. Es kann jedoch zu Infektionen des Implantats kommen, theoretisch auch mit Implantatverlust, über die der Taucher aufgeklärt werden sollte.

Operationen in der Vergangenheit und Begleiterkrankungen müssen beachtet werden.

Tauchtauglichkeit Tauchtauglichkeit besteht bei Mittelohrimplantaten der Firma MedEl und der BAHA-Schraube. Grundsätzlich sollte für das individuelle Gerät nochmals beim Hersteller bezüglich der Druckbelastbarkeit gefragt werden.

Absolute Kontraindikationen
- Mittelohrimplantat der Firma Envoy
- Mittelohrimplantate der Firma Otologics

Cochlea-Implantat (CI)

Ertaubte Patienten oder nahezu ertaubte Patienten lassen sich heutzutage mit einem CI versorgen. Durch ein solches CI wird das Hören wieder ermöglicht, entspricht jedoch nicht der Hörleistung eines Hörgesunden. Spracherwerb, Telefonieren und Unterhaltung bei nicht zu lauten Störgeräuschen sind heute oft möglich.

Während der Operation wird eine Elektrode in das Innenohr eingeführt, die den Hörnerv direkt elektrisch stimuliert. Die Elektrode führt in eine Empfangsspule, die hinter dem Ohr zusammen mit einem Magneten in einem Knochenbett implantiert ist. Nach Abschluss der Wundheilung wird von außen auf die Haut eine Sendespule aufgesetzt, über die die Signale des Sprachprozessors in die Empfangsspule mittels elektromagnetischer Induktion übertragen werden und über die Elektrode den Hörnerven stimuliert.

Häufig liegen als Ursache der Ertaubung Missbildungen des Innen- und Mittelohrs vor, so dass an eine Funktionsstörung des Gleichgewichtsorgans oder anatomische Varianten der Innenohrbinnenstrukturen gedacht werden muss.

Mögliche Gefahren für CI-Träger bestehen zum einen in einem Funktionsverlust des Geräts und möglichen Verletzungen im Falle einer Implosion des implantierten Gerätanteils. Ebenso ist denkbar, dass aufgrund der Implantation der Elektrode das Risiko eines Innenohrbarotraumas oder einer perilymphatischen Fistel erhöht oder eine lokale Gasblasenentstehung entlang des Silikon-Elektrodenbündels auftritt und das Risiko für eine Innenohr-Dekompressionserkrankung vergrößert wird.

Grundsätzlich sollte das Ohr mittels Computertomographie beurteilt werden, um z. B. veränderte anatomische Verhältnisse aufzudecken. Hiefür ist die präoperative Bildgebung ausreichend. Darüber hinaus muss die Funktion des Gleichgewichtssinns untersucht werden. Besonderheiten während der Operation sollten sich durch Kontrolle des OP-Berichts finden lassen.

Über die Geräte von Advanced Bionics (Clarion 1.2), MedEl (Combi-40+,) und Cochlear Corperation (Nucleus CI22M und Nucleus CI24M) liegt eine wissenschaftliche Untersuchung zur Druckstabilität bis 50 m vor, die bei den genannten Geräten zu keinem Funktionsverlust führte. Zu neueren Geräten liegen keine wissenschaftlichen Untersuchungen vor. Die Hersteller von Cochlea-Implantaten beginnen zunehmend, ihre Geräte in größeren Druckbereichen zu testen, so dass für jedes implantierte Gerät individuell beim Hersteller bezüglich der Druckbelastbarkeit nachgefragt werden sollte. In-vivo-Erfahrungen liegen nur als Fallberichte vor; eine systematische Untersuchung erfolgte bisher nicht.

Gefahr für Elektrodenbündelbruch aufgrund einer engen Kopfhaube gib es nicht, da das Elektrodenbündel in eine gefräste Knochenschiene gelegt wird.

 Externe Komponenten des CI müssen während des Tauchens abgenommen werden, so dass der Taucher unter Wasser wieder „ertaubt" ist. Begleittaucher müssen diesem Umstand Rechnung tragen, da Gefahren, wie z. B. Motorengeräusche nicht erkannt werden.

Tauchtauglichkeit Zusammenfassend kann man sagen, dass bei erhaltenem Gleichgewichtssinn, fehlender pathologischer Verhältnisse und nach Aufklärung über das Restrisiko ein Innenohrbarotrauma bzw. eine Innenohr-DCS zu erleiden, die Tauchtauglichkeit mit den genannten Geräten erteilt werden kann. Der Taucher sollte sich jedoch beim Hersteller über die Restriktionen seines individuellen Geräts informieren, um seine Gewährleistungsansprüche nicht zu verlieren. Zur Beurteilung der Tauchtauglichkeit von CI-Trägern sind folgende Unterlagen notwendig: OP-Bericht, Computertomographie des betroffenen Ohrs, Gleichgewichtsprüfung, schriftliche Bestätigung des Herstellers zur Druckfestigkeit.

Relative Kontraindikationen	Absolute Kontraindikationen
– Freigabe des Geräts durch den Hersteller – Kompensierter Verlust der Vestibularisfunktion	– Anatomische Malformationen mit erhöhter Gefahr einer perilymphatischen Fistelbildung – Unkompensierter Verlust der Vestibularisfunktion – Keine Freigabe des Herstellers für das jeweilige Implantat

13.4 Innenohr

13.4.1 Hörsturz und Tinnitus

Der Hörsturz ist eine ohne erkennbare Ursache plötzlich auftretende, in der Regel einseitige Schallempfindungsschwerhörigkeit cochleärer Genese von unterschiedlichem Schweregrad bis hin zur Ertaubung. Schwindel und/oder Ohrgeräusche sind zusätzlich möglich. Ursachen des Hörsturzes sind unbekannt.

Der Tinnitus ist ein eigenständiges Krankheitsbild, das einer akustischen Wahrnehmung entspricht, die zusätzlich zum Schall, der auf das Ohr wirkt, wahrgenommen wird. Die Art der scheinbaren Geräusche ist unterschiedlich und kann Brumm- oder Pfeiftöne, Rauschen, knackende oder klopfende und andere Geräusche umfassen. Die Ursache des Tinnitus ist unbekannt.

 Die mögliche Gefahr beim Tauchen besteht in einer eventuellen Verschlechterung des Hörvermögens und der Ohrgeräusche. Tritt ein Hörsturz mit zusätzlicher vestibulärer Symptomatik auf, besteht unter Wasser eine Gefährdung des Tauchers durch Orientierungsverlust.

Es gibt keine Hinweise, die eine Verschlechterung der Innenohrfunktion bei Sporttauchern unabhängig von akuten Unfällen (Innenohrbarotrauma und Innenohr-DCS) belegen würden. Aus diesem Grund gibt es keinen Anlass, die Tauchtauglichkeit bei Tauchern mit Hörsturz oder Tinnitus einzuschränken, außer bei Vorhandensein von Schwindel. Wenn sich der Patient während des Akutereignisses nervös und angespannt fühlt und ein Druckgefühl auf dem betroffenen Ohr bemerkt, sollte das Tauchen unterlassen werden, bis die Akutsymptomatik nachgelassen hat. Dies kann Stunden, Tage oder Wochen dauern.

Tauchtauglichkeit Tauchtauglichkeit besteht bei Zustand nach Hörsturz, Zustand nach Tinnitus und bei chronischem Tinnitus.

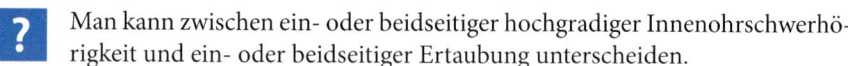

Absolute Kontraindikationen
- Hörsturz mit vestibulärer Symptomatik
- Hörsturz im Akutstadium
- Tinnitus im Akutstadium

13.4.2 Innenohrschwerhörigkeit und Ertaubung

Man kann zwischen ein- oder beidseitiger hochgradiger Innenohrschwerhörigkeit und ein- oder beidseitiger Ertaubung unterscheiden.

 Da es keine Hinweise dafür gibt, dass das Tauchen, unabhängig von akuten Unfällen, eine schädliche Auswirkung auf die Hörfunktion hat, besteht keine Einschränkung der Tauchtauglichkeit bei ein- oder beidseitiger Innenohrschwerhörigkeit.

Probanden mit kompletter beidseitiger Ertaubung sollten auf die Funktionsfähigkeit des Vestibularorgans untersucht werden. Zeigt dieses keinen Funktionsausfall, kann eine Tauchtauglichkeit bescheinigt werden. Beachtet werden sollte die erschwerte Ausbildungsmöglichkeit aufgrund der Sprachbarriere und die Einschränkung, auf akustische Warnsignale reagieren zu können. Im Gegensatz dazu sind ertaubte Taucher, die die Gebärdensprache beherrschen, unter untereinander Wasser kommunikativ deutlich im Vorteil.

Probanden mit einseitiger kompletter Ertaubung sollten auf das Risiko eines Verlusts der wichtigen Sinnesqualität „Hören" bei Auftreten eines akuten Innenohrunfalls am „letzten Ohr" hingewiesen werden. Die Lebenszeitinzidenz für akute Innenohrereignisse liegt bei einem erfahrenen Taucherkollektiv immerhin bei ca. 1,5–2 %. Nach Aufklärung über diesen Sachverhalt kann die Tauchtauglichkeit jedoch attestiert werden.

Tauchtauglichkeit Tauchtauglichkeit besteht bei ein- oder beidseitiger, auch hochgradiger Innenohrschwerhörigkeit, evtl. auch im Rahmen des „Tauchens mit Einschränkungen".

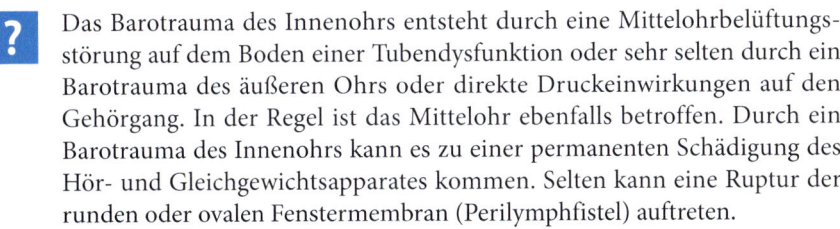

Relative Kontraindikationen	Absolute Kontraindikation
– Einseitige Ertaubung – Beidseitige Ertaubung	– Ausfall der Gleichgewichtsfunktion bei Ertaubten

13.4.3 Barotrauma des Innenohrs

 Das Barotrauma des Innenohrs entsteht durch eine Mittelohrbelüftungsstörung auf dem Boden einer Tubendysfunktion oder sehr selten durch ein Barotrauma des äußeren Ohrs oder direkte Druckeinwirkungen auf den Gehörgang. In der Regel ist das Mittelohr ebenfalls betroffen. Durch ein Barotrauma des Innenohrs kann es zu einer permanenten Schädigung des Hör- und Gleichgewichtsapparates kommen. Selten kann eine Ruptur der runden oder ovalen Fenstermembran (Perilymphfistel) auftreten.

Inzwischen liegen Erfahrungen und Langzeitbeobachtungen von Tauchern nach Innenohrbarotrauma vor. Im Gegensatz zu früheren Bedenken scheint das Risiko für ein Rezidivereignis nicht erhöht zu sein.

Die Tauchtauglichkeit ist vielmehr anhand der Residualschäden zu beurteilen (s. oben). Zur Vermeidung eines erneuten Barotraumas des Innenohrs sollte die Tubenfunktion verbessert werden.

Tauchtauglichkeit Tauchtauglichkeit besteht bei Zustand nach Innenohrbarotrauma ohne Residualschäden.

Relative Kontraindikationen	Absolute Kontraindikationen
– Innenohrbarotrauma mit Residualschäden – Zustand nach Perilymphfistel	– Akutes Innenohrbarotrauma mit ungenügender Mittelohrbelüftung – Verdacht auf akute Perilymphfistel

13.4.4 Dekompressionserkrankung des Innenohrs/Innenohr-DCI

 Eine Dekompressionserkrankung des Innenohrs (Innenohr-DCI) ist die Folge lokaler oder embolischer Blasenentstehung. Meist ist das Gleichgewichtsorgan betroffen, obwohl auch beidseitige cochleäre und gemischte Formen beobachtet wurden. Die Innenohr-DCS ist überdurchschnittlich häufig mit einem vaskulären Rechts-Links-Shunt assoziiert (bis zu 80 %).

Während des Akutstadiums besteht keine Tauchtauglichkeit. Nach Beendigung der Akuttherapie muss die verbliebene Innenohrfunktion evaluiert werden. Häufig bleiben komplette Ausfälle des Vestibularorgans der betroffenen Seite bestehen. Des Weiteren sollte nach einem vaskulären Rechts-Links-Shunt gefahndet werden und bei Vorliegen eines solchen Shunts den Bemerkungen im Abschnitt „PFO" dieser Empfehlungen gefolgt werden.

Tauchtauglichkeit Tauchtauglichkeit besteht bei Zustand nach Innenohr-DCS ohne Residualschäden und ohne vaskulären Rechts-Links-Shunt.

Relative Kontraindikationen	Absolute Kontraindikationen
– Innenohr-DCS mit kompensiertem Vestibularisausfall – Innenohr-DCS mit vaskulärem Rechts-Links-Shunt	– Akute Innenohr-DCS – Innenohr-DCS mit persistierenden Gleichgewichtsstörungen

13.4.5 Gleichgewichtsstörungen

 Gleichgewichtsstörungen können vom peripheren Vestibularorgan ausgehen, durch Störungen des Nervus vestibulocochlearis ausgelöst werden, oder ophthalmologische, orthopädische und zentrale Ursachen haben. Grundsätzlich führen Gleichgewichtsstörungen unabhängig von der Ursache zu einer Einschränkung der Tauchtauglichkeit.

Auf dem HNO-Gebiet führen folgende Erkrankungen regelmäßig zu peripher-vestibulären Störungen:
- benigner paroxysmaler Lagerungsschwindel,
- Neuronitis/Neuropathia vestibularis,
- Hörsturz mit vestibulärer Beteiligung,
- Morbus Ménière,
- Commotio labyrinthi,
- Schädelbasisfrakturen,
- Perilymphfisteln,
- Otitis media chronica epitympanalis,

Hauptsymptom der peripher vestibulären Erkrankungen ist Schwindel (Drehschwindel, Liftschwindel etc.), der von vegetativen Symptomen (Übelkeit und Erbrechen) begleitet werden kann, jedoch nicht zu Synkopen (Kreislaufkollaps) führt. Grundsätzlich sollten Patienten mit Erkrankungen des peripheren Vestibularorgans HNO-ärztlich abgeklärt werden. Dem HNO-Spezialisten obliegt, ggf. in Rücksprache mit einem Tauchmediziner, die Beurteilung der Tauchtauglichkeit. Aufgrund mangelnder systematischer Untersuchungen zu dieser Problematik bietet es sich an, die Tauchtauglichkeit analog der Begutachtung zur Fahrtüchtigkeit im Kraftfahrverkehr durchzuführen.

 Auftreten von Schwindel im oder unter Wasser kann lebensbedrohliche Folgen haben. Durch die Orientierungslosigkeit und mögliche vegetative Begleitsymptomatik kann es zu gefährlichen Situationen und Panikreaktionen unter Wasser und über Wasser zu Panik und Tod durch Ertrinken kommen. Unter Wasser spielt die eingeschränkte Sicht und mangelnde propriozeptive Wahrnehmung (keine Rückmeldung zur Stellung im Raum über die Rezeptoren in Haut, Gelenken und Muskulatur) eine große Rolle. Die Entwicklung von Angst und Panik ist jedoch eine entscheidende Ursache bei der Entwicklung von Tauchunfällen. Panik kann zu Notaufstiegen führen, wodurch die Gefahr eines fatalen Lungenbarotraumas mit arterieller Gasembolie besteht. Taucher mit Gleichgewichtsstörungen sind deshalb absolut nicht tauchtauglich.

Tauchtauglichkeit Der alternobare Druckdifferenzschwindel ist keine Erkrankung des peripheren Gleichgewichtssystems und tritt bei jedem dritten Taucher auf. Er schränkt die Tauchtauglichkeit nicht ein.

Die Entscheidung, wann nach einer Erkrankung des peripheren Gleichgewichtsorgans wieder getaucht werden darf, ist abhängig von den Residualschäden. Dem untersuchenden Arzt steht ein großer Ermessensspielraum zur Verfügung. In Anlehnung an die Fahrtüchtigkeit im Kraftverkehr ist eine sechsmonatige Anfallsfreiheit zu fordern. Es dürfen keine sedierenden Medikamente eingenommen werden, da diese die Reaktionsfähigkeit unter Wasser herabsetzen und die Gefahr für eine Stickstoffnarkose (Tiefenrausch) erhöhen. Des Weiteren ist die Funktion des Gleichgewichtsorgans zu überprüfen und nach Provokationsnystagmen und -schwindel zu fahnden. Wurde nach einer Erkrankung des Gleichgewichtssinns eine Tauchtauglichkeit bescheinigt, sollte nach 6 Monaten eine erneute Evaluierung erfolgen. Die Tauchtauglichkeit sollte daher für kürzere Intervalle als sonst üblich ausgestellt werden. Wenn sich keine peripher-vestibuläre Schwindelursache objektivieren lässt, sollte eine ergänzende neurologische Untersuchung erfolgen.

Tauchtauglichkeit Tauchtauglichkeit besteht bei alternobarem Druckdifferenzschwindel und bei Zustand nach Gleichgewichtsstörung vor mehr als 6 Monaten ohne Residualdefekte.

Relative Kontraindikation	Absolute Kontraindikationen
– Zustand nach Gleichgewichtsstörung vor mehr als 6 Monaten mit kompensierten Residualdefekten (z. B. seitendifferente kalorische Erregbarkeit, Seitendifferenz bei Rotationsprüfung)	– Aktuell Gleichgewichtsstörungen – Zustand nach Gleichgewichtsstörung in den letzten 6 Monaten – Sedierende Dauermedikation – Auftreten von Schwindel oder Nystagmen unter Provokation

13.5 Nase und Nasennebenhöhlen und vordere Schädelbasis

Erkrankungen der Nase und der Nasennebenhöhlen (NNH) haben für die Tauchtauglichkeit vor allem dann eine Bedeutung, wenn es zu einer Belüftungsstörung der NNH kommt oder die Tubenfunktion durch sie, also die

Mittelohrbelüftung beeinträchtigt wird. Beim Abtauchen ist eine aktive Nebenhöhlenbelüftung mittels Valsalva-Manöver grundsätzlich möglich. Die Entlüftung der NNH kann nur passiv erfolgen. Falls durch Schleimhautschwellungen in einer Nebenhöhle ein Ventilmechanismus entsteht, kann diese nicht mehr entlüftet werden. Weiteres Austauchen wird dann außerordentlich schmerzhaft und damit problematisch. Der Taucher kann keinen Einfluss auf die Entlüftung der NNH nehmen.

13.5.1 Nase

 Erkrankungen der Nase äußern sich meist in einer Schwellung und Entzündung der Nasenschleimhaut, können aber auch aufgrund anatomischer Ursachen verstärkt werden.

In diesen Formenkreis sind unter anderen folgende Erkrankungen zu rechnen:
- Rhinitis acuta (akuter Schnupfen),
- Rhinitis chronica inkl. Rhinitis chronica allergica (z. B. Heuschnupfen),
- Septumdeviation (Nasenscheidewandverkrümmung),
- Nasenmuschelhyperplasien,

 Da unter Wasser in der Regel nur durch den Mund geatmet wird, hat eine behinderte Nasenluftpassage zunächst keinen nachteiligen Einfluss auf die Ausübung des Tauchens. Bedeutung gewinnen die oben genannten Erkrankungen nur, wenn sie zu einer Belüftungsstörung der NNH oder des Mittelohrs führen. Schwierigkeiten bei der Ausübung des Druckausgleichs (Tubendysfunktion) und eine erschwerte oder komplett behinderte Belüftung der NNH werden selten durch eine Septumdeviation oder durch Vergrößerung der Nasenmuscheln (Nasenmuschelhyperplasie) verursacht. Bevor eine operative Sanierung der genannten Erkrankungen erfolgt, sollte zunächst probatorisch die Tubendysfunktion behandelt werden.

 Patienten mit allergischer Rhinitis sollte die Verwendung eines topischen Kortikoids empfohlen werden. Antihistaminika können sedierende Nebenwirkung haben, so dass die Gefahr eines Tiefenrauschs (Stickstoffnarkose) erhöht ist. Kann der Taucher nicht auf Antihistaminika verzichten, sollte vor dem Tauchversuch die individuelle Reaktion auf das rezeptierte Antihistaminikum getestet und in geringerer Tiefe getaucht werden. Da Patienten mit Rhinitis allergica häufiger ein allergisches Asthma entwickeln, sollte die Indikation zur spezifischen Immuntherapie (Hyposensibilisierung), die die Entwicklung des Asthmas verhindern kann, großzügig gestellt werden.

Teil II   Spezialkapitel

Tauchtauglichkeit Erkrankungen der Nase führen nur zu einer Einschränkung der Tauchtauglichkeit, wenn die NNH- oder Mittelohrbelüftung beeinträchtigt ist. Tauchtauglichkeit besteht bei
- Erkrankungen der Nase ohne Belüftungsstörung der NNH,
- Erkrankungen der Nase ohne Belüftungsstörung der Ohren,
- Zustand nach Operationen in der Nase (nach Abschluss der Wundheilung und regelrechter Belüftung der NNH und der Ohren).

Relative Kontraindikation	Absolute Kontraindikationen
– Einnahme von Antihistaminika (wenn möglich auf topische Kortikoide umstellen)	– Erkrankungen der Nase mit Belüftungsstörung der NNH – Erkrankungen der Nase mit Belüftungsstörung der Ohren

13.5.2 Nasennebenhöhlen (NNH)

Erkrankungen der NNH sind in der Regel auf akute oder chronische Entzündungen zurückzuführen. Daneben bestehen Allergien und seltenere Ursachen wie Analgetika-Intoleranz, Mukoviszidose, Zilienmotilitätsstörungen und manche mehr. Häufig lässt sich jedoch keine Ursache der chronischen Sinusitis finden. Die Polyposis nasi ist eine Sonderform der chronischen Sinusitis, bei der es zu einer polypoiden Verbreiterung der NNH-Schleimhaut kommt, die sich bis in die Nasenhaupthöhle ausbreiten und somit zu massiven Belüftungsstörungen in den genannten Bereichen sowie des Mittelohres führen kann. Die akute Sinusitis beginnt meist viral und zeigt erst später eine bakterielle Superinfektion.

Entscheidend für die Beurteilung der Tauchtauglichkeit ist die Belüftung der NNH. Zeigt die Nasenendoskopie oder vordere Naseninspektion eine starke Schleimhautschwellung, z. B. im Rahmen einer akuten Sinusitis, und ist der Allgemeinzustand reduziert, so besteht keine Tauchtauglichkeit.

Bei Vorliegen chronischer NNH-Beschwerden ist die Anamneseerhebung entscheidend. Der Taucher berichtet von Belüftungsstörungen, Druck und Schmerz während des Auf- oder Abtauchens und Auswurf von blutigem Sekret. Nasenendoskopie und bildgebender computertomographische Bildgebung geben Hinweise auf die Ursache der Belüftungsstörung.

Zufallsbefunde in der Bildgebung (z. B. Kieferhöhlenzysten abseits der Ostien) ohne Belüftungsstörung während des Tauchens schränken die Tauchtauglichkeit nicht ein. Die Beurteilung, ob NNH-Veränderungen, die bildgebend oder nasenendoskopisch entdeckt wurden, die Tauchtauglichkeit einschränken, kann evtl. im Rahmen eines Probetauchgangs erhoben werden. Es kann jedoch auch dann nicht sicher ausgeschlossen werden, dass es bei späteren Tauchgängen nicht doch noch zu Problemen kommt.

Die Gefahr der Belüftungsstörungen liegt in der Entwicklung eines NNH-Barotraumas, das mit Schmerzen einhergehen und bei bakterieller Superinfektion zu einer bakteriellen Sinusitis führen kann. Bedrohlich sind jedoch die insgesamt sehr selten auftretenden Komplikationen wie Pneumenzephalon (Luft in der Schädelhöhle), Weichteilemphysem und Orbitaemphysem.

NNH-Belüftungsstörungen lassen sich konservativ und bei Versagen der konservativen Maßnahmen operativ behandeln. Nach NNH-Operationen sollte die Tauchtauglichkeit durch einen HNO-Arzt beurteilt werden, da nur die Nasenendoskopie eine Abheilung des Wundgebiets und eine ausreichende Belüftung der NNH zeigt.

Tauchtauglichkeit Pathologische Veränderungen der NNH-Schleimhaut, die durch Nasenendoskopie oder Computertomographie auffallen, müssen die Tauchtauglichkeit nicht ausschließen. Entscheidend sind Belüftungsstörungen der NNH während des Tauchens.

Tauchtauglichkeit besteht bei Kieferhöhlenzysten abseits der Ostien und bei Zustand nach NNH-Operation nach Abschluss der Wundheilung (nach 3–6 Monaten) und Wiederherstellung der NNH-Belüftung.

Relative Kontraindikation	Absolute Kontraindikationen
– Chronische Sinusitis oder Polyposis nasi ohne Belüftungsstörung während des Tauchens	– Akute Sinusitis mit Belüftungsstörung – Chronische Sinusitis mit Belüftungsstörung

13.5.3 Vordere Schädelbasis

Jede komplette Siebbeinoperation entspricht einer Operation entlang der vorderen Schädelbasis. Tritt im Rahmen einer Schädelbasisfraktur Liquor aus, wird diese im Allgemeinen ebenfalls durch endonasale Techniken operativ gedeckt. Ebenso stellen die Entfernungen von Hypophysentumoren oder anderen Raumforderungen der vorderen Schädelbasis eine Operation an der

Schädelbasis dar, die zu einer Integritätsstörung der knöchernen Abgrenzung zum Gehirn führen. Nach ausgedehnten Eingriffen an der Schädelbasis sollte vor Erteilung einer Tauchtauglichkeit der OP-Bericht und ein aktuelles CT in Nebenhöhlenauflösung fachärztlich beurteilt werden. Im Zweifel sollte eine persistierende, oft occulte, Liquorfistel ausgeschlossen werden (Beta-2-Transferrin-Nachweis o.Ä.). Solche Fisteln wären eine mögliche Ursache für ein Pneumenzephalon.

Bedenken bezüglich der Tauchtauglichkeit nach Schädelbasiseingriffen bestehen hinsichtlich der Möglichkeit der Entstehung eines Pneumenzephalons (Luft in der Schädelhöhle).

Durch eine ausführliche Endoskopie der Nasenhaupthöhle und der NNH sowie Durchführung eines NNH-CTs lässt sich das Risiko einer Belüftungsstörung abschätzen. Bei Verdacht auf eine Liquorfistel kann vor einer Topodiagnostik mittels Fluoreszeintest eine qualitative Diagnostik mittels Beta-2-Transferrin-Nachweis erfolgen.

Tauchtauglichkeit Ist eine ausreichende Belüftung der NNH gegeben, kann die Tauchtauglichkeit unter Aufklärung über ein Restrisiko eines Pneumenzephalons erteilt werden. Es sollte ein Probetauchgang durchgeführt werden.

Relative Kontraindikation	Absolute Kontraindikationen
– Zustand nach Schädelbasisoperation ohne Hinweise auf Belüftungsstörungen der NNH	– Schädelbasisfraktur mit persistierender Liquorrhoe – Zustand nach Schädelbasisoperation mit Hinweis auf eine Belüftungsstörung der NNH

13.6 Mundhöhle

13.6.1 Mundschluss

Durch eine Fazialisparese oder Operationen im Bereich der Lippen und der Mundhöhle kann die Abdichtung des Atemreglers oder Schnorchels eingeschränkt werden. Der Taucher muss demonstrieren können, dass er über einen längeren Zeitraum das Mundstück dicht abschließen kann.

13.6.2 Sinuslift

Ein Sinuslift wird durchgeführt, wenn wegen Zahnverlusts ein Implantat eingesetzt werden soll und der Knochen des Oberkiefers nicht ausreichend kompakt ausgebildet ist. Die Knochensubstanz wird durch Knochenmehl oder kompakten Knochen aus Unterkiefer, aber auch Beckenknochen, vergrößert. Am Oberkiefer kann es im Rahmen eines solchen Sinuslifts zu Fisteln zwischen Mundhöhle und Kieferhöhle kommen (Mund-Antrum-Verbindung).

Tauchtauglichkeit Tauchtauglichkeit kann nach Abschluss der Wundheilung und Ausschluss einer Fistelbildung bescheinigt werden.

13.6.3 Uvulo-Palato-Pharyngo-Plastik (UPPP)

Hierbei handelt es sich um eine Verkürzung und Straffung des Gaumensegels. Diese Operation wird gegen das Schnarchen oder bei leichten Formen eines obstruktiven Schlafapnoesyndroms durchgeführt. Da der muskuläre Öffner der Ohrtube das Gaumensegel spannt und hebt (M. levator et tensor veli palatini), ist nach dieser Operation darauf zu achten, dass der Gaumenschluss gewährleistet ist und die Tubenfunktion ausreichend ist.

Tauchtauglichkeit Tauchtauglichkeit besteht nach UPPP bei ausreichender Mittelohrbelüftung.

Relative Kontraindikationen	Absolute Kontraindikation
– Ungenügender Mundschluss (ggf. Vollgesichtsmaske oder Helm) – Kariöser Zahnstatus	– Zustand nach Sinuslift mit Mund-Antrum-Verbindung

13.7 Kehlkopf

13.7.1 Laryngitis

Man unterscheidet die akute und chronische Laryngitis. Während es für die chronische Laryngitis viele Ursachen gibt, ist die akute Laryngitis in den meisten Fällen viraler Natur.

Gefahr besteht in der Bildung eines Stimmritzenkrampfs. Diese Gefahr ist insbesondere durch die kalte Einatemluft vergrößert. Es kann auch Hustenreiz verursacht werden. Im Rahmen einer akuten Laryngitis besteht Tauchverbot.

13.7.2 Laryngotrachealstenosen

 Laryngotrachealstenosen, z. B. Stimmbandparesen (einseitig und beidseitig), können als Folge von Operationen, Entzündungen, Tumorwachstum oder idiopathisch auftreten. Während einseitige Stimmbandparesen nur in Ausnahmefällen zu relevanten Atemwegshindernissen führen, tritt bei der beidseitigen Stimmbandparese häufig schon in Ruhe Stridor auf. Laryngotrachealstenosen zeigen ein sehr unterschiedliches klinisches Bild.

 Eine Obstruktion der Atemwege birgt die Gefahr der Lungenüberdehnung mit potenzieller Gasembolie. Zu bedenken ist insbesondere, dass während des Tauchens mit zunehmender Tauchtiefe die Atemarbeit zunimmt, da die Luft dichter wird. Aus diesem Grund sind Probanden mit messbarer Reduktion der Lungenfunktion (s. Kap. 15, Lunge) tauchuntauglich. Bei beidseitiger Stimmbandlähmung liegt aufgrund der hiermit verbundenen Strömungsbehinderung grundsätzlich ein Tauchverbot vor.

13.7.3 Tracheostomaanlage und Status nach Laryngektomie

Tracheostomaanlagen erfolgen aus unterschiedlichen Gründen, wie Langzeitbeatmung, Schluckstörungen, Tumorwachstum, Rekurrensparese, Schlafapnoesyndrom u. v. m.

Da nach einer Tracheostomaanlage ungehindert Wasser in die Lunge fließen kann, ist selbst das Schwimmen lebensgefährlich. Es besteht eine absolute Tauchuntauglichkeit.

Tauchtauglichkeit Tauchtauglichkeit besteht bei reizlosen Veränderungen im Larynxbereich, z. B. Zysten, Hyperplasien, Sängerknötchen etc.

Relative Kontraindikationen	Absolute Kontraindikationen
– Chronische Laryngitis – Einseitige Stimmbandlähmung	– Akute Laryngitis – Laryngotrachealstenose mit Beeinträchtigung der Lungenfunktion – Beidseitige Stimmbandlähmung – Tracheostomaanlage

Literatur

Adamczyk M, Appleton CM, Parell GJ, Antonelli PJ: Stapedectomy in the guinea pig. Otolaryngol Head Neck Surg 1999; 121: 581–584.

Antonelli PJ, Adamczyk M, Appleton CM, Parell GJ: Inner ear barotrauma after stapedectomy in the guinea pig. Laryngoscope 1999; 109: 1991–1995.

Backous DD, Dunford RG, Segel P, Muhlocker MC, Carter P, Hampson NB: Effects of hyperbaric exposure on the integrity of the internal components of commercially available cochlear implant systems. Otol Neurotol 2002; 23: 463–467; discussion 467.

Bellini MJ: Blindness in a diver following sinus barotrauma. J Laryngol Otol 1987; 101: 38--389.

Beutner D, Stumpf R, Preuss SF, Zahnert T, Huttenbrink KB: Impact of TORP diameter on fracture of the footplate. Laryngorhinootologie 2007; 86: 112–116.

Butler FK, Bove AA: Infraorbital hypesthesia after maxillary sinus barotrauma. Undersea Hyperb Med 1999; 26: 257–259.

House JW, Toh EH, Perez A: Diving after stapedectomy: clinical experience and recommendations. Otolaryngol Head Neck Surg 2001; 125: 356–360.

Huttenbrink KB: The mechanics of the middle-ear at static air pressures: the role of the ossicular joints, the function of the middle-ear muscles and the behaviour of stapedial prostheses. Acta Otolaryngol 1988; Suppl 451: 1–35.

Huttenbrink KB: Biomechanics of stapesplasty: a review. Otol Neurotol 2003; 24: 548–557; discussion 557–559.

Huttenbrink KB: Clinical significance of stapedioplasty biomechanics: swimming, diving, flying after stapes surgery. Adv Otorhinolaryngol 2007; 65: 146–149.

Klingmann C, Benton PJ, Ringleb PA, Knauth M: Embolic inner ear decompression illness: correlation with a right-to-left shunt. Laryngoscope 2003; 113: 1356–1361.

Klingmann C, Knauth M, Ries S, Tasman AJ: Hearing threshold in sport divers: is diving really a hazard for inner ear function? Arch Otolaryngol Head Neck Surg 2004; 130: 221–225.

Klingmann C, Praetorius M, Baumann I, Plinkert PK: Barotrauma and decompression illness of the inner ear: 46 cases during treatment and follow-up. Otol Neurotol 2007; 28: 447–454.

Klingmann C, Wallner F: Health aspects of diving in ENT medicine. Part II: Diving fitness. HNO 2004; 52: 845–847; quiz 858–859.

Kompis M, Vibert D, Senn P, Vischer MW, Hausler R: Scuba diving with cochlear implants. Ann Otol Rhinol Laryngol 2003; 112: 425–427.

Murrison AW, Smith DJ, Francis TJ, Counter RT: Maxillary sinus barotrauma with fifth cranial nerve involvement. J Laryngol Otol 1991; 105: 217–219.

Neuman T, Settle H, Beaver G, Linaweaver PG Jr: Maxillary sinus barotrauma with cranial nerve involvement: case report. Aviat Space Environ Med 1975; 46: 314–315.

Parell GJ, Becker GD: Inner ear barotrauma in scuba divers. A long-term follow-up after continued diving. Arch Otolaryngol Head Neck Surg 1993; 119: 455–457.

Parell GJ, Becker GD: Neurological consequences of scuba diving with chronic sinusitis. Laryngoscope 2000; 110: 1358–1360.

Pau HW, Huttenbrink KB: Experimental studies of static stress on the footplate in the reconstruction of the sound conduction system. Laryngol Rhinol Otol (Stuttg) 1988; 67: 331–334.

Roydhouse N: 1001 disorders of the ear, nose and sinuses in scuba divers. Can J Appl Sport Sci 1985; 10: 99–103.

Shupak A, Gil A, Nachum Z, Miller S, Gordon CR, Tal D: Inner ear decompression sickness and inner ear barotrauma in recreational divers: a long-term follow-up. Laryngoscope 2003; 113: 2141–2147.

Strutz J: Tauchtauglichkeit nach Stapesplastik? Tauchmedizin aktuell. In: Weidauer H, Klingmann C (Hrsg.): Tauchmedizin aktuell. Stuttgart: Gentner, 2004.

Uzun C: Cartilage palisade tympanoplasty, diving and eustachian tube function. Otol Neurotol 2003; 24: 350; author reply 351.

Velepic M, Bonifacic M, Manestar D, Bonifacic D: Cartilage palisade tympanoplasty and diving. Otol Neurotol 2001; 22: 430–432.

Whinney DJ, Parikh AA, Brookes GB: Barotraumatic fracture of the stapes footplate. Am J Otol 1996; 17: 697–699.

Zahnert T, Huttenbrink KB, Murbe D, Bornitz M: Experimental investigations of the use of cartilage in tympanic membrane reconstruction. Am J Otol 2000; 21: 322–328.

14 Zahnheilkunde

Gesund beginnt im Mund.

14.1 Allgemeines

Jeder Taucher sollte regelmäßig seine Zähne vom Zahnarzt kontrollieren lassen. Bei einer Tauchtauglichkeitsuntersuchung sollte vom untersuchenden Arzt der Zahnstatus orientierend erhoben werden und bei bestehenden Erkrankungen oder berichteten Problemen eine zahnärztliche Vorstellung erfolgen. Beim Zahnarzt wird das Gebiss auf Kariesfreiheit geprüft, der Zustand der Füllungen und des Zahnfleisches erhoben, eventuell vorhandener Zahnersatz auf Sitz geprüft und der Zustand der Kiefergelenke erhoben. Mit Hilfe von Röntgenbildern kann der Zustand der Füllungen beurteilt und können kariöse Stellen erkannt werden. Ein Übersichtsröntgenbild (Panorama-Aufnahme) gibt weitere Hinweise über den Zustand der Zahnwurzeln, des Kieferknochens und der Kiefergelenke.

 Bei kariösen Zähnen vor dem Tauchen zum Zahnarzt überweisen, um Komplikationen während des Tauchens zu vermeiden!

14.2 Erkrankungen

14.2.1 Karies und Füllungen

Unversorgte kariöse Defekte in Zähnen können beim Auftauchen zu Problemen führen. Die im Defekt enthaltene Luft dehnt sich beim Auftauchen auf ein Vielfaches aus und erzeugt Zahnschmerzen, im schlechtesten Fall kann der Zahn zerbrechen oder Teile des Zahns abbrechen.

Der Zahnarzt hat die Möglichkeit, bei der Untersuchung kariöse Zähne zu erkennen und mit Füllungsmaterialien die fehlende Zahnhartsubstanz zu ersetzen. Die Wahl des Füllungsmaterials ist von der Füllungsgröße, wie auch den finanziellen Möglichkeiten bestimmt. Entscheidend ist, unabhängig ob Composite, Keramik, Gold, Amalgam oder Kunststofffüllung, dass die fertige

Füllung keine Luftblasen einschließt und die Füllungsränder dicht mit dem Zahn abschließen.

 Bis zur endgültigen Sanierung der Zahnkaries sollte nicht getaucht werden. Zahnschmerzen während des Tauchens bei bestehenden Füllungen können auf einen unzureichenden Randabschluss der Füllung zum Zahn oder Karies hindeuten, so dass eine Sanierung notwendig ist. Bis zum Abschluss dieser sollte nicht getaucht werden.

Relative Kontraindikationen	Absolute Kontraindikationen
– Sanierungsbedürftiges Gebiss – Unbehandelte devitale Zähne	– Akute Beschwerden – Schadhafte Füllungen bis zur abgeschlossenen Behandlung

14.2.2 Zahnextraktion, kieferchirurgische Eingriffe

Wenn ein Zahn vom Zahnarzt entfernt werden muss, dauert es zumeist 7 bis 14 Tage, bis sich die oberste Schicht der Mundschleimhaut geschlossen hat. Solange sollten keine Tauchgänge absolviert werden. Bei größeren Eingriffen ist mit einem längeren Zeitraum zu rechnen. Der behandelnde Zahnarzt wird im jedem Fall einen individuellen Rat geben können.

Bei der Entfernung von Backenzähnen im Oberkiefer kommt es manchmal zur Eröffnung der über den Zahnwurzeln gelegenen Kieferhöhle. Der Zahnarzt verschließt während des chirurgischen Eingriffs diese Verbindung zur Mundhöhle. Die Heilung erfordert eine längere Tauchpause. Zumeist sind 3 Monate Wartezeit bis zum Tauchen einzuhalten. Eine Kontrolle des Heilungsverlaufs vor dem Tauchen ist empfehlenswert.

Ebenso sind chirurgische Eingriffe im Kieferknochen (z. B. Zysten) mit einer längeren Tauchuntauglichkeit verbunden. Abhängig von der Größe und Behandlungsform wird der behandelnde Zahnarzt eine Empfehlung abgeben können, ab wann der Tauchsport wieder ausgeübt werden kann.

Absolute Kontraindikationen
– Unkomplizierte Zahnextraktion im Oberkiefer < 14 Tage – Unkomplizierte Zahnextraktion im Unterkiefer < 7 Tage – Eingriffe mit Eröffnung der Kieferhöhle, kieferchirurgische Eingriffe: Tauchpause mindestens 3 Monate

14.2.3 Wurzelbehandlung

Eine Wurzelbehandlung kann den Erhalt des Zahns im Mund sichern. Dabei wird das Hohlraumsystem des Zahninneren gereinigt, desinfiziert und dicht, ohne Lufteinschlüsse gefüllt. Danach wird der Zahn mit Füllungsmaterialien wiederhergestellt.

Tauchtauglichkeit Tauchtauglichkeit besteht bei abgeschlossener Wurzelbehandlung.

Absolute Kontraindikationen
– Notwendige oder nicht abgeschlossene Wurzelbehandlung

14.2.4 Freiliegende Zahnhälse

Freiliegende Zahnhälse können Überempfindlichkeiten an den Zähnen erzeugen. Der Zahnarzt hat die Möglichkeit, die Oberfläche der Zahnhälse zu behandeln, um die Reizempfindlichkeit zu vermindern, oder mit einem chirurgischen Eingriff Zahnfleisch über die Zahnhälse zu legen, damit diese wieder abgedeckt sind.

Das Atmen der kalten Luft über den Lungenautomaten kann bereits sehr unangenehm sein. Durch kaltes Wasser im Mund kann es zu Beschwerden kommen.

Bei erträglichen Beschwerden ist das Tauchen nicht kontraindiziert. Besteht jedoch eine ausgeprägte Überempfindlichkeit, so sollte bis zur abgeschlossenen Behandlung nicht getaucht werden.

Tauchtauglichkeit Tauchtauglichkeit besteht bei erträglichen Beschwerden.

Absolute Kontraindikation
– Starke Beschwerden bis zur abgeschlossenen Behandlung

14.2.5 Zahnersatz

Herausnehmbarer Zahnersatz sollte immer gut sitzen. Lebenslang verändern sich die Mundschleimhaut und der Kieferknochen. Daher sollte der Prothesensitz regelmäßig vom Zahnarzt geprüft werden und ggf. der Zahnersatz „unterfüttert" werden, um einen guten Sitz der Prothese zu gewährleisten.

Um das Kippen von Prothesen zu vermeiden und ein sicheres Festhalten des Mundstücks des Atemreglers zu gewährleisten, sind für Prothesenträger individuell geformte Mundstücke, die auch die Seitenzahngebiete einbeziehen, empfehlenswert.

Absolute Kontraindikation
– Lockerer, unsicherer Sitz einer Teil- oder Vollprothese

14.2.6 Implantate

Moderne Zahnheilkunde bietet als Ersatz für verlorengegangene Zähne künstliche Zahnwurzeln – Implantate – an. Dabei wird in einem chirurgischen Eingriff ein Implantat in den Kieferknochen eingesetzt. Die Vorgangsweise erlaubt abhängig von der Situation zwar Lösungen mit sofortiger Versorgung, eine Wartezeit von mehreren Monaten ist situationsabhängig bis zur Wiederherstellung des Zahns aber einzuhalten.

Eine Tauchfähigkeit sollte in jedem Fall mit dem behandelnden Zahnarzt abgesprochen werden.

 Eine Komplikation des Heilungsprozesses durch zu frühen Tauchbeginn sollte nicht riskiert werden.

Tauchtauglichkeit Tauchtauglichkeit besteht bei
- Zahnimplantation nach Tauchpause über mindestens 3 Monate bei unkomplizierten Verläufen,
- Teilprothese: bei festem Prothesensitz,
- Vollprothese: bei sicherem Prothesensitz.

Absolute Kontraindikation
– Zeitintervall nach knochenverankerter Zahnimplantation < 3 Monate

14.2.7 Erkrankungen des Zahnfleisches und des Zahnhalteapparats: Gingivitis/Parodontitis

Ursache der Gingivitis sind Bakterien auf der Zahnoberfläche und im Zahnzwischenraum. Werden die Bakterien nicht entfernt, kommt es zuerst zu einer Zahnfleischentzündung und im weiteren Verlauf zu einer Erkrankung des ganzen Zahnhalteapparats. Eine unbehandelte chronische Gingivitis kann in eine Parodontitis übergehen. Der Verlauf ist zumeist schmerzlos und langsam. Besteht der Entzündungsprozess lange, kommt es zum Abbau des Kieferknochens und der Stützgewebe. Im fortgeschrittenen Stadium zeigen sich Zahnfleischrückgang, Zahnfleischbluten beim Zähneputzen und Lockerungen/Wanderungen der Zähne sowie Mundgeruch.

Der Zahnarzt beurteilt mit einer „parodontalen Grunduntersuchung" das persönliche Risiko und beurteilt den Zustand des Zahnhalteapparats und die Notwendigkeit einer Behandlung. In Abhängigkeit vom Schweregrad wird eine entsprechende Therapie eingeleitet, um eine Entzündungsfreiheit und Festigung der Zähne zu erzielen.

Bei bestehenden Entzündungen des Zahnfleischs kann es durch die mechanische Reizung des Mundstücks zudem zu Schmerzreaktionen und Blutungen kommen.

Bis zur abgeschlossenen Behandlung sollte nicht getaucht werden. Bei kleineren Entzündungen (z. B. Aphten), die sich nicht im Bereich des Mundstücks befinden, darf getaucht werden.

Tauchtauglichkeit Tauchtauglichkeit besteht bei kleinen Entzündungen, die durch das Mundstück nicht gereizt werden können.

Absolute Kontraindikation
– Chronische oder akute Entzündungen bis zur abgeschlossenen Behandlung

14.2.8 Kieferorthopädie

Bei festsitzenden kieferorthopädischen Apparaturen kann der Sitz des Mundstücks eingeschränkt sein. Der Sitz des Mundstücks und die Abdichtung der Lippen muss im Einzelfall geprüft werden. Ist der Sitz der „Brackets" zungenseitig/gaumenseitig, so ist kein sicherer Halt des Mundstücks gewährleistet.

Abnehmbare Schienen und Apparaturen stellen keine Einschränkung dar.

Relative Kontraindikationen	Absolute Kontraindikation
– Festsitzende kieferorthopädische – Apparatur	– Festsitzende kieferorthopädische Apparatur mit zungenseitigem/ gaumenseitigem Sitz bis zur abgeschlossenen Behandlung

Literatur

Dieler R, Shehata-Dieler WE: Temporomandibular disorders in association with scuba diving. [Medical aspects of diving in otorhinolaryngology. I. Barotrauma and decompression sickness]. Laryngorhinootologie. 2000; 79: 785–791.

Goethe WH, Bäter H, Laban C: Barodontalgia and barotrauma in the human teeth: findings in navy divers, frogmen, and submariners of the Federal Republic of Germany. Mil Med 1989; 154: 491–495.

Goossens IC, van Heerden WF: Interpretation and management of oral symptoms experienced by scuba divers. SADJ 2000; 55: 628–631.

Grant SM, Johnson F: Diver's mouth syndrome: a report of two cases and construction of custom-made regulator mouthpieces. Dent Update 1998; 25: 254–256.

Gulve MN, Gulve ND: Provisional Crown Dislodgement during Scuba Diving: A Case of Barotrauma. Case Rep Dent 2013; 2016: 749142.

Gulve MN, Gulve ND: The effect of pressure changes during simulated diving on the pull out strength of glass fiber posts. Dent Res J (Isfahan) 2013; 10: 737–743.

Hammond J: Orthodontic treatment and diving. Br J Orthod 1997; 24: 346–347.

Hobson RS: Airway efficiency during the use of SCUBA diving mouthpieces. Br J Sports Med 1996; 30: 145–147.

Hobson RS, Newton JP: Dental evaluation of scuba diving mouthpieces using a subject assessment index and radiological analysis of jaw position. Br J Sports Med 2001; 35: 84–88.

Hurst TL, Tye EA, Byrd C: Snorkel or scuba diver's denture. J Prosthet Dent 1986; 55: 597–5999.

Jagger RG, Shah CA, Weerapperuma ID, Jagger DC: The prevalence of orofacial pain and tooth fracture (odontocrexis) associated with SCUBA diving. Prim Dent Care 2009; 16: 75–78.

Jones CM, Graham J: Underwater orthodontics. Br J Orthod 1990; 17: 325–328.

Koob A, Ohlmann B, Gabbert O, Klingmann C, Rammelsberg P, Schmitter M: Temporomandibular disorders in association with scuba diving. Clin J Sport Med. 2005; 15: 359–363.

Lyons KM, Rodda JC, Hood JA: The effect of environmental pressure changes during diving on the retentive strength of different luting agents for full cast crowns. J Prosthet Dent 1997; 78: 522–5257.

Lyons KM, Rodda JC, Hood JA. **Barodontalgia:** a review, and the influence of simulated diving on microleakage and on the retention of full cast crowns. Mil Med 1999; 164: 221–227.

Peker I, Erten H, Kayaoglu G: Dental restoration dislodgment and fracture during scuba diving: a case of barotrauma. J Am Dent Assoc 2009; 140: 1118–1121.

Pretzl B, Wiedemann D, Cosgarea R, Kaltschmitt J, Kim TS, Staehle HJ, Eickholz P: Effort and costs of tooth preservation in supportive periodontal treatment in a German population. J Clin Periodontol 2009; 36: 669–676

Roberts GV: Diver's mouth syndrome: a field study. Dent Update 2000; 27: 74–77.

Scholtanus JD: [Gingiva damaged by ill-fitting scuba-diving mouthpiece]. Ned Tijdschr Tandheelkd 2003; 110: 403–405.

Taylor DM, O'Toole KS, Ryan CM: Experienced scuba divers in Australia and the United States suffer considerable injury and morbidity. Wilderness Environ Med 2003; 14: 83–88

Weiner R: Barodontalgia: caught between the clouds and the waves. J Mass Dent Soc 2002; 51: 46–49.

Zadik Y: Dental barotrauma. Int J Prosthodont 2009; 22: 354–357.

Zadik Y, Drucker S: Diving dentistry: a review of the dental implications of scuba diving. Aust Dent J 2011; 56: 265–271.

NN: Scuba diving dental risks. CDS Rev 1998; 91: 30.

15 Lungen- und Atemwegserkrankungen

Krankhafte Veränderungen von Lunge und Atemwegen können das Risiko erhöhen, einen schweren Tauchunfall (Dekompressionsunfall) zu erleiden. Dies sind insbesondere Erkrankungen, die mit einem so genannten „Air Trapping" (gefangene Luft) einhergehen. Grundsätzlich verbieten akute Erkrankungen der Lunge und Atemwege und/oder eine eingeschränkte Lungenfunktion das Tauchen. Bei bestimmten Lungen- und Atemwegserkrankungen kann das Tauchen ärztlich vertretbar sein, sofern die Erkrankung stabil und die Lungenfunktion nicht eingeschränkt ist.

15.1 Allgemeines

15.1.1 Basisuntersuchung

Im Rahmen der Tauchtauglichkeitsuntersuchung werden Brustkorb und Lunge vom Arzt untersucht. Außerdem wird eine Lungenfunktionsprüfung (Spirometrie) mit Bestimmung von Atemfluss- und Volumenwerten durchgeführt: die Vitalkapazität VC (maximales ein- und ausatembares Lungenvolumen), die forcierte Vitalkapazität (FVC) (maximal forcierte Ausatmung nach maximaler Einatmung) und die Einsekundenkapazität (FEV_1) (das Lungenvolumen, das bei forcierter Ausatmung in der ersten Sekunde ausgeatmet werden kann).

Die Messung sollte entsprechend der internationalen Empfehlungen zur Durchführung und Interpretation von Lungenfunktionsprüfungen erfolgen (Miller et al. 2005; Pellegrino et al. 2005).

Tauchtauglichkeit Für eine Tauchtauglichkeit sollten die folgenden gemessenen Werte mindestens erreicht werden:
- Einsekundenkapazität FEV_1 80% des Sollwerts
- Forcierte Vitalkapazität FVC   80% des Sollwerts
- Spitzenfluss PEF   80% des Sollwerts
- Quotient FEV_1/FVC   0,7 (Quotient der Messwerte)

15.1.2 Weitergehende Untersuchungen

Werden die oben genannten Mindestwerte in der „kleinen" Lungenfunktionsuntersuchung (Spirometrie) nicht erreicht, so sind die Werte durch eine Ganzkörperplethysmographie (Bodyplethysmographie) zu bestimmen. Diese Werte sind dann für die Beurteilung der Tauchtauglichkeit und die Kontraindikationen heranzuziehen.

Wenn aktuelle Beschwerden (z. B. Husten, Auswurf, Luftnot, Schmerzen) bestehen oder eine Erkrankung oder eine Verletzung von Lunge und Atemwegen bestanden hat oder besteht, kann eine weitergehende lungenfachärztliche Abklärung notwendig sein.

Eine Röntgenuntersuchung des Thorax wird nicht als obligat empfohlen. Wenn in der Vorgeschichte Verletzungen/Erkrankungen/Entzündungen des Brustkorbs, der Lunge oder des Rippenfells angegeben werden, kann es aber im Rahmen der Erstuntersuchung zur Tauchtauglichkeit sinnvoll sein.

Selbstkontrolle der Lungenfunktion mit Peak-Flow-Meter: Patienten mit Asthma, die tauchen, sollten ihre aktuelle Lungenfunktion regelmäßig, d. h. mindestens zweimal täglich, mit einem Peak-Flow-Meter durchführen. Dieses einfache Gerät misst den Spitzenfluss bei forcierter Ausatmung. Die vor dem Tauchen gemessenen Werte des Spitzenflusses (Peak-Flow oder PEF) sollten 80 % des persönlichen Bestwertes nicht unterschreiten.

15.2 Obstruktive Lungenerkrankungen

15.2.1 Asthma bronchiale

Asthma ist eine chronische und in Anfällen auftretende Erkrankung der Atemwege, die gekennzeichnet ist von einer Entzündung der Atemwege und einer ständigen Bereitschaft, auf bestimmte Reize in der Einatemluft überempfindlich zu reagieren (bronchiale Hyperreaktivität). Dadurch schwellen die Schleimhäute an und zäher Schleim verlegt die Atemwege. Die Reizung der Bronchien durch besondere Stimuli wie beispielsweise inhalative Allergene, Anstrengung und kalte Luft kann einen Asthmaanfall auslösen. Im Asthmaanfall verkrampft sich die Muskulatur in den Atemwegen (Bronchialmuskulatur) und verengt damit die Atemwege, Schleim verstopft diese zusätzlich, Husten, Luftnot und krampfhaftes Atmen wird ausgelöst.

Entsprechend der aktuellen internationalen Empfehlungen der „Global Initiative for Asthma" (GINA) (www.ginasthma.org) wird der Schweregrad der Erkrankung über den Status der medikamentösen Therapiekontrolle anhand der Asthmasymptome definiert (GINA 2014). Dementsprechend

Tabelle 15.1: Status der Asthmakontrolle

Hatte der Patient in den letzten 4 Wochen:		Asthma gut kontrolliert	Asthma teilweise kontrolliert	Asthma nicht kontrolliert
Häufiger als 2-mal/Woche Symptome tagsüber	Ja O Nein O			
Jemals nächtliches Aufwachen wegen Asthma	Ja O Nein O	Keines der genannten Symptome	1 bis 2 der genannten Symptome	3 bis 4 der genannten Symptome
Häufiger als 2-mal/Woche Notwendigkeit für bronchialerweiternden Notfallspray	Ja O Nein O			
Jemals Aktivitäts-Einschränkungen wegen Asthma	Ja O Nein O			

werden kontrolliertes Asthma von teilweise kontrolliertem Asthma und unkontrolliertem Asthma unterschieden (Tabelle 15.1). Außerdem werden intermittierendes und leicht/mittelgradig/schweres persistierendes (anhaltendes) Asthma bronchiale unterschieden.

Das Problem für Asthmapatienten beim Tauchen besteht v. a. in dem erhöhten Risiko einer Lungenüberdehnung, da Asthma mit einem vermehrten „Air Trapping" einhergeht. Hierbei handelt es sich um die Gefahr, dass Luft während der Ausatmung durch Verengungen von Bronchiolen nicht in dem Maße abgeatmet werden kann wie sie eingeatmet wurde; es kommt zu „gefangener Luft". Zusätzlich stellt die sehr trockene und kalte Luft aus den Tauchflaschen einen bronchialen Reiz dar, der bei entsprechender Überempfindlichkeit der Atemwege zum Asthmaanfall führen kann. Hohe Strömungsgeschwindigkeiten des Atemgases auch in den kleinen Atemwegen bewirken ihrerseits eine Einengung der Atemwege. Diese Mechanismen können durch Anstrengung bzw. Hyperventilation beim Tauchen noch verstärkt werden.

Asthmatiker werden heutzutage nicht grundsätzlich vom Tauchen ausgeschlossen. Es gibt viele Patienten, die Asthma als Kind hatten und seitdem beschwerdefrei sind. Darüber hinaus zeigen inzwischen Daten, dass Patienten mit Asthma über Jahre beschwerdefrei tauchten. Daher wird Asthma nicht mehr allgemein als absolute Kontraindikation zum Tauchen angesehen, vielmehr ist die Tauchtauglichkeit unter Berücksichtigung von Art und Schweregrad des Asthmas sehr differenziert zu bewerten.

Taucher mit Asthma sind eingehend über Asthmakontrolle und mögliche Risiken beim Tauchen aufzuklären.

Asthmakontrolle

Ausschlaggebend für die Beurteilung der Tauchtauglichkeit von Patienten mit Asthma sind die Krankheitseinsicht und die ausreichende Asthmakontrolle. Dazu gehören eine gute Selbsteinschätzung der Luftnot unter regelmäßiger (mindestens zweimal täglicher) Selbstmessung des Spitzenflusses mit einem Peak-Flow-Meter (Peak-Flow über 80 % des persönlichen Bestwerts oder Einsekundenkapazität mindestens 80 % des Sollwerts) und die geeignete Handhabung bzw. Inhalationstechnik der Medikamente. Als Prophylaxe vor dem Tauchen ist die Inhalation eines schnellwirksamen bronchialerweiternden Medikaments – z. B. eines Beta2-Rezeptoragonisten – 15 min vor Beginn eines Tauchgangs zu empfehlen.

- Patienten mit nicht kontrolliertem Asthma entsprechend der Klassifikation des Asthmaschweregrades, die den Zustand der Asthmakontrolle einbezieht (s. Tabelle 15.1) sind generell nicht tauchtauglich, weil das Tauchunfallrisiko als deutlich erhöht angesehen werden muss.
- Asthmapatienten mit deutlicher anstrengungs- oder kälteinduzierter Krankheitskomponente sollen nicht tauchen, da die Anstrengung und die Atmung kalter Luft aus den Druckluftflaschen während des Tauchgangs die Situation der Atemwege trotz Medikation verschlechtern kann, und damit ein erhöhtes Risiko für ein Lungenbarotrauma besteht.
- Nach einem schweren Asthmaanfall sollten sich die Lungenfunktion bzw. die morgens und abends gemessenen Peak-Flow-Werte für 2 Wochen wieder im Normbereich (größer 80 % des persönlichen Bestwerts) stabilisiert haben, bevor wieder getaucht wird.
- Schwierig ist die Beurteilung für Patienten mit nur teilweise kontrolliertem Asthma: Prinzipiell ist ihnen vom Tauchen abzuraten. Wird dennoch getaucht, so ist eine Voraussetzung, dass der vor dem Tauchgang gemessene Peak-Flow über 80 % vom Bestwert liegt und etwa 15 Minuten vor Beginn des Tauchgangs ein bronchialerweiterndes Medikament inhaliert wurde (gute Asthmakontrolle). Anstrengungen (sowohl körperlicher als auch psychischer Natur) beim Tauchgang müssen unbedingt vermieden werden und die Auftauchgeschwindigkeit sollte zu jeder Zeit langsam und kontrolliert sein.
- Patienten mit gut kontrolliertem Asthma können potenziell tauchen, auch wenn sie eine dauerhafte Einnahme von Medikamenten benötigen. Voraussetzung ist, dass sie unter der Medikation beschwerdefrei sind und die Lungenfunktion normal ist. Sollten trotz Medikation dennoch

Beschwerden bzw. ein Asthmaanfall auftreten, dann darf so lange nicht getaucht werden, bis sich die Lungenfunktion wieder stabilisiert hat und der Peak-Flow-Wert über 80 % des Bestwerts liegt. Über die notwendige Dauer der Stabilisierung gibt es keine sicheren Erkenntnisse; jedoch sind wenigstens 24 Stunden bis zum nächsten Tauchen abzuwarten. In diesem Zusammenhang sei nochmals darauf hingewiesen, dass Asthmapatienten vor jedem Tauchgang den Peak-Flow messen sollten.

▶ Patienten, die seit Jahren beschwerdefrei sind (z. B. Zustand nach kindlichem Asthma) können tauchen.
▶ Patienten, die nur unregelmäßig und verhältnismäßig selten Beschwerden haben (intermittierendes Asthma), können tauchen, wenn die Lungenfunktion normal ist. Es sollten jedoch pulmonologische Befunde zur Tauchtauglichkeit vorliegen.

Tauchtauglichkeit ohne Einschränkung besteht bei Zustand nach Asthma in der Kindheit mit seitdem bestehender Beschwerdefreiheit und normaler Lungenfunktion. Bei Asthmabeschwerden ist eine gute Asthmakontrolle für die Tauchtauglichkeit unerlässlich.

Relative Kontraindikationen	Absolute Kontraindikationen
– Kontrolliertes Asthma – intermittierendes Asthma – Teilweise kontrolliertes Asthma, bei stabiler Lungenfunktion	– Nicht kontrolliertes Asthma – Belastungs- und/oder kälteinduziertes Asthma – Akuter Asthmaanfall – Akute Verschlechterung (Exazerbation) des Asthmas – Teilweise kontrolliertes Asthma mit instabiler Lungenfunktion

15.2.2 Chronisch-obstruktive Lungenerkrankung (COPD)

Heutzutage werden die chronische Bronchitis und das Lungenemphysem als chronisch-obstruktive Lungenerkrankung zusammengefasst. Neben Asthma ist COPD die häufigste Lungenerkrankung unter den Bewohnern der westlichen Welt.

COPD ist eine häufige, verhinderbare und behandelbare Erkrankung, die durch eine anhaltende, üblicherweise fortschreitende Atemflusseinschränkung charakterisiert ist. Zudem besteht eine überschießende chronische Entzündung der Atemwege und des Lungenparenchyms auf toxische Partikel und Gase. Akute Verschlechterungen und Begleiterkrankungen tragen zum Schweregrad der Erkrankung bei. Risikofaktoren für COPD sind am häufigsten Tabakrauch und seltener andere inhalative Schadstoffe wie Feinstaub und Umweltverschmutzung im Innen- und Außenbereich. Bei Symptomen wie chronischem Husten, Auswurf und Atemnot und gleichzeitig bestehender Atemflussbehinderung ist an COPD zu denken.

Eine eingehende pneumologische Abklärung gemäß aktueller Leitlinien und sorgfältige Differenzialdiagnostik zu anderen kardiopulmonalen Erkrankungen ist nötig.

Mögliche Verläufe der COPD sind sehr vielfältig. Das Krankheitsbild reicht von chronischem Husten (einfache chronische Bronchitis) über heftige Hustenanfälle mit eitrigem Auswurf und Verengung der Atemwege infolge Muskelkrampf und übermäßiger Schleimproduktion (obstruktive chronische Bronchitis) bis zu schweren Veränderungen des Lungengewebes (Emphysem) und ebenso schweren Verlusten an Leistungsfähigkeit der Lunge. Die COPD ist gekennzeichnet durch eine andauernde Entzündung der Bronchialschleimhaut unter stark vermehrter Schleimbildung und dauerhaftem Muskelspasmus. Sie zwingt daher zu anhaltendem Husten mit mehr oder weniger starkem Auswurf. Die Krankheit entsteht langsam und schreitet mit einer irreparablen Einschränkung der Lungenfunktion fort. Auch die COPD wird in unterschiedliche Schweregrade eingeteilt, z. B. von der „Global Initiative for Chronic Obstructive Lung Disease" (GOLD; Tabelle 15.2).

Chronische Bronchitis. Die chronische Bronchitis ist definiert als Auftreten von Husten und Auswurf über mindestens drei Monate während zweier aufeinander folgender Jahre.

Tabelle 15.2: Klassifizierung der Schwere der Atem-Einschränkung bei COPD nach GOLD 2014. (Zusätzlich werden Risikofaktoren durch die jährliche Anzahl von COPD-Entgleisungen wie auch durch die subjektive Einschränkung infolge der Erkrankung definiert.)

Bei Patienten mit $FEV_1/FVC < 0{,}7$ (basierend auf FEV_1 nach bronchialerweiterndem Spray in sog. POST-Messungen)		
GOLD 1	milde COPD	$FEV_1 \geq 80\%$ der Norm
GOLD 2	mittelschwere COPD	$50\% \leq FEV_1 < 80\%$ der Norm
GOLD 3	schwere COPD	$30\% \leq FEV_1 < 50\%$ der Norm
GOLD 4	sehr schwere COPD	$FEV_1 < 30\%$ der Norm

Lungenemphysem. Beim Lungenemphysem kommt es zur Überblähung des Lungengewebes mit irreparabler Zerstörung der kleinen Lungenbläschen und einer Abnahme der Elastizität der Lunge.

Die Gefahren für Patienten mit COPD beim Tauchen bestehen in einem erhöhten Risiko für eine Lungenüberdehnung und einer verminderten Leistungsfähigkeit. Da die COPD mit einer fortschreitenden Zerstörung und einem Umbau des Lungengewebes einhergeht, sollten betroffene Patienten nicht tauchen, wenn die Lungenfunktion eingeschränkt ist.

Tauchtauglichkeit Ein bestehendes Lungenemphysem schließt eine Tauchtauglichkeit sicher aus, weil es bei Druckanstiegen in der Lunge leichter zum Lungenriss kommen kann. Auch örtlich begrenzte emphysematöse Veränderungen oder einzelne erweiterte und vergrößerte Lungenbläschen schließen eine Tauchtauglichkeit aus.

Es ist zu beachten, dass eine Einschränkung des Quotienten FEV/FVC < 0,7 insbesondere bei älteren Individuen und extremer Körpergröße zur Fehlklassifikation im Sinne einer Obstruktion führen kann (Roberts et al. 2006). In einem solchen Fall ist eine Bodyplethysmographie zu veranlassen und diese Ergebnisse für die Beurteilung der Tauchtauglichkeit heranzuziehen.

Für Patienten mit einfacher chronischer Bronchitis (ohne Einschränkung der Lungenfunktion) besteht nur eine relative Kontraindikation zum Tauchen, indem sie möglicherweise eine Überempfindlichkeit der Atemwege haben und damit ein theoretisch erhöhtes Risiko zum „Air Trapping".

Relative Kontraindikation	Absolute Kontraindikationen
– Chronische Bronchitis ohne Obstruktion	– COPD mit jeglicher Einschränkung der Lungenfunktion (FEV$_1$/FVC < 0,7) – Akute Exazerbation der COPD – Lungenemphysem

15.2.3 Akute Bronchitis

Bei der akuten Bronchitis sind die Schleimhäute der Atemwege akut entzündet, wobei die gesamten Atemwege von der Luftröhre bis zu den fein verzweigten Bronchiolen betroffen sein können. Die akute Bronchitis tritt gehäuft in der kalten Jahreszeit auf und entsteht oft in Zusammenhang mit einer Erkältung. Die ersten 2–3 Tage bestehen ein allgemeines Krankheitsgefühl,

Schnupfen und die typischen Gliederschmerzen, gefolgt von zumeist trockenem Husten. Dieser kann dann mit Auswurf einhergehen, evtl. auch mit einer Temperaturerhöhung, die bis über 39 °C reichen kann. Das Fieber kann mehrere Tage andauern. Die Menge des ausgehusteten zähen Sekrets nimmt mit Verlauf der Krankheit zu und kann sich dabei in Farbe und Beschaffenheit ändern. Zunächst ist es weißlich und schleimig, später durch weiße Blutkörperchen gelblich gefärbt. Grünlicher Farbeinschlag entsteht durch Beimengung von Eiter und kann für eine bakterielle Infektion sprechen. Bräunliche Färbung entsteht durch Blutbeimengung. Im unkomplizierten Fall heilt die akute Bronchitis wieder spontan ab, jedoch können auch Komplikationen wie eine Lungenentzündung oder eine dauerhafte Bronchitis entstehen.

Hinsichtlich des Tauchens besteht prinzipiell das Risiko der Lungenüberdehnung, da eine akute Bronchitis oft mit einer vorübergehenden Überempfindlichkeit der Atemwege einhergeht. Auch können Schleim und geschwollene Schleimhäute die Atemwege verengen und somit ein „Air Trapping" herbeiführen.

Tauchtauglichkeit Bis zur kompletten Abheilung soll nicht getaucht werden.

15.2.4 Mukoviszidose

Die Mukoviszidose (auch zystische Fibrose genannt) ist eine erbliche Stoffwechselstörung, die durch Produktion von zähem Schleim zu Schäden vor allem an Lunge und Bauchspeicheldrüse, aber auch an Leber und Hoden führt. Ursache ist ein Gendefekt, der zu einer Fehlfunktion der Membranpumpen, die normalerweise Chlorid aus den Zellen heraustransportieren, führt, mit der Folge einer Produktion zähflüssiger Sekrete. Dabei ist die Lunge besonders betroffen, deren Bronchien durch abnorm zähen Schleim eingeengt sind. Dies führt zur Verstopfung der Atemwege und zu fortschreitendem Verlust von Lungengewebe. Die Folgen sind Atemnot, Sauerstoffmangel und eine zunehmend eingeschränkte Leistungsfähigkeit. Es gibt allerdings unterschiedliche Verlaufsformen der Mukoviszidose und eine Lungenbeteiligung kann erst später auftreten.

Bronchiektasen. Hierbei handelt es sich um sackförmige Ausweitungen der Bronchien mit Veränderung des Durchmessers der Atemwege und der Lungenbläschen. Sie sind gehäuft bei Mukoviszidose vorhanden, können aber auch im Rahmen anderer Erkrankungen wie der chronischen Bronchitis und auch als einzelne Befunde vorkommen. Besonders morgens oder bei Lagewechsel im Bett kommt es zu reichlich, meist eitrigem, Auswurf und Husten. Bei röntgenologischem Nachweis derartiger Veränderungen in der Lunge darf nicht getaucht werden.

 Durch die Entzündung und vermehrte Produktion von (besonders zähem) Bronchialschleim kann es zum Sekretstau und dadurch zum Phänomen des „Air Trapping" kommen, das ein Risikofaktor für ein Lungenüberdruckbarotrauma ist. Im fortgeschrittenen Stadium kommt es auch zu einem fibrösen Umbau des Lungengewebes mit eingeschränktem Gasaustausch und Belastungsluftnot, die körperliche Anstrengungen verbieten.

Tauchtauglichkeit Eine Mukoviszidose mit Lungenbeteiligung stellt insbesondere wegen des Risikos einer Lungenüberdehnung eine absolute Kontraindikation zum Tauchen dar.

Ein röntgenologischer Nachweis von Bronchiektasen verbietet ebenfalls das Tauchen.

Bei fehlender Lungenbeteiligung und normaler Lungenfunktion kann im Einzelfall das Tauchen möglich sein, verkürzte Untersuchungsintervalle sind anzuraten.

Relative Kontraindikation	Absolute Kontraindikationen
– Mukoviszidose ohne Lungenbeteiligung mit normaler Lungenfunktion	– Mukoviszidose mit Lungenbeteiligung – Bronchiektasen

15.3 Infektiöse Lungenerkrankungen

15.3.1 Lungenentzündung/Rippenfellentzündung

Die Lungenentzündung (Pneumonie) ist eine infektiöse Entzündung des Lungengewebes. Bakterien, aber auch Viren, Pilze und Parasiten können eine Lungenentzündung hervorrufen. Die so genannte typische Lungenentzündung beginnt meistens plötzlich mit starkem Fieber und dauert bei unkompliziertem Verlauf zwei bis drei Wochen. Eine Lungenentzündung kann allerdings auch als so genannte sekundäre Pneumonie auf eine bereits vorhandene Erkrankung der Lunge folgen. Bei normalem Verlauf heilt eine Lungenentzündung in der Regel folgenlos ab.

Eine Lungenentzündung kann auch mit Beteiligung des Rippenfells einhergehen oder das Rippenfell kann entzündet sein ohne Lungenentzündung. Man unterscheidet die trockene Rippenfellentzündung (Pleuritis sicca) von der feuchten Form der Entzündung (Pleuritis exsudativa), die mit einem Pleuraerguss einhergeht.

Im akuten Stadium einer Lungen- oder Rippenfellentzündung sollte nicht getaucht werden, da durch die Entzündung von Lungengewebe und Atemwegen die Gefahr des „Air Trapping" erhöht ist und die Leistungsfähigkeit eingeschränkt ist.

Tauchtauglichkeit Nach folgenloser Abheilung einer Pneumonie kann getaucht werden.
Nach schwereren Verläufen oder Rippenfellbeteiligung empfiehlt sich die Anfertigung einer Röntgenaufnahme der Lunge, um eventuelle narbige Verwachsungen/Pleuraverklebungen auszuschließen.
Eine normale Lungenfunktion ist für die Tauchtauglichkeit Voraussetzung.

Relative Kontraindikation	Absolute Kontraindikationen
– Zustand nach Rippenfellentzündung mit diskreter narbiger Bindegewebs-/Rippenfellheilung	– Akute Lungenentzündung – Akute Rippenfellentzündung

15.3.2 Tuberkulose

Die Lungentuberkulose (Lungen-TBC) ist eine infektiöse Entzündung des Lungengewebes oder der Lymphknoten mit Tuberkulosebakterien. Die Übertragung des Erregers erfolgt meist durch Tröpfcheninfektion, wenn die Bakterien von bereits infizierten Menschen ausgehustet und verbreitet werden. Werden die Bakterien eingeatmet, besiedeln sie zumeist die Lungenbläschen des Betroffenen. Das Einatmen der Erreger bedeutet jedoch nicht, dass die Krankheit notwendigerweise auch ausbricht. Normalerweise ist das menschliche Immunsystem stark genug, um zu verhindern, dass trotz Kontakt mit den Tuberkuloseerregern die Krankheit ausbricht. Der Betroffene ist dann zwar infiziert und somit Keimträger, erkrankt aber selbst nicht – und kann auch andere Personen nicht anstecken. Im Falle einer Erkrankung kommt es jedoch zur Zerstörung von Lungengewebe, so genannte Kavernen (Hohlräume) können entstehen.

Oft sind die Beschwerden, die von einer Tuberkuloseerkrankung verursacht werden, über längere Zeit untypisch. Wenn aus einer Infektion eine aktive TBC-Erkrankung wird, kommt es zu chronischem Husten mit Auswurf, dem gelblich-grüner bis blutiger Schleim beigemengt sein kann. Dazu kommen Fieber, Schmerzen in der Brust, nächtliche Schweißausbrüche, Verlust an Appetit und Körpergewicht bis hin zum allgemeinen Kräfteverfall.

Im Rahmen der tuberkulösen Entzündung kann es zu narbigen Veränderungen des Lungengewebes und/oder des Rippen- und Lungenfells (Pleura) kommen. Diese erhöhen die Gefahr eines „Air Trapping".

Tauchtauglichkeit Im Falle einer aktiven Tuberkulose bzw. bei narbiger Abheilung mit Pleuraverklebungen, Gewebenarben oder Kavernen soll nicht getaucht werden. Nach Abschluss der medikamentösen Behandlung einer Tuberkulose kann getaucht werden, wenn die Lungenfunktion und die Röntgenuntersuchung der Lunge normal sind. Eine positive fachärztliche Stellungnahme zur Tauchtauglichkeit muss vorliegen.

Relative Kontraindikation	Absolute Kontraindikationen
– Zustand nach abgeheilter Tuberkulose ohne erkennbare Narbenbildung mit normaler Lungenfunktion	– Akute Lungentuberkulose – Tuberkulöser Pleuraerguss – Posttuberkulöse kavernöse Veränderungen des Lungengewebes

15.4 Restriktive Lungenerkrankungen

15.4.1 Sarkoidose

Die Sarkoidose ist eine chronische entzündliche Erkrankung, die auch als Morbus Boeck bezeichnet wird. Sie entsteht, wenn sich Entzündungszellen, die aus dem Immunsystem stammen, zu kleinen Zellhaufen sammeln, die man Granulome nennt. Die Sarkoidose kann alle Organe betreffen und dort Granulome bilden. Sie können zu Krankheitserscheinungen führen, müssen es aber nicht. In der Lunge sind häufig die Lymphknoten betroffen; es kann aber auch das Lungengewebe beteiligt sein mit der Folge einer Einschränkung der ventilierbaren Lungenvolumina und des Gasaustausches. Vorwiegend sind junge Erwachsene betroffen und in den meisten Fällen heilt die

Erkrankung ohne weitere Therapie spontan aus. Sie kann allerdings auch chronisch fortschreiten bis zum Stadium einer Lungenfibrose.

 So ist der Fall einer arteriellen Gasembolie (AGE) infolge Lungenüberdehnung bei einem Patienten mit Sarkoidose beschrieben worden, der entgegen ärztlichem Rat weitertauchte und nochmalig eine AGE erlitt. Bei Beteiligung des Herzens im Rahmen einer Sarkoidose kann es zu Herzrhythmusstörungen kommen, die das Risiko eines Tauchunfalls zusätzlich erhöhen können.

Tauchtauglichkeit Bei aktiver Sarkoidose der Lungen sollte wegen des Risikos einer Lungenüberdehnung nicht getaucht werden. Nach Abheilung einer Sarkoidose bzw. Nachweis der Inaktivität der Erkrankung und normaler Lungenfunktion kann getaucht werden.

15.4.2 Lungenfibrose

Als Lungenfibrose bezeichnet man den bindegewebigen Umbau mit Vernarbung von chronisch entzündetem Lungengewebe. Sie betrifft das Lungenbindegewebe und auch die feinen Wände der Lungenbläschen. Da sich die Veränderungen am Gerüst des Lungengewebes (Interstitium) abspielen, spricht man auch von einer interstitiellen Lungenfibrose. Sie kann Folge von chronischen Lungenerkrankungen, Erkrankungen anderer Ursache mit Lungenbeteiligung, Folge der Einatmung von organischen und anorganischen Stäuben (z. B. Farmerlunge nach Inhalation von Schimmelpilzen oder Asbestose nach Asbestexposition) oder nach längerer Einnahme bestimmter Medikamente sein. In einigen Fällen gibt es keine erkennbare Ursache (idiopathische Lungenfibrose).

Bei fortschreitender Krankheit steht durch die narbigen Veränderungen immer weniger funktionstüchtiges Lungengewebe für die Sauerstoffaufnahme zur Verfügung. Die Folge sind Atemstörungen, Atemnot, trockener Reizhusten und Fieber. Die Lungenfunktion zeigt eine Abnahme der Vitalkapazität und eine Gasaustauschstörung (erniedrigte Diffusionskapazität der Lunge) sowie eine verminderte Dehnbarkeit.

 Aufgrund des bindegewebigen Umbaus der Lunge mit Vernarbung chronisch entzündlichen Gewebes kommt es zu einer Veränderung der Lungenmechanik mit erhöhter Elastizität und verminderter Dehnbarkeit.

245

Eine Einschränkung der Lungendehnbarkeit ist in wissenschaftlichen Untersuchungen als Risikofaktor für ein Lungenüberdruckbarotrauma identifiziert worden. Auch kommt es zu einer Einschränkung des Gasaustauschs.

Tauchtauglichkeit Aufgrund der o. g. Risikoerhöhung sollten betroffene Patienten nicht tauchen. Bei Vorliegen einer Lungenfibrose besteht das Tauchverbot unabhängig von deren Ursache, da in Studien gezeigt werden konnte, dass eine verminderte Lungendehnbarkeit mit dem Risiko einer Lungenüberdehnung beim Tauchen einhergeht!

Relative Kontraindikationen	Absolute Kontraindikationen
– Sarkoidose der Lunge/Lymphknoten nach Abheilung und normaler Lungenfunktion – Zustand nach interstitieller Lungenentzündung nach Abheilung und normaler Lungenfunktion	– Interstitielle Lungenfibrose – Akute interstitielle Entzündung des Lungengewebes (z. B. bei exogen-allergischer Alveolitis)

15.5 Obstruktives Schlafapnoesyndrom

Das obstruktive Schlafapnoesyndrom gehört zur Gruppe der so genannten schlafbezogenen Atemstörungen und ist durch rezidivierende Verengungen (Obstruktion) bzw. Verlegungen, der oberen Atemwege während des Schlafes gekennzeichnet, die mit nachfolgenden Atempausen (Apnoen bzw. Hypopnoen) einhergehen. Diese führen zur Beeinträchtigung der Sauerstoffversorgung mit der Folge einer Weckreaktion des Körpers mit Wiedereinsetzen der Atmung (Arousal). Durch diese rezidivierenden Zyklen von Apnoen mit Weckreaktion wird die physiologische Struktur des Schlafs zerstört (Schlaffragmentierung) und die Erholungsfunktion beeinträchtigt. Leitsymptome des obstruktiven Schlafapnoesyndroms sind dementsprechend lautes, unregelmäßiges Schnarchen, Atempausen („Aussetzer"), die selbst unbemerkt bleiben, sowie ausgeprägte Tagesmüdigkeit und -schläfrigkeit. Die genauen Ursachen sind unbekannt; es wird eine vererbte Schwäche der Rachenmuskulatur angenommen. Im Schlaf verlegen die schlaffen Rachenmuskeln die Atemwege und es kommt zu den typischen Atempausen. Zu den Risikofaktoren gehören Übergewicht, männliches Geschlecht, Alkoholkonsum, Rauchen und vergrößerte Mandeln.

15 Lungen- und Atemwegserkrankungen

Menschen mit einer obstruktiven Schlafapnoe haben ein deutlich erhöhtes Unfallrisiko, häufiger Bluthochdruck und ein höheres Risiko, einen Herzinfarkt, einen Schlaganfall sowie Herzrhythmusstörungen zu erleiden.

 Ausgeprägte Konzentrationsschwäche und Müdigkeit können die Sicherheit beim Tauchen gefährden. Diese Symptome bessern sich unter Therapie (nasale kontinuierliche Überdruckbeatmung) allerdings meist deutlich. Die eigentlichen Gefahren für das Tauchen sind mit den oftmals bestehenden Begleiterkrankungen verbunden: Eine extreme Adipositas und bestehende Herz-/Kreislauferkrankungen schränken die Fitness ein und beeinträchtigen dadurch die Tauchsicherheit.

Tauchtauglichkeit Bei Vorliegen entsprechender Folge- bzw. Begleiterkrankungen soll nicht getaucht werden. Das obstruktive Schlafapnoesyndrom ist per se keine Kontraindikation zum Tauchen. Bei gut eingestellter Symptomatik und fehlenden Folge- bzw. Begleiterkrankungen darf bei Erfüllung der allgemeinen Tauchtauglichkeitskriterien getaucht werden.

15.6 Verletzungen/Anomalien der Lunge

15.6.1 Pneumothorax

Als Pneumothorax bezeichnet man die Ansammlung von Luft in dem anatomischen Raum zwischen dem Lungen- und Rippenfell, auch Pleuraspalt genannt, der normalerweise luftleer ist. Ursache ist die Verletzung eines der beiden Pleurablätter, durch die es entweder zur Aufhebung des normalerweise herrschenden Unterdrucks im Pleuraraum oder sogar zum Überdruck (Spannungspneumothorax) kommt. Die Folge ist ein teilweiser oder kompletter Kollaps (Zusammenfallen) des betroffenen Lungenflügels, weil der Unterdruck im Pleuraspalt im Normalfall dafür sorgt, dass das elastische Lungengewebe ausgedehnt bleibt.

Der idiopathische (keine offensichtliche oder bekannte Ursache) Spontanpneumothorax (auch primärer Pneumothorax genannt) tritt ohne erkennbare Lungen- oder Bronchialerkrankung auf. Demgegenüber tritt ein sekundärer Pneumothorax als Folge einer Lungenerkrankung oder -verletzung auf.

 Der Pneumothorax stellt ein Risiko während des Tauchens dar, weil sich die Luft im Pleuraspalt während des Aufstiegs entsprechend dem Boyle-Mariotte-Gasgesetz ausdehnt und somit zu einem Spannungspneumothorax führen kann. Problematisch sind nach Pleurektomie (operative künstliche Entfernung von Lungen- und Rippenfell) das (Rest-)Risiko eines Mediastinalemphysems bzw. einer AGE beim Tauchen mit derartigen Veränderungen und ein erhöhtes Risiko durch den operativen Eingriff selbst.

Tauchtauglichkeit Patienten, die einen Spontanpneumothorax erlitten haben, sollten nicht tauchen, da eine relativ große Wahrscheinlichkeit des Wiederauftretens besteht und die wahrscheinliche Ursache in kleinsten Veränderungen des Lungengewebes liegt (z. B. kleine Emphysemblasen). Aufgrund des theoretisch erhöhten Risikos einer Lungenüberdehnung bei Vorgeschichte eines Pneumothorax sollte Tauchanfängern in jedem Fall vom Tauchen abgeraten werden.

Einige Experten sehen eine Tauchtauglichkeit dann als gegeben, wenn eine Pleurektomie durchgeführt wurde und die (HR-)Computertomographie der Lunge 1 Jahr später einen normalen Befund erbringt.

Das Tauchen ist nach einem sekundären Pneumothorax (z. B. infolge eines Unfalls) möglich, wenn die Lungenfunktion und die (HR-)Computertomographie der Lunge nach 1 Jahr einen Normalbefund zeigen.

15.6.2 Zustand nach Operationen im Brustkorb/an der Lunge

Operative Eingriffe am Brustkorb können aus vielerlei Gründen und in unterschiedlicher Weise stattfinden. Problematisch ist die Tauchtauglichkeit insbesondere dann zu sehen, wenn die Lunge bzw. das Lungenfell verletzt wurden, da hierbei die Gefahr einer Bildung von Lungengewebsnarben oder Pleuranarben besteht und damit das Risiko für ein „Air Trapping" erhöht wird. Die Tauchunfallstatistiken zeigen, dass sich unter den Unfällen mit AGE infolge Lungenüberdehnung gehäuft Fälle mit einer Vorgeschichte von Lungenoperationen finden.

Ein Sonderfall ist die komplette Entfernung einer Lunge (z. B. nach Tumorresektion), die Pneumektomie. Es liegt ein Fallbericht vor der zeigt dass Tauchen nach Pneumektomie möglich ist (Robinon u. Rolfe 1996); prinzipiell ist im Einzelfall unter Betrachtung der Leistungsfähigkeit und des Risikos der verbleibenden Lunge, einen Pneumothorax zu erleiden, zu entscheiden, ob Tauchen ärztlich vertretbar ist.

Schwierig ist die Entscheidung bei chirurgischer Entfernung von einzelnen Emphysemblasen. Dies ist endoskopisch möglich, d. h. dass über ein optisches Instrument, das in örtlicher Betäubung in den Raum zwischen

Lungen- und Rippenfell eingeführt wird (Thorakoskopie), ein „krankes" Stück Lunge herausgeschnitten wird. Wenn dies ohne größere Gewebeverletzung und Narbenbildung abheilt, so ist denkbar, dass das Risiko für einen Tauchunfall nicht erhöht ist.

Tauchtauglichkeit Nach Operationen im Brustkorb bzw. an der Lunge ist eine normale Lungenfunktion (Ganzkörperplethysmographie) sowie eine unauffällige HR-Computertomographie der Lunge Voraussetzung. Diese Befunde sind in einem solchen Fall unbedingt zur Bewertung der Tauchtauglichkeit erforderlich.

Das Risiko kann erst nach diesen weiterführenden Untersuchungen im Einzelfall bewertet werden. Ergeben sich hieraus keine Hinweise für größere Pleura- oder Gewebenarben, so kann prinzipiell nach 1 Jahr getaucht werden.

15.6.3 Zustand nach Lungenüberdehnung

Es ist nicht immer möglich, eine Lungenüberdehnung infolge eines Tauchunfalls als solche sicher festzustellen, da oftmals nur die Symptomatik und ihr zeitliches Auftreten Hinweise auf eine arterielle Gasembolie liefern und krankhafte Befunde z. B. in der Röntgenuntersuchung oder sogar der Computertomographie der Lunge nicht nachzuweisen sind. In solchen Fällen ist die Beurteilung schwierig und es gibt Experten, die eine Tauchtauglichkeit dann für möglich halten, wenn die Lungenfunktion und die Computertomographie Normalbefunde ergeben.

Eine gewisse Risikoerhöhung ist hier aber nicht auszuschließen, da es denkbare morphologische Veränderungen der Lunge gibt, die unterhalb der Auflösungskraft der Computertomographie liegen und somit nicht erfasst werden.

Tauchtauglichkeit Nachweisbare Befunde, beispielsweise der Nachweis von Bullae in der Computertomographie der Lunge, führen zur Tauchuntauglichkeit (Tetzlaff u. Thorsen 2005): In diesen Fällen sollte in keinem Falle mehr getaucht werden!

15.6.4 Lungenanomalien

> Anatomische Anomalien des Brustkorbs oder der Lunge sind relativ selten und sollten im Einzelfall hinsichtlich einer Tauchtauglichkeit bewertet werden. Ein deutlich erhöhtes Risiko, ein Lungenbarotrauma zu erleiden, besteht bei so genannten Bullae (Blasen) oder zystischen Hohlräumen. Hierunter versteht man irreversible Erweiterungen der Hohlräume terminaler Bronchiolen bzw. von Alveolen. Die Lungenfunktion kann bei Vorliegen solcher Veränderungen noch normal sein.
>
> Bronchiektasen sind angeborene oder erworbene Erweiterungen der Bronchien. Ihr Vorhandensein geht oft mit chronischem Husten und Auswurf, zum Teil auch mit Fieber und Schwäche, einher. Sie sind eine typische Veränderung im Rahmen der Mukoviszidose (s. dort); können aber auch unabhängig davon in den Lungen auftreten.

Relative Kontraindikationen	Absolute Kontraindikationen
– Sekundärer Pneumothorax bei unauffälligem Thorax-CT und normaler Lungenfunktion – Zustand nach Verletzungen der Lunge ohne größere Narbenbildung und normaler Lungenfunktion – Zustand nach Pleurektomie als Pneumothorax-Rezidivprophylaxe	– Idiopathischer Spontanpneumothorax – Zustand nach nachgewiesener AGE infolge Lungenüberdehnung – Lungenzysten bzw. Bullae – Bronchiektasen – Zustand nach Pleurodese als Pneumothorax-Rezidivprophylaxe

Literatur

Miller MR et al.: Standardization of spirometry. Eur Respir J 2005; 26: 319–338.

Pellegrino R et al.: Interpretative strategies for lung function tests. Eur Respir J 2005; 26: 948–968.

Global Initiative for Asthma (GINA): Pocket Guide for Asthma Management and Prevention (for Adults and Children Older than 5 Years) – A Pocket Guide for Physicians and Nurses. Revised 2014. http://www.ginaasthma.org

Global Initiative for Chronic Obstructive Lung Disease (GOLD): Pocket Guide to COPD Diagnosis, Management, and Prevention – A Guide for Health Care Professionals. Updated 2014. http://www.goldcopd.org

American Thoracic Society: Guidelines for Methacholine and Exercise Challenge Testing – 1999. Am J Respir Crit Care Med 2000; 161: 309–329.

Roberts SD et al.: FEV_1/FVC ratio of 70 % misclassifies patients with obstruction at the extremes of age. Chest 2006; 130: 200–206.

Robinson LA, Rolfe MW: Keeling syndrome – a late complication of pneumonectomy. N Engl J Med 1996; 335: 1074.

Tetzlaff K, Thorsen E: Breathing at depth: physiologic and clinical aspects of diving while breathing compressed gas. Clin Chest Med 2005; 26: 355–380

16 Herz und Kreislauf

Herz-Kreislauf-Erkrankungen sind mit zunehmendem Alter Grund für plötzlich eintretende lebensbedrohliche Zustände. Bis zu 20% aller Todesfälle bei Tauchern sind mit Herzerkrankungen verbunden. Die steigende Anzahl älterer Taucher macht es notwendig, besondere Anforderungen an die Beurteilung der Tauchtauglichkeit zu stellen, um ein Krankheitsrisiko abschätzen zu können. Bei unerkannter Erkrankung besteht sonst die Gefahr des Auftretens bedrohlicher Herzrhythmusstörungen, v. a. des Kammerflimmerns mit plötzlichem Herztod, des akuten Linksherzversagens mit Lungenödem sowie des Auftretens von Symptomen wie Angina pectoris, die über Panik zu Zwischenfällen führen können.

Herz-Kreislauf-Erkrankungen sind die häufigste Ursache für plötzliche Todesfälle beim Sport. Bei jungen Sportlern stehen an erster Stelle unerkannte Herzmuskelerkrankungen (Kardiomyopathien), die meist über akute Herzrhythmusstörungen (Kammerflimmern) zum plötzlichen Herztod führen. Bei älteren Sportlern überwiegen koronare Durchblutungsstörungen (koronare Herzkrankheit) mit dem akuten Myokardinfarkt als bedrohlichster Komplikation. Taucher unterscheiden sich hinsichtlich dieser Risiken nicht von anderen Sportlergruppen. Die Besonderheit des Tauchens liegt in der Belastung durch Immersion, Kälte und psychischen Stress. Da diese beim Tauchen nicht sofort behandelbar sind, droht letztlich der Tod durch Ertrinken.

Unter Berücksichtigung dieser Umstände muss bei der Beurteilung der Tauchtauglichkeit besonderes Augenmerk auf kardiovaskuläre Erkrankungen gelegt werden.

16.1 Einflüsse des Tauchens auf kardiovaskuläre Funktionen

Die Auswirkungen der Immersion bedingen über verschiedene Faktoren eine unmittelbare Beeinflussung des kardiovaskulären Systems. Allein durch das Eintauchen resultiert eine Zunahme des intrathorakalen Blutvolumens und darüber ein Anstieg des pulmonalkapillären Druckes. Die Vorhöfe werden volumenbelastet und gedehnt, wodurch Herzrhythmusstörungen induziert werden können. Bei eingeschränkter linksventrikulärer Pumpfunktion kann die Volumen- und Druckbelastung zur Dyspnoe bis hin zum Lungenödem bzw. zum kardiogenen Schock führen. Besondere Beachtung erfordert auch der Tauchreflex, der bei Tauchern, die bradykarde Herzrhythmusstörungen haben oder bradykardisierende Medikamente (z. B. Betablocker) einnehmen, einen kritischen Abfall der Herzfrequenz mit Ohnmacht auslösen kann.

Bei Kandidaten mit einer kardiovaskulären Anamnese sind die damit einhergehenden Risiken durch erweiterte Untersuchungen (insbesondere Ergometrie und Echokardiographie) einzugrenzen und bei der Beurteilung der Tauchtauglichkeit zu berücksichtigen.

Bei allen im Folgenden besprochenen Erkrankungen sind jährliche Tauchtauglichkeitsuntersuchungen auch bei Tauchern jünger als 40 Jahre empfohlen.

16.2 Abklärung

Zusätzlich zum allgemein empfohlenen Umfang der Tauchtauglichkeitsuntersuchung kann eine eingehende kardiologische Abklärung erforderlich sein. Jedenfalls ist bei kardiologischen Erkrankungen eine Stellungnahme des behandelnden Facharztes einzuholen.

Symptomlimitiertes Belastungs-EKG. Voraussetzung für eine Beurteilung ist die Ausbelastung des Tauchkandidaten auf dem Ergometer. Nur bei Erreichen der Ausbelastung, Beschwerdefreiheit und unauffälligen EKG-Kurven lautet die Beurteilung: normale Belastbarkeit (siehe auch Kap. 3, Leistungsfähigkeit).

Echokardiographie. Bei einer linksventrikulären Ejektionsfraktion von mehr als 55–60 % und Fehlen einer relevanten diastolischen Funktionsstörung lautet die Beurteilung: gute Ventrikelfunktion. Bei Vorliegen einer Herzinsuffizienz ist eine Abklärung der Grunderkrankung notwendig.

Hypertonieabklärung. Mehrfache Blutdruckmessung oder Langzeitblutdruckmessung, Diagnostik von Endorganschäden.

16.3 Herzinsuffizienz

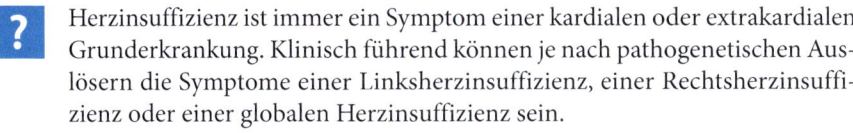

Herzinsuffizienz ist immer ein Symptom einer kardialen oder extrakardialen Grunderkrankung. Klinisch führend können je nach pathogenetischen Auslösern die Symptome einer Linksherzinsuffizienz, einer Rechtsherzinsuffizienz oder einer globalen Herzinsuffizienz sein.

Tabelle 16.1: Stadien der chronischen Herzinsuffizienz – die NYHA-Klassifikation (nach Leistungsfähigkeit). Text lt. Dt. NVL Chronische Herzinsuffizienz – in Kursivschrift: Text lt. Patientenleitlinie

Schweregrad	Beschreibung
NYHA I (*ohne Symptome*)	Herzerkrankung ohne körperliche Limitation. Alltägliche körperliche Belastung verursacht keine inadäquate Erschöpfung, Rhythmusstörungen, Luftnot oder Angina pectoris. *Die körperliche Leistungsfähigkeit ist normal. Aber die Ergebnisse medizinischer Untersuchungen belegen eine Herzschwäche. Diese Diagnose entsteht oft durch Zufall.*
NYHA II (*leicht*)	Herzerkrankung mit leichter Einschränkung der körperlichen Leistungsfähigkeit. Keine Beschwerden in Ruhe und bei geringer Anstrengung. Stärkere körperliche Belastung verursacht Erschöpfung, Rhythmusstörungen, Luftnot oder Angina pectoris, z. B. bei Bergaufgehen oder Treppensteigen. *Es besteht eine leicht eingeschränkte körperliche Leistungsfähigkeit. In Ruhepausen und auch bei geringer Anstrengung entstehen keine weiteren Beschwerden. Bei stärkeren körperlichen Anstrengungen (z. B. Bergaufgehen, Treppensteigen) entstehen Beschwerden.*
NYHA III (*mittelschwer*)	Herzerkrankung mit höhergradiger Einschränkung der körperlichen Leistungsfähigkeit bei gewohnter Tätigkeit. Keine Beschwerden in Ruhe. Geringe körperliche Belastung verursacht Erschöpfung, Rhythmusstörungen, Luftnot oder Angina pectoris, z. B. Gehen in der Ebene. *Es besteht eine eingeschränkte Leistungsfähigkeit bei Tätigkeiten im Alltag (z. B. beim Gehen in der Ebene). In Ruhepausen entstehen keine weiteren Beschwerden.*
NYHA IV (*schwer*)	Herzerkrankung mit Beschwerden bei allen körperlichen Aktivitäten und in Ruhe, Bettlägerigkeit. *Es bestehen Beschwerden bei allen körperlichen Aktivitäten und auch in Ruhephasen.*

Herzinsuffizienz führt zu einem Missverhältnis zwischen Blut- und Sauerstoffbedarf der Organe und der Pumpfunktion der Ventrikel in Ruhe oder bei Belastung. Insbesondere die linksventrikuläre Funktion kann sowohl systolisch als auch diastolisch gestört sein. Die Folgen sind eine Ventrikeldilatation, Erhöhung des Füllungsdrucks und myokardiale Remodeling-Mechanismen, meist als Myokardhypertrophie. Die Herzinsuffizienz wird unabhängig von ihrer Ätiologie in 4 Schweregrade eingeteilt, die sich anhand klinischer Befunde bestimmen lassen (Tabelle 16.1).

16 Herz und Kreislauf

Die Gefahr beim Tauchen mit eingeschränkter Pumpfunktion des Herzens liegt im Auftreten einer akuten Linksherzdekompensation (Lungenödem), Auftreten eines kardiogenen Schocks und malignen Herzrhythmusstörungen bis hin zum Kammerflimmern mit der Folge des plötzlichen Herztods. Eine akute Linksherzinsuffizienz kann durch die Immersion ausgelöst werden: Zunahme der Vorlast des linken Ventrikels, vermehrte Lungendurchblutung (thorakales Blood Pooling), Nachlasterhöhung durch periphere Vasokonstriktion, körperliche Überanstrengung (erhöhte Atemarbeit bei höherer Atemgasdichte) beim Tauchen, hypertone Krise, tachykarde oder bradykarde Herzrhythmusstörungen (Tauchreflex).

Relative Kontraindikation	Absolute Kontraindikationen
– Herzinsuffizienz NYHA I	– Symptomatische Herzinsuffizienz (NYHA II–IV) – Leistungsfähigkeit weniger als 100 % (siehe Kap. 3, Leistungsfähigkeit)

16.4 Arterielle Hypertonie

Als arterielle Hypertonie wird eine Erhöhung des systolischen und/oder diastolischen Blutdrucks im großen Kreislauf über festgelegte Normalwerte entsprechend der aktuellen Behandlungsleitlinien bezeichnet. Erhöhte Blutdruckwerte gehen mit einem gesteigerten Risiko für Erkrankung und Tod durch Schlaganfall, Herzinfarkt, Herzinsuffizienz und Nierenversagen einher.

Bei Vorliegen erhöhter Blutdruckwerte vor allem bei jüngeren Kandidaten ist die Ursache abzuklären, ob es sich um eine essentielle Hypertonie oder eine sekundäre Hypertonie handelt. Eine Tauchtauglichkeit besteht erst dann, wenn die Blutdruckwerte normalisiert sind.

Die Hypertonie wird nach der Höhe der gemessenen systolischen und diastolischen Blutdruckwerte einem Schweregrad zugeordnet, der aber keine Aussagen über Folgeschäden (Endorganschäden) durch den Bluthochdruck zulässt. Die Diagnose arterielle Hypertonie wird immer aufgrund mehrerer Blutdruckmessungen und gegebenenfalls einer Langzeitblutdruckmessung gestellt. Die Bewertung der Blutdruckwerte ist den aktuellen Leitlinien der medizinischen Fachgesellschaften zu entnehmen.

Blutdruck-Zielwerte (Deutsche Hochdruckliga, Update 2011):
- ▶ < RR 140/90 mmHg ohne Begleiterkrankungen (Messung in Arztpraxis)
- ▶ RR 130/80 mmHg bei Niereninsuffizienz

Der Bluthochdruck geht meist ohne Beschwerden einher. Nur bei Blutdruckkrisen ist mit Kopfschmerzen, Schwindel, Nasenbluten oder Luftnot zu rechnen.

 Gefahren für den Taucher durch den Bluthochdruck ergeben sich durch das Risiko für ein Immersionslungenödem und der daraus resultierenden Atemnot und Panik.

 Bei neu entdeckter Hypertonie muss bei Behandlungsnotwendigkeit ein Zeitraum von mindestens 3 Monaten abgewartet werden, bis die Effektivität der Blutdrucksenkung beurteilt werden kann. In diesem Zeitraum ist keine Tauchtauglichkeit gegeben. Zentral wirksame Antihypertensiva sollten bei Tauchern auf eine andere Medikation umgestellt werden.

Tauchtauglichkeit besteht bei arterieller Hypertonie mit stabiler Einstellung auf die Zielwerte. Endorganschäden sind genau auf ihre Auswirkung auf das Tauchen zu beurteilen. Betablocker stellen per se keine Kontraindikation dar, die Auswirkungen auf das Tauchen sind jedoch genauestens abzuschätzen.

Relative Kontraindikation	Absolute Kontraindikationen
– Hypertonus (auch bei akzeptabler Einstellung) mit nachgewiesener linksventrikulärer diastolischer Dysfunktion (erhöhtes Risiko für Lungenödem beim Tauchen)	– Arterielle Hypertonie mit linksventrikulärer Hypertrophie – Unzureichend behandelte arterielle Hypertonie

16.5 Koronare Herzkrankheit (KHK)

Die KHK entsteht durch Einengungen der Herzkranzgefäße mit einer daraus resultierenden Minderdurchblutung des Herzmuskels unter Belastung oder auch in Ruhe, die häufig mit der Symptomatik einer Angina pectoris (Brustschmerz/Beklemmungsgefühl mit Ausstrahlung, Luftnot als Anginaäquivalent) einhergeht. Der akute Myokardinfarkt wird durch Einriss einer Ablagerung (Plaqueruptur) mit Gerinnselbildung und plötzlichem Verschluss einer Koronararterie ausgelöst.

Durch die Minderperfusion entsteht Sauerstoffmangel (Ischämie) mit eingeschränkter Pumpfunktion, die zum akuten Linksherzversagen mit Lungenödem und kardiogenem Schock führen kann. Darüber hinaus wird durch die Ischämie die Reizbildungsschwelle herabgesetzt mit der Gefahr der Entstehung von Rhythmusstörungen bis hin zum plötzlichen Herztod.

Die KHK wird durch kardiovaskuläre Risikofaktoren begünstigt: Zigarettenrauchen, Bluthochdruck, erhöhtes Cholesterin, Diabetes mellitus, Alter, Übergewicht, Vererbung und Geschlecht.

Taucher mit mehreren Risikofaktoren bedürfen einer besonderen Beachtung hinsichtlich ihrer Infarktgefährdung. Infarktgefährdung. Es sollte eine erweiterte Ischämiediagnostik nach aktuellen kardiologischen Guidelines durchgeführt werden.

Tauchtauglichkeit Bei auffälligen Beschwerden, hohem Risikoprofil und ischämieverdächtigem Ergometriebefund ist eine erweiterte Ischämiediagnostik notwendig.

Bei Verdacht auf eine KHK ist Tauchtauglichkeit erst nach erweiterter Ischämiediagnostik mit unauffälligen Befunden gegeben.

16.5.1 Stabile Angina pectoris

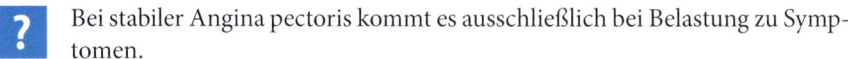

Bei stabiler Angina pectoris kommt es ausschließlich bei Belastung zu Symptomen.

Angina pectoris beim Tauchen kann Panik mit unkontrolliertem Verhalten auslösen. Die Ischämie kann einerseits zur Pumpschwäche mit Dyspnoe bis hin zum Lungenödem und andererseits zu Rhythmusstörungen bis hin zum Kammerflimmern und plötzlichen Herztod führen.

Tauchtauglichkeit besteht nach Revaskularisation (1–12 Monate nach Koronarintervention (in Abhängigkeit von der Dauer der Dualen Plättchenhemmung bzw. Tripletherapie) und 1 Jahr nach Bypassoperation) bei normaler Belastbarkeit und guter Ventrikelfunktion (s. Abschnitt 16.5.3).

Eine Medikation mit ASS und CSE-Hemmer (Cholesterinmedikation) könnte mit einer Tauchtauglichkeit vereinbar sein (siehe Kap. 2, Medikamente und Tauchen).

Absolute Kontraindikation
– Jede Form von Angina pectoris
– Positiver Ischämienachweis

16.5.2 Akutes Koronarsyndrom (Myokardinfarkt, instabile Angina pectoris)

 Das akute Koronarsyndrom (ACS) entsteht fast immer aus einem plötzlichen thrombotischen Verschluss einer Koronararterie nach Plaqueruptur bei vorbestehender koronarer Herzkrankheit (KHK). Nach wie vor verstirbt fast ein Drittel aller Patienten mit akutem Myokardinfarkt vor Einweisung in ein Krankenhaus. Bei Überleben resultiert in Abhängigkeit vom Ausmaß der Myokardnekrose eine Einschränkung der ventrikulären Pumpfunktion. Nach Herzinfarkt können Beschwerden wie Angina pectoris, körperliche Belastungseinschränkung oder auch Herzrhythmusstörungen bestehen.

 Nach einem Herzinfarkt besteht auch unter optimaler Therapie langfristig ein erhöhtes Risiko für Reinfarkt, plötzlichen Herztod und Herzinsuffizienz.

 Die Diagnostik nach einem Herzinfarkt dient dem Nachweis einer Ischämie sowie der Quantifizierung der Ventrikelfunktion. Ein routinemäßiges LZ-EKG ist wegen des geringen diagnostischen Werts bei guter Ventrikelfunktion nach ACS nicht erforderlich.

Eine nebenwirkungsarme medikamentöse Einstellung mit ASS, Betablocker, CSE-Hemmer (Cholesterinmedikation), ACE-Hemmer und Aldosteron-Antagonist könnte mit einer Tauchtauglichkeit vereinbar sein.

Tauchtauglichkeit Eine Beurteilung zur Wiederaufnahme des Tauchsports sollte frühestens ein Jahr nach erlittenem Herzinfarkt erfolgen. Der Taucher muss über ein verbleibendes erhöhtes Risiko informiert werden und ist zur besonderen Eigenverantwortlichkeit aufzufordern.

Relative Kontraindikation	Absolute Kontraindikationen
– > 1 Jahr nach ACS bei normaler Belastbarkeit und guter Ventrikelfunktion	– < 1 Jahr nach ACS – > 1 Jahr nach ACS wenn Angina pectoris, Herzinsuffizienz, reduzierte Ventrikelfunktion, behandlungsbedürftige Rhythmusstörung oder auffälliger Belastungstest besteht

16.5.3 Revaskularisation (Bypassoperation/Koronarintervention)

 Die invasiven Behandlungsmöglichkeiten der stabilen Angina pectoris und des akuten Koronarsyndroms sind die Revaskularisation als Bypassoperation oder als perkutane Koronaintervention (PCI).

Bei der Bypassoperation wird meist der Thorax (Brustkorb) eröffnet. Als Bypassmaterial werden meist körpereigene Venen und die Brustwandarterien benutzt. Es können postoperativ insbesondere nach längerem Verweilen von Pleuradrainagen Pleuraverwachsungen entstehen. Bei der perkutanen Koronarintervention erfolgt der Zugang über einen kleinen Hautschnitt mit Kathetern. Die Engstellen in den Koronararterien werden mit einem Ballon aufgedehnt und meist wird hierbei eine Gefäßstütze (Stent) eingesetzt. Restenosen entwickeln sich fast immer innerhalb der ersten 6 Monate nach Intervention.

Das Ausmaß der zugrunde liegenden koronaren Herzkrankheit und deren Folgen (Angina pectoris, Herzinsuffizienz, Herzrhythmusstörungen) bestimmen das Krankheitsbild und die Tauchtauglichkeit.

 Zusätzlich zu den o.a. Gefahren kann nach Thorakotomie bei Pleuraverschwartungen das Risiko eines Lungenbarotraumas bestehen. Bei Einnahme von Plättchenhemmern bzw. Antikoagulanzien wird ein theoretisch erhöhtes Risiko von Einblutungen im Rahmen einer DCI diskutiert.

Tauchtauglichkeit Nach Bypassoperation sollte einmalig (1 Jahr post-OP) ein Thorax-CT durchgeführt werden, um relevante Pleuraverschwartungen auszuschließen. Die nebenwirkungsarme Einnahme von ASS oder eine Duale Plättchenhemmung ohne offensichtliche Blutungsneigung (Petechien, gastrointestinale Nebenwirkungen o.Ä.) beeinträchtigen die Tauchtauglichkeit nicht (siehe Kap. 2, Medikamente).

Tauchtauglichkeit besteht nach Revaskularisation bei stabiler KHK entsprechend Abschnitt 16.5.1. Wenn bei Monotherapie oder Dualer Plättchenhemmung zur Thromboembolie-Prophylaxe ansonsten eine Tauchtauglichkeit besteht, sollte daher nach den Regeln des „low bubble diving" (s. Anhang) getaucht werden, um das Risiko einer DCI zu reduzieren.

Relative Kontraindikation	Absolute Kontraindikationen
– > 1 Jahr nach Revaskularisation bei akutem Koronarsyndrom entsprechend Abschnitt 16.5.2 bei normaler Belastbarkeit und guter Ventrikelfunktion	– 1 Jahr nach Revaskularisation bei akutem Koronarsyndrom – 1 Jahr nach Bypassoperation bzw. 1–12 Monate nach PCI bei stabiler Angina pectoris – Danach entsprechend Abschnitte 16.5.1 und 16.5.2

16.6 Herzrhythmusstörungen

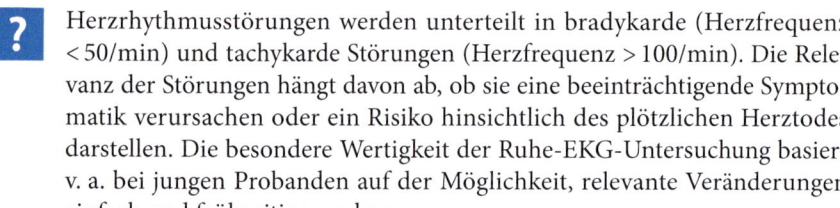 Herzrhythmusstörungen werden unterteilt in bradykarde (Herzfrequenz < 50/min) und tachykarde Störungen (Herzfrequenz > 100/min). Die Relevanz der Störungen hängt davon ab, ob sie eine beeinträchtigende Symptomatik verursachen oder ein Risiko hinsichtlich des plötzlichen Herztodes darstellen. Die besondere Wertigkeit der Ruhe-EKG-Untersuchung basiert v. a. bei jungen Probanden auf der Möglichkeit, relevante Veränderungen einfach und frühzeitig zu erkennen.

Kardiale Grunderkrankungen sind vor allem die koronare Herzkrankheit, insbesondere in Zusammenhang mit einem Myokardinfarkt, aber auch Kardiomyopathien und Myokarditiden. Extrakardiale Ursachen sind eine Elektrolytentgleisung beispielsweise bei Dehydratation, Schilddrüsenfunktionsstörungen und Medikamentennebenwirkungen. Einige Herzrhythmusstörungen treten auch ohne Grunderkrankung auf.

Herzrhythmusstörungen können vom Patienten unbemerkt bleiben, können jedoch auch schwere, hämodynamisch wirksame Einschränkungen der linksventrikulären Pumpfunktion bis hin zum Kreislaufstillstand zur Folge haben.

Abklärung: Herzrhythmusstörungen sollen auch unter Belastungssituationen erfasst und ihre Relevanz abgeschätzt werden. Ein Langzeit-EKG ist zu empfehlen. Die Indikation zur elektrophysiologischen Untersuchung ist von den Befunden abhängig zu machen. Bei tachykarden Rhythmusstörungen kann zur Klärung der ischämischen Genese zusätzlich eine Ischämiediagnostik indiziert sein.

 Gefahren beim Tauchen entstehen durch plötzlich einsetzenden Schwindel, Synkope, Leistungsabfall, Dyspnoe, Panik.

16.6.1 Bradykarde Herzrhythmusstörungen

 Je nachdem, welcher Teil des spezifischen Reizleitungssystems betroffen ist, werden die bradykarden Herzrhythmusstörungen unterteilt in:
- Sinusknotensyndrom bzw. sinuatrialer Block (Lokalisation Sinusknoten),
- AV-Block I,
- AV-Block II Typ Mobitz I (Wenckebach; Lokalisation AV-Knoten),
- AV-Block II Typ Mobitz II (Lokalisation meist infranodal/His-Bereich),
- AV-Block III (totaler AV-Block mit sekundärem oder tertiärem Kammersatzrhythmus),
- inkompletter und kompletter Schenkelblock (Lokalisation Aschoff-Tawara-Schenkel):
  - Rechtsschenkelblock (RSB),
  - linksanteriorer Hemiblock (LAH),
  - linksposteriorer Hemiblock (LPH),
  - bifaszikulärer Block (RSB/LAH bzw. RSB/LPH),
  - kompletter Linksschenkelblock,
- Vorhofflimmern mit bradyarrhythmischer Überleitung (Tachykardie-Bradykardie-Syndrom) in Zusammenhang mit langen präautomatischen Pausen,
- Zustand nach Ablation der AV-Junktion.

Tauchtauglichkeit Aus kardiologischer Sicht sind kurze SA-Blockierungen, AV-Block I und II Typ Mobitz (Wenckebach) und unifaszikuläre Blöcke, v. a. wenn unter Belastung keine höhergradigen AV-Blockierungen auftreten, als unbedenklich einzustufen.

Alle anderen genannten Störungen sind häufig als Symptom einer strukturellen Herzerkrankung zu werten und daher hinsichtlich der körperlichen Belastungsfähigkeit sowie der Behandlungsbedürftigkeit abzuklären.

Absolute Kontraindikationen
- Behandlungsbedürftige Bradykardie mit und ohne strukturelle Herzerkrankung
- Nach Schrittmacherimplantation Kontraindikation wie im Abschnitt 16.6.3

16.6.2 Tachykarde Herzrhythmusstörungen

 Je nach Entstehungsort erfolgt die Unterteilung in supraventrikuläre und ventrikuläre Tachykardien. Ursprungsort der supraventrikulären Herzrhythmusstörungen sind der Sinusknoten, die Vorhöfe, die AV-Junktion, die Pulmonalvenen sowie epikardiale Strukturen (beispielsweise der Koronarvenensinus).

Supraventrikuläre Tachykardie (Ursprungsort Vorhöfe):
- Sinustachykardie bei Trainingsmangel,
- inadäquate Sinustachykardie,
- Sinusknoten-Reentry-Tachykardie,
- ektope, atriale Tachykardie,
- Vorhofflattern vom gewöhnlichen oder ungewöhnlichen Typ,
- Tachyarrhythmia absoluta in Folge Vorhofflimmerns.

Atrioventrikuläre Tachykardien:
- AV-Knoten-Reentrytachykardie,
- AV-Reentrytachykardie (orthodrom/antidrom), permanente junktionale Reentry-Tachykardie (PJRT),
- Präexzitationssyndrome (WPW-Syndrom, Mahaim-Tachykardie).

Mit Ausnahme der AV-Knoten-Reentrytachykardie sind in den Tachykardie-Reentry-Kreis die Herzvorhöfe und Herzkammern gleichermaßen involviert. Die typische Symptomatik besteht aus anfallsartigem, plötzlich einsetzenden Herzrasen. Je nach Alter des Patienten kann die Herzfrequenz stark variieren. Bei Jugendlichen sind Herzfrequenzen > 200/min nicht ungewöhnlich. Häufig enden die Tachykardien spontan (On/off-Phänomen) oder lassen sich durch Valsalva-Manöver terminieren. Das Anfalls-EKG zeigt sehr häufig eine Tachykardie mit schmalen Kammerkomplexen ohne sichtbare P-Wellen.

Eine Präexzitation über eine antegrad leitende akzessorische Leitungsbahn (offenes WPW-Syndrom) weist typische EKG-Veränderungen auf mit einer Verkürzung der PR-Zeit und einem verbreiterten QRS-Komplex (sog. Delta-Welle).

Wenn aufgrund der Anamnese oder des EKGs der Verdacht auf eine AV-Tachykardie besteht, empfiehlt sich eine weitergehende elektrophysiologische Abklärung. Eine medikamentöse Therapie ist in den meisten Fällen wenig wirksam und für die meist jungen Patienten auch nicht als Dauerlösung geeignet.

In erfahrenen rhythmologischen Zentren kann die Ablation der zugrunde liegenden Reizleitungsstörung mit einer hohen Erfolgsrate durchgeführt werden. Rezidive sind sehr selten.

Tauchtauglichkeit besteht bei seltenen, kurzen Tachykardien ohne relevante Symptomatik mit normaler Belastbarkeit und guter Ventrikelfunktion, bei positiver fachärztlicher Stellungnahme zum Tauchen. Bei Therapie mit Digitalis, Betablocker bzw. Verapamil und Antikoagulation ist die Auswirkung der Medikamente auf das Tauchen zu beachten (siehe Kap. 2, Medikamente).

Relative Kontraindikation	Absolute Kontraindikationen
– Chronisches Vorhofflimmern mit guter Frequenzkontrolle bei normaler Belastbarkeit sofern keine einschränkende Grunderkrankung besteht – Nach erfolgreicher Behandlung abhängig von Grunderkrankung und Belastbarkeit – Präexzitationssyndrome ohne Tachykardien bei geringer antegrader Leitungskapazität (Nachweis z. B. mittels Ergometrie mit Abnahme der Präexzitation unter Belastung)	– Behandlungsbedürftige Tachykardien mit und ohne strukturelle Herzerkrankung – Präexzitationssyndrome auch ohne Tachykardien, bei hoher antegrader Leitungskapazität (Nachweis z. B. mittels Ergometrie mit Gleichbleiben oder Zunahme der Präexzitation unter Belastung)

Ventrikuläre Tachykardien (und Extrasystolie)

Komplexe ventrikuläre Herzrhythmusstörungen sind häufig Folge bzw. Ausdruck einer strukturellen Herzerkrankung, treten aber auch bei extrakardialen Erkrankungen und unter Medikamenteneinnahme auf. Ihre Bedeutung liegt in der Akzeleration zu tachykarden, anhaltenden ventrikulären Rhythmusstörungen bis hin zum plötzlichen Herztod.

Ventrikuläre Extrasystolie (monomorph, polymorph):
- ▶ VES singulär oder als Bigeminus, Trigeminus, Couplet,
- ▶ ventrikuläre Tachykardien (monomorph, polymorph),
- ▶ Bundle-Branch-Reentrytachykardien (häufig bei dilatativer Kardiomyopathie),
- ▶ sog. idiopathische ventrikuläre Tachykardien (meist mit guter Prognose),
  - ▪ VT vom Ausflusstrakttyp,
  - ▪ intrafaszikuläre ventrikuläre Tachykardien,
  - ▪ Katecholamin-sensitive VTs,
- ▶ Torsade-de-point-Tachykardien,
- ▶ Kammerflimmern.

Tauchtauglichkeit besteht bei VES bei normaler Belastbarkeit, sofern keine einschränkende Grunderkrankung besteht, bei positiver fachärztlicher Stellungnahme zum Tauchen. Auf ein erhöhtes Risiko und die notwendige Eigenverantwortlichkeit ist der Sporttaucher hinzuweisen.

Relative Kontraindikation	Absolute Kontraindikationen
– Kurze ventrikuläre Salven bei mit normaler Belastbarkeit und guter Ventrikelfunktion, die bei zunehmender Belastung in der Ergometrie abnehmen/verschwinden	– Behandlungsbedürftige ventrikuläre Herzrhythmusstörungen mit und ohne strukturelle Herzerkrankung – Erkrankungen mit erhöhtem Risiko eines plötzlichen Herztods (Brugada-Syndrom, Long-QT-Syndrom, ARVD (arrhythmogene rechtsventrikuläre Dysplasie), CPVT (catecholaminere polymorphe ventrikuläre Tachykardie), Short QT-Syndrom, ideopatisches Kammerflimmern)

16.6.3 Schrittmacher/Defibrillator (ICD)/CRT-Systeme

Eine Herzschrittmacherimplantation erfolgt bei behandlungsbedürftigen bradykarden Herzrhythmusstörungen. Ein ICD wird zur Primärprophylaxe bei erhöhtem Risiko eines plötzlichen Herztodes bzw. zur Sekundärprophylaxe bei überlebtem Herz-Kreislauf-Stillstand oder nach symptomatischer ventrikulärer Tachykardie implantiert.

Ein biventrikulärer Herzschrittmacher (CRT) wird bei schwerer Herzinsuffizienzsymptomatik, deutlich eingeschränkter Pumpfunktion und verbreitertem QRS-Komplex implantiert, meist in Kombination mit einem Defibrillator.

Gefahren gehen einerseits von der Herzrhythmusstörung selbst und andererseits von der kardialen Grunderkrankung aus. Folgen können unzureichende Belastungsfähigkeit, Schwindel oder Synkopen sein.

Schrittmacherkontrolle und kardiologische Diagnostik in Ruhe und unter Belastung zur Frage der Belastungsfähigkeit bei Patienten mit Herzschrittmacher und Beurteilung der strukturellen Herzerkrankung, die eine SM-Implantation erforderlich gemacht hat.

Abklärung der technischen Herzschrittmachermerkmale, insbesondere Kenntnis der Tiefenbegrenzung: Für die Beurteilung der Tauchtauglichkeit ist die Druckstabilität der implantierten Gerätschaften maßgeblich.

Tauchtauglichkeit Einschränkungen des Schrittmacher-Herstellers sind zu beachten, insbesondere die Tauchtiefenbegrenzung. Nur wenige Hersteller haben die Funktion ihrer Geräte unter Druck ausreichend geprüft. Im Einzelfall sollte für das Aggregat die Datenlage überprüft werden und nur bei validen Daten eine Tauchtauglichkeit überhaupt erwogen werden.

Die Kontraindikation nach Implantation biventrikulärer Systeme besteht aufgrund der zur Indikation führenden Erkrankung (Herzinsuffizienz, reduzierte Ventrikelfunktion).

Die Kontraindikation nach ICD-Implantation besteht wegen der Grunderkrankung und der Gefahr des Auftretens der Rhythmusstörung mit Synkope. Die Intervention durch Auslösung des ICD erfolgt meist erst bei beginnender hämodynamischer Wirksamkeit der ventrikulären Rhythmusstörung mit einsetzender Bewusstseinsstörung.

In der Regel ist eine deutliche Begrenzung der Tauchtiefe nach Schrittmacherimplantation notwendig, da die Gefahr von Funktionsstörungen durch eine Deformation des Schrittmachers möglich ist.

Gasgefüllte Schrittmacher (Implantation vor 1998, sehr selten) können zu Schrittmachersystemausfall führen.

Relative Kontraindikation	Absolute Kontraindikationen
– Nach Schrittmacherimplantation, wenn eine normale Belastbarkeit, keine einschränkende Grunderkrankung besteht, keine permanente Schrittmacherstimulation notwendig ist und der Schrittmacher ausreichend auf Druck geprüft ist und eine Herstellerfreigabe zum Tauchen hat	– Nach Schrittmacherimplantation, wenn durch Aggregat, Grunderkrankung oder reduzierte Belastbarkeit eine Kontraindikation besteht – Nach ICD-Implantation und/oder Implantation eines biventrikulären Systems

16.7 Shuntvitien (Vorhof- und Ventrikelseptumdefekt)

Angeborene Herzfehler (Vitien) mit Shunt (Kurzschluss zwischen kleinem und großem Kreislauf) können eine Einschränkung der Belastbarkeit in Abhängigkeit vom Ausmaß des Shuntvolumens verursachen. Darüber hinaus können sich sekundäre Organschäden, v. a. im kleinen Kreislauf entwickeln mit pulmonalarterieller Hypertonie und im Spätstadium Shuntumkehr. Vorhofseptumdefekt (ASD) und Ventrikelseptumdefekt (VSD) sind die weitaus häufigsten Shuntvitien im Erwachsenenalter und können bei kleinem Shunt auch dauerhaft ohne Symptome bleiben. Der Blutfluss kann bei Shuntvitien sowohl vom linken zum rechten Kreislauf hin als auch umgekehrt gerichtet bzw. im Lauf des Herzzyklus von wechselnder Richtung sein. Von einem mindestens partiellen Rechts-Links-Shunt kann beim Vorhofseptumdefekt und bei inkomplett korrigierten Shuntvitien ausgegangen werden.

Es kann bei großem Shunt durch Immersion eine Volumenbelastung mit zunehmender Herzinsuffizienz entstehen. Auch bei kleinem Shunt können paradoxe (gekreuzte) Embolisationen in den großen Kreislauf auftreten (arterielle Gasembolie, AGE).

Echokardiographie transthorakal und transösophageal (TEE) zum Nachweis des Shunts und Kardio-MRT bzw. Herzkatheter zur Quantifizierung.

Tauchtauglichkeit besteht bei kleinem VSD und vollständig korrigiertem ASD mit normaler Belastbarkeit und guter Ventrikelfunktion.

Absolute Kontraindikationen
- Shuntvitien, bei denen von einem Rechts-Links-Shunt ausgegangen werden kann
- Vollständig korrigierte Vitien mit reduzierter Belastbarkeit oder reduzierter Ventrikelfunktion

16.8 Persistierendes Foramen ovale (PFO)

Ein PFO entsteht aus der unvollständigen nachgeburtlichen Verschmelzung des Vorhofseptums. Pränatal dient das Foramen ovale als Kurzschlussverbindung des Lungenkreislaufs und verschließt sich normalerweise kurz nach der Geburt durch die Druckerhöhung im linken Vorhof.

Bei etwa 20–30 % der Menschen bleibt das Foramen ovale bestehen. Es kann dadurch bei Erhöhung des intrathorakalen Druckes (z. B. Valsalva-Manöver) oder auch bereits atmungsabhängig zu einem Rechts-Links-Shunt kommen. Bei PFO mit spontanem oder großem Shunt und bei PFO mit Vorhofseptumaneurysma ist das Risiko für eine AGE erhöht.

Ein PFO kann lebenslang unbemerkt bleiben und verursacht keinerlei Einschränkung der Belastbarkeit. Eine klinische Bedeutung erlangt es aber dadurch, dass bei plötzlichem Rechts-Links-Shunt eine Embolisation von Mikrothromben und bei Tauchern von Mikrogasblasen in den linken Vorhof und damit in die arterielle Strombahn erfolgen kann (AGE). Die Symptomatik ist abhängig von der Lokalisation der Embolie. Jede DCI-Symptomatik im Zusammenhang mit einem unauffälligen Tauchgangsprofil ohne Missachtung allgemein anerkannter Dekompressionsregeln muss den Verdacht auf einen funktionellen Rechts-Links-Shunt lenken.

Eine Abklärung ist mittels Dopplersonographie der hirnversorgenden Gefäße mit Injektion von Kontrastmittel zur Detektion eines Blasenübertritts in das arterielle System (bei Valsalva-Manöver) möglich. Bei positivem Befund kann ergänzend eine Abklärung durch TEE („trans-esophageal echocardiography") mit Kontrastmittel erfolgen. Hierdurch kann versucht werden, zwischen kardialen und pulmonalen Shunts zu unterscheiden. In diesem (kardiologischen) Abschnitt wird nur auf das PFO als Ursache funktioneller Rechts-Links-Shunts eingegangen.

Für andere funktionelle Rechts-Links-Shunts, z. B. in der Lunge, gelten jedoch dieselben Empfehlungen.

Alle funktionellen Rechts-Links-Shunts können zu einer AGE führen. Als Hauptursache für funktionelle Rechts-Links-Shunts findet sich ein PFO. Daneben können intrapulmonale und andere intra- und extrakardiale Shunts ursächlich sein. Durch den Übertritt von Gasblasen in das arterielle Gefäßsystem können DCI mit unterschiedlicher Ausprägung auch bei „unauffälligem" Tauchgangsprofil entstehen.

Tauchtauglichkeit
- Das statistische DCI-Risiko ist bei Tauchern mit PFO nach aktueller Literatur ca. 2- bis 3-mal höher als bei Tauchern ohne PFO. Dennoch ist ein routinemäßiges Screening auf PFO nicht indiziert, da eine DCI ein seltenes Ereignis ist.
- Das allgemeine DCI-Risiko ist nach DAN-Statistiken durch konservatives Tauchen (z. B. nach den Regeln des „low bubble diving") deutlich zu senken. Im Anhang finden sich Empfehlungen für ein „low bubble diving" zur Reduzierung des DCI-Risikos.
- Nach einer DCI ohne Verletzung der Austauchvorschriften sollte eine transthorakale Echokardiographie zum Ausschluss eines Shuntvitiums erfolgen. Ist diese Untersuchung unauffällig, sollte zu konsequentem „low bubble diving" geraten werden.

- Jeder Taucher mit bekanntem Rechts-Links-Shunt sollte auf sein erhöhtes DCI-Risiko hingewiesen und bezüglich der Empfehlungen zum „low bubble diving" beraten werden, bevor die Tauchtauglichkeit bescheinigt wird.
- Sollte bei bekanntem Rechts-Links-Shunt eine DCI trotz „low bubble diving" auftreten, wird dies unabhängig vom Schweregrad der aufgetretenen DCI derzeit als Risikokonstellation angesehen und als absolute Kontraindikation gewertet.
- Das möglicherweise reduzierte DCI-Risiko nach dem PFO-Verschluss ist gegen die Risiken durch den operativen PFO-Verschluss abzuwägen. Bei Fehlen von Symptomen durch ein PFO im alltäglichen Leben wird man sich daher häufig gegen einen Verschluss entscheiden, zumal dadurch pulmonale AV-Shunts nicht verschlossen werden. Zuverlässige Daten über DCI nach PFO-Verschluss (interventionell durch Katheterverfahren oder operativ) existieren derzeit nicht.
- Bei wiederholter DCI trotz „low bubble diving" besteht eine absolute Kontraindikation unabhängig vom Nachweis eines PFO.

Relative Kontraindikationen	Absolute Kontraindikation
- DCI bei PFO, wenn bisher nicht nach den Empfehlungen zum „low bubble diving" getaucht wurde - 3 Monate nach Verschluss des PFO ohne Residualshunt	- DCI trotz „low bubble diving" unabhängig vom Bestehen eines PFO

16.9 Klappenvitien

Beschwerden und Gefährdung sind bedingt durch die Lokalisation des meist erworbenen Herzklappenfehler (am häufigsten Aorten- und Mitralklappe) sowie die Art und den Schweregrad der Funktionsstörung (Stenose, Insuffizienz oder kombiniertes Vitium). Bei fortgeschrittenem oder akutem Klappenfehler treten Leistungseinschränkung mit Luftnot und Brustschmerz oder auch Synkopen auf.

Gefährdung besteht durch akute Dekompensation im Rahmen der immersionsbedingten Volumenbelastung mit Luftnot, Leistungseinbruch und Bewusstlosigkeit sowie durch Herzrhythmusstörungen.

Tauchtauglichkeit besteht bei Herzklappenfehlern einschließlich Mitralklappenprolaps mit normaler Belastbarkeit ohne die genannten Kriterien der absoluten Kontraindikation, bei positiver fachärztlicher Stellungnahme zum Tauchen.

Absolute Kontraindikationen
- Aorten- und Mitralstenose mit Ventrikelhypertrophie, pulmonalarterieller Hypertonie, Herzinsuffizienzsymptomatik oder Klappenöffnungsfläche < 1,5 cm².
- Aorten- und Mitralinsuffizienz mit mehr linksventrikulärer Dilatation oder Ventrikelhypertrophie

Herzklappenersatz und Klappenrekonstruktion

Behandlungsbedürftige Herzklappenerkrankungen werden bei ansonsten ausreichender Belastbarkeit fast ausschließlich operativ behandelt (biologischer oder mechanischer Klappenersatz sowie Klappenrekonstruktion). Postoperativ hängt die Belastbarkeit meist von der verbleibenden Einschränkung der Ventrikelfunktion ab.

Gefahr kann durch eine reduzierte Leistungsfähigkeit mit Luftnot bei Belastung bestehen.

Tauchtauglichkeit Nach Klappenoperation sollte einmalig ein Thorax-HR-CT durchgeführt werden, um relevante Pleuraverschwartungen ausschließen zu können.

Tauchtauglichkeit besteht 1 Jahr postoperativ bei normaler Belastbarkeit ohne die genannten Kriterien der absoluten Kontraindikation. Eine notwendige Antikoagulation kann die Tauchtauglichkeit beeinträchtigen (s. Kap. 2, Medikamente).

Absolute Kontraindikationen
- Postoperativ verbliebene oder durch Rezidiv bzw. Prothesendysfunktion bedingte reduzierte Ventrikelfunktion
- Linksventrikuläre Hypertrophie
- Linksventrikuläre Dilatation
- Pulmonalarterielle Hypertonie

16.10 Endokarditis, Myokarditis, Perikarditis

 Ursachen sind meist vorausgegangene oder bestehende bakterielle, virale, parasitäre oder Pilzinfektionen. Häufig Beteiligung mehrerer Herzstrukturen (Perimyokarditis). Myokarditiserkrankungen können mit Defektheilung in einer dilatativen Kardiomyopathie enden. Das klinische Bild wird zunächst geprägt durch die zugrunde liegende Infektion. Symptome können sein Luftnot, Brustschmerz und Palpitationen.

Gefahren stellen Herzrhythmusstörungen bis hin zum plötzlichen Herztod und die Herzinsuffizienz dar.

Tauchtauglichkeit besteht > 3 Monaten nach Abheilung bei normaler Belastbarkeit und guter Ventrikelfunktion, bei positiver fachärztlicher Stellungnahme zum Tauchen.

> **Absolute Kontraindikation**
> – < 3 Monate nach Karditis sowie bei weiterbestehender reduzierter Ventrikelfunktion

16.11 Kardiomyopathie

 Erkrankungen des Myokards (Herzwand) werden durch extrakardiale Erkrankung oder als primäre Myokarderkrankung mit den Formen hypertrophe, dilatative und restriktive Kardiomyopathie verursacht. Hierdurch kann es zu Pumpfunktionsstörungen mit Herzinsuffizienzsymptomen, Angina-pectoris-Symptomen sowie zu teilweise bedrohlichen Herzrhythmusstörungen kommen, die zur Implantation eines ICD/CRT führen können. Insbesondere die hypertrophe obstruktive Kardiomyopathie kann mit einem erhöhten Risiko für plötzlichen Herztod einhergehen.

Gefahren bestehen bei Immersion prinzipiell durch Herzinsuffizienz, Herzrhythmusstörungen, Bewusstlosigkeit und plötzlichen Herztod.

Tauchtauglichkeit Zur Abklärung wird Echokardiographie und LZ-EKG empfohlen. Bei eingeschränkter Ventrikelfunktion, Restriktion oder unklarer Hypertrophie kann eine weiterführende Diagnostik mit Herzkatheter, Kardio-MRT und eventuell Myokardbiopsie notwendig werden.

Tauchtauglichkeit besteht nur bei positiver fachärztlicher Stellungnahme zum Tauchen und Erfüllung der allgemeinen Tauchtauglichkeitskriterien.

Relative Kontraindikation	Absolute Kontraindikationen
– Dilatative Kardiomyopathie 1 Jahr nach wieder guter Ventrikelfunktion und normaler Belastbarkeit	– Hypertrophe Kardiomyopathie – Dilatative Kardiomyopathie mit reduzierter Ventrikelfunktion – Kardiomyopathie mit Herzinsuffizienzsymptomen oder ventrikulären Salven

16.12 Zustand nach Lungenembolie

Beim Auftreten einer Venenthrombose (meist der Beinvenen) kann es zur Embolie des Thrombus in die Lungenstrombahn mit Verschluss von Lungenarterien kommen. Symptome können Luftnot und Brustschmerzen sowie Palpitationen sein. Lungenembolien durch einen großen Thrombus können tödlich verlaufen. In der chronischen Phase können eine Rechtsherzbelastung (chronisches Cor pulmonale) und Einschränkung des Gasaustausches auftreten. Es kommt zu Luftnot unter Belastung und Beinödemen. Die Rechtsherzbelastung begünstigt das Auftreten von Herzrhythmusstörungen.

Gefahren bestehen durch Leistungseinschränkung.

Tauchtauglichkeit Eine auslösende Grunderkrankung muss abgeklärt sein (tiefe Venenthrombose und evtl. Blutgerinnungsstörungen). Bei auffälligen Befunden ist eine weiterführende kardiologisch-pulmonologische Diagnostik sinnvoll. Eine Antikoagulation kann die Tauchtauglichkeit beeinträchtigen (siehe Kap. 2, Medikamente).

Relative Kontraindikation	Absolute Kontraindikation
– > 6 Monate nach Lungenembolie mit normaler Belastbarkeit, unauffälliger Spirometrie und Echokardiographie	– < 6 Monate nach Lungenembolie, danach bei weiterbestehender pulmonalarterieller Hypertonie, Zeichen der Rechtsherzinsuffizienz oder reduzierter Belastbarkeit

16.13 Pulmonalarterielle Hypertonie

? Erhöhung des Blutdrucks im kleinen Kreislauf als Komplikation chronisch obstruktiver Lungenerkrankungen, rezidivierender Lungenarterienembolien, Lungenfibrosen, Vaskulitiden, Herzfehlern oder als primäre pulmonale Hypertonie ungeklärter Ursache.

 Gefahren bestehen durch Leistungseinschränkung, Dyspnoe, Rechtsherzinsuffizienz und Bewusstlosigkeit.

Tauchtauglichkeit Der Nachweis einer pulmonalarteriellen Hypertonie bedeutet immer Tauchuntauglichkeit, da es im Rahmen der Immersion zu drastischen Druckanstiegen mit unvorhergesehenen Komplikationen kommen kann.

Absolute Kontraindikation
– Pulmonalarterielle Hypertonie

16.14 Orthostatische Hypotonie

? Kreislaufregulationsstörung mit Abfall des arteriellen Blutdrucks. Dadurch kann Schwindel und Ohnmacht ausgelöst werden. Häufig bei Jugendlichen und jungen Frauen. Hypotonie kann aber auch Folge einer anderen Erkrankung sein, insbesondere bei älteren Erwachsenen. Durch Dehydratation kann die Symptomatik deutlich verschlechtert werden. Davon streng zu unterscheiden sind Synkopen, die je nach Genese zu entsprechenden Einschränkungen oder auch einer absoluten Kontraindikation führen können (s. ESC-Guidelines).

Tauchtauglichkeit Es besteht keine tauchspezifische Gefährdung. Eine medikamentöse Therapie der Hypotonie ist mit einer Tauchtauglichkeit zu vereinbaren. Dehydratation und intensive Sonneneinwirkung sind zu vermeiden.

Relative Kontraindikation
– Geringe Symptomatik ohne Synkopen mit normaler Belastbarkeit

16.15 Arterielle Verschlusskrankheit (AVK)

 Durchblutungsstörungen der Extremitätenarterien (meist im Bereich Becken/Beine, seltener auch Schulter/Arme) sind in der Regel durch Arteriosklerose bedingt und äußern sich in belastungsabhängigen Schmerzen (Claudicatio intermittens), Ruheschmerzen oder Gewebsdefekten.

> **Stadieneinteilung der AVK** (nach Fontaine)
> – Stadium I: Stenosen oder Verschlüsse ohne Beschwerden
> – Stadium IIA: Claudicatio intermittens, schmerzfreie Gehstrecke > 200 m
> – Stadium IIB: Claudicatio intermittens, schmerzfreie Gehstrecke < 200 m
> – Stadium III: Ruheschmerz
> – Stadium IV: Nekrose, Gangrän

Die Stadien III und IV sind als kritische Extremitätenischämie zu werten und erfordern fast immer eine invasive Therapie (chirurgisch oder interventionell). Dies gilt auch für das fortgeschrittene Stadium IIB sowie gelegentlich für Stadium IIA.

 Eine Gefahr besteht durch Ischämieschmerz mit Panik und eingeschränkte Leistungsfähigkeit.

Tauchtauglichkeit besteht im Stadium I, im Stadium IIA bei normaler Belastbarkeit, nach Revaskularisation (3 Monate nach chirurgischer und 1 Monat nach interventioneller Therapie), wenn Beschwerdefreiheit und normale Belastbarkeit besteht.

Abklärung im Rahmen der körperlichen Untersuchung (Pulsstatus, Fußinspektion), weitere angiologische Diagnostik mit Duplexsonographie (Lokalisation der Läsion, Karotisstenose) und kardiologische Untersuchung hinsichtlich einer KHK sind zusätzlich zum normalen Untersuchungsgang durchzuführen.

> **Absolute Kontraindikationen**
> – Stadium IIB–IV
> – Stadium IIA bei reduzierter Belastbarkeit
> – Nach Revaskularisation (3 Monate nach chirurgischer und 1 Monat nach interventioneller Therapie), wenn keine Beschwerdefreiheit erreicht ist oder weiter eine reduzierte Belastbarkeit besteht

16.16 Aortenaneurysma

Aneurysmen treten vorwiegend im Bereich der Bauchaorta auf. Hauptrisikogruppe sind > 65 jährige Raucher mit Bluthochdruck. Im Thoraxbereich treten Aneurysmen meist im Rahmen von Aortenklappenvitien bzw. bei Marfansyndrom auf. Mit Zunahme des Durchmessers steigt das Risiko einer Ruptur. Eine Indikation zur invasiven Therapie besteht meist bei einem Durchmesser von 50–55 mm.

Bei starker körperlicher Belastung, wie sie auch bei Notfallsituationen beim Tauchen auftreten kann, steigt der Blutdruck deutlich an und damit theoretisch auch das Rupturrisiko. Bei Vorliegen eines Aneurysma sollten daher starke Blutdruckanstiege vermieden werden.

Absolute Kontraindikation
 – Aneurysmen mit Durchmesser von > 40 mm thorakal und > 30 mm abdominal

16.17 Phlebothrombose

Thrombotischer Verschluss meist der tiefen Becken-Bein-Venen oder seltener auch der Schulter-Arm-Venen mit Schwellung, Schmerzen und Bewegungseinschränkung. Das Krankheitsbild wird durch die Lokalisation des thrombotischen Venenverschlusses bestimmt.

Die Gefahr besteht im Auftreten einer Lungenembolie bzw. Rezidivthrombose.

Auf eine Rezidivprophylaxe insbesondere bei längeren Flugreisen sollte geachtet werden.

Tauchtauglichkeit besteht nach Phlebothrombose im Anschluss an die o. g. Intervalle bei Beschwerdefreiheit oder geringer Schwellung der Extremität. Abklärung durch angiologische Diagnostik mit Duplexsonographie ist durchzuführen.
 Eine Antikoagulation kann die Tauchtauglichkeit beeinträchtigen (siehe Kap. 2, Medikamente). Bei Phlebothrombose nach Thoracic-outlet-Syndrom ist wegen des möglichen Rezidivrisikos durch Tragen der Ausrüstung im Einzelfall zu entscheiden.

16 Herz und Kreislauf

> **Absolute Kontraindikation**
> – < 3 Monate nach Unterschenkelvenenthrombose sowie 6 Monate nach Phlebothrombose anderer Lokalisation bzw. im Anschluss daran bei starker Schwellung der Extremität

16.18 Varikosis, chronisch-venöse Insuffizienz (CVI)

 Primäre Varikosis bzw. sekundäre Varikosis nach tiefer Venenthrombose können zur chronisch-venösen Insuffizienz (Einteilung in 3 Stadien) mit Beinödemen, trophische Hautveränderungen und Ulzera führen. Weiter sind entzündliche Veränderungen der Varizen, Hautvenen oder Lymphbahnen möglich.

 Eine tauchspezifische Gefährdung besteht nicht. Infektionen sind bei Ulzera möglich sowie Varizenblutung durch mechanische Verletzung.

Bei längeren Flugreisen (in und aus dem Tauchurlaub) sind Maßnahmen wegen des erhöhten Thromboserisikos zu treffen. Der Taucher sollte dahingehend beraten werden.

Tauchtauglichkeit besteht bei Varikosis, bei chronisch-venöser Insuffizienz Stadium I und II und bei abgeheiltem Ulcus cruris ohne massive Schwellung. Abklärung durch phlebologische Diagnostik sollte stattgefunden haben.

> **Absolute Kontraindikation**
> – Florides Ulcus cruris

Literatur

Bove AA: Fitness to dive. In: Bennett PB et al. (eds.): Physiologie and medicine of diving. Philadelphia: Saunders, 2011.
Braunwald E et al.: Heart disease. Philadelphia: Saunders, 2004.
Bundesärztekammer: Nationale Versorgungsleitlinie Chronische KHK. Dtsch Ärztebl 2006; 103(44)
Bundesärztekammer: Hypertoniebedingte Endorganschäden. Deutsches Ärzteblatt; Jg. 107 (49) 2010 http://www.aerzteblatt.de/pdf/107/49/m866.pdf

Teil II Spezialkapitel

Deutsche Gesellschaft für Kardiologie, Herz- und Kreislaufforschung e.V. (DGK): Kommentar zur 2007 ESH/ESC-Leitlinie zum Management der arteriellen Hypertonie. Kardiologe 2008; 2:108–111 http://leitlinien.dgk.org/files/2008_Kommentar_Management_arteriellen_Hypertonie.pdf

Deutsche Gesellschaft für Kardiologie, Herz- und Kreislaufforschung e.V. (DGK): Kommentar zu den Leitlinien der Europäischen Gesellschaft für Kardiologie (ESC) zur Diagnostik und Therapie des akuten Koronarsyndroms ohne persistierende ST-Streckenhebung . Kardiologe 2012; 6:283–301 http://leitlinien.dgk.org/files/2012_Kommentar_Akutes_Koronarsyndrom_ohne_ST-Streckenhebung.pdf

Deutsche Hochdruckliga: Leitlinien zur Diagnostik und Behandlung der arteriellen Hypertonie. Nieren- und Hochdruckkrankheiten 2005; 34: 481–498.

Deutsche Hochdruckliga: Update – Neue Entwicklungen in der Hochdrucktherapie: Eine Bewertung durch die Deutsche Hochdruckliga. http://www.hochdruckliga.de/tl_files/content/dhl/downloads/DHL-Leitlinien-2011.pdf

Edmonds C et al.: Diving and subaquatic medicine. Hodder Arnold, 2002.

ESC, Task Force for the Diagnosis and Management of Syncope of the European Society of Cardiology: Guidelines for the diagnosis and management of syncope (ver. 2009), European Heart Journal 2009; 30: 2631–2671.

European Society of Cardiology (ESC): Guidelines on myocardial revascularization. European Heart Journal 2011; 31, 2051–2555 http://leitlinien.dgk.org/files/2012_Kommentar_Akutes_Koronarsyndrom_ohne_ST-Streckenhebung.pdf

Klingmann C, Tetzlaff K: Moderne Tauchmedizin. Stuttgart: Gentner, 2007.

Muth C-M, Radermacher P: Kompendium der Tauchmedizin. Köln: DÄV, 2006.

Muth CM, Tetzlaff K: Tauchen und Herz – kardiologische Aspekte des Sporttauchens. Herz 2004; 29: 406–413.

Nationale VersorgungsLeitlinie Chronische Herzinsuffizienz (Dt.). Ver. 7 (2009): zuletzt geändert Aug. 2013. http://www.versorgungsleitlinien.de

PatientenLeitlinie (zur Nationale VersorgungsLeitlinie Chronische Herzinsuffizienz) (Dt.). Ver. 1 (2011). http://www.herzinsuffizienz.versorgungsleitlinien.de

Torti SR: Die Bedeutung des offenen Foramen ovale beim Tauchen – mit den Empfehlungen 2007 der Schweizerischen Gesellschaft für Unterwasser und Hyperbarmedizin. Schweiz Med Forum 2007; 7: 975–977.

Wendling J et al.: Tauchtauglichkeit Manual. GTÜM, 2001.

17 Hämatologie

Die Anämie und hämatologische maligne Grunderkrankungen gewinnen auch in der Tauchmedizin immer mehr an Bedeutung. Durch die Entwicklung neuer Therapeutika („targeted therapy" in Form von Antikörpern und „small molecules") und neuer Therapiekonzepte konnten nicht nur die Remissionsraten für einige hämatologische Erkrankungen deutlich verbessert, sondern auch die Lebensqualität der Patienten gesteigert werden.

Neben den malignen Grunderkrankungen wie den akuten Leukämien und Lymphomen spielen Anämien, aber auch benigne angeborene oder erworbene Störungen der Hämatopoese eine Rolle. Insbesondere sei hier das Augenmerk auf die Eisenmangelanämie gelegt, die häufigste Anämieform überhaupt.

17.1 Allgemeines

Klinische Studien zum Thema Tauchtauglichkeit bei hämatologischen Erkrankungen sind kaum vorhanden, so dass die Empfehlungen dieses außerordentlich komplexen Gebietes hauptsächlich auf Expertenmeinungen beruhen. Die Beurteilung der Tauchtauglichkeit eines Patienten mit einer hämatologischen Grunderkrankung kann nicht pauschal kategorisiert werden. Vielmehr muss der Status der Grunderkrankung und die bisher stattgefundene Therapie sowie das Therapieansprechen in die Beurteilung einbezogen werden. Aber auch Spätfolgen der onkologischen Therapien (z.B. Herz- und Lungenschäden nach Strahlentherapie und/oder Bleomycin) können zu einem späteren Zeitpunkt den Patienten in seiner körperlichen Leistungsfähigkeit stark beeinträchtigen.

Die Tauchtauglichkeit sollte jeweils zeitlich parallel zu den onkologischen Folgeuntersuchungen (mit den aktuellen fachärztlich-onkologischen Befunden) und in Rücksprache mit dem behandelnden Hämato-Onkologen festgestellt werden. Somit ergeben sich jeweils individuelle Abstände und gegebenenfalls erforderliche Ergänzungen für die Tauchtauglichkeitsuntersuchung.

Zur Beurteilung der Tauchtauglichkeit müssen, je nach Erkrankung und Therapie, verschiedene Einflüsse berücksichtigt werden.

17.2 Anämien

17.2.1 Anämien allgemein

Anämie ist keine eigenständige Diagnose, sondern vielmehr Symptom vieler hämatologischer, aber auch nichthämatologischer Krankheitsbilder.

Vor allem mangelnde Leistungsfähigkeit, aber auch relativer Durchblutungsmangel ist bei bestehender Anämie im Rahmen des Tauchsports problematisch. Eine unter Ruhebedingungen asymptomatische Anämie kann unter Belastung gravierende Leistungsminderung und Symptome bis zu hämodynamisch bedingten Synkopen verursachen.

Tauchtauglichkeit Nach Feststellung der Ursache können grobe Richtwerte für eine kritische Untergrenze zusammengefasst werden. Wichtig ist aber, dass vor allem die individuelle körperliche Leistungsfähigkeit beurteilt wird. Im Belastungstest müssen die Blutgase normal bleiben. So ist bei einer chronischen Anämie durch z. B. Eisenmangel der Organismus an den Hämoglobinmangel adaptiert. Bei akut auftretender Anämie als Folge von Blutungen oder Hämolysen ist jedoch keine Anpassung des Herz-Kreislauf-Systems an die verminderte Hämoglobinkonzentration gegeben und gefährdet somit den Sportler. Tauchtauglichkeit besteht bei chronischer Anämie mit normaler Leistungsfähigkeit und normalen Blutgaswerten im Belastungstest (Ergometrie).

Relative Kontraindikation	Absolute Kontraindikation
– Anämie mit eingeschränkter Leistungsfähigkeit	– Akute Anämie bis Abklärung – Jede Anämie mit Hb-Wert unter 10 g/dl ohne bekannte Ursache, ohne fachärztliche Abklärung

17.2.2 Anämien speziell

Im Folgenden werden aus Relevanzgründen die Eisenmangelanämie sowie die hämolytischen Anämien näher dargestellt.

Eisenmangelanämie

Die Eisenmangelanämie ist die häufigste Form der Anämie, verursacht typischerweise durch einen chronisch-schleichenden Blutverlust (z. B. Hypermenorrhoe, Magen-Darm-Blutung, Ernährungsgewohnheiten). Diagnostisch zeigt sich eine hypochrome, mikrozytäre Anämie mit einem MCV („mean corpuscular volume") < 85 fl. Weiterhin ist das Ferritin im Serum („Speichereisen") stark vermindert.

Tauchtauglichkeit Eine Anämie mit eingeschränkter Leistungsfähigkeit gilt als relative Kontraindikation für das Tauchen. Bei bekannter chronischer Anämie unter regelmäßiger Kontrolle und normaler Leistungsfähigkeit kann der Tauchsport ausgeübt werden.

Hämolytische Anämie

Anämien, die aufgrund eines beschleunigten Abbaus der Erythrozyten entstehen, werden als hämolytische Anämien bezeichnet. Einen groben Überblick gibt die in Tabelle 17.1 gezeigte Einteilung (s. folgende Seite).

Von Relevanz für die tauchmedizinische Beurteilung sind vor allem folgende Untergruppen:

Membrandefekte. Sphärozytose und Elliptozytose führen aufgrund der Formveränderungen bereits unter Normalbedingungen zu gehäuften hämolytischen Episoden, die aber in der Regel ohne direkten Krankheitswert sind.

Durch die verminderte osmotische Resistenz der Erythrozyten ist eine Auslösung von Hämolysen durch entsprechende Blutmilieuveränderungen auch während des Tauchgangs denkbar. In der Folge könnte das DCI-Risiko erhöht sein.

Tauchtauglichkeit Zur Beurteilung der Tauchtauglichkeit ist die Anamnese mit Häufigkeit und Ausmaß der hämolytischen Episoden von Bedeutung. Bei zurückliegenden hämolytischen Episoden unter Normalbedingungen ist das Risiko schwer abschätzbar. Dem Taucher sollte zumindest nahe gelegt werden, dass er bei Auftreten von Hämolysezeichen (Skleren-Ikterus) nicht taucht. Auf jeden Fall sollte zur Tauchtauglichkeitsbeurteilung ein aktueller Facharztbefund vorliegen.

Stoffwechseldefekte. Glukose-6-Phosphat-Dehydrogenase(G-6-PD)-Mangel ist eine Störung, die weltweit verbreitet ist und ca. 200 Millionen Menschen betrifft. Die Hämolyse wird durch Infektionen oder andere akute Erkrankungen, Medikamente (s. Kap. 2, Medikamente) oder den Genuss von Fava-Bohnen (Favismus) ausgelöst.

Tabelle 17.1: Hämolytische Anämien – Übersicht

Erblich	
Membrandefekte	– Hereditäre Sphärozytose – Elliptozytose
Angeborene Stoffwechseldefekte	– G-6-PD-Mangel – Pyruvatkinasemangel
Hämoglobindefekte	– Qualitative Anomalien (Hb-S, Hb-C)
Erworben	
Immunologische Genese	– Autoimmunhämatolytische Anämien – durch Wärmeantikörper – durch Kälteantikörper – Alloimmun
Erworbene Stoffwechseldefekte	– Lebererkrankungen (Zieve-Syndrom) – Nierenerkrankungen
Medikamentös (Malariamittel)	
Chemische und physikalische Einwirkungen	– Bleiintoxikation, Schlangengifte – Herzkunstklappen, Verbrennung
Infektionen	– Malaria, Mykoplasmen, Clostridien
Syndrome mit Erythrozytenzerfall	– Mikroangiopathisch – Thrombotisch-thrombozytopenische Purpura – Hämolytisch-Uräm. Syndrom (HUS) – Disseminierte intravaskuläre Gerinnung (DIC) – Marschhämoglobinämie – Paroxysmale nächtliche Hämoglobinurie (PNH)

Tauchtauglichkeit Für die tauchmedizinische Untersuchung ist die genaue Anamneseerhebung mit Frage nach früher beobachteter Hämoglobinurie von entscheidender Bedeutung. Der Betroffene ist prinzipiell eingeschränkt tauchtauglich. Es ist jedoch zu vermitteln, dass im Falle von Infektionen oder unter bestimmten Medikamenten sofortige Tauchuntauglichkeit besteht (entsprechender Vermerk auf Tauchattest).

Zu den Medikamenten, die tauchuntauglich machen, zählen die meisten Malariamittel (Primaquin, Fansidar, Chloroquin u. a.). Das ist für die Beratung vor der Reise von erheblicher Bedeutung. Zu beachten ist zudem die Empfindlichkeit der Glukose-6-Phosphat-Dehydrogenase-Defizienten gegenüber Acetylsalicylsäure, die im Falle eines eventuellen Dekompressionsunfalls von vielen fälschlich als Erste-Hilfe-Medikation angesehen wird (siehe Kap. 2).

Hämoglobindefekte. Bei der Thalassämie handelt es sich um eine heterogene Gruppe von genetischen Erkrankungen, die aufgrund einer verminderten Syntheserate der α- und β-Globinketten entstehen. Hauptsächlich sind Patienten aus den Ursprungsländern des Mittelmeerraums, des Nahen und des Fernen Ostens davon betroffen. Klinisch werden folgende Krankheitsbilder unterschieden: Hydrops fetalis, Thalassaemia major, Thalassaemia intermedia und Thalassaemia minor. Die intermediäre Form zeigt in ihrer Symptomatik typischerweise eine mäßige Anämie von Hb 10–12 g/dl (6,2–7,4 mmol/l). Das Hb ist zumeist nur geringgradig erniedrigt, kann jedoch bei schweren Infektionen oder während der Schwangerschaft auf 9–11 g/dl (5,6–6,8 mmol/l) abfallen. Das Blutbild zeigt hierbei charakteristischerweise eine hypochrome, mikrozytäre Konstellation.

Hämoglobinopathien sind mit einer signifikanten Häufung von pulmonaler Hypertonie vergesellschaftet. Mögliche Pathomechanismen zur Auslösung der pulmonalen Hypertonie sind Hyperzirkulation, nächtliche Hypoxämie, transfusionsbedingte Hämosiderose, Leberzirrhose und Autosplenektomie sowie rezidivierende Thrombembolien. Bei der Thalassaemia intermedia wird eine pulmonale Hypertonie in bis zu 60 % der Fälle beschrieben.

Tauchtauglichkeit Bei der Hydrops fetalis und Thalassaemia major wird sich aufgrund der Schwere des Krankheitsbildes in der Praxis sicherlich nie die Frage nach einer (abzulehnenden) Tauchtauglichkeit stellen. Bei Patienten mit der intermediären oder Minor-Form ist das Tauchen bei einem Hb-Wert von bis zu 2 g/dl (1,2 mmol/l) unter der entsprechenden Alters- und Geschlechtsnorm nur nach Rücksprache mit einem Hämatologen erlaubt. Bei bestehender Tauchtauglichkeit aus hämatologischer Sicht wird zur Beurteilung der pulmonalen Hypertonie eine jährliche echokardiographische Untersuchung empfohlen.

Die Sichelzellanämie stellt eine erbliche Anomalie der Hämoglobinsynthese dar, bei der in Position 6 der β-Kette Adenin durch Thymin ersetzt ist. Das resultierende Hb-S ist unlöslich und kristallisiert bei niedrigem Sauerstoffpartialdruck aus. Die Sichelzellen sind rigider als normale Erythrozyten und verursachen durch kapilläre Obstruktion lokale Hypoxien. Im Falle der sog. Sichelzellkrise kommt es zu schwersten morphinpflichtigen Schmerzzuständen, v. a. im abdominellen und thorakalen Bereich sowie in den Gelenken. Ausgelöst werden solche Krisen durch Kälte, Hypoxie oder Dehydratation. Im Rahmen dieser Erkrankung kommt es gehäuft zur pulmonalen Hypertonie.

Auch in warmen Tauchgebieten sind Kälte und Dehydratation typische Begleitumstände eines Tauchgangs. Entsprechend besteht bei homozygoten Trägern ein großes Risiko, dass eine Sichelzellkrise ausgelöst wird.

Tauchtauglichkeit Für homozygote Träger ist das Tauchen strikt kontraindiziert. Aber auch heterozygoten Trägern, die im Alltagsleben asymptomatisch sind und deren Blutbild unauffällig ist, bei denen es aber nach Sauerstoffabschluss in vitro zur Sichelzellverformung der Erythrozyten kommt (Sichelzelltest), sollte vom Tauchsport abgeraten werden. Bei anamnestischen Hinweisen auf eine Sichelzellanämie genügt im Regelfall ein Differenzialblutbild mit der Frage nach Target-Zellen, das durch den Sichelzelltest ergänzt werden sollte.
Bei bestehender Tauchtauglichkeit aus hämatologischer Sicht wird zur Beurteilung der pulmonalen Hypertonie eine jährliche echokardiographische Untersuchung empfohlen.

Autoimmunhämolytische Anämien. Bei der Kryoglobulinämie kommt es typischerweise zu einer IgM-vermittelten Hämolyse, die bei Abkühlen des Blutes unter 32 °C einsetzt. Ausgelöst wird die Antikörperbildung im Allgemeinen durch Infekte, unter anderem auch durch Mykoplasmeninfektionen. Die Therapie besteht in der Ausschaltung der infektiösen Genese bzw. nach Ausschluss einer solchen durch Steroidgabe.

Im Rahmen des Tauchsports kann es zu einer Auskühlung des Körpers und entsprechender Hämolyse kommen.

Tauchtauglichkeit Bis zur Normalisierung des Blutbildes besteht keine Tauchtauglichkeit. Allerdings können unter Umständen auch nach Normalisierung des Blutbildes Antikörper weiter bestehen und/oder wieder auftreten, insbesondere im Rahmen von erneuten Infektionen. Diese führen jedoch im Rahmen des Tauchsports mit entsprechender Kälteexposition nicht zu einer akuten krisenhaften Hämolyse mit akuter Leistungsverminderung. Allerdings kann es durch ausgiebiges Tauchen (z. B. im Rahmen eines Tauchurlaubs auch in warmen Gewässern) zu einer prolongiert auftretenden Hämolyse kommen. Der Taucher sollte hierüber aufgeklärt werden, ggf. nicht tauchen und sich in adäquate Behandlung begeben.

Relative Kontraindikationen	Absolute Kontraindikationen
– Membrandefekte der Erythrozyten – Glucose 6-Phosphat-Dehydrogenase-Mangel – Thalassaemia intermedia, minor – Sichelzellanämie (heterozygot) – Kryoglobulinämie mit persistierenden Antikörpern	– Akute Anämie bis Abklärung – Jede Anämie mit Hb-Wert unter 10 g/dl ohne bekannte Ursache, ohne fachärztliche Abklärung – Thalassaemia major, Hydrops fetalis – Sichelzellanämie (homozygot) – Akute Kryoglobulinämie

17.3 Hämochromatose

Die Hämochromatose ist eine als Eisenspeicherkrankheit bezeichnete Eisenüberladung des Organismus. Betroffen sind vor allem die parenchymatösen Organe. Man unterscheidet idiopathische, erythropoetische (bei Blutbildungsstörungen, die zu Hämosiderose führen) und erworbene Formen, bei der z. B. durch Polytransfusionen die Eisenspeicherkapazität überschritten wird.

Im Gegensatz zu den zumeist iatrogen verursachten Eisenüberladungen der erworbenen Form liegt bei der angeborenen idiopathischen Form eine erhöhte Eisenabsorption mit Ablagerung des Eisens in Parenchymzellen und des retikuloendotheliales System in sämtlichen Organkompartimenten vor.

Klinisch stehen bei der schweren Hämochromatose die Phänomene Bronzediabetes, Pigmentzirrhose und Herzinsuffizienz im Vordergrund. Aber auch wenn noch keine Sekundärkomplikationen durch Organbeteiligung der Hämochromatose aufgetreten sind, werden die Makrophagen durch Eiseneinlagerungen in ihrer Abwehrfunktion gestört. Somit prädestiniert die Erkrankung zur Infektion mit marinen Vibrio vulnificus. Dies sollte bei eventuell tauchassoziierten Infektzeichen bedacht werden.

Tauchtauglichkeit Zu beachten ist die erhöhte Infektanfälligkeit. Klinisch fortgeschrittene Stadien mit entsprechender Organschädigung und daraus folgenden körperlichen Einschränkungen stellen eine Kontraindikation für die Tauchtauglichkeit dar. Tauchtauglichkeit besteht bei minderschwerer klinischer Ausprägung der Hämochromatose, wenn ein aktueller hämatologischer Befund vorliegt. Die Beurteilung erfolgt nach allgemeinen Tauchtauglichkeitskriterien.

Absolute Kontraindikation
– Klinische fortgeschrittene Stadien der Hämochromatose

17.4 Myeloproliferative Erkrankungen

Unter dem Begriff des myeloproliferativen Syndroms (MPS) wird eine Gruppe von Krankheiten zusammengefasst, die durch klonale Proliferation einer oder mehrerer hämatopoetischer Zellreihen im Knochenmark, in der Leber und der Milz charakterisiert sind. Typische Erkrankungen sind die chronisch myeloische Leukämie, essentielle Thrombozythämie, Osteomyelosklerose und Polycythaemia vera. Die Polycythaemia vera stellt mit 4–6/1 000 000 die häufigste Form im deutschen Sprachraum dar. Die Erkrankungen sind eng miteinander verwandt, Mischformen respektive der Übergang in eine akute Leukämie sind beschrieben. Es kommt meist zu einer Hyperzellularität der Peripherie mit konsekutiver Überladung der zellulären Zirkulation. In vielen Fällen führt dies zu Thrombosen. Trotz Thrombozytose kann es auch zu Thrombopathien mit Blutungen kommen.

Tauchtauglichkeit Eine Tauchtauglichkeit ist ausgeschlossen.

17.5 Morbus Hodgkin

Morbus Hodgkin zählt neben der großen Gruppe der Non-Hodgkin-Lymphome zu den malignen Erkrankungen des Lymphsystem und kann sowohl Lymphknoten, aber auch extramedulläre Organe betreffen (Leber, Milz und Knochenmark). Es zeigen sich zwei Altershäufigkeitsgipfel in der Erstmanifestation: Der erste liegt im Bereich des 20.–30. Lebensjahres und der zweite jenseits des 60. Lebensjahres.

Der kurative Therapieansatz besteht aus Polychemotherapie mit gegebenenfalls folgender Bestrahlung. Im Falle eines Rezidivs kann auch eine autologe Stammzelltransplantation notwendig sein, in seltenen Fällen auch eine allogene Transplantation. Nach aggressiven, kombinierten Radio- und Chemotherapieprotokollen wird eine hohe Rate von Zweitmalignomen, insbesondere sekundären akuten Leukämien, beobachtet.

Die Patienten sind häufig eingeschränkt in ihrer Leistungsfähigkeit und beeinträchtigt durch Verdrängungssymptome aufgrund der Lymphknotenschwellungen (beispielsweise Atemwegsobstruktion bei großem Mediastinaltumor). Aber auch Organmanifestationen der Erkrankung (neurologische Störungen, pulmonaler Befall mit respiratorischer Insuffizienz, Skelettbeteiligung mit pathologischen Frakturen) und nicht zuletzt die deutlich eingeschränkte Abwehrlage mit erhöhter Infektneigung führen als akutes

Krankheitsbild zu Tauchverbot. Die Nebenwirkungen von Bleomycin und Bestrahlung auf die Lunge (Bleomycin-induzierte Pneumonitis, pulmonale Fibrose) könnten das Risiko für ein Lungenbarotrauma erhöhen.

Aufgrund der frühen und späten Therapienebenwirkungen wird nach erfolgter Behandlung mindestens jährlich ein Belastungstest zur Beurteilung der kardiopulmonalen Leistungsfähigkeit dringend empfohlen. Die möglichen interstitiellen Lungenveränderungen nach Therapie (cave Bleomycin-haltige Schemata wie ABVD) erfordern eine regelmäßige eingehende pulmologische Abklärung. Dem Taucher sollte empfohlen werden, einen max. pO_2 von 0,7 bar (= 25 m Tiefe) einzuhalten und möglichst nicht mit Nitrox zu tauchen.

Tauchtauglichkeit
- Während der Therapie sind Patienten aufgrund der Knochenmarksuppression und der damit einhergehenden erhöhten Infektneigung, der Anämie und der Thrombozytopenie bzw. der akuten Strahlentherapie-Nebenwirkungen generell nicht tauchtauglich.
- Nach erfolgreicher Therapie sind Patienten therapieabhängig als bedingt tauchtauglich einzustufen:
    - Nach autologer Stammzelltransplantation besteht für die Dauer der Akutphase der Therapie im Rahmen der Transplantation keine Tauchtauglichkeit. Nach Normalisierung des Blutbildes besteht seitens der autologen Stammzelltransplantation wieder Tauchtauglichkeit.
    - Nach allogener Stammzelltransplantation sind Patienten aufgrund der Organveränderungen im Rahmen einer Graft-versus-Host Reaktion respektive durch die Einnahme der notwendigen Immunsuppressiva als nicht tauchtauglich zu betrachten.
    - Eine Tauchtauglichkeit ist nach CTX und/oder RTX frühestens nach Ablauf von 12 Monaten zu erwägen, Tauchtauglichkeit besteht frühestens ein Jahr nach abgeschlossener Therapie bei normaler Leistungsfähigkeit.
- Die Tauchtauglichkeit nach Morbus Hodgkin ist in der Regel jeweils mit den aktuellen Follow-up-Untersuchungsergebnissen zu prüfen und in Kooperation mit dem behandelnden Hämato-Onkologen zu stellen. Zur Beurteilung der Tauchtauglichkeit sind aktuelle Kontrolluntersuchungen auf kardiopulmonale Therapienebenwirkungen zu berücksichtigen, Ergometrie und zusätzliche pulmologische Befunde (CO-Diffusionskapazität, Blutgase unter Belastung) sind einzuholen. Wenn aus diesen Befunden nichts gegen eine Tauchtauglichkeit spricht, sollte ein HR-CT der Lunge gemacht werden, um Narben, Blebs, Bullae oder Fibrose auszuschließen.

– Restsymptome müssen im Einzelfall als relative Kontraindikation unter Risikoabwägung beurteilt werden.

Relative Kontraindikation	Absolute Kontraindikationen
– Patienten nach autologer Stammzelltransplantation unter Dauerimmunsuppression	– Patienten während Therapie (RTX/CTX) – Patienten < 1 Jahr nach Therapie (RTX/CTX) – Patienten nach Stammzelltransplantation im Stadium der akuten Immunsuppression – Patienten nach allogener Stammzellentransplantation – Patienten mit Morbus Hodgkin nach abgeschlossener Radio- und/oder Chemotherapie mit eingeschränkter Leistungsfähigkeit

17.6 Non-Hodgkin-Lymphome (NHL)

NHL stellen Neoplasien des lymphatischen Gewebes, ausgehend vom B-Zell- (B-NHL) oder T-Zell-System (T-NHL) dar. Nach dem klinischen Verlauf erfolgt die Unterscheidung in indolente und aggressive (früher: niedrig maligne und hochmaligne) Lymphome. Wichtige Untergruppen sind: chronisch lymphatische Leukämie, Haarzellleukämie, diffus großzellige B-Zell Lymphome, follikuläre Lymphome, kutane T-Zell-Lymphome; primäre Lymphome des Zentralnervensystems, extranodale B-Zell-Lymphome des mukosaassoziierten lymphatischen Gewebes (MALT-Lymphome).

17.6.1 Hochmaligne Non-Hodgkin-Lymphome („high-grade NHL")

Hochmaligne Non-Hodgkin-Lymphome sind durch ihren raschen Verlauf und die potenziell kurative Therapieoption auch in fortgeschrittenen Stadien charakterisiert. Die Erstmanifestation liegt zwischen dem 40. und 80. Lebensjahr. Der häufigste Subtyp ist das diffus großzellige B-Zell-Lymphom. Die Erkrankung manifestiert sich mit rasch zunehmenden Lymphknotenschwellungen und beeinträchtigt die Patienten aufgrund der lokalen

Tumormassen bzw. der Organinfiltrationen (Anämie, Infektneigung, pulmonale Infiltration, Pleuraergüsse, Ileus u. a.)

Tauchtauglichkeit
- Patienten unter Therapie sind generell nicht tauchtauglich.
- Patienten, die erfolgreich therapiert wurden, sind im Einzelfall tauchtauglich:
  - Die Beurteilung hat entsprechend der in der Einleitung genannten Vorgehensweise im Rahmen der Follow-up-Untersuchungen in Kooperation mit dem Hämato-Onkologen zu erfolgen.
  - Nach autologer Stammzelltransplantation besteht für die Dauer der Akutphase der Therapie im Rahmen der Transplantation keine Tauchtauglichkeit. Nach Normalisierung des Blutbildes besteht seitens der autologen Stammzelltransplantation wieder Tauchtauglichkeit.
  - Nach allogener Transplantation sind Patienten aufgrund der Organveränderungen im Rahmen einer Graft-versus-Host Reaktion respektive durch die Einnahme der notwendigen Immunsuppressiva nicht tauchtauglich.
  - Für Patienten, die eine Chemotherapie nach dem R-/CHOP-Schema durchlaufen haben, besteht ein Tauchverbot für weitere 2 Jahre. Nach Ablauf dieser Frist sollte die Tauchtauglichkeit auch unter dem Gesichtspunkt evtl. vorliegender therapiebedingter Folgeerkrankungen erneut tauchärztlich geprüft werden (siehe vorher).

17.6.2 Chronisch lymphatische Leukämie (CLL) und Haarzellleukämie

Die CLL und die Haarzellleukämie gehören in die Gruppe der niedrig malignen Lymphome. Sie werden aus didaktischen Gründen im Kapitel der chronischen Leukämien abgehandelt (s. Abschnitt 17.7).

17.6.3 Follikuläre Lymphome

Follikuläre Lymphome (FL) stellen eine eigene Lymphomentität dar, die nach der derzeit gültigen WHO-Klassifikation je nach histologischem Bild und Aggressivität in 3 Grade (Grad 1–3) eingeteilt werden. Eine weitere Unterteilung in Grad 3A und 3B wurde ebenfalls vorgeschlagen, wobei es sich bei Grad 3B de facto um ein aggressives Lymphom handelt, das in Analogie zum diffus großzelligen B-Zell-Lymphom behandelt wird. Patienten mit einem follikulären Lymphom sind in der Regel erst in fortgeschrittenen Stadien symptomatisch, in einem überwiegenden Prozentsatz ist bei diesen Patienten bei Diagnose mit einem Befall des Knochenmarks zu rechnen. Einschränkend sind für die Patienten eine etwaige Hepatosplenomegalie mit konsekutiven abdominalen Beschwerden, Symptome aufgrund eines möglichen Organbefalls (respiratorische, neurologische Störungen, dermatologische Komplikationen) sowie die Infektneigung aufgrund eines eventuellen Antikörpermangelsyndroms und einer Knochenmarksinsuffizienz.

Das follikuläre Lymphom zeigt häufig über Jahre hinweg einen stabilen Verlauf. Die Therapie erfolgt in den seltenen lokalisierten Stadien (< 10 %) primär strahlentherapeutisch unter kurativem Ansatz. In fortgeschrittenen Stadien erfolgt die Therapie bei hämatopoetischer Insuffizienz durch Knochenmarkinfiltration oder ausgeprägter Immundefizienz mit rezidivierenden Infekten symptomorientiert durch Einleitung einer palliativen Chemotherapie, wobei diese immer mit dem monoklonalen anti CD20-Antikörper Rituximab kombiniert wird. Die Applikation des Antikörpers als Monotherapie ist ebenfalls eine Option, falls Kontraindikationen gegen eine Chemotherapie bestehen.

Tauchtauglichkeit Für Patienten besteht während laufender Behandlung keine Tauchtauglichkeit. Für Patienten nach kurativ erfolgter Bestrahlung kann eine Tauchtauglichkeit nur nach genauer Abklärung der eventuellen, insbesondere pulmonalen Strahlennebenwirkungen frühestens ein Jahr nach Therapieabschluss beurteilt werden.

Nach erfolgter autologer Stammzelltransplantation besteht für den Zeitraum der Immunsuppression mit stark erhöhtem Infektionsrisiko keine Tauchtauglichkeit. Patienten im stabilen Krankheitsverlauf, die noch keiner Therapie bedürfen, sind bedingt tauchtauglich (je nach hämatopoetischer Kompetenz und fehlenden Organkomplikationen respektive Immunlage), die Feststellung der Tauchtauglichkeit sollte immer in Kooperation mit dem behandelnden Hämato-Onkologen erfolgen.

17.6.4 Kutane T-Zell-Lymphome

Die kutanen T-Zell-Lymphome sind eine seltene Entität der Non-Hodgkin-Lymphome. Sie werden unterteilt in die Mycosis fungoides (kutane Manifestation des T-Zell-Lymphoms mit späterer systemischer Manifestation) und das Sezary-Syndrom (leukämische Form der Mycosis fungoides mit generalisierter exfoliativer Erythrodermie) sowie verschiedene seltene Untergruppen.

Die Erkrankung nimmt einen charakteristischen Verlauf von prämykotisch, ekzematösem und plaqueartigem kutanen Befall zu konsekutivem Organ- sowie Knochenmarksbefall.

Tauchtauglichkeit Die Tauchtauglichkeit ist abhängig von der Ausprägung der Hautirritationen, der Organmanifestationen mit den jeweiligen Komplikationen bzw. der jeweiligen Therapiesituation des Patienten. In den Stadien III–V (Erythrodermie und Sézary-Syndrom) besteht keine Tauchtauglichkeit bzw. sollten solche Patienten individuell mit dem Hämato-Onkologen oder Dermato-Onkologen diskutiert werden. Je nach Therapie sind Radiotherapienebenwirkungen bzw. die hämatopoetische Insuffizienz unter knochenmarkstoxischer Chemotherapie zu beachten.

17.6.5 Primäre Lymphome des Zentralnervensystems

Primär zerebrale Lymphome sind zumeist B-Zell-Lymphome. Eine extrazerebrale Manifestation ist selten. Unterschieden werden primäre ZNS-Lymphome bei Immunkompetenz und bei Immundefizienz. Letztere sind die klassische Patientenpopulation, insbesondere HIV-positive Patienten.

Die Patienten sind durch die neurologische Symptomatik beeinträchtigt (fokal neurologische Ausfälle, Persönlichkeitsveränderungen, Hemiparesen, Hirndruckzeichen u. a.).

Tauchtauglichkeit Eine Tauchtauglichkeit besteht nicht. Auch nach erfolgter Therapie unter kurativem Ansatz, die de facto leider kaum möglich ist, bestehen meist neurologische Symptome, so dass das Tauchen kontraindiziert ist.

17.6.6 Extranodale Marginalzonen-B-Zell Lymphome des mukosaassoziierten lymphatischen Gewebes (MALT-Lymphome)

MALT-Lymphome sind B-Zell-Lymphome des mukosaassoziierten lymphatischen Gewebes und stellen etwa 8 % aller neu diagnostizierten Lymphome dar. Die häufigste Lokalisation liegt im Magen (etwa 50 %). Aber auch im Bereich des Bronchialtrakts, der Mamma, im Bereich der Speicheldrüsen und Schilddrüse finden sich MALT-Lymphome. MALT-Lymphome sind durch einen äußerst indolenten Verlauf gekennzeichnet. MALT-Lymphome des Magens zeigen ein gutes Ansprechen auf die Elimination des chronischen Antigenreizes.

Tauchtauglichkeit ist gegeben, sobald die gastrointestinalen Manifestationen (Ulzera) abgeheilt sind (cave Blutung und Perforation!). Unter laufender Immuno-/Chemotherapie oder Bestrahlung sind Patienten nicht tauchtauglich. Nach Abheilung des Lymphoms sollte die Tauchtauglichkeit individuell je nach stattgehabter Therapie in Analogie zu anderen Lymphomen evaluiert werden.

17.7 Akute Leukämie (AML und ALL)

Typisch für akute Leukämien ist die Verdrängung der hämatopoetisch ausreifenden Stammzellen durch die malignen Blastenpopulation. Die hieraus resultierenden Probleme sind Infekt- und Blutungsneigung, oft massive Gerinnungsstörungen auch im Rahmen von Verbrauchskoagulopathien sowie die Anämie.

Tauchtauglichkeit In der Akutphase besteht keine Tauchtauglichkeit. Unter der Therapie, die bei der akuten lymphathischen Leukämie 24 Monate (!) dauert, oder im Zustand erreichter Remission nach Polychemotherapie und/oder Stammzelltransplantation kann nur in enger Rücksprache mit dem Hämato-Onkologen eine Tauchtauglichkeit diskutiert werden. Generell kann hierzu angemerkt werden, dass für eine Tauchtauglichkeit primär eine Normalisierung des peripheren Blutbildes unter besonderer Berücksichtigung der Thrombozyten erfolgt sein muss.

Relative Kontraindikation	Absolute Kontraindikation
– Nach Normalisierung des peripheren Blutbildes	– AML oder ALL in der Akutphase

17.8 Chronische Leukämie

17.8.1 Chronisch lymphatische Leukämie (CLL)

Die CLL, die meist als Erkrankung des hohen Alters bekannt ist und somit prima vista für die Beurteilung der Tauchtauglichkeit weniger relevant erscheint, kommt nach den jüngsten Beobachtungen mit einem deutlich

Tabelle 17.2: Stadien nach Binet

Stadium	Organvergrößerung	Hämoglobin (g/dl)	Thrombozyten (x/µl)
A	0, 1, oder 2 Stationen	>10	>100000
B	3, 4 oder 5 Stationen	>10	>100000
C	irrelevant	<10	<100000

früheren Erkrankungsbeginn vor. Damit können hierbei durchaus Fragen zur Tauchtauglichkeit auftreten.

Obwohl es im Rahmen einer CLL typischerweise zur Produktion von exorbitant hohen Zellzahlen kommt (Leukozytenzahl > 500 000/µl), sind im Gegensatz zu den myeloproliferativen Erkrankungen rheologische Probleme extrem selten. Die reifzelligen kleinen Lymphozyten können auch enge Kapillaren in der Regel problemlos passieren. Eine durch die Knochenmarkinfiltration bedingte Thrombopenie stellt jedoch ein manifestes Blutungsrisiko dar. Zudem kommt es im Rahmen der CLL häufig zu Autoimmunthrombopenie oder Autoimmunhämolyse. Ein durch die Erkrankung bedingter Immunglobulinmangel kann zu einer deutlichen Infektneigung führen.

Stadien der chronisch-lymphatischen Leukämie nach Binet: Eine Station ist definiert als Lymphknoten > 1 cm am Hals, Achsel oder Leiste bzw. Milz- oder Leberergrößerung. Sekundäre Ursachen für eine Anämie (z. B. Eisenmangel), eine autoimmunhämolytische Anämie oder Thrombozytopenie müssen ausgeschlossen sein.

Tauchtauglichkeit Neben der allgemeinen körperlichen Leistungsfähigkeit sollte sich die Beurteilung der Tauchtauglichkeit prinzipiell an der Stadienklassifikation nach Binet (Tabelle 17.2) orientieren, wobei im Stadium C in jedem Fall eine Indikation zur Chemotherapie besteht, die a priori nicht mit Tauchtauglichkeit vereinbar ist.

Tauchtauglichkeit kann auch hier nur in Kooperation mit dem behandelnden Hämato-Onkologen festgestellt werden!

Relative Kontraindikation	Absolute Kontraindikation
– CLL im Stadium Binet A oder B	– CLL im Stadium Binet C

17.8.2 Haarzellleukämie (HCL)

 Die Haarzellleukämie stellt eine seltene Erkrankung mit einem Altersgipfel zwischen 40 und 60 Jahren dar. Für sie ist ein langer asymptomatischer Verlauf typisch. Das führende Merkmal der HCL – die Panzytopenie – ist mit Purinanaloga (Cladribin) oder dem monoklonalen Antikörper Rituximab entsprechend therapierbar, so dass es zu einer langfristigen Remission des peripheren Blutbildes kommt.

Tauchtauglichkeit besteht nur unter der Voraussetzung einer kompletten hämatologischen Remission.

Absolute Kontraindikation
– HCL ohne komplette hämatologische Remission

17.8.3 Myelodysplastisches Syndrom (MDS)

Das MDS stellt eine große Gruppe erworbener neoplastischer Krankheiten des Knochenmarks dar, die durch ein fortschreitendes Versagen der Knochenmarkfunktion mit quantitativen und qualitativen Anomalien aller drei Knochenmarkszelllinien infolge einer Störung der Stammzellen charakterisiert sind.

Grob geschätzt verstirbt ein Drittel der Patienten an thrombopenischen Blutungen und ein Drittel an Infektionen. Bei dem verbleibendem Drittel geht das MDS in eine AML über.

Tauchtauglichkeit Während des Akutstadiums besteht keine Tauchtauglichkeit. Patienten, die einen langfristig stabilen Verlauf ohne Beeinträchtigung der Blutbildung aufweisen, können aber unter individueller Beurteilung tauchtauglich sein.

Relative Kontraindikation	Absolute Kontraindikation
– Langfristig stabiler Verlauf	– MDS im Akutstadium

17.9 Gerinnungsstörungen

17.9.1 Zelluläre Gerinnungsstörungen

Idiopathische thrombozytopenische Purpura (ITP, Morbus Werlhof)

Die sekundär bedingten Thrombopenien wurden bereits im Rahmen der hämatologischen Grunderkrankungen dargestellt (s. oben). Neben diesen ist die idiopathische thrombozytopenische Purpura von besonderer Bedeutung. Hierbei handelt es sich um eine autoimmunologisch vermittelte periphere Thrombozytopenie, bei der durch verschiedene Auslöser (postviral, medikamentös) gebildete autoantithrombozytäre Antikörper an die Plättchenoberfläche binden und somit zur Thrombolyse führen. Typischerweise werden die antikörperbeladenen Thrombozyten in der Milz aufgefangen, was beim chronischen Verlauf zur deutlichen Milzvergrößerung führen kann. Da es selbst bei Thrombozytenwerten von 20 000/µl extrem selten zur klinisch manifesten Blutung kommt, fallen die Patienten üblicherweise ohne Krankheitssymptome bei Routineblutbildkontrollen auf.

Tauchtauglichkeit Zur Tauchtauglichkeit ist eine Normalisierung der Thrombozytenwerte notwendig. Dies kann bei der akuten ITP (< 8 Wochen) durch eine entsprechende Therapie erreicht werden. Wenn bei der chronischen Verlaufsform stark schwankende Thrombozytenzahlen bestehen, ist keine Tauchtauglichkeit gegeben. In stabiler Remission (Thrombozyten > 50 000/µl ohne Therapie über 6 Monate) und engmaschiger Thrombozytenverlaufskontrollen ist das Tauchen möglich; dies sollte in Kooperation mit dem betreuenden Hämatologen festgelegt werden. Tauchtauglichkeit besteht nach einer Normalisierung der Thrombozytenwerte.

> **Relative Kontraindikation**
> – Chronische ITP in stabiler Remission

17.9.2 Plasmatische Gerinnungsstörungen

Zu diesen Erkrankungen gehören die Hämophilien A und B, der von-Willebrand-Defekt, aber auch seltenere Entitäten, wie z. B. Protein-C- und S-Defizienzen, Faktor-V-Mutationen, Faktor-II (G 20210A)-Genpolymorphismen oder Hyperhomozysteinämien.

Mit einer Prävalenz von 1:150 ist der von-Willebrand-Defekt die häufigste Störung, gefolgt von den x-chromosomal vererbten Hämophilien, bevor mit großem Abstand die selteneren Entitäten folgen. Hierbei ist die aPC-Resistenz mit 2–7 % Heterozygotie für Gesamteuropa die wichtigste, da sie in regionaler Häufung (Griechenland) bis zu 15 % erreicht.

Tauchtauglichkeit Zur Beurteilung der Tauchtauglichkeit sollte sorgfältig die Anamnese erhoben werden und die Familienanamnese berücksichtigt werden.
Bei fraglichen plasmatischen Gerinnungsstörungen ist in der Regel eine hämatologische Abklärung und Stellungnahme notwendig. Die Tauchtauglichkeit ist bei Vorliegen einer plasmatischen Gerinnungsstörung erst nach Vorliegen der kompletten Diagnostik und somit Einschätzung des individuellen Risikos möglich.

17.9.3 Einnahme von Antikoagulanzien

Siehe Kap. 2, Medikamente.

Literatur

van Hulst AR et al.: To dive or not to dive with Bleomycin – a practical algorithm. Caisson 2012; 27: 13–17.
Bates NP et al.: Efficacy and toxicity of vinblastine, bleomycin, and methotrexate with involved-field radiotherapy in clinical stage IA and IIA Hodgkin's disease: a British National Lymphoma Investigation Pilot Study. J Clin Oncol 1994; 12: 288–296.
Begemann H et al.: Klinische Hämatologie. 4. Aufl. Stuttgart: Thieme, 1996.
Berger DP et al.: Das rote Buch: Hämatologie und Internistische Onkologie. Landsberg: Ecomed, 1997.
Beutler E et al.: Williams hematology, 5th edn. New York: McGraw-Hill, 1995.
Bove F: www.scubamed.com/dimed.htm
Brusamolino E et al.: Treatment of early-stage Hodgkin's disease with four cycles of ABVD followed by adjuvant radiotherapy: analysis of efficacy and long-term toxicity. Haematologica 2000; 85: 1032–1039.
DeVita VT et al.: Cancer: Principles and practice of oncology, 7th edn. Philadelphia: Lippincott-Raven, 2005.
Divers Alert Network (DAN): http://www.diversalertnetwork.org/medical
Gustavsson A et al.: A systematic overview of radiation therapy effects in Hodgkin's lymphoma. Acta Oncol 2003; 42: 589–604.
Heidenreich PA et al.: Asymptomatic cardiac disease following mediastinal irradiation. J Am Coll Cardiol 2003; 42: 743–749.

Hoelzer D et al.: Grundkurs Hämatologie. Berlin: Blackwell Wissenschafts-Verlag, 1996.
Mebane GY et al.: Fitness to dive. In: Bennett PB, Elliott DH (eds.): The physiology and medicine of diving. 4th edn. Philadelphia: W.B. Saunders, 1995.
NCCN: Clinical practice guidelines in oncology: Hodgkin disease/lymphoma – V.2.2008. National Comprehensive Cancer Network, Inc. 04/09/08. http://www.nccn.org
Olschewski H et al.: Leitlinien. Diagnostik und Therapie der chronischen pulmonalen Hypertonie. Pneumologie 2006; 60: 749–771.
Osterweil N: Hodgkin's therapy raises long-term MI risk. MedPage Today. 07.02.07. http://www.medpagetoday.com/hematologyOncology/Lymphoma/tb/5010
Parker J: The sports diving medical. Melbourne: J. L. Publications, 1994, pp. 87–93.
Risberg J: Haematology. In: Elliott DH (ed.): Medical assessment of fitness to dive. Norfolk: Biddles, 1995.
Rizzo JD et al.: American Society of Clinical Oncology/ American Society of Hematology 2007: Clinical Practice Guideline Update on the Use of Epoetin and Darbepoetin. JCO 2007; 25: 34
Therapie der Hodgkin-Lymphome – Nebenwirkungen und Spätfolgen: Herz und Lunge. http://www.lymphome.de/InfoLymphome/HodgkinLymphome/TherapieHD.jsp
Wilmshurst P et al.: http://www.uksdmc.co.uk/standards/Standards-%20anticoagulants.htm

18 Endokrinologie und Stoffwechsel

Erkrankungen aus dem endokrinologischen Bereich und Stoffwechselstörungen haben eine hohe Inzidenz in der Bevölkerung mit steigender Tendenz. Davon ist auch eine Vielzahl von Tauchern betroffen. Hier spielen vor allem der Diabetes mellitus, Hyperlipidämien und die Erkrankungen der Schilddrüse eine wesentliche Rolle. Die möglichen Auswirkungen auf die Tauchsicherheit sind vielfältig und reichen von einer begünstigten Blasenbildung während der Dekompression über die Bewusstlosigkeit unter Wasser bis hin zu Panikattacken mit einem unkontrollierten Aufstieg. Eine sorgfältige Erfassung dieser gesundheitlichen Probleme und eine entsprechende Risikoabwägung mit ggf. auch einer Beratung des Tauchers sind daher erforderlich.

18.1 Diabetes mellitus (Zuckerkrankheit)

Diabetes mellitus ist eine Stoffwechselerkrankung, die charakterisiert ist durch eine Erhöhung der Blutzuckerwerte (Hyperglykämie). Die Hyperglykämie ist bedingt durch eine Störung der Insulinsekretion (echter Insulinmangel) und/oder Insulinwirkung (Insulinunempfindlichkeit = Insulinresistenz). Entsprechend können unterschiedliche Diabetestypen unterschieden werden, die jedoch verbindende Gemeinsamkeiten haben.

Weit verbreitet ist die Unterscheidung in einen insulinpflichtigen Diabetes (IDDM = „insulin-dependent diabetes mellitus") und einen Diabetes ohne externe Insulinzufuhr (NIDDM = „non-insulin-dependent diabetes mellitus"), bzw. in den Typ-1-Diabetes und den Typ-2-Diabetes (s. unten).

Leitlinien zu Diagnostik und Behandlung von Diabetes mellitus

Die Diagnose und Behandlung der unterschiedlichen Formen der Zuckerkrankheit, ebenso wie Schulungsmaßnahmen und Screening auf Folgeerkrankungen sind Inhalt von umfangreichen Leitlinien der Diabetesgesellschaften in Deutschland und Österreich. Auch die antidiabetischen Medikamente und Behandlungsformen sind darin genau beschrieben. Eingehende Erklärungen aus diesen Leitlinien würden den Rahmen dieses Buches sprengen. Wer Taucher mit Diabetes untersucht, sollte sich auch dort informieren. Man findet darin die aktuellen Praxisleitlinien, nach denen Diagnose, Verlauf und Folgeerkrankungen des Tauchers beurteilt werden sollen.

Folgeerkrankungen des Diabetes mellitus
- Diabetische Nephropathie (Nierenerkrankung)
- Diabetische Retinopathie (Augenerkrankung)
  - Bei proliferativer Retinopathie sind Blutdruckanstiege über 180–200/ 100 mmHg zu vermeiden.
  - Nach Laserung der Netzhaut oder Augenoperationen 6 Wochen keine körperliche Belastung.
- Diabetische Polyneuropathie (Nervenerkrankung)
  - Es bestehen durch unpassendes Schuhwerk (Flossen, Booties) Risiken für die Manifestation eines diabetischen Fußsyndroms.
  - Bei bestehender autonomer Neuropathie muss die Störung des physiologischen Blutdruckverhaltens und der Herzfrequenzregulation beachtet werden.

Gefahren beim Tauchen: Körperliche Anstrengung, Stresssituationen oder Auskühlung während eines Tauchgangs benötigen Energie und führen zu einem erhöhten Verbrauch von Glukose. Bei Diabetikern kann dies sowohl über Wasser als auch während des Tauchens eine Unterzuckerung (Hypoglykämie) auslösen. Die Hypoglykämie ist zumeist anhand der typischen Symptome zu erkennen und entsprechend mit zuckerhaltigen Präparaten zu behandeln. Unter Wasser können die typischen Anzeichen durch die Umgebungs- und Tauchbedingungen teilweise maskiert sein und somit erst verspätet bemerkt werden. Die adäquate Behandlung ist im Wasser erschwert. Eine verzögert einsetzende oder nicht ausreichende Glukosezufuhr kann in kurzer Zeit zur Bewusstlosigkeit und damit vollständigem Kontrollverlust führen. Unter Wasser ist ein Bewusstseinsverlust eine lebensbedrohliche Situation.

HbA1c
Zur biochemischen Diagnosestellung des Diabetes werden Nüchternblutzucker und Hämoglobin A1c (HbA1c) gemessen, sowie ein oraler Glukosetoleranztest durchgeführt. Über die Norm erhöhte HbA1c-Werte lassen ein erhöhtes Risiko für Diabetes annehmen. Je nach Behandlungsstrategie und Lebensstil werden die individuellen Zielwerte für HbA1c zur Verlaufskontrolle vom behandelnden Arzt festgelegt. Eine zu strenge Einstellung birgt das Risiko für eine Unterzuckerung (Hypoglykämie).

18.1.1 Typ-1-Diabetes

Ein Typ-1-Diabetes manifestiert sich bevorzugt in jüngeren Lebensjahren. Ursächlich für diese Diabetesform ist eine Zerstörung der Insulin produzierenden Zellen (Langerhans'sche Inseln) im Pankreas mit einem daraus resultierenden so genannten absoluten Insulinmangel. Bei mangelnder Fähigkeit zur körpereigenen Insulinproduktion ist zur Regulierung des Blutzuckerspiegels eine Insulinzufuhr von außen erforderlich.

Therapieziele sind die optimale Blutzuckerkontrolle ohne Hypoglykämie und die Risikoreduktion hinsichtlich diabetischer Folgeerkrankungen.

Das Therapiekonzept besteht aus Insulintherapie, Ernährung und Schulung. Je nach Bedürfnissen, Fähigkeiten und Tagesablauf können unterschiedliche Strategien der Insulintherapie angewandt werden.

Bei Typ-1-Diabetes stellen die Hyperglykämie durch Insulinmangel und in Folge die ketoazidotische Stoffwechselentgleisung bis hin zur schweren Ketoazidose mit Koma ein lebensbedrohliches Ereignis dar.

Auch die Hypoglykämie durch Insulinüberdosierung ist ein potenziell lebensbedrohlicher Notfall.

18.1.2 Typ-2-Diabetes

Die Erkrankung tritt vorwiegend nach dem 40. Lebensjahr auf, wobei zunehmend auch jüngere Menschen betroffen sind. Diese Diabetesform beruht auf einer verringerten Insulinwirkung (Insulinresistenz) mit unzureichender Aufnahme bzw. Verwertung der Glukose. Typ-2-Diabetiker haben meist eine normale Insulinproduktion. Als Basistherapie wird auch hier mit Schulung, Ernährungsumstellung und Steigerung der körperlichen Aktivität begonnen. Die verringerte Wirkung des Insulins kann in dieser Gruppe dann mit unterstützenden Medikamenten behandelt werden. Bei unzureichender BZ-Einstellung mit oralen Medikamenten kann auch auf Insulin allein oder eine Kombinationstherapie umgestellt werden.

Schulung, Lebensstiländerung, Hypoglykämievermeidung und Vermeidung von diabetischen Folgeerkrankungen sind Schwerpunkt der Behandlung und auch unbedingte Voraussetzung für das Tauchen mit Diabetes.

Beim Typ-2-Diabetes ist je nach verwendeten Medikamenten die Gefahr von Hypoglykämien gegeben.

18.1.3 Therapieformen bei Diabetes

Je nach Form des Diabetes werden unterschiedliche Behandlungsstrategien gewählt. Die genaue Wirkungsweise, Nebenwirkungen und Gefahren der oral oder subkutan zu verabreichenden Medikamente sind Arzneimittelfachinformationen oder medizinischen Leitlinien zum Diabetes zu entnehmen.

Da sich im Zuge des wissenschaftlichen Fortschrittes regelmäßig Änderungen ergeben, werden im Buch hierzu keine näheren Angaben gemacht, sondern auf die jeweils aktuellen Leitlinien verwiesen.

Generell ist bei den oralen Präparaten auf häufige Ko-Medikationen und die korrekte Einnahme zu achten, um nicht aus pharmakodynamischen und -kinetischen Gründen das Hypoglykämierisiko zu erhöhen oder die blutzuckersenkende Wirkung zu verringern.

Bei der Einnahme von oralen Antidiabetika sind eine mögliche Beeinträchtigung des Reaktionsvermögens und die Gefahr einer Laktazidose zu beachten.

Für das Tauchen mit Diabetes ist hinsichtlich der Medikamentenwirkung das Hypoglykämierisiko und die Steuerbarkeit der Medikamente bei körperlicher Aktivität (im Wasser) wichtig, um die Unterzuckerung im Wasser mit Bewusstlosigkeit als potenziell lebensbedrohliche Situation vermeiden zu können.

Mit dem Tauchen sollte erst frühestens sechs Monate nach Beginn der Therapie mit oralen Antidiabetika bei stabiler Blutzuckereinstellung begonnen werden.

Orale Antidiabetika

Bei den oralen Medikamenten zur Diabetesbehandlung unterscheidet man Medikamente mit unterschiedlichen Wirkungsweisen.

- ▶ So genannte Insulin-Sensitizer (z. B. Metformin, Thiazolidindione) bewirken eine verminderte Glukoseproduktion in der Leber und eine verbesserte periphere Glukoseaufnahme und damit eine Blutzuckersenkung. Insulin-Sensitizer haben ein relativ geringes Hypoglykämierisiko.
- ▶ Metformin wird entsprechend aktueller Leitlinien zumeist primär zur oralen antidiabetischen Therapie eingesetzt. Zu Beginn der Therapie wird die Dosis langsam gesteigert. So sollen gastrointestinale Nebenwirkungen vermieden werden.
- ▶ Pioglitazon erhöht die Insulinsensitivität in Leber, Skelettmuskel und Fettgewebe. Zu den Nebenwirkungen zählen Gewichtszunahme und verstärkte Ödemneigung auf der Basis von Flüssigkeitsretention. Obwohl hinsichtlich Hypoglykämie relativ sicher, ist diese Medikation aufgrund seiner Nebenwirkungen für das Tauchen sehr kritisch zu bewerten.
- ▶ Glukose-Resorptionshemmer senken den Blutzucker durch Hemmung der intestinalen Kohlenhydratverdauung und damit Verminderung der

erhöhten BZ-Spiegel nach dem Essen – ebenfalls ohne große Gefahr für Hypoglykämien. Als Nebenwirkungen werden jedoch Blähungen und Bauchschmerzen angegeben.
- ▶ Acarbose ist ein Glukose-Resorptionshemmer. Wechselwirkung mit anderen Medikamenten sowie Effekte bei gastrointestinalen Erkrankungen sind der Arzneimittelinformation zu entnehmen.
- ▶ Andere Diabetesmedikamente wirken über Stimulierung der Insulinproduktion (z. B. Sulfonylharnstoffe und Glinide). Diese Medikamente haben ein hohes Hypoglykämierisiko.
- ▶ Sulfonylharnstoffe stimulieren die Insulinsekretion der Bauchspeicheldrüse. Zu den klinisch relevanten Nebenwirkungen gehören das hohe Hypoglykämierisiko und evtl. Gewichtszunahme. Sulfonylharnstoffe sind bei Tauchern sehr kritisch zu bewerten.
- ▶ Glinide stimulieren die Insulinsekretion kurzfristiger nach dem Essen. Somit ist durch Einnahme kurz vor dem Essen eine bessere Flexibilität gegeben.
- ▶ Gliptine führen zu einer Steigerung der Insulinsekretion der Bauchspeicheldrüse und zu einer Hemmung der Freisetzung von Glukagon. Sie haben ein relativ geringes Hypoglykämierisiko und sind gewichtsneutral. Sie werden oft in Kombination mit anderen antidiabetischen Medikamenten eingesetzt.

Insulingabe

Die Insulingabe kann in unterschiedlicher Weise erfolgen, die Art der Zufuhr hat aber einen ganz wesentlichen Einfluss auf die Tauchtauglichkeit. Die verschiedenen Insulinarten verfügen über unterschiedliche Wirkzeiten. Nähere Angaben zu den aktuellen Behandlungsleitlinien der Insulintherapie sind den aktuellen Leitlinien zu entnehmen.

Es stehen Insuline und so genannte Peptid-Analoga zur subkutanen Verabreichung zur Verfügung. Unterschiede bestehen in der Schnelligkeit des Wirkungseintrittes und Wirkdauer. Hinsichtlich Sportausübung, insbesondere Tauchen, ist auch die Steuerbarkeit der Wirkung in die Behandlung zu berücksichtigen.

Formen der Insulintherapie

- ▶ Basis-Insulin: Es wird 1-mal täglich ein lang wirksames Insulin subkutan injiziert.
- ▶ Prandiales Insulin: Zu den Mahlzeiten wird ein schnell wirksames Insulin entsprechend dosiert (kohlenhydratberechnet) und subkutan injiziert.
- ▶ Mischinsulin: Es wird 1- bis 3-mal täglich eine Mischung aus kurz- und langwirksamen Insulinen subkutan injiziert.

▶ Intensivierte Insulintherapie: Die Insulinzufuhr erfolgt bedarfsgesteuert nach Kohlenhydratberechnung. Basis-Insulin und kurzwirksames Insulin werden getrennt verabreicht.

Behandlungsalgorithmus
Für den erfolgreichen Einsatz von Insulin ist die strukturierte Blutzuckerselbstkontrolle des Patienten Voraussetzung. Schulung und Zielvereinbarungen für den Patienten sind erforderlich, um Blutzuckermessungen eigenständig und regelmäßig durchführen zu können und die daraus abzuleitenden therapeutischen Entscheidungen selbstständig treffen zu können.

Von Sportausübung unter Insulintherapie ist aufgrund des Hypoglykämierisikos z. B. in den ersten 30–60 Minuten nach Injektion von kurzwirkenden Insulinen abzuraten. Die blutzuckersenkende Wirkung von Sport, auch Stunden nach einem Tauchgang, ist andererseits auch bei der Wahl der Misch- und Langzeitinsulindosis zu berücksichtigen. Hypoglykämien in der Nacht oder am Morgen nach körperlicher Anstrengung sind keine Seltenheit.

Kombinationstherapie (orale Medikamente und Insulin)
Wird bei Typ-2-Diabetikern durch Basistherapie und orale Medikamente keine ausreichende Blutzuckereinstellung erreicht, steht die Möglichkeit einer Insulintherapie oder Kombinationstherapieformen zur Verfügung. Genaue Informationen darüber findet man in aktuellen Behandlungsleitlinien.

Hinsichtlich des Tauchens sind die Neben- und Wechselwirkungen der Medikamente sowie das ausreichende Blutzuckermanagement des Patienten bei körperlicher Aktivität zu beachten.

Fehleinschätzungen hinsichtlich Aktivität und Energieverbrauch bei unzureichender Blutzuckerkontrolle des Patienten können zur Hypoglykämie im Wasser und damit zu potenziell lebensbedrohlichen Situationen führen.

Therapie mit Insulinpumpe – kontinuierliche subkutane Insulintherapie
Ergänzend können externe Insulinpumpen eingesetzt werden, die eine kontinuierliche Menge von kurzwirksamen Insulinen subkutan applizieren. Bei einer Insulinpumpentherapie geben die Geräte eine Basalrate kurzwirksames Insulin ab. Moderne Insulinpumpen gestatten die Auswahl unterschiedlicher Basalraten und zusätzlich Bolusgaben. Voraussetzung für diese Therapieoption ist mehrfache tägliche Blutzuckermessung, entsprechende Schulung

und technisches Verständnis. Details sind in den jeweiligen Behandlungsleitlinien zu finden.

Insulinpumpen sind nicht für einen Betrieb im Überdruck geprüft und zugelassen und können deshalb beim Tauchen nicht mitgeführt werden. Der Blutzuckerspiegel ist in diesem Fall engmaschig zu kontrollieren.

18.1.4 Gefahren für den Diabetiker beim Tauchen

Für das Tauchen mit Diabetes ist wichtig, dass jede Therapie bisher ausreichend stabil etabliert ist und die Blutzuckereinstellung über längere Zeit auch unter körperlicher Belastung keine interventionsbedürftigen Hypo- und Hyperglykämien hatte.

Bei Beginn einer Therapie mit oralen Medikamenten wird eine Wartezeit von mindestens 6 Monaten, bei Therapie mit Insulin oder Insulinpumpe eine Wartezeit von mindestens 1 Jahr bis zum Tauchen empfohlen. Bei geplanten körperlichen Belastungen ist auf ausreichende Flüssigkeitszufuhr zu achten. Die Aktivität soll mit tendenziell steigenden Blutzuckerwerten begonnen werden. Auch nach der Belastung ist evtl. noch am Abend/zur Nacht noch einmal Blutzucker zu messen, um nächtlichen Hypoglykämien vorzubeugen.

Bei Behandlung mit Sulfonylharnstoffen und Insulinen besteht die größte Gefahr einer Hypoglykämie. Alkohol oder ausgelassene Mahlzeiten verstärken das Risiko einer Hypoglykämie, wenn der Patient für die Blutzuckereinstellung nicht ausreichend geschult und vorbereitet ist. Ganztägige körperliche Aktivität oder Sport am späten Nachmittag oder Abend ist mit dem Risiko nächtlicher Hypoglykämien verbunden. Schwimmen oder Aktivität im Wasser wirken sich stärker auf den Blutzuckerspiegel aus als andere Sportarten. Die Umgebungstemperatur kann sich auf die Insulinabsorption auswirken und bei unzureichender Berücksichtigung Blutzuckerschwankungen verursachen.

Ketoazidosen sind zu vermeiden. Bei einem BZ über 250 mg/dl und β-Hydroxybutyrat im Blut (Keton-Messstreifen) oder bei positivem Ketonnachweis im Harn besteht ein Insulinmangel. In dieser Situation wird die Stoffwechsellage durch körperliche Aktivität verschlechtert, daher ist körperliche Betätigung verboten, bis sich die Blutzuckereinstellung normalisiert hat.

Sportarten wie Tauchen sind als körperliche Aktivität mit besonderen Gefahren (Beeinträchtigung des Bewusstseins im Wasser durch Hypoglykämie) eingestuft und nur bei gutem Kenntnisstand der individuellen Blutzuckerregulation zu empfehlen. Ausgangsglukose sollte beim Tauchen konstant über 180 mg/dl liegen.

Bei sensomotorischer diabetischer Polyneuropathie stärkerer Ausprägung besteht durch unpassendes Schuhwerk (Flossen, Booties) das Risiko der Manifestation eines diabetischen Fußsyndroms.

Gutes Diabetesmanagement – Blutzuckerselbstkontrolle
Große persönliche Erfahrung, besonders sorgfältiges Verhalten, individuelle Planung und intensive Schulung sind Grundvoraussetzung für das Tauchen mit Diabetes. Dazu gehört für jeden Diabetiker der Umgang mit Ernährung, mit körperlicher Aktivität, mit der Dosierung der jeweiligen Medikamente und die Fähigkeit, den Blutzucker regelmäßig (mind. 4-mal täglich) messen und je nach Ergebnis die erforderlichen Maßnahmen einleiten zu können. Diabetiker, die tauchen wollen, müssen in der Lage sein, eine beginnende Unterzuckerung rechtzeitig zu bemerken und entsprechend zu reagieren. Der behandelnde Arzt sollte hinsichtlich Tauchtauglichkeit zu seinem Patienten eine entsprechende Stellungnahme abgeben.

Aufgrund nur grober Vorgaben hinsichtlich Dosis-Wirkungs-Beziehungen bei antidiabetischer Medikation und Sport sollten mit dem behandelnden Arzt individuelle Anpassungsregeln erarbeitet werden. Häufigere Blutzuckerselbstkontrollen bei der Aktivität sowie das Führen eines Sporttagebuchs (beim Tauchen eines umfangreichen Logbuchs mit Eintragung von Tauchgangsdetails, Wasser- und Umgebungsbedingungen, genauen Ausrüstungsangaben sowie Mahlzeiten und Medikation) sind empfohlen.

Generell empfiehlt sich bei Tauchwunsch eines gut eingestellten Diabetikers, die ersten Tauchgänge unter kontinuierlicher Observation und engmaschiger Kontrolle durch die behandelnden Ärzte erst einmal in sicherer Tauchumgebung durchzuführen. So kann unter kontrollierten Bedingungen die Therapie an die körperliche Aktivität im Wasser angepasst werden. Von Tauchurlauben/Safaris in entfernte Gebiete bei medizinisch unsicheren Umgebungsbedingungen ist anfangs abzuraten.

Voraussetzungen für Tauchen mit Diabetes

Tauchtauglichkeit
- Aktuelle Befunde und eine positive Stellungnahme des behandelnden Arztes zum Tauchen sollten vorliegen (nicht älter als 2 Monate).
- Die Entscheidung zur Tauchtauglichkeit von Diabetikern sollte immer in enger Rücksprache mit dem behandelnden Diabetologen oder Hausarzt getroffen werden.

- Vor Erteilung einer Tauchtauglichkeit sollten mindestens ein Jahr lang keine Hypoglykämien oder Hyperglykämien aufgetreten sein, bei denen der Diabetiker auf die Hilfe anderer angewiesen war.
- Im Rahmen einer Tauchtauglichkeitsuntersuchung sind neben der körperlichen Beurteilung auch der verantwortungsbewusste Umgang mit der Erkrankung und die Disziplin der Blutzuckereinstellung zu bewerten.
- Das Mindestalter sollte 18 Jahre betragen.
- Typ-1-Diabetiker mit stark schwankenden Blutzuckerwerten, gehäuftem Auftreten von Hypoglykämien oder Insulintherapie nach festem Schema ohne sonstige regelmäßige körperliche Aktivität (Sport) sind nicht tauchtauglich.
- Patienten mit Diabeteseinstellung über eine externe Insulinpumpe können tauchtauglich sein, wenn sie imstande sind, mit und ohne Insulinpumpe ihren Blutzucker bei Aktivität im Wasser ausreichend zu kontrollieren. In jedem Falle ist aber ein mind. 12-monatiger Beobachtungszeitraum einzuhalten, in dem unter Insulinpumpentherapie nachweislich keine Hypoglykämien aufgetreten sind.
- Mit dem Tauchen darf frühestens ein Jahr nach dem Beginn der Insulintherapie begonnen werden.

Folgeerkrankungen bei länger bestehendem Diabetes sind hinsichtlich Tauchtauglichkeit zu beurteilen:
- arterielle Verschlusskrankheit (AVK),
- diabetische Nephropathie (Nierenerkrankung) siehe Tauchtauglichkeit im Kap. 20, Nephrologie,
- diabetische Retinopathie (Augenerkrankung): Bei proliferativer Retinopathie sind Blutdruckanstiege über 180–200/100 mmHg und Pressatmung zu vermeiden, vom Tauchen wird abgeraten. Nach Laserung der Netzhaut oder Augenoperationen 6 Wochen keine körperliche Belastung. Bei nichtproliferativer diabetischer Retinopathie kann körperliche Aktivität ohne größere Einschränkungen durchgeführt werden. Eine fachärztliche Stellungnahme des Augenarztes zum Tauchen sollte jedenfalls vorliegen (s. auch Kap. 12).
- Diabetische Neuropathie (Nervenerkankung): Bei sensomotorischer diabetischer Polyneuropathie ist durch genaue neurologische Untersuchung eine Gefährdung beim Tauchen auszuschließen. Bei leichter Ausprägung ist Tauchen unter gewissen Vorsichtsmaßnahmen möglich, bei Schmerzen oder diabetischem Fußsyndrom mit Problemwunden ist Tauchen kontraindiziert. Bei bestehender autonomer diabetischer Neuropathie muss die Störung des physiologischen Blutdruckverhaltens und der Herzfrequenzregulation beachtet werden. Eine normale Leistungsfähigkeit des Herz-Kreislauf-Systems muss gewährleistet sein. Daher wird auch vor dem 40. Lebensjahr eine Ergometrie empfohlen. (s. auch Kap. 3, Leistungsfähigkeit).

- Sehr häufig finden sich Begleiterkrankungen wie arterielle Hypertonie, Adipositas oder koronare Herzerkrankung (KHK). Bei der Beurteilung der Tauchtauglichkeit sind diese Erkrankungen ebenfalls zu berücksichtigen und abzuklären!
- Zusätzliche Erkrankungen, die ebenfalls die Tauchtauglichkeit einschränken, dürfen nicht vorliegen.
- Ist die Tauchtauglichkeit gegeben, sind jährliche Nachuntersuchungen zu fordern, auch bei jungen Tauchern.

Relative Kontraindikationen	Absolute Kontraindikationen
- Oral eingestellter Diabetes mit rezidivierenden Hyperglykämien und/oder grenzwertigen HbA1c-Werten bei sonst guter körperlicher Leistungsfähigkeit ohne Folgeerkrankungen - Bei Insulinpflicht: Insulintherapie seit mindestens 12 Monaten, darunter gute BZ-Einstellung ohne Hypoglykämien, auch bei sportlichen Aktivitäten - Insulinpumpentherapie: seit mindestens 12 Monaten, darunter gute BZ-Einstellung ohne Hypoglykämien - Diabetische Folgeerkrankungen mit leichter Ausprägung (ausführliche Liste: s. oben)	- Fix dosierte Insulintherapie - Diabetische Folgeerkrankungen mit starker Beeinträchtigung der Organsysteme (z. B. pAVK) - Proliferative diabetische Retinopathie - Kardiale autonome diabetische Neuropathie - Relevante Begleiterkrankungen, die die Leistungsfähigkeit oder das Blutdruckverhalten beeinträchtigen - Rezidivierende Hypoglykämien - Insulintherapie gleich welcher Art ohne sportliche Tätigkeit - < 6 Monate seit Beginn einer Therapie mit oralen Antidiabetika - < 12 Monate seit Beginn einer Therapie mit Insulin

Aufklärung über Verhaltensmaßnahmen beim Tauchen
Im Folgenden werden detaillierte Handlungsempfehlungen für Diabetiker und deren Tauchpartner dargestellt. Diese Aufklärung über das Diabetesmanagement beim Tauchen sollte der Taucherarzt mit dem Probanden strukturiert durchführen und dokumentieren.

Taucher mit Diabetes, besonders unter Insulintherapie
▶ dürfen nicht tauchen, wenn sie sich unwohl fühlen oder akute Infekte haben,
▶ für Diabetiker gilt wegen der erhöhten Gefahr für eine Hypolgykämie ein striktes Alkoholverbot vor, während und nach der Tauchaktivität,

- ▶ dekompressionspflichtige Tauchgänge, Tauchgänge tiefer als 30 m oder länger als 1 Stunde sind nicht empfohlen,
- ▶ lange Tauchgänge in kaltem Wasser sind zu vermeiden.

Hinweise für die Tauchpartner

- ▶ Taucher mit Diabetes mellitus:
  - müssen Tauchguide und -partnern die Krankheit bekannt geben und diesen erklären, was eine Unterzuckerung bewirkt, wie sie sich äußert und welche Maßnahmen zu treffen sind,
  - dürfen nicht ausschließlich mit einem Tauchpartner tauchen, der selbst Diabetiker ist (mindestens ein Nichtdiabetiker pro Gruppe),
  - müssen Zucker-/Glukoselösung an Bord des Tauchbootes bereithalten; den Tauchpartnern muss bekannt sein, wo sich diese befinden,
- ▶ Tauchpartner von diabetischen Tauchern sollen:
  - vor dem Tauchen noch einmal das Notfallmanagement (auch im Hinblick auf die Zuckerkrankheit) durchsprechen,
  - sich merken, wo die Zuckerreserve des Diabetikers zu finden ist,
  - bei Zwischenfällen unter Wasser und merkwürdigen Verhaltensweisen des Diabetikers den Tauchgang abbrechen und kontrolliert aufsteigen sowie ein Handzeichen für „low sugar" („L") vereinbaren,
  - bei Tauchzwischenfällen immer auch an eine Unterzuckerung denken, dabei aber die Basismaßnahmen der Notfallbehandlung nicht vergessen (Sauerstoff schadet auch bei einer Unterzuckerung nicht). Wenn möglich, Blutzuckerspiegel kontrollieren, ggf. Zuckerlösung geben, wenn der Taucher bei Bewusstsein ist.
  - bei schweren Tauchzwischenfällen den behandelnden Arzt über die Zuckerkrankheit informieren.
- ▶ Tauchguides
  - sollten die Tauchgruppe klein halten, wenn Diabetiker dabei sind. Bei Anfängern sollte nie mehr als ein Diabetiker in der Gruppe sein.

Blutzuckermanagement am Tauchtag

- ▶ Die aktuelle körperliche Leistungsfähigkeit muss der Taucher selbst einschätzen können.
- ▶ Vor dem Tauchgang ist der Blutzucker mehrfach zu messen (z. B. 60 min und 30 min vor dem Tauchgang und direkt vor dem Einstieg)
- ▶ Stabile oder tendenziell steigende BZ-Werte von mindestens 180 mg/dl sind anzustreben, dazu kann ein Kohlehydrat-Snack nötig sein. Bei sinkender Tendenz oder zu niedrigen Werten ist vom Tauchen Abstand zu nehmen.

- Bei BZ-Werten über 300 mg/dl ist ebenfalls vom Tauchen Abstand zu nehmen, bis die Stoffwechselsituation stabilisiert ist.
- Orale Glukose ist beim Tauchen mitzuführen; bei Symptomen einer Unterzuckerung unter Wasser sollte rechtzeitig kontrolliert aufgetaucht werden, an der Oberfläche positiver Auftrieb hergestellt und Glukose verabreicht werden, dann ist das Wasser zu verlassen.
- Nach dem Tauchen sollte der Blutzuckerspiegel erneut bis insgesamt 12–15 Std. nach dem Tauchen kontrolliert werden, um Hypoglykämien nicht zu übersehen. Auf ausreichende Flüssigkeitszufuhr achten.
- Die Tauchgänge, die BZ-Einstellung und sonstige Besonderheiten des Diabetesmanagements sollten im Logbuch genau dokumentiert werden.
- In Hinblick auf Tauchen mit Diabetes ist die enge Zusammenarbeit von Taucher, behandelndem Arzt und Taucherarzt erforderlich, um die Sicherheit beim Tauchen zu gewährleisten.

18.2 Erkrankungen der Schilddrüse

Die Schilddrüse ist eine schmetterlingsförmige, hormonproduzierende Drüse, die am Hals unterhalb des Kehlkopfes und vor der Luftröhre (Trachea) gelegen ist. Die Hormonproduktion wird von übergeordneten Zentren gesteuert. Im Gehirn wird durch die Hypophyse (Hirnanhangsdrüse) das Hormon TSH (thyroidstimulierendes Hormon) freigesetzt. Die TSH-Produktion wiederum wird über das vom Hypothalamus freigesetzte Hormon TRH (Thyreotropin Releasing Hormone) reguliert. Die von der Schilddrüse produzierten Schilddrüsenhormone sind das jodhaltige Thyroxin (T4) und Trijodthyronin (T3), die eine wichtige Rolle für den Energiestoffwechsel des Körpers spielen. Erkrankungen der Schilddrüse können mit einer Organvergrößerung (Struma oder Kropf) sowie einer Über- oder Unterfunktion einhergehen (Hyperthyreose bzw. Hypothyreose).

18.2.1 Struma

Der Begriff Struma (umgangssprachlich „Kropf") bezeichnet eine Vergrößerung oder knotige Veränderung der Schilddrüse unabhängig von der Stoffwechsellage. Hierbei ist es zunächst gleichgültig, ob die Schilddrüsenfunktion normal ist, eine Überfunktion (Hyperthyreose, s. unten) oder eine Unterfunktion (Hypothyreose, s. unten) besteht.

Das klinische Bild bei Strumapatienten hängt zum einen von der Größe der Struma, zum anderen von der Stoffwechsellage ab. Letzteres wird sepa-

Tabelle 18.1: Einteilungen der Struma-Grade nach AWMF-Leitlinie

Stadium	Beschreibung
Stadium 0	Keine Struma
Stadium 1a	Palpatorische, aber nicht sichtbare Vergrößerung
Stadium 1b	Bei maximaler Halsreklination sichtbare Vergrößerung
Stadium 2	Bei normaler Kopfhaltung sichtbare Schilddrüse
Stadium 3	Stark vergrößerte Schilddrüse

rat behandelt (s. dort). Eine geringe Vergrößerung der Schilddrüse macht in der Regel keine lokalen Beschwerden. Mit zunehmender Größe der Schilddrüse können bei den Betroffenen ein Druck-, Enge- oder Kloßgefühl im Halsbereich, Missempfindungen beim Tragen von eng am Hals anliegenden Kleidungsstücken sowie Kragen (Tauchanzug!) und Schluckbeschwerden auftreten. Bei stark vergrößerter Schilddrüse mit Druckausübung auf die larynxnahe Luftröhre sind in Abhängigkeit von der Kopfhaltung oder bei körperlicher Belastung Episoden akuter Luftnot möglich.

Eine ausgeprägte Struma kann benachbarte Strukturen wie vor allem Luftröhre (Trachea) und Ösophagus, aber auch die Halsgefäße, mechanisch verdrängen und zu entsprechenden Symptomen wie ausgeprägten Schluckbeschwerden, Stridor (durch die Engstelle bedingte hörbare Atemgeräusche) und Luftnot auch in Ruhe führen (Tabelle 18.1).

Zur Therapie der Struma stehen verschiedene Behandlungsansätze zur Verfügung. Die medikamentöse Substitutionstherapie mit Schilddrüsenhormonen, die Radiojodtherapie und die Operation mit teilweiser oder vollständiger Entfernung des Schilddrüsengewebes stellen sich teilweise gegenseitig ergänzende Optionen dar.

Von tauchmedizinischer Bedeutung ist vor allem die operative Therapie der Schilddrüse, weil als seltene, aber typische Komplikationen aller Schilddrüsenoperationen die Schädigung des Nervus laryngeus recurrens mit nachfolgender Rekurrensparese und Stimmlippenlähmung sowie eine postoperative Unterfunktion der Nebenschilddrüsen (Hypoparathyreoidismus, s. dort) auftreten können. In seltenen Fällen ist als Operationsfolge eine beiderseitige Rekurrensparese mit kompletter Stimmbandlähmung möglich, was Erstickungsanfälle auslösen kann.

Nach einer Schilddrüsenoperation ist eine ausreichend lange Wartezeit bis zur Wiederaufnahme von Tauchaktivitäten zu empfehlen, weil im Bereich der Operationswunde durch die eng anliegende Tauchbekleidung mechanische Reizungen ausgelöst werden können.

Die Struma, wie auch die operative Therapie der Schilddrüse, können zu einer Beeinträchtigung der Atemwege mit einem erhöhten Risiko für Air-Trapping-Mechanismen und nachfolgender Lungenüberblähung beim Auftauchen führen. Ein entsprechender Befund ist daher sicher auszuschließen!

Tauchtauglichkeit Bei bekannter Struma wird in der Regel bereits eine ärztliche Betreuung bestehen. Zur Beurteilung der Tauchtauglichkeit werden fachärztliche Befunde benötigt. Liegen keine Befunde vor, so ist eine Schilddrüsendiagnostik durchzuführen. Bei entsprechender Größe der Struma ist als ergänzende Untersuchung die sonografische Bestimmung der Größe und Konsistenz der Struma zu empfehlen und eine Beeinträchtigung der Trachea auszuschließen, auch eine weiterführende radiologische Abklärung sollte ggf. situationsbezogen erfolgen.

Bei einer trachealen Einengung ist die Tauchtauglichkeit ausgeschlossen. Besteht nach operativem Eingriff der Verdacht auf eine Rekurrensparese (Lähmung eines Stimmbandes, was manchmal eine OP-Komplikation sein kann), so ist eine konsiliarische HNO-ärztliche Untersuchung angezeigt.

Tauchtauglichkeit besteht bei normaler (euthyreoter) Stoffwechsellage, adäquater Therapie und guter körperlicher Leistungsfähigkeit.

Relative Kontraindikationen	Absolute Kontraindikationen
– Mittelgroße Struma (Struma II°) mit euthyreoter Stoffwechsellage und ohne Organverdrängung – Z.n. operativer Entfernung und einseitiger Rekurrensparese (HNO-ärztliche Abklärung und Stellungnahme)	– Große Struma mit Verdrängung von Gefäßen und Trachea bzw. Trachealeinengung – Struma mit Schilddrüsenfehlfunktion – Z.n. operativer Entfernung und beidseitiger Rekurrensparese – Tracheomalazie (Erschlaffung der Luftröhre)

18.2.2 Hyperthyreose (Schilddrüsenüberfunktion)

Eine Hyperthyreose geht mit einem Überangebot von Schilddrüsenhormonen einher. Die häufigsten Ursachen einer Hyperthyreose sind v. a. Prozesse, bei denen sich hormonproduzierende Zellen verselbstständigen, sowie Autoimmunprozesse (Morbus Basedow, chronische Autoimmunthyroidtits oder Hashimoto-Thyreoiditis). Selten führen entzündliche Erkrankungen, eine

Überdosierung von Schilddrüsenhormonen oder hormonproduzierende Schilddrüsentumoren zu einer Hyperthyreose.

Eine Hyperthyreose kann in verschiedenen Schweregraden auftreten. Bei der latenten Form ist der Spiegel der Schilddrüsenhormone im Blut normal, aber das Hormon des übergeordneten Zentrums (TSH) erniedrigt.

Bei der Hyperthyreose ohne klinische Beschwerden sind die Schilddrüsenhormone erhöht, der Patient aber noch symptomlos, während bei der manifesten Hyperthyreose auch eine entsprechende Symptomatik vorliegt.

Die schwerste Form einer Schilddrüsenüberfunktion ist die thyreotoxische Krise mit einem krisenhaften Anstieg der Hormonproduktion und einer akut lebensbedrohlichen Symptomatik.

Symptome einer Schilddrüsenüberfunktion
- Nervosität, Schlaflosigkeit, innere Unruhe, Reizbarkeit, leichte Tränenausbrüche,
- Zittern der Hände,
- schneller, regelmäßiger oder unregelmäßiger Puls,
- Hitzewallungen, Wärmeempfindlichkeit und rasches Schwitzen,
- warme und feuchte Haut,
- Gewichtsverlust trotz erhöhten Appetits,
- Muskelschwäche,
- Muskelschmerzen und -trägheit,
- häufiger, weicher bis flüssiger Stuhlgang,
- vermehrter Haarausfall,
- bei Frauen auch Störungen des Menstruationszyklus.

Abhängig vom Grad der Schilddrüsenüberfunktion kann eine Gefährdung beim Tauchen sowohl von einer erhöhten Neigung zu Panikreaktionen als auch aus einer relativen Muskelschwäche und raschen Ermüdbarkeit resultieren.

Tauchtauglichkeit Zur Beurteilung der Tauchtauglichkeit sind aktuelle Befunde erforderlich. Liegen keine vor, so ist vor Beginn der Tauchtauglichkeitsuntersuchung eine Schilddrüsendiagnostik durchzuführen. Tauchtauglichkeit besteht bei euthyreoter Stoffwechsellage, adäquater Therapie und guter körperlicher Leistungsfähigkeit. Eine manifeste Hyperthyreose stellt eine Kontraindikation dar.

Relative Kontraindikation	Absolute Kontraindikationen
– Latente Hyperthyreose mit Symptomfreiheit und guter körperlicher Belastbarkeit (bei latenter Hyperthyreose ist eine vierteljährliche Befundkontrolle zu fordern und Kontrastmittelexposition zu meiden)	– Manifeste Hyperthyreose – Z.n. operativer Entfernung und beidseitiger Rekurrensparese – Hypokalzämie – Postoperativer Hypoparathyreoidismus (s. dort)

18.2.3 Hypothyreose (Schilddrüsenunterfunktion)

Bei einer Schilddrüsenunterfunktion liegt eine zu geringe Freisetzung von Schilddrüsenhormonen vor, was dazu führt, dass der Stoffwechsel des Körpers langsamer als normal abläuft. Die Folge ist eine geringere körperliche und geistige Leistungsfähigkeit. Für eine Unterfunktion der Schilddrüse gibt es vielfältige Ursachen: Entzündungen, Autoimmunerkrankungen der Schilddrüse (chronische Autoimmunthyroiditis oder Hashimoto-Thyreoiditis), Probleme im Bereich der übergeordneten Zentren (Hypophyse, Hypothalamus), aber vor allem auch die postoperative Hypothyreose nach Schilddrüsenoperation. Unreflektiert eingenommene Thyreostatika oder Lithium können ebenfalls eine Hypothyreose verursachen.

Symptome einer Schilddrüsenunterfunktion
- ▶ Müdigkeit und rasche Ermüdbarkeit,
- ▶ Muskelschwäche und geringe körperliche Leistungsfähigkeit,
- ▶ Beinödeme,
- ▶ Lustlosigkeit und Antriebsschwäche,
- ▶ Kälteempfindlichkeit und rasches Frieren,
- ▶ Gewichtszunahme bei normaler Kalorienzufuhr,
- ▶ trockene Haut,
- ▶ Verstopfung,
- ▶ bei Frauen auch Störungen des Menstruationszyklus.

Abhängig vom Grad der Schilddrüsenunterfunktion kann eine Gefährdung beim Tauchen sowohl aus der Kälteintoleranz als auch aus einer relativen Muskelschwäche und raschen Ermüdbarkeit resultieren.

Tauchtauglichkeit Zur Beurteilung der Tauchtauglichkeit sind aktuelle Befunde erforderlich. Liegen diese nicht vor, so ist vor Beginn der Tauchtauglichkeitsuntersuchung eine Schilddrüsendiagnostik durchzuführen.

Tauchtauglichkeit besteht bei euthyreoter Stoffwechsellage, aber auch bei latenter Hypothyreose, adäquater Therapie und guter körperlicher Leistungsfähigkeit.

Relative Kontraindikation	Absolute Kontraindikationen
– Hypothyreose mit Symptomfreiheit und adäquater körperlicher Belastbarkeit, wobei die Behandlung einzuleiten ist	– Manifeste Hypothyreose – Z.n. operativer Entfernung und beidseitiger Rekurrensparese

18.3 Erkrankungen der Nebenschilddrüse

18.3.1 Hyperparathyreoidismus (HPT)

Der Hyperparathyreoidismus (HPT) ist eine Regulationsstörung der Epithelkörperchen, die auch als Nebenschilddrüsen bezeichnet werden. Die etwa linsengroßen Epithelkörperchen liegen in der Regel jeweils hinten am oberen und unteren Pol der Schilddrüse und produzieren das Parathormon, das den Kalziumspiegel im Körper reguliert. Ein erhöhter Parathormonspiegel führt zu einer gesteigerten Kalziumreabsorption sowie zu einem gesteigerten Knochenabbau und damit zu einer erhöhten Kalziumkonzentration im Blut. Die typischen Folgen sind eine Demineralisation der Knochen, was zu Knochenschmerzen führen kann.

Die verminderte Kalziumausscheidung über die Niere kann die Bildung von Nierensteinen zur Folge haben. Zudem kann es auch zur Bildung von Gallensteinen kommen, die wiederum eine Entzündung der Bauchspeicheldrüse (Pankreatitis) bedingen können.

Es werden verschiedene Formen des HPT unterschieden, wobei besonders der sekundäre Hyperparathyreoidismus hier besondere Erwähnung finden muss. Die Ursache ist eine verstärkte Hormonproduktion als Reaktion auf einen erhöhten Kalziumverlust des Körpers. Der Kalziumverlust ist meist die Folge von Grunderkrankungen wie der chronischen Niereninsuffizienz, einer Leberzirrhose oder einem Malassimilationssyndrom (durch z. B. M. Crohn, Colitis, Sprue). Bei der Beurteilung der Tauchtauglichkeit sind die bestehenden Grunderkrankungen meist wichtiger und ausschlaggebender als die daraus resultierenden Hormonstörungen, weswegen das Vorliegen eines Hyperparathyreoidismus per se noch keine akute KI gegen Tauchtauglichkeit darstellt!.

Die Symptomatik bestimmt die tauchmedizinische Relevanz. Zu den wichtigsten Symptomen des Vollbilds des HPT gehören:
- Osteoporose durch Demineralisation des Knochens und in der Folge ein deutlich erhöhtes Frakturrisiko,
- Bildung von Kalziumsteinen in der Niere mit Nierenkoliken,
- Ablagerungen von Kalzium in Blutgefäßen und an den Herzklappen mit Anstieg des Risikos für kardiovaskuläre Erkrankungen (bei renalem sekundären HPT).

Tauchtauglichkeit   Eine Tauchtauglichkeit ist beim symptomatischen unbehandelten Hyperparathyreoidismus ausgeschlossen. Bei erfolgreicher Behandlung kann eine Tauchtauglichkeit erteilt werden, wenn es nicht zu Sekundärschäden gekommen ist, die die Leistungsfähigkeit beeinträchtigen.

Tauchtauglichkeit besteht bei Beschwerde- und Symptomfreiheit mit Serum-Kalzium-Werten und Parathormon (iPHT) im Normbereich.

Relative Kontraindikation	Absolute Kontraindikationen
– Serum-Kalzium-Werte > 2,85 mmol/l – iPHT > 1,5fach über der Norm	– Unbehandelter symptomatischer Hyperparathyreoidismus – Höhergradige Osteoporose (siehe Kap. 23, Orthopädie) – Harnleiterstein, Harnstau, Schmerzsymptomatik im Rahmen einer Harnsteinerkrankung (Näheres siehe Kap. 21, Urologie)

18.3.2 Hypoparathyreoidismus

Beim Hypoparathyreoidismus führt eine Unterfunktion der Nebenschilddrüsen über eine mangelnde Parathormonausschüttung zu einem Kalziummangel. Die häufigste Ursache ist die versehentliche Entfernung der Epithelkörperchen bei chirurgischen Eingriffen an der Schilddrüse. Die Symptomatik ist durch einen Kalziummangel (Hypokalzämie) und dadurch auftretende Parästhesien und eine Tetanieneigung geprägt. Die Therapie des Hypoparathyreoidismus besteht aus der oralen Gabe von Kalziumpräparaten in Kombination mit Vitamin-D-Präparaten bzw. deren Analoga Dihydrotachysterol oder Rocaltrol. Dabei ist eine laufende Kontrolle des Serum-Kalzium-Spiegels nötig.

> ⚠️ Die durch eine Hypokalzämie hervorgerufenen Parästhesien können eine Tauchunfalldiagnostik erschweren!

Tauchtauglichkeit ist bei gut eingestellten Serum-Kalzium-Werten und asymptomatischen Patienten möglich, bei Auftreten von Parästhesien (Kribbelparästhesien) und Tetanie jedoch nicht. Zum Ausschluss von Nierensteinen ist eine sonografische Kontrolle zu empfehlen (Näheres s. Kap. 21, Urologie).

Tauchtauglichkeit besteht bei völliger Symptom- und Beschwerdefreiheit, unauffälligen und stabilen Serum-Kalzium-Werten.

Absolute Kontraindikationen
– Unbehandelter Hypoparathyreoidismus – Rezidivierende Hypokalzämien – Parästhesien, Tetanie – Harnleiterstein, Harnstau, Schmerzsymptomatik im Rahmen einer Harnsteinerkrankung (Näheres siehe Kap. 21, Urologie)

18.4 Erkrankungen der Nebenniere

Die Nebennieren befinden sich beim Menschen auf den oberen Polen beider Nieren und sind hormonproduzierende Drüsen. Die Nebennierenrinde produziert die Steroidhormone, das Nebennierenmark bildet die Katecholamine Adrenalin und Noradrenalin.

18.4.1 Erkrankungen der Nebennierenrinde

Die von der Nebennierenrinde gebildeten Hormone sind vor allem das Aldosteron, das eine wichtige Rolle im Wasser- und Elektrolythaushalt sowie in der Regulation des arteriellen Blutdrucks spielt, und die Glukokortikoide, die den Stoffwechsel beeinflussen und antiinflammatorisch sowie immunsuppressiv wirken.

Überproduktion von Aldosteron (Conn-Syndrom)

Eine Überproduktion von Aldosteron führt zum Hyperaldosteronismus bzw. zum Conn-Syndrom mit erhöhtem Blutdruck und häufiger auch zu einer Hypokaliämie, die mit muskulärer Schwäche und Herzrhythmusstörungen einhergehen kann. Ursächlich sind in der Regel einseitige Nebennierenadenome. Die Behandlung erfolgt durch operative Entfernung des Adenoms bzw. bei mildem Hyperaldosteronismus durch eine symptomatische Behandlung mit Medikamenten (Aldosteronantagonisten).

Die Patienten sind unbehandelt häufig in ihrer Leistungsfähigkeit eingeschränkt und weisen einen schwer einzustellenden Bluthochdruck auf. Dies kann unter Wasser aufgrund der Immersionseffekte und der erhöhten Atemarbeit eine Gefährdung darstellen (s. Kap. 3, Leistungsfähigkeit, und Kap. 10, Herz-Kreislauf-Erkrankungen).

Tauchtauglichkeit Unbehandelt besteht keine Tauchtauglichkeit. Nach erfolgreicher Behandlung hängt die Tauchtauglichkeit vor allem von einer guten Blutdruckeinstellung und einer guten körperlichen Leistungsfähigkeit ab.

Relative Kontraindikation	Absolute Kontraindikationen
– Erfolgreiche Behandlung mit guter Blutdruckeinstellung, gute körperliche Leistungsfähigkeit	– Unbehandelter Hyperaldosteronismus – Arterieller Hypertonus trotz Therapie bei gleichzeitigem Hyperaldosteronismus

Vermehrte Glukokortikoidproduktion (Morbus Cushing)

Häufig wird die vermehrte Bildung von Glukokortikoiden in den Nebennieren durch eine Stimulation mit adrenokortikotropem Hormon (ACTH) aufgrund eines Hypophysenvorderlappenadenoms (HVL-Adenom) hervorgerufen, sie kann aber auch Folge eines Cortisol-produzierenden Adenoms in der Nebenniere selbst sein. Eine entsprechende Abklärung ist daher zwingend erforderlich.

Als Folge der vermehrten Bildung von Glukokortikoiden treten erhöhte Blutzuckerspiegel, Übergewicht mit typischem Fettverteilungsmuster, Hautveränderungen sowie Knochen- und Muskelabbau und erhöhter Blutdruck auf. Außerdem kann es zum Auftreten psychischer Veränderungen kommen.

Die Patienten sind unbehandelt häufig in ihrer Leistungsfähigkeit eingeschränkt und weisen schwer einzustellende Blutzuckerwerte, die eine Insulintherapie erforderlich machen, sowie einen erhöhten Blutdruck auf. Dies kann unter Wasser aufgrund der Immersionseffekte und der erhöhten Atemarbeit eine Gefährdung darstellen (s. Kap. 3, Leistungsfähigkeit, und Kap. 10, Herz-Kreislauf-Erkrankungen).

Tauchtauglichkeit Unbehandelt besteht keine Tauchtauglichkeit. Nach erfolgreicher Behandlung (Operation des HVL-Adenoms oder des Adenoms der Nebennierenrinde) hängt die Tauchtauglichkeit vor allem von einer normalisierten Blutdruck- und Diabeteseinstellung (s. jeweils dort) sowie von einer guten körperlichen Leistungsfähigkeit ab. (Bei Eingriffen an der Hypophyse siehe auch Kap. 10, Neurologie/Neurochirurgie!).

Eine Stellungnahme des behandelnden Facharztes zum Tauchen sollte vorliegen.

Relative Kontraindikation	Absolute Kontraindikation
– Erfolgreiche Behandlung mit normalisierter Blutdruck- und Blutzuckerstoffwechsellage sowie guter körperlicher Leistungsfähigkeit	– Unbehandelter Morbus Cushing und Cushing-Syndrom

Nebennierenrindeninsuffizienz (Morbus Addison)

Die Unterfunktion der Nebennierenrinde führt zu einer verminderten Glukokortikoidbildung (Morbus Addison). Der Glukokortikoidmangel äußert sich u. a. durch schnelle Ermüdbarkeit, spontane Hypoglykämien, Schwindel, Kollapsneigung, Appetitverlust, Abmagerung und im fortgeschrittenen Stadium durch eine dunkle, braun-gelbe Hautfarbe.

Besondere Belastungssituationen können außerdem einen lebensbedrohlichen Zustand verursachen, der durch eine Bewusstseinstrübung bis hin zu Koma, Blutdruckabfall, massiver Austrocknung des Organismus, Hypoglykämien und massive Abdominalbeschwerden gekennzeichnet ist.

Die Therapie besteht in der exogenen Zufuhr der fehlenden Hormone.

Tauchtauglichkeit Unbehandelt besteht keine Tauchtauglichkeit. Nach erfolgreicher Behandlung hängt die Tauchtauglichkeit vor allem von stabilen Kreislaufverhältnissen und Blutzuckerwerten (s. jeweils dort) sowie einer guten körperlichen Leistungsfähigkeit ab. Kandidaten müssen daher regelmäßig Sport treiben und darunter stabil und leistungsfähig sein.

Enge Zusammenarbeit mit dem behandelnden Endokrinologen in der Beurteilung der Tauchtauglichkeit wird empfohlen!

Relative Kontraindikation	Absolute Kontraindikation
– Nach erfolgreicher Behandlung mit stabilen Kreislaufverhältnissen und Blutzuckerwerten sowie einer guten körperlichen Leistungsfähigkeit	– Unbehandelter Morbus Addison

18.4.2 Erkrankungen des Nebennierenmarks: Phäochromozytom

Die wichtigste Erkrankung des Nebennierenmarks ist eine durch Tumoren bedingte Überfunktion (Phäochromozytom).

Beim Phäochromozytom handelt es sich um einen katecholaminproduzierenden Tumor der Nebenniere. Die Symptomatik ist dementsprechend ein anfallsartig auftretender Bluthochdruck, häufig verbunden mit Schwindel, Kopfschmerzen, Schwitzen und Herzrasen. Daneben kann es auch zu einer dauerhaften Blutdruckerhöhung mit kaum einstellbaren hohen Blutdruckwerten und zu Hyperglykämien kommen. Die definitive Therapie besteht in der operativen Resektion. In ca. 10 % der Fälle handelt es sich bei den Tumoren um maligne Tumoren, bei denen v. a. auch Metastasen auszuschließen sind.

Die anfallsartig auftretende Symptomatik kann die Sicherheit unter Wasser erheblich beeinträchtigen!

Tauchtauglichkeit Unbehandelt besteht keine Tauchtauglichkeit. Nach erfolgreicher Behandlung hängt die Tauchtauglichkeit v. a. von stabilen Kreislaufverhältnissen, Blutdruckverhältnissen und Blutzuckerwerten (s. jeweils dort) sowie einer guten körperlichen Leistungsfähigkeit ab. Tauchtauglichkeit besteht bei völliger Beschwerdefreiheit nach kurativer Operation und normalen Blutdruckwerten. Eine Stellungnahme des behandelnden Facharztes zum Tauchen sollte vorliegen.

Relative Kontraindikation	Absolute Kontraindikation
– Nach erfolgreicher Behandlung mit stabilen Kreislaufverhältnissen und Blutzuckerwerten sowie einer guten körperlichen Leistungsfähigkeit	– Unbehandeltes Phäochromozytom

18.5 Hyperlipoproteinämie (HLP)

 Unter einer Hyperlipoproteinämie (HLP) oder Hyperlipidämie wird eine erhöhte Konzentration der Blutfette verstanden. Hierbei handelt es sich im engeren Sinn um die Konzentrationen des Cholesterins, der Triglyzeride und der Lipoproteine mit einer Verschiebung des relativen Anteils der HDL-, LDL- bzw. VLDL-Fraktion.

Bei der Hyperlipoproteinämie wird zwischen primären und sekundären Hyperlipoproteinämien unterschieden. Primäre Hyperlipoproteinämien stellen eine eigene, meist genetisch bedingte Erkrankung dar, während sekundäre Hyperlipoproteinämien Folgeerscheinungen von anderen Grunderkrankungen sind. Meist ist bei der Beurteilung der Tauchtauglichkeit die Relevanz der Grunderkrankungen schwerwiegender als die bestehende HLP.

Folgende Erkrankungen können Ursache einer sekundären HLP sein:
- Diabetes mellitus,
- Alkoholismus,
- Überernährung und Fehlernährung,
- nephrotisches Syndrom,
- Pankreatitis (Bauchspeicheldrüsenentzündung),
- Lebererkrankungen,
- Cholestase (Stau des Gallenflusses),
- Hyperurikämie (erhöhte Harnsäurekonzentration im Blut),
- Hypothyreose (Unterfunktion der Schilddrüse).

 Erhöhte Blutfettwerte begünstigen die dekompressionsbedingte Gasblasenbildung und erhöhen dadurch möglicherweise den Dekompressionsstress, bzw. das Risiko eines Dekompressionsunfalls. Es ist daher auch bei ansonsten gegebener Tauchtauglichkeit auf die Notwendigkeit zu einem konservativen Tauchverhalten hinzuweisen!

 Die HLP ist grundsätzlich mit der Tauchtauglichkeit vereinbar, ein konservatives Tauchverhalten wird jedoch empfohlen.

Tauchtauglichkeit wird primär von der Leistungsfähigkeit, den gleichzeitig vorhandenen Grunderkrankungen und/oder eventuellen Folgeschäden (Arteriosklerose, koronare Herzerkrankung, Diabetes etc.) bestimmt, die ausreichend mit abgeklärt werden müssen. Tauchtauglichkeit besteht bei HLP ohne Folge- bzw. Begleiterkrankungen. Bei medikamentöser Einstellung ist der Einfluss der Medikation auf das Tauchen zu berücksichtigen (s. Kap. 2, Medikamente).

Relative Kontraindikation	Absolute Kontraindikation
– Massive Hyperlipoproteinämie, abhängig von Begleit- und Folgeerkrankungen (s. dort)	– Abhängig von Begleit- und Folgeerkrankungen (s. dort)

18.6 Hyperurikämie (Gicht)

Eine Hyperurikämie (erhöhte Harnsäurewerte im Blut) kann zur Gicht führen. Eine Hyperurikämie liegt vor, wenn die Serumharnsäurekonzentration über den Grenzwerten von 6,5 mg/dl bzw. 387 µmol/l liegt. Ursächlich ist zum einen eine verminderte Harnsäureausscheidung oder eine gestörte Harnsäurebildung (primäre Form), zum anderen aber auch das Vorliegen verschiedenster Grunderkrankungen, die entsprechend abgeklärt werden müssen.

Eine Hyperurikämie bleibt häufig asymptomatisch. Je nach Ausmaß der Erhöhung der Harnsäurekonzentration im Blut oder Gewebe kann sich eine Beschwerdesymptomatik in verschiedenen Formen manifestieren:
▶ akuter Gichtanfall,
▶ chronische Gicht mit Weichteil- und Knochentophi (Knötchen),
▶ Bildung von Nierensteinen und/oder einer Urat-Nephropathie.

Gichtbedingte entzündliche Veränderungen könnten sich evtl. dekompressionsphysiologisch auswirken, gesicherte Daten liegen hierzu aber nicht vor. Eine Gichtsymptomatik an einem einzelnen kleinen Gelenk (etwa Großzehengrundgelenk) ist von geringer Relevanz, wenn dadurch die Schwimmfähigkeit und die Fähigkeit zum Flossenschlag nicht eingeschränkt sind. Ein akuter Gichtanfall mit starken Schmerzen kann hingegen die Sicherheit unter Wasser negativ beeinflussen.

Die symptomlose Hyperurikämie ist grundsätzlich mit der Tauchtauglichkeit vereinbar, ein konservatives Tauchverhalten wird jedoch empfohlen.

Tauchtauglichkeit wird primär von den gleichzeitig vorhanden Grunderkrankungen (s. Liste) und/oder eventuellen Folgeschäden bestimmt, die evaluiert werden müssen.

Tauchtauglichkeit besteht bei erhöhtem Harnsäurespiegel oder symptomloser Gicht ohne Folge- bzw. Begleiterkrankungen. Bei medikamentöser Einstellung ist der Einfluss der Medikamente auf das Tauchen zu berücksichtigen (s. Kap. 2, Medikamente).

Relative Kontraindikation	Absolute Kontraindikation
– Manifeste Gicht im beschwerdefreien Intervall	– Manifeste Gicht mit Beschwerdesymptomatik, abhängig von Begleit- und Folgeerkrankungen (s. dort)

Literatur

ÄZQ: Nationale Versorgungsleitlinie Therapie des Typ-2-Diabetes, 2013, http://www.deutsche-diabetes-gesellschaft.de/leitlinien/evidenzbasierte-leitlinien.html

Bolen S, Feldman L, Vassy J et al.: Systematic review: comparative effectiveness and safety of oral medications for type 2 diabetes mellitus. Ann Intern Med. 2007 Sep 18;147(6):386–399.

Bonomo M: Diabetics and diving, the Milan "submerged diabetes" pilot program. Alert Diver (European Edition), 2007 (1),

Carturan D, Boussuges A, Burnet H et al.: Circulating venous bubbles in recreational diving: relationships with age, weight, maximal oxygen uptake and body fat percentage. Int J Sports Med 1999; 20: 410–414.

Coldi M et al.: Diabetes mellitus – Anleitungen für die Praxis. Leitlinie der ÖDG, überarbeitete und erweiterte Fassung 2012. http://www.oedg.org/oedg_leitlinien.html

Dear G de L, Pollock NW, Uguccioni DM, Dovenbarger J, Feinglos MN, Moon RE: Plasma glucose responses in recreational divers with insulin-requiring diabetes. Undersea Hyperb Med 2004; 31: 291–301

Divers Alert Network: UHMS-DAN Workshop Diabetes & Diving: Guidelines for the Future. Durham, N.C. 2005

Dufaitre L, Vialettes B: Is scuba diving allowed in diabetic patients treated with insulin? Diabetes Metab 2000; 26: 411–415.

Edge CJ, Grieve AP, Gibbons N, O'Sullivan F, Bryson P: Control of blood glucose in a group of diabetic scuba divers. Undersea Hyperb Med 1997; 24: 201–207.

Edge CJ, St Leger Dowse M, Bryson P: Scuba diving with diabetes mellitus – the UK experience 1991–2001. Undersea Hyperb Med 2005; 32: 27–37.

Jauchem JR, Waligora JM, Conkin J et al.: Blood biochemical factors in humans resistant and susceptible to formation of venous gas emboli during decompression. Eur J Appl Physiol Occup Physiol 1986; 55: 68–73.

Jauchem JR, Waligora JM, Johnson PC Jr: Blood biochemical and cellular changes during decompression and simulated extravehicular activity. Int Arch Occup Environ Health 1990; 62: 391–396.

Kruger DF, Owen SK, Whitehouse FW: Scuba diving and diabetes. Practical guidelines. Diabetes Care 1995; 18: 1074.

Lerch M, Lutrop C, Thurm U: Diabetes and diving: Can the risk of hypoglycaemia be banned? SPUMS J 1996; 26: 62–66.

Lormeau B, Sola A, Tabah A, Chiheb S, Dufaitre L, Thurninger O, Bresson R, Lormeau C, Attali JR, Valensi P: Blood glucose changes and adjustments of diet and insulin doses

in type 1 diabetic patients during scuba diving (for a change in French regulations). Diabetes Metab 2005; 31: 144–151.
Matthaei S, Kellerer M: Therapie des Typ-1-Diabetes. DDG, 2011, http://www.deutsche-diabetes-gesellschaft.de/leitlinien/evidenzbasierte-leitlinien.html
Murad MH, Coto-Yglesias F, Wang AT, Sheidaee N, Mullan RJ, Elamin MB, Erwin PJ, Montori VM: Clinical review: Drug-induced hypoglycemia: a systematic review. JCEM 2009; 94(3):741–745.
Piepho T: Tauchen mit Diabetes. In: Klingmann C, Tetzlaff K (Hrsg.): Moderne Tauchmedizin. Stuttgart: Gentner, 2007.
Pollock NW, Uguccioni DM, Dear GdeL: Diabetes and recreational diving: guidelines for the future. Proceedings of the UHMS/DAN 2005 June 19 Workshop. Durham, NC: Divers Alert Network; 2005.
Pollock NW, Uguccioni DM, Dear G, Bates S, Albushies TM, Prosterman SA: Plasma glucose response to recreational diving in novice teenage divers with insulin-requiring diabetes mellitus. Undersea Hyperb Med 2006; 33: 125–133.
Scherbaum WA, Haak T: Körperliche Aktivität und Diabetes mellitus. Evidenzbasierte Leitlinie der DDG, 2008. http://www.deutsche-diabetes-gesellschaft.de/leitlinien.html
Simanonok JP. Matos LA: Do variations in plasma lipids and hematocrit cause variability in nitrogen uptake and elimination kinetics. UHMS ann scientific meeting, 1993 (http://www.uhms.org)
Wendling et al.: Manual Tauchtauglichkeit, 2. Aufl. Gesellschaft für Tauch- und Überdruckmedizin, Schweizerische Gesellschaft für Unterwasser- und Hyperbarmedizin, Österreichische Gesellschaft für Tauch- und Hyperbarmedizin, 2001.

Internet

Website der International Diabetic Athletes Association mit weiterführenden Informationen zum Thema Sport und Diabetes: http://www.idaa.de
Internet-Infos zum Thema Diabetes: http://www.diabetes-deutschland.de, http://www.deutsche-diabetes-gesellschaft.de
Leitlinien-Website der AWMF (Arbeitsgemeinschaft wissenschaftlicher medizinischer Fachgesellschaften): http://www.awmf.org/leitlinien.html

19 Gastroenterologie

Generell müssen während des Tauchgangs bzw. der Austauchphase zwei Umstände im Magen-Darm-Trakt berücksichtigt werden, die bei bestimmten Erkrankungen zu einer Einschränkung der Tauchtauglichkeit führen. Beim Eintauchen ins Wasser wird die auf den Magen-Darm-Trakt wirkende Schwerkraft weitgehend aufgehoben. So kommt es selbst bei Gesunden häufiger zur Regurgitation von Mageninhalt.

Neben den klassischen Refluxsymptomen („Sodbrennen") verursacht die Magensäure Husten- und Brechreiz, der unter Wasser eine Panikreaktion auslösen kann. Führt die Situation zum Erbrechen, kann eine Aspiration unter Wasser besonders gefährlich sein.

Ein zweiter Punkt sind die schon physiologischerweise im Magen-Darm-Trakt vorhandenen Gasansammlungen: verschluckte Luft oder Gärgase, die während des Verdauungsprozesses anfallen. Jeder Mensch verschluckt täglich kleinere Mengen von Luft – vermehrt bei häufigem Einsatz der Bauchpresse (z. B. beim Anlegen der schweren Tauchausrüstung). Besondere Beachtung gilt dem Luftschlucken beim Druckausgleich während des Abtauchens (abhängig von der verwendeten Technik). Eher theoretisch ist der Effekt der während eines Tauchgangs entstehenden Gärgase. Alle Gasansammlungen im Magen-Darm-Trakt unterliegen auch dem Gasgesetz von Boyle-Mariotte. Beim Abtauchen verringert sich das Gasvolumen entsprechend des steigenden Umgebungsdrucks, beim Auftauchen dehnen sich die Gase wieder aus. Wird eine Ausdehnung in andere Bereiche des Magen-Darm-Trakts und damit eine regionale Druckentlastung verhindert, z. B. durch eine zu enge Tarierweste (Stabilizing Jacket), kann es vor dem Abströmhindernis zur Überdehnung der Magen-Darm-Wand bis hin zu Rupturen mit den Folgen eines Pneumoperitoneums kommen (abdominelles Barotrauma), in einem Teil der Pneumoperitoneum-Fälle wurden keine Ursachen gefunden. In der Literatur finden sich etwa 20 Fallbeschreibungen zu Pneumoperitoneum durch Tauchen. Die Häufigkeit des Nachweises einer Hohlorganruptur (oft kleine Magenkurvatur) als Ursache wird in der Literatur unterschiedlich angegeben. Daneben werden ursächlich auch Überdruckbarotraumen der Lunge mit Gasübertritt in den Bauchraum genannt.

19 Gastroenterologie

19.1 Allgemeines

Zur Tauchtauglichkeitsuntersuchung gehören die Anamnese bezüglich früherer oder vorliegender Magen-Darm-Erkrankungen und die körperliche Untersuchung des Abdomens. Dieses sollte eine Befragung nach Stuhlgewohnheiten (Konsistenz, Frequenz) und deren Wandel einschließen. Hieraus kann sich dann der Hinweis auf Störungen des Magen-Darm-Trakts ergeben. Gegebenenfalls sind weiterführende Untersuchungen wie etwa eine Ultraschalluntersuchung des Abdomens sowie eine Magen- oder Darmspiegelung sinnvoll. Neu aufgetretene gastrointestinale Beschwerden sollten vor Durchführung eines Tauchgangs gastroenterologisch abgeklärt werden.

19.2 Störungen des Magen-Darm-Trakts

19.2.1 Kolik unter Wasser

- Nierenkolik: siehe Urogenitaltrakt
- Darmkolik: siehe Ileus
- Magenkolik: siehe Gastritis
- Gallenkolik: siehe Cholezystolithiasis/Choledocholithiasis/Cholezystitis

Koliken können multifaktorielle Ursachen haben. Ungeachtet der Genese stellt eine Kolik unter Wasser ein ernst zu nehmendes Problem dar, da aufgrund der unkontrolliert einschießenden Schmerzen Panik und irrationales, gefährliches Handeln entsteht. Die zugrunde liegenden gastroenterologischen Erkrankungen werden im Folgenden ausführlich erklärt und ihre Auswirkung auf die Tauchtauglichkeit bewertet.

19.2.2 Funktionsstörungen

Achalasie

Die Achalasie beschreibt eine Ösophagusbewegungsstörung mit Verlust der koordinierten Erschlaffung des unteren Ösophagussphinkters. Hieraus resultiert eine anfangs ineffektive, später aufgehobene Peristaltik des Ösophagus.

Die Achalasie führt durch Retention von Speisebrei zu einer Aufweitung des Ösophagus oberhalb des gastroösophagealen Übergangs. Neben damit verbundenen Schmerzen zählt zu den Symptomen das Erbrechen unverdauter Nahrung.

Tauchtauglichkeit Wegen des erhöhten Aspirationsrisikos v. a. beim Tauchen ist je nach Ausprägung der Symptomatik vom Tauchen abzuraten (relative Kontraindikation).

Hiatushernie

Stülpt sich ein Teil des Magens durch die Zwerchfellpforte der Speiseröhre in den Brustraum, so spricht man von einer Hiatushernie. Hierbei unterscheidet man die häufige axiale Gleithernie von den selteneren paraösophagealen oder kombinierten Hernien. Nur ein geringer Anteil der Hernien bereitet Beschwerden und dann werden vor allem Refluxsymptome angegeben.

Luft kann sich während eines Tauchgangs in der Hernie fangen und bei Druckentlastung während des Aufstiegs dann zu einer Magenüberdehnung bis hin zur Ruptur führen.

Tauchtauglichkeit Bei symptomatischen Hernien sollte eine chirurgische Sanierung angestrebt werden, eine absolute Operationsindikation stellen die paraösophagealen Hernien dar. Deshalb ist vom Tauchen bei symptomatischen Hernien abzusehen (absolute Kontraindikation), bis eine chirurgische Revision erfolgt ist.

19.2.3 Entzündungen

(Reflux-)Ösophagitis

Eine Entzündung im unteren Ösophagus ist häufig Folge eines Rückflusses von Magensaft. Ursache ist zumeist ein nicht funktionsfähiger unterer Ösophagussphinkter (s. Hernie). Das Ausmaß der Refluxösophagitis kann von ausschließlichen Symptomen bis hin zu zirkulären Entzündungen reichen. Die ablaufende Entzündungsreaktion verursacht brennende Schmerzen hinter dem Brustbein („Sodbrennen").

Eine medikamentöse Therapie mit Protonenpumpenhemmern kann Linderung verschaffen.

Durch die veränderten Druckbedingungen beim Tauchen, vor allem beim Abtauchen mit dem Kopf voraus, kommt es selbst bei Gesunden zu einem Magensäurerückfluss in die Speiseröhre. Bei Patienten mit bestehender Refluxerkrankung ist eine Verstärkung der Beschwerden möglich.

Tauchtauglichkeit Aufgrund der säurebedingten Risiken (u. a. Aspiration) ist vom Tauchen je nach Schweregrad der Symptomatik im Akutstadium abzuraten (relative Kontraindikation).

Magengeschwür (Ulkuskrankheit)

Sind die Schutzmechanismen der Magenschleimhaut gegen die eigene Magensäure beeinträchtigt (u. a. Helicobacter pylori, NSAR), so kann diese angegriffen werden und es entwickelt sich ein Magengeschwür (Ulcus ventriculi). Je nach Ausmaß und Destruktion der Magenwand reichen die Symptome von Oberbauchschmerz bis hin zu lebensbedrohlichen Blutungen. Zudem ist die Widerstandskraft der Magenwand für Dehnungsreize stark herabgesetzt.

Begleitend tritt oft eine Funktionsstörung des Magenpförtners auf, so dass die expandierende Luft beim Aufstieg nicht entweichen und den Magen bis hin zur Ruptur überdehnen kann.

Tauchtauglichkeit Bei Ulkuskrankheit sollte zur Tauchtauglichkeitsuntersuchung ein aktueller Facharztbefund vorliegen.

Zwölffingerdarmgeschwür

Bei einem Geschwür des Zwölffingerdarms (Ulcus duodeni) handelt es sich um eine gutartige, entzündliche Erkrankung, bei der es zu einem Defekt in der Wand des Zwölffingerdarms kommt. Ein Einriss der Darmwand bei Drucksteigerung im Zwölffingerdarm ist jedoch nicht zu erwarten, da sich das expandierende Volumen nach unten in den Dünndarm ausdehnen kann, da hier keine anatomischen Barrieren vorliegen.

Tauchtauglichkeit Eine akute Ulkuserkrankung stellt eine absolute Kontraindikation dar, während das in Abheilung befindliche Ulkus eine relative Kontraindikation ist. Nach kompletter Heilung bestehen keine Einschränkungen zur Ausübung des Tauchsports (s. auch Kap. 2, Medikamente).

Morbus Crohn/Colitis ulcerosa

Zu den chronisch-entzündlichen Darmerkrankungen zählen der Morbus Crohn und die Colitis ulcerosa. Es handelt sich um unspezifische Entzündungen, die beim Morbus Crohn alle Abschnitte des Magen-Darm-Trakts betreffen können, während die Entzündung bei der Colitis ulcerosa auf den

Dickdarm beschränkt bleibt. Ein weiteres Unterscheidungsmerkmal ist der diskontinuierliche und transmurale Charakter der Entzündung beim Morbus Crohn. Dagegen befällt die Colitis ulcerosa nahezu immer den Mastdarm, dehnt sich variabel nach proximal aus und betrifft nur die Schleimhaut.

Betroffene Personen weisen meist eine lange Krankheitsgeschichte auf, wobei Bauchschmerzen und Durchfälle zu den führenden Symptomen zählen. Durch die chronische Entzündung im Dünn- und Dickdarm entstehen Geschwüre, die oft narbig abheilen. Sowohl die Entzündung selbst wie auch die Narben können den Darm verengen und so zu einer Passagestörung führen.

Im gestauten Stuhl entstehen Gärgase, die sich nach dem Boyle-Mariotte-Gesetz in der Dekompression ausdehnen. Die entzündlich veränderte Darmwand hat nicht die Dehnungsfähigkeit des gesunden Darms und kann theoretisch perforieren. Vor einer Stenose erfolgt zudem eine Distension, die ebenfalls im Falle der Gasexpansion zu einer Ruptur Anlass geben könnte. Eine lebensbedrohliche Bauchfellentzündung wäre die Folge.

Bei bestehender chronisch-entzündlicher Magen-Darm-Erkrankung sollte ein aktueller Facharztbefund zur Tauchtauglichkeitsuntersuchung vorliegen. Bei akuten Schüben der Erkrankung bzw. schwerer persistierender Symptomatik mit Durchfällen und Blutungen sollte nicht getaucht werden; hierüber ist der Taucher aufzuklären.

Tauchtauglichkeit Eine in Remission befindliche chronisch-entzündliche Darmerkrankung stellt generell eine relative Kontraindikation dar. Mit in die Bewertung sollte die medikamentöse Therapie einfließen. Pharmaka, die bei chronisch entzündlichen Darmerkrankungen zum Einsatz kommen, sind in der Vielzahl mit einer Infektgefährdung verbunden. Hinsichtlich der sonstigen Beurteilung der medikamentösen Therapie s. Kap. 2, Medikamente.

Divertikulose

Mit steigendem Lebensalter nimmt die Häufigkeit der Divertikulose, Aussackungen der Dickdarmschleimhaut durch Muskellücken der Darmwand, zu. In den meisten Fällen bereitet dies keine Probleme, erfordert im Falle einer Entzündung (Divertikulitis) jedoch eine medizinische Behandlung. Zumeist klagen die Patienten über linksseitige Unterbauchschmerzen („Linksseiten-Appendizitis"), weitere Symptome sind ein verändertes Stuhlverhalten und Fieber. Neben einer antibiotischen Therapie bei unkomplizierten Verläufen kann bei Problemsituationen und Rückfällen eine OP notwendig sein.

Tauchtauglichkeit Generell gelten dieselben Überlegungen wie bei chronisch-entzündlichen Darmerkrankungen. Beschwerdefreie Patienten können uneingeschränkt tauchen.

Cholezystitis

Eine Entzündung der Gallenblase, Cholezystitis, führt in der Regel zu einem ausgeprägten Krankheitsgefühl mit Fieber, Bauchschmerzen und Übelkeit. Verdauungsstörungen sind obligatorisch vorhanden. Hauptursache ist das Gallensteinleiden, wobei fettreiche Speisen die Entzündung auslösen können. Meist ist eine operative Therapie notwendig.

Tauchtauglichkeit Im akuten Stadium sollte nicht getaucht werden. Nach operativer Sanierung und Beschwerdefreiheit besteht wieder Tauchtauglichkeit.

Pankreatitis

Die Bauchspeicheldrüsenentzündung (Pankreatitis) geht mit einem gürtelförmigen Oberbauchschmerz einher. Hinzutreten können Fieber, Übelkeit und Erbrechen. Nahezu die Hälfte aller Erkrankungen wird durch ein Gallensteinleiden verursacht, das durch Verlegung der Mündungswege von Galle und Pankreas zu einem Aufstau führt. Etwa gleich viele Fälle trägt in westlichen Nationen die Genussdroge Alkohol bei.

Tauchtauglichkeit Im Akutstadium besteht Tauchverbot. Nach Ausheilung kann getaucht werden.

Ileus

Eine Darmlähmung, ein Darmverschluss oder Ileus ist meist Ausdruck eines Passagehindernisses durch Narbenzüge in Folge vorausgegangener Operationen oder Tumoren. Auch Gifte, Medikamente oder neurologische Störungen können eine Darmlähmung mit begleitender Passagestörung verursachen. Die vorgeschalteten noch intakten Darmabschnitte werden durch Stuhlaufstau und Gärgasbildung erweitert. Hierbei entstehen erhebliche Schmerzen, begleitet von vegetativen Störungen, Übelkeit und Erbrechen, und ein gespannter, harter Bauch.

Begleitende vegetative Symptome wie z. B. Übelkeit und Brechreiz erhöhen das Aspirations- und damit Ertrinkungsrisiko. Störungen der Magen-Darm-

Passage und eine herabgesetzte Widerstandskraft der Magen-Darm-Wand erhöhen die Gefahr eines abdominellen Barotraumas.

Grundsätzlich gilt: Jede akute Entzündung des Magen-Darm-Trakts stellt eine Kontraindikation für das Tauchen dar. Im Akutstadium bis zur Klärung und gegebenenfalls Sanierung der Ursache darf nicht getaucht werden.

Tauchtauglichkeit Sofern keine Passagestörung des Magen-Darm-Trakts vorliegt, ist bei stabilen Krankheitsstadien oder nach Abheilung Tauchen möglich.

19.2.4 Vermehrte Gasbildung im Magen-Darm-Trakt

Neben diversen Lebensmitteln wie z. B. Bohnen kann auch ein Stuhlverhalt, meistens aufgrund von Flüssigkeitsmangel (Koprostase), zu einer vermehrten Faulgasbildung im Darmtrakt führen. Durch die Dehnung des Darms können starke Bauchschmerzen mit begleitendem Unwohlsein auftreten.

Entwickeln sich diese Gärgase unter Druck so können beim Auftauchen Beschwerden auftreten. Darmeinrisse entstehen jedoch selten, da meist ein Abstrom der Gase in andere Darmbereiche und damit eine lokale Druckentlastung noch möglich ist.

Direkt vor dem Tauchen sollen keine großen und schweren Mahlzeiten eingenommen werden. Es sollte auf stark blähende Nahrungsmittel verzichtet werden. Schon aufgrund des erhöhten DCI-Risikos sollte immer auf eine ausreichende Flüssigkeitszufuhr geachtet werden. Somit wird auch die Verdauung positiv beeinflusst.

19.3 Leber- und Tumorerkrankungen, Operationen

19.3.1 Hepatitis

Infektiöse Hepatitisformen
▶ Hepatitis A: akut verlaufende, in der Regel selbst limitierende Hepatitis mit fäkal-oralem Übertragungsweg und gastroenteritischen Symptomen. Achtung: hoch ansteckend. Übertragung durch Schwimmen in kontaminiertem Gewässer beschrieben. Impfung verfügbar.

- Hepatitis B: akut und chronisch verlaufende Hepatitis mit Übertragung durch Sexualkontakt oder Blutprodukte. Impfung verfügbar.
- Hepatitis C: akut und chronisch verlaufende Hepatitis mit Übertragung durch Sexualkontakt oder Blutprodukte. Hoch kontagiös!
- Hepatitis D: Begleitinfektion bei Hep. B, führt zu einem aggravierten Verlauf.
- Hepatitis E: akut verlaufende, selbst limitierende Hepatitis mit fäkaloralem Übertragungsweg und gastroenteritischen Symptomen.

Medikamententoxische Hepatitis

Die Hepatitis ist eine akut oder chronisch verlaufende Entzündung der Leber, die meistens durch eine Virusinfektion oder Autoimmunerkrankung, aber auch durch andere Ursachen wie mechanische, physikalische und toxische Schädigung ausgelöst werden kann. Sofern die Entzündung nicht folgenlos abheilt, wird das untergegangene Lebergewebe durch Narbengewebe ersetzt und es entsteht eine Fibrose bzw. Leberzirrhose (siehe 19.4.2).

Entsprechend gängiger Empfehlungen der Sportmedizin sind intensivere Belastungen ab einem Serum-Bilirubin von < 1,5 mg/dl erlaubt, so dass hiernach keine Einschränkung mehr vorliegt.

Zu beachten ist die Einnahme von Virustatika, die die Tauchtauglichkeit beeinflussen können und u. a. Schwindel, Übelkeit, Durchfall, psychiatrische Symptome oder Erschöpfungszustände bedingen. Weiterhin sind entsprechende Hygienemaßnahmen zu beachten, da die Möglichkeit einer Virusübertragung durch Schleimhautverletzungen (z. B. bei Benutzung des gleichen Atemreglers) gegeben ist.

Die Hepatitis kann auch mit einer antiviralen Kombinationstherapie behandelt werden, wobei die Medikamente z. T. sehr lange eingenommen werden müssen.

Weitere Informationen zu den einzelnen Medikamenten und ihrem Einfluss auf die Tauchtauglichkeit s. Kap. 2, Medikamente.

Tauchtauglichkeit Im Stadium der akuten Hepatitis, unabhängig deren Genese, sind körperliche Extrembelastungen zu meiden, und daher besteht hier auch eine Kontraindikation zum Tauchen.

Bei chronischer Hepatitis kann getaucht werden, wenn sich die Krankheit in einer stabilen Phase befindet, die Therapie stabil etabliert ist, andere die sonstigen Tauchtauglichkeits-Kriterien erfüllt sind und keine Zeichen einer Leberzirrhose (siehe 19.3.2) nachweisbar sind.

19.3.2 Leberzirrhose

 Virale Infektionen wie z. B. eine chronische Hepatitis oder Giftstoffe wie Alkohol können eine Leberzirrhose auslösen. Hierbei erfolgt ein Umbau der physiologischen Leberarchitektur, der über eine Fibrose zur Zirrhose führt und einen pseudolobulären Charakter aufweist. Die Folge ist neben einer verminderten Synthese- und Entgiftungsleistung des Organs, eine portale Hypertension (lokaler Bluthochdruck im Bereich der Leber) mit der Ausbildung von Umgehungskreisläufen. Diese können dann zu Hämorrhoiden oder Ösophagusvarizen führen. Bei Druckerhöhungen im Bauchraum wie z. B. beim Erbrechen können diese aufplatzen und eine lebensbedrohliche Blutung auslösen. Bei bestehenden Ösophagusvarizen mit Blutungsrisiko ist keine Tauchtauglichkeit gegeben.

Tauchtauglichkeit Eine Lebererkrankung im fortgeschrittenen Stadium ist aufgrund der reduzierten Glykogenese mit einer eingeschränkten Leistungsfähigkeit und einer erhöhten Komplikationsrate verbunden. Betroffene sind aufgrund der eingeschränkten Leistungsfähigkeit nicht tauchtauglich.

19.3.3 Anus praeter

 Bei Darmoperationen kann die Anlage eines Anus praeter (künstlicher Darmausgang) nötig werden. Bei entsprechender Handhabung und Aufklärung der Patienten ist Schwimmen und Tauchen möglich, dies zeigen auch Erfahrungsberichte Betroffener.

 Der über den künstlichen Darmausgang geklebte Auffangbeutel enthält neben dem ausgeschiedenen Stuhl auch Luft bzw. Gärgase. Entsprechend dem Boyle-Mariotte-Gesetz kann es bei schlecht geklebter Stomaplatte beim Abtauchen zu einem lokalen Barotrauma der Haut kommen, was schmerzhaft sein kann und ausschaut wie nach einer Schröpfkopfbehandlung. Während der Dekompression können sich die im Beutel befindlichen Darmgase ausdehnen und zu einer Abhebung des Beutels mitsamt Inhalt oder Platzen führen. Beide Situationen sind relativ unangenehm für Taucher, jedoch ungefährlich.

Diese Probleme können durch den Verschluss des Darmausgangs mit einer Kappe und entsprechende Aufklärung des Tauchers weitgehend vermieden werden.

Tauchtauglichkeit Die Tauchtauglichkeit richtet sich nach allgemeinen Tauchtauglichkeitskriterien. Ein Anus praeter stellt per se keine Kontraindikation für die Tauchtauglichkeit dar.

Literatur

Chanson C: Gastric and omental incarceration through an occult traumatic diaphragmatic hernia in a scuba diver. J Trauma 2002; 52: 146–148.
Cheung HY: Spontaneous pneumomediastinum in a scuba diver. Hong Kong Med J 2006; 12: 152–153.
Chopra S et al.: Overview of the management of chronic Hepatitis C virus infection. UpToDate, last update 03.04.2013
Cramer FS et al.: Stomach rupture as a result of gastrointestinal barotrauma in a Scuba diver. J Trauma 1982; 22: 238–240.
Deibert P et al.: Körperliche Aktivität bei Lebererkrankungen. Deutsche Zeitschrift für Sportmedizin 2010; 9: 201–207.
Deibert P et al.: Hepatitis und Sport. Deutsche Zeitschrift für Sportmedizin 2009; 6: 161–162.
Edge CJ et al.: Control of blood glucose in a group of diabetic scuba divers. Undersea Hyperb Med 1997: 24: 201–207.
Gutkin Z: Spontaneous pneumoperitoneum without peritonitis. Int-Surg 1992; 77: 219–223.
Haller et al.: Intestinal barotraumas after diving-mechanical ileus in incarceration of the last loop of the small intestine between a mobile cecum and sigmoid. Swiss Surg 2003; 9: 181–183.
Halpern P et al.: Rupture of the stomach in a diving accident with attempted resuscitation: a case report. Br J Anaesth 1986; 58: 1059–1061.
Halpern P et al.: Rupture of the stomage in a diving accident with attempted resuscitation. N Eng J Med 1993; 329: 542–544.
Harker CP et al.: The roentgenographic findings associated with air embolism in sport scuba divers. J Emerg Med 1993; 11: 443–449.
Hassen-Khodja R et al.: Les ruptures gastriques par accident de plongee. A propos de 2 cas, revue de la litterature. J Chir Paris 1988; 125: 170–173.
Hillman KM: Pneumoperitoneum – a review. Crit Care Med 1982; 10: 476–481.
Huls G et al.: Bleomycin and scuba diving: to dive or not to dive. Neth J Med 2003; 61: 50–53.
Hunter JD et al.: Conservative management of gastric rupture following scuba diving. J Accid Emerg Med 1998; 15: 116–117.
Johnson LF et al.: Gastroesophageal dynamics during immersion in water to the neck. J Appl Physiol 1975; 38: 449–454.
Kotz J et al.: Pneumoperitoneum after diving – 2 clinical cases and literature review. Int Marit Health 2005; 56: 135–145.
Kusch NL: Hyperbaric oxygenation in the comprehensive treatment of children who had operations on the abdominal organs. Klin Khir 1991; 6: 47–49.

Lee R et al.: A case of free air in the peritoneum. West J Med 1995; 163: 387–388.
Lok A et al.: Overview of the management of Hepatitis B and case examples. UpToDate, last update 07.02.2013.
Lundgren CD: Nausea and abdominal discomfort-possible relation to aerophagia during diving: an epidemiologic study. Undersea Biomed Res 1975: 2: 155–160.
Margreiter R et al.: Das positive Barotrauma des Magens. Zentralbl Chir 1977; 102: 226–230.
Mihos P et al.: Sports-related spontaneous pneumomediastinum. Eur J Cardiothorac Surg 2000; 18: 64–655.
Molenat FA, Boussuges AH: Rupture of the stomach complicating diving accidents. Undersea Hyperb Med 1995; 22: 87–96.
Mueller PH, Franke A, Benninger J: Severe esophageal bleeding after scuba diving: a case report. Undersea Hyperb Med 2004; 3: I116.
Mularski RA et al.: Pneumoperitoneum: a review of nonsurgical causes. Crit Care Med 2000; 28: 2638–2644.
Nguyen MH: Massive variceal bleeding caused by scuba diving. Am J Gastroenterology 2000; 95: 3677–3678.
Nguyen MH, Ernsting KS, Proctor DD: Massive variceal bleeding caused by scuba diving. Am J Gastroenterol 2000; 95: 3677–3678.
Novomesky F: Gastro-esophageal barotraumas in diving: similarities with mellory weiss syndrome. Soud Lek 1999; 44: 21–24.
Oh ST: Massive pneumoperitoneum after scuba diving. J Korean Med Soc 2003; 18: 281–283.
Petri NM et al.: Gastric rupture in a diver due to rapid ascent. Croat Med J 2002; 43: 42–44.
Rashleigh-Belcher HJ, Ballham A: Pneumoperitoneum in a sports diver. Injury 1984; 16: 47–48.
Rose DM, Jarczyk PA: Spontaneous pneumoperitoneum after scuba diving. JAMA 1978; 239: 223.
Schriger DL et al.: Shoulder pain and pneumoperitoneum following a diving accident. Ann Emerg Med 1987; 16: 1281–1284.
Titu LV et al.: Gastric barotraumas in a scuba diver: report of a case. Surg Today 2003; 33: 299–301.
Tola M, Portoghese A: [Pneumoperitoneum caused by barotrauma. Laparoscopic approach to an unrecognized pathology] Lo pneumoperitoneo da barotrauma. Approccio laparoscopico ad una patologia misconosciuta. Minerva Chir 1997; 52: 1113–1116.
Tskhai VF: A rare case of intestinal barotraumas. Vestn Khir Im I I Grek 1990; 145: 64.
Vuilleumier H et al.: Rupture gastrique secondaire a un barotraumatisme dans le cadre d'un accident de plongee. A propos d'une observation et revue de la litterature. Swiss-Surg 1995: 226–229.
Waller SO: Autopsy features in scuba diving fatalities. Med J Aust 1970; 1: 1106–1108.
Wang J et al.: Diver with acute abdominal pain, right leg paresthesias and weakness: a case report. Undersea Hyperb Med 2002; 29: 242–246.
Xeridat B et al.: Pneumoperitoine apres plongee profonde. A propos de 2 cas. Presse Med 1983; 12: 173.

20 Nephrologie

Beim Tauchen führt eine immersionsbedingte Blutumverteilung aus der Peripherie in die thorakalen Gefäße zu einer Volumenbelastung der Vorhöfe des Herzens und in der Folge zum Phänomen des vermehrten Harndrangs beim Tauchen. Dieser in der Literatur als „Taucherdiurese" bekannte Effekt ist die Folge einer durch Vorhofdehnung bedingten Freisetzung des atrialen natriuretischen Peptid (ANP) bei gleichzeitiger Hemmung der Freisetzung von antidiuretischem Hormon (ADH), was zu einer Erhöhung der glomerulären Filtrationsrate mit erhöhter Urinausscheidung führt.

Erkrankungen der Niere, die mit einer verminderten Filtrationsleistung (Niereninsuffizienz) einhergehen, können daher beim Tauchen zu Problemen führen. Die verminderte Filtrationsleistung der Nieren ist in der Mehrzahl der Fälle die Folge einer oder mehrerer Grunderkrankungen, die zusätzlich die Tauchtauglichkeit beeinflussen können.

20.1 Niereninsuffizienz

Als Niereninsuffizienz wird eine Unterfunktion einer oder beider Nieren bezeichnet, in deren Folge es zu einer Abnahme der Filtrationsleistung der Nieren kommt. Dadurch kommt es im Blut zu einem Anstieg harnpflichtiger Substanzen (z. B. Kreatinin, Harnstoff u. a.). Eine Niereninsuffizienz kann akut (z. B. im Rahmen von schweren Infektionserkrankungen) oder chronisch auftreten.

Eine chronische Niereninsuffizienz geht meist mit einem langsamen, über Monate oder Jahre voranschreitenden Verlust der Nierenfunktion einher. Die chronische Niereninsuffizienz kann vielfältigste Ursachen haben, die häufigsten Ursachen sind der arterielle Bluthochdruck, koronare Herzerkrankung (KHK) und ein Diabetes mellitus.

Die chronische Niereninsuffizienz kann in verschiedene Schweregrade (Stadien) eingeteilt werden, wobei unterschiedliche Einteilungsarten klinisch gebräuchlich sind.

Eine der gebräuchlichsten Stadieneinteilungen bewertet die glomeruläre Filtrationsrate (GFR, Tabelle 20.1) der Niere, wobei die GFR das Gesamtvolumen des Primärharns angibt, das von allen Glomeruli beider Nieren in einer definierten Zeiteinheit gefiltert wird (Tabelle 20.2).

Tabelle 20.1: Glomeruläre Filtrationsrate (GFR) der Niere

Die GFR wird als Kreatininclearence gemessen bzw. als eGFR aus dem Blutkreatininwert näherungsweise nach verschiedenen Formel errechnet, die für den Gesunden nur bedingt geeignet sind. Referenzwerte sind methoden-, alters- und geschlechtsabhängig und sind dem jeweiligen Laborbefund zu entnehmen. Aus Vereinfachungsgründen wird hier die eGFR verwendet. Orientierend gelten für Erwachsene als Normalwerte (s. Thomas et al. 2005, S. 541)

Plasma Kreatinin	weiblich	44–80 µmol/l
	männlich	62–106 µmol/l
Urin-Konzentration (UK)	weiblich < 40 J	1,4–2,9 mmol/l
	weiblich > 40 J	1,3–2,9 mmol/l
	männlich < 40 J	2,1–3,5 mmol/l
	männlich > 40 J	1,9–2,9 mmol/l
Tagesausscheidung	weiblich	7–14 mmol/d
	männlich	9–21 mmol/d

GFR (bezogen auf eine Körperoberfläche von 1,73 m^2): 95–160 ml/min

Tabelle 20.2: GFR-Kategorien (nach KDIGO 2012)

GFR-Kategorie		(ml/min/1,73 m^2)
G1	Normal oder hoch	≥ 90
G2	Mild eingeschränkt	60–89
G3a	Mild bis moderat eingeschränkt	45–59
G3b	Moderat bis schwer eingeschränkt	30–44
G4	Schwer eingeschränkt	15–29
G5	Nierenversagen	< 15

Sehr häufig stellen schon die Begleiterkrankungen, die zur Niereninsuffizienz geführt haben, und die daraus resultierende Funktionseinschränkung ein ernstzunehmendes Problem bezüglich allgemeiner Tauchtauglichkeit dar. Typische Symptome einer höhergradigen Niereninsuffizienz können unmittelbar zu einer Gefährdung beim Tauchen führen oder eine Symptomatik tauchspezifischer Erkrankungen verschleiern. Symptome wie Pruritus, Parästhesien, Kopfschmerzen und Müdigkeit spielen hier vor allem in der Abgrenzung zum Dekompressionsunfall eine Rolle. Daher muss genau unterschieden werden, ob und in welchem Ausmaß einzelne Symptome schon vor dem Tauchen vorgelegen haben und welche nicht. Diesbezüglich ist auch der Patient aufzuklären.

Bei Herzinsuffizienz bzw. Lungenstauung besteht ein erhöhtes Risiko für ein immersionsbedingtes Lungenödem, da die Blutumverteilung in den Thorax beim Tauchen die kardiale Vor- und Nachlast erhöht.

Tauchtauglichkeit Die Entscheidung zur Erteilung der Tauchtauglichkeit richtet sich nach dem Allgemeinzustand des Patienten und dem Stadium der Niereninsuffizienz. Hier spielt die zum Zeitpunkt der Tauglichkeitsuntersuchung aktuelle Nierenfunktion und der zeitliche Gesamtverlauf der Erkrankung eine Rolle. Hiernach richtet sich auch das Untersuchungsintervall zur Feststellung der Tauchtauglichkeit. Eine Mitbeurteilung des behandelnden Facharztes ist hier von entscheidender Bedeutung.

20.1.1 Glomerulonephritis

Die häufigste Ursache einer chronischen Niereninsuffizienz ist die Glomerulonephritis. Bei der Glomerulonephritis handelt es sich um eine entzündliche Erkrankung der Nieren, die die kleinste Funktionseinheit des Nierenparenchyms betrifft, die Nierenkörperchen (Glomerula). Vermutlich handelt es sich um eine Autoimmunerkrankung, deren eigentliche Ursachen noch weitgehend unbekannt sind und von der es eine Vielzahl histologisch unterschiedlicher Unterformen gibt.

Die Glomerulonephritis geht mit einem fortschreitenden Verlust der Nierenfunktion einher und kann zum nephrotischen Syndrom führen. Hierbei verursacht eine Proteinurie (Eiweißverlusten über den Urin) eine Hypoproteinämie (verminderter Eiweißgehalt des Blutes) mit Ödementwicklung.

Sowohl die fortschreitende Niereninsuffizienz als auch die Begleiterscheinungen i.R. des nephrotischen Syndroms können einen massgeblichen Einfluss auf die Dekompressionsphysiologie haben.

Tauchtauglichkeit Eine fortgeschrittene Glomerulonephritis mit nephrotischem Syndrom stellt daher eine Kontraindikation für den Tauchsport dar. Die Entscheidung zur Erteilung der Tauchtauglichkeit richtet sich nach dem Allgemeinzustand des Patienten und v. a. nach der Nierenfunktion (s. Tabelle 20.1). Die Intervalle der Tauchtauglichkeitsuntersuchungen sind nach fachärztlicher Rücksprache mit den behandelnden Kollegen festzulegen.

20.1.2 Interstitielle Nephritis

 Die interstitielle Nephritis ist eine seltene entzündliche Reaktion des Nierengewebes (Nierentubuli) auf unterschiedlichste Schädigungsmechanismen wie z. B. Giftstoffe, Medikamente, Virusinfektionen oder Strahleneinwirkung.

Die interstitielle Nephritis ist eine akute Erkrankung, meist vereint mit Fieber, Gelenkschmerzen und grippalen Symptomen. Auch nach Ausschalten der schädigenden Noxe ergibt sich in ca. 40 % der Fälle eine chronische Nierenerkrankung.

Tauchtauglichkeit Während einer interstitiellen Nephritis besteht Tauchverbot.

20.1.3 Pyelonephritis

 Als Pyelonephritis bzw. Nierenbeckenentzündung wird eine akute, meist durch bakterielle Infektionen verursachte Entzündung des Nierenparenchyms bezeichnet, die sowohl einseitig als auch beidseitig auftreten kann.

Eine akute Pyelonephritis ist eine schwere infektiöse, fieberhafte Erkrankung die meist eine stationäre Behandlung erfordert.

Tauchtauglichkeit Während einer Pyelonephritis besteht strenges Tauchverbot. Auch 6 Wochen nach ausgeheilter Pyelonephritis sollte auf das Tauchen verzichtet und jegliche Form der Kälteexposition gemieden werden. Bei wiederkehrenden Pyelonephritiden muss eine urologische Ursachenabklärung vor Wiederaufnahme des Tauchsports erfolgen.

20.1.4 Zystennieren

Bei Zystennieren handelt es sich um eine vererbbare Erkrankung, bei der es zur Ausbildung multipler, flüssigkeitsgefüllter Zysten in den Nieren kommt, was zu einer Funktionsbeeinträchtigung der Nieren bis zum terminalen Nierenversagen führen kann. Im Gegensatz zu einer einzelnen Nierenzyste (s. unten) handelt es sich bei Zystennieren um eine relevante Nierenerkrankung. Zystennieren erfordern in den meisten Fällen eine komplexe nephrologische Betreuung. Bei Ausbildung von funktionslosen Nieren mit lokalen

Komplikationen erfordert dies ggf. eine chirurgische Therapie (Nephrektomie).

 Zystennieren können durch zunehmenden Funktionsverlust in der Niereninsuffizienz münden, sie können ursächlich für Bluthochdruck oder rezidivierende Harnwegsinfekte sein.

Tauchtauglichkeit Mit zunehmender Erkrankung und Ausbildung einer Niereninsuffizienz ergibt sich hier auch die Kontraindikation für den Tauchsport.

20.1.5 Nierenzysten

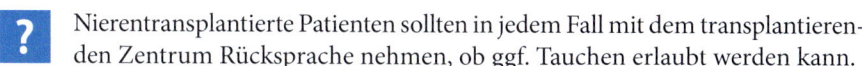 Nierenzysten sind einzelne, flüssigkeitsgefüllte und von einer Kapsel umgebene Hohlräume im Nierenparenchym, die in der Regel ohne klinische Symptomatik vorliegen und meist zu keiner Nierenfunktionseinschränkung führen. Sie haben keine krankhafte Bedeutung. Da Nierenzysten in der Regel weder Beschwerden verursachen, noch zu einer Beeinträchtigung der Nierenfunktion führen, haben sie keine tauchmedizinische Relevanz.

Tauchtauglichkeit Bei bekannten Nierenzysten evtl. Kontrollsonografie vor der Tauchtauglichkeitsuntersuchung, sonst Beurteilung nach allgemeinen Tauchtauglichkeitskriterien.

20.1.6 Nierentransplantierte Patienten

 Nierentransplantierte Patienten sollten in jedem Fall mit dem transplantierenden Zentrum Rücksprache nehmen, ob ggf. Tauchen erlaubt werden kann.

Nach Nierentransplantation müssen eine Vielzahl von Medikamenten eingenommen werden, die vor allem die Immunabwehr beeinflussen (siehe Kap. 2, Medikamente).

Tauchtauglichkeit Die aktuelle Einschätzung der Transplantatgefährdung und der Medikamentennebenwirkungen erfolgt in Absprache mit dem betreuenden Nephrologen, die Tauchtauglichkeitsbeurteilung mit entsprechenden nephrologischen Befunden.

Relative Kontraindikationen	Absolute Kontraindikation
– Chronische Glomerulonephritis in Abhängigkeit von Nierenfunktion mit normaler Leistungsfähigkeit – Chronische Pyelonephritis in Abhängigkeit von Nierenfunktion – Zystennieren in Abhängigkeit von Nierenfunktion oder in Abhängigkeit von rezidivierenden Begleiterkrankungen – Beginnende Niereninsuffizienz mit guter Leistungsfähigkeit	– Fortgeschrittene Niereninsuffizienz mit Herzinsuffizienz u. Lungenstauung – Akute Glomerulonephritis – Chronische Glomerulonephritis mit nephrotischem Syndrom – Akute interstitielle Nephritis bis zur vollständigen Ausheilung – Akute Pyelonephritis bis 6 Wochen nach Ausheilung – Zystennieren ohne hinreichende Abklärung

Literatur

Go AS et al.: Chronic kidney disease and the risks of death, cardiovascular events, and hospitalization. N Engl J Med 2004; 351: 1296–1305.
Joss N et al.: Granulomatous interstitial nephritis. Clin J Am Soc Nephrol 2007; 2: 222–230.
KDIGO 2012: Clinical Practice Guideline for the evaluation and management of chronic kidney disease. Suppl. 3. Nr. 1, 2013, S. 1–150. www.kidney-international.org
Kottgen A, Russell SD, Loehr LR et al.: Reduced kidney function as a risk factor for incident heart failure: The Atherosclerosis Risk in Communities (ARIC) Study. J Am Soc Nephrol 2007; 18: 1307–1315.
Kühn W, Walz G: Autosomal dominante polyzystische Nierenerkrankung. Dtsch Arztebl 2007; 104: A3022–3028.
Kwan BC, Kronenberg F, Beddhu S, Cheung AK: Lipoprotein metabolism and lipid management in chronic kidney disease. J Am Soc Nephrol. 2007; 18: 1246–1261.
Levey AS, Greene T, Kusek JW, Beck GJ, MDRD Study Group: A simplified equation to predict glomerular filtration rate from serum creatinine [Abstract]. J Am Soc Nephrol 2000; 11: A0828.
Levey AS, Coresh J, Greene T, Marsh J, Stevens LA, Kusek JW, Van Lente F: Expressing the modification of diet in renal disease study equation for estimating glomerular filtration rate with standardized serum creatinine values. Clin Chem 2007; 53: 766–772.
Park YS et al.: Renal function in hyperbaric environment. Appl Human Sci 1998; 17: 1–8.
Rim H et al.: Effect of physical exercise on renal response to head-out water immersion. Appl Human Sci 1997; 16: 35–43.
Stamm WE, Hooton TM: Management of urinary tract infections in adults. N Engl J Med 1993; 329: 1328–1334.
Thomas L, Ansorg R, Arndt T, Barlage T. Labor und Diagnose: Indikation und Bewertung von Laborbefunden für die medizinische Diagnostik. 6. Aufl. Frankfurt: Th-Books, 2005.
Tonelli M et al.: Chronic kidney disease and mortality risk: a systematic review. J Am Soc Nephrol 2006; 17: 2034–2047.

21 Urologie

Im Bereich der Nieren und des ableitenden Harntrakts können funktionelle Speicher- und Entleerungsstörungen auftreten. Es kann zu entzündlichen oder tumorösen Veränderungen sowie zu speziellen urologischen Erkrankungen wie Harnsteinbildung kommen. Die Immersion, die Kälteeinwirkung und die Dehydratation beim Tauchen können Risiken nach sich ziehen, die auch aus urologischer Sicht den Tauchsport ganz verbieten oder in Einzelfällen zumindest einschränken. Die ungehinderte Urinproduktion und Ausscheidung sind essentielle Körperfunktionen. Störungen, die mittel- oder langfristig bestehen, können ernsthafte gesundheitliche Funktionsverluste hervorrufen. Neben massiven Beeinträchtigungen des Wasser-Elektrolyt-Haushalts durch Niereninsuffizienz können auch starke Schmerzsymptomatiken wie beispielsweise bei einer Nierenkolik die Sicherheit beim Tauchen beeinträchtigen. Da die überwiegende Mehrzahl urologischer Erkrankungen medikamentös oder chirurgisch behandelbar ist, ist ein risikoloses Tauchen nach Abschluss der Behandlung in der Regel möglich. Aus diesem Grund sollte bei einer entsprechenden Anamnese die Basisuntersuchung zur Tauchtauglichkeit durch urologische Untersuchungen, wie beispielsweise die Sonografie der Nieren und der Blase sowie Urinuntersuchung, ergänzt werden.

21.1 Allgemeines

21.1.1 Anamnese und Basisuntersuchung

Im Rahmen der urologischen Anamnese sollte erfragt werden, ob wesentliche Beeinträchtigungen der Blasenentleerungsfunktion, z. B. Restharnbildung bei Prostatavergrößerung oder neurogene Blasenentleerungsstörungen, bekannt sind. Häufige Nykturie (nächtliches Wasserlassen), Restharngefühl, rezidivierende Harnwegsinfekte und hohe Miktionsfrequenzen (Pollakisurie) können indirekte Hinweise auf eine Entleerungsstörung geben. Erfragt werden sollte auch eine Harnsteinbildung in der Vorgeschichte. Die Rezidivhäufigkeit nach Harnsteinbildung beträgt ca. 50 %. Ebenso sind bekannte Beeinträchtigungen der Nierenfunktion sowie urologische Voroperationen und damit einhergehende funktionelle Störungen zu erfragen. Eine Dauermedikation wird im Bereich der Urologie häufig bei benigner

Prostatahyperplasie, Harndrangsymptomatiken, Stressinkontinenz, rezidivierenden Infekten und auch zur Behandlung der erektilen Dysfunktion verordnet. Urologisch indizierte Medikamente haben häufig Nebenwirkungen, die die Tauchtauglichkeit beeinflussen können (siehe Kap. 2, Medikamente).

Die körperliche Untersuchung beinhaltet die Beurteilung des Abdomens mit Nierenlagern. Die sonografische Untersuchung des Abdomens kann die Frage klären, ob ein Harnstau vorliegt, ob Steine im Bereich der Nieren zu sehen sind und ob die Harnblase nach Miktion komplett entleert ist. Ein einfacher Urinstix kann eine Harnwegsinfektion ausschließen und weitere indirekte Hinweise auf eine urologische Erkrankung geben (Leukozyten, Erythrozyten, Eiweiß, Nitrit und pH-Wert). Sind die Anamnese und die genannte Basisuntersuchung unauffällig, ist aus urologischer Sicht keine weitere Abklärung erforderlich.

21.1.2 Weitergehende Untersuchungen

Bei urologischen Auffälligkeiten in der Basisdiagnostik sollte konsiliarisch eine urologische Abklärung erfolgen, bei der dann die urologischen Erkrankungen hinsichtlich ihrer Therapienotwendigkeit und Risikoeinschätzung bezüglich des Tauchens beurteilt werden können. Gegebenfalls können hier neben der Sonographie spezielle urologische Röntgenuntersuchungen (z. B. Ausscheidungsurogramm, Miktionszystourethrogramm, retrogrades Urethrogramm) oder endoskopische Untersuchungen wie Zystoskopie und retrograde Darstellung der Harnwege erforderlich werden. Darüber hinaus können Funktionsuntersuchungen (Nierensequenzszintigrafie zur Beurteilung der Nierenfunktion, der Funktionsseitenverteilung und der Abflussverhältnisse des oberen Harntrakts sowie Funktionsuntersuchungen der Blasenentleerung wie Uroflowmetrie und Urodynamik) ebenso indiziert sein, wie eine erweiterte Labordiagnostik.

21.2 Harnsteinerkrankung (Urolithiasis)

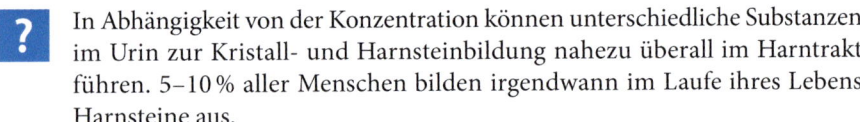

In Abhängigkeit von der Konzentration können unterschiedliche Substanzen im Urin zur Kristall- und Harnsteinbildung nahezu überall im Harntrakt führen. 5–10 % aller Menschen bilden irgendwann im Laufe ihres Lebens Harnsteine aus.

Die Gefahr der akuten Kolik besteht in dem Moment, in dem sich ein Harnstein im Nierenbeckenkelchsystem löst und in den Harnleiter fällt. Bei der

Harnleiterpassage in Richtung Blase kommt es dann zu unwillkürlichen Kontraktionen des Harnleiters, die eine heftige Schmerzsymptomatik auslösen (typischerweise wellenförmige Schmerzen in der Flanke, mit Ausstrahlung in den Unterbauch oder das äußere Genitale). Diese Schmerzsymptomatik ist prinzipiell unabhängig von der Steingröße. Häufig ist es jedoch so, dass besonders kleine Steine zu sehr heftigen Koliken führen. Kommt es zusätzlich zu einem Harnstau, besteht die Gefahr einer Funktionsbeeinträchtigung der Niere, einer Nierenkelchverletzung (sog. Fornixruptur) und dem Risiko der Infektion des aufgestauten Urins. Bei auftretendem Fieber in Verbindung mit einem Harnstau ist die endoskopische Entlastung der Niere über eine Schlauchdrainage (z. B. Harnleiterstent, sog. Pigtail, oder perkutane Nephrostomie) lebensnotwendig, da eine Urosepsis droht.

Die Behandlung eines Harnleitersteins besteht zunächst in einer spasmoanalgetischen, medikamentösen Therapie. Nach radiologischer Steingrößen- und -lagebestimmung kann entschieden werden, ob ein Stein unter medikamentöser Therapie spontan abgangsfähig ist oder ob eine operative Steintherapie in Form von Stoßwellenbehandlung (ESWL), endoskopischer Steinextraktion oder in seltenen Fällen eine Schnittoperation erforderlich ist. Bei Harnsäuresteinen ist auch eine medikamentöse Steinauflösung möglich. Dies ist allerdings langwierig und muss engmaschig kontrolliert werden.

Eine schwere Nierenkolik unter Wasser kann den Taucher, aber auch die Begleiter gefährden, da es bei starken Schmerzzuständen zu entsprechenden Panikreaktionen kommen kann.

Tauchtauglichkeit Da insbesondere die Dehydratation (Tauchurlaub in warmen Regionen, Durchfallerkrankungen) und die körperliche Anstrengung ein Risiko darstellen, dass sich vorhandene Harnsteine lösen und zu Koliken führen, sollte bei Tauchern eine Steinfreiheit des Harntrakts gefordert werden. Bei Hinweis auf Harnsteinerkrankung sollte daher vor der Tauchtauglichkeitsuntersuchung eine urologische Kontrolle gemacht werden.

Relative Kontraindikation	Absolute Kontraindikation
– Rezidivierende Steinbildner ohne derzeitige Beschwerdesymptomatik (engmaschige sonografische Kontrollen)	– Harnleiterstein, Harnstau, Schmerzsymptomatik im Rahmen einer Harnsteinerkrankung

21.3 Benigne Prostatahyperplasie (BPH)

 Die gutartige Vergrößerung der Prostata im höheren Alter ist eine häufige Erkrankung. Die alleinige Vergrößerung muss jedoch nicht zwingend zu einer Beeinträchtigung der Blasenentleerungsfunktion oder zu Beschwerden beim Wasserlassen führen. Entscheidend ist, inwieweit die Prostata dabei die prostatische Harnröhre einengt oder den Blasenboden anhebt. Hierdurch kann es zu einer subvesikalen Obstruktion kommen mit der Notwendigkeit eines erhöhten Miktionsdrucks und resultierender Abschwächung des Harnstrahls oder irritativen Symptomen wie Dysurie, Pollakisurie und Nykturie. Folgen sind eine Verdickung und Defunktionalisierung des Harnblasenmuskels sowie eine zunehmende Restharnbildung. Bei sehr fortgeschrittener Erkrankung kann es zur Schädigung des oberen Harntrakts oder zum kompletten Harnverhalt kommen. Die symptomlose BPH ohne Restharnbildung, stellt keine Kontraindikation zur Ausübung des Tauchsports dar.

 Hohe Restharnmengen sollten generell, aber insbesondere im Hinblick auf den Tauchsport urologisch kontrolliert und behandelt werden. Die offene Prostataentfernung sowie die endoskopische (transurethrale) Prostataresektion stellen nach Einhaltung der üblichen postoperativen Schonzeit keine Kontraindikation zum Tauchsport dar. Es ist in jedem Fall eine auf das Tauchen bezogene Stellungnahme des Operateurs erforderlich.

 Problematisch ist eine ausgeprägte Restharnbildung, da es beim Tauchen zu einer forcierten Diurese kommt. Die schnelle Blasenfüllung und die eingeschränkte Möglichkeit einer sofortigen Blasenentleerung bei auftretendem Harndranggefühl sowie die zusätzliche Kältewirkung durch die Wassertemperatur erhöhen das Risiko eines auftretenden Harnverhalts.

Tauchtauglichkeit Im Rahmen der Medikamentenanamnese ist auf die spezifischen möglichen Nebenwirkungen der Medikamente, die zur Therapie der BPH und dem assoziierten Symptomenkomplex eingesetzt werden, zu achten. So kann es bei Einnahmen von Alpha-Blockern zu Blutdruckabfall und Hypotonie kommen. Veränderte Akkommodationsfähigkeit, Tachykardie, Schwindel und Mundtrockenheit treten unter Dauermedikation von anticholinergen Substanzen auf.

Tauchtauglichkeit besteht bei BPH ohne Restharnbildung mit normaler Miktion auch nach Operation.

Relative Kontraindikationen	Absolute Kontraindikationen
– BPH mit symptomloser gleichbleibender Restharnbildung – Z.n. Harnverhalt ohne weitere therapeutische Konsequenzen	– BPH mit symptomatischer und zunehmender Restharnbildung – Rezidivierender Harnverhalt

21.4 Entzündliche Erkrankungen des Urogenitaltrakts

Entzündliche Erkrankungen des Urogenitaltrakts sind mit Abstand die häufigsten Erkrankungen im Bereich der Urologie. Sie sind in erster Linie schmerzhaft und nicht selten mit Fieber sowie einem allgemeinen Krankheitsgefühl vergesellschaftet. Akute Entzündungen sind meist durch Bakterien bedingt. Kälte, hygienische Probleme und geringe Urinausscheidung sind die größten Risikofaktoren, die auch beim Tauchen im Vordergrund stehen. Chronische Entzündungen des Harntrakts können jedoch auch abakteriell verlaufen.

Der einfache, unkomplizierte Harnwegsinfekt tritt aufgrund der anatomischen Verhältnisse im Urogenitalbereich am häufigsten bei Frauen auf. Bei Ausbreitung der Keime Richtung Niere kann es zu schwerwiegenderen Infektionen wie Nierenbeckenentzündungen kommen.

Der unkomplizierte Harnwegsinfekt (ohne Flankenschmerzen, Fieber und Laborveränderungen) wird mit oraler Antibiose behandelt. Schwerwiegendere Harnwegsinfektionen wie beispielsweise eine Pyelonephritis bedürfen antibiotischer Infusionstherapie und Bettruhe. Die Infektion kann sich nicht nur Richtung oberer Harntrakt ausbreiten, sondern beim Mann auch die Prostata, die Nebenhoden oder in seltenen Fällen die Hoden betreffen. Auch hier ist eine antibiotische Therapie und antiinflamatorische sowie ggf. antipyretische Medikation erforderlich. Daher ergibt sich bei jedem akuten Harnwegsinfekt kurzfristig Tauchuntauglichkeit.

Chronische Entzündungen (z. B. chronische Prostatitis) sind häufig abakteriell und demnach durch eine antibiotische Behandlung nicht zu beeinflussen. Hier sind nach Ausschluss einer Keimbesiedlung antientzündliche Medikamente und physikalische Maßnahmen notwendig.

Durch die Kältewirkung ist beim Tauchen grundsätzlich mit einer Verschlechterung einer entzündlichen Symptomatik zu rechnen.

Tauchtauglichkeit Eine akute bakterielle Entzündung verbietet wie jede andere akute Erkrankung das Tauchen. Bei rezidivierenden Harnwegsinfekten ist das Schwimmen und Tauchen als Risikofaktor anzusehen. Ist das Eintreten eines Infektrezidivs jedoch nicht mit dem Tauchen vergesellschaftet oder wird eine erfolgreiche Prophylaxe durchgeführt, kann nach urologisch-fachärztlicher Stellungnahme evtl. der Tauchsport ausgeübt werden.

Relative Kontraindikation	Absolute Kontraindikationen
– Rezidivierende Harnwegsinfekte im beschwerdefreien Intervall	– Akuter Harnwegsinfekt – Pyelonephritis (Nierenbeckenentzündung) – Akute Prostatitis – Epididymitis (Nebenhodenentzündung)

21.5 Funktionelle Abflussstörungen des oberen Harntrakts

Funktionelle Abflussstörungen können erworben oder angeboren sein. Entzündungen, Narbenbildungen nach Operationen oder systemische Erkrankungen können zu Engen im Harntrakt oder zu Verlagerung mit Kompression des Harntrakts führen. Diese Engen können prinzipiell überall im Harntrakt vom Nierenkelch über das Nierenbecken, den Harnleiter, die Harnleitermündung in die Blase, am Blasenhals oder in der Harnröhre auftreten. Zudem kann auch Gewebe außerhalb des Harntrakts auf diesen drücken, ihn komprimieren und ebenfalls eine Abflussstörung bedingen. Meist fällt diese in der Sonographie durch einen Harnstau oder eine unvollständige Blasenentleerung auf. Ob und wie eine Abflussstörung behandelt werden muss, wird vom behandelnden Urologen individuell nach bildgebender Diagnostik und ggf. einer Funktionsuntersuchung der Nieren (Nierenszintigraphie) entschieden.

Bei bestehender Abflussstörung oder entsprechenden Beschwerden kann durch die vermehrte Urinproduktion und die Kälte die Problematik während des Tauchens verschlechtert werden.

Tauchtauglichkeit Bis zur abgeschlossenen Behandlung ist das Tauchen bei symptomatischen Abflussstörungen kontraindiziert. Besteht kein funktionelles Abflusshindernis oder ist dieses operativ saniert, kann der Tauchsport bedenkenlos ausgeübt werden.

Tauchtauglichkeit besteht bei operativ behobenem Harnstau nach urologisch-fachärztlicher Freigabe.

Absolute Kontraindikation
- Harnstau bei dekompensierten Abflussverhältnissen

21.6 Neurogene Blasenfunktionsstörungen

Bei Rückenmarksverletzungen (Querschnittssyndromen) kommt es zu einem partiellen oder vollständigen Verlust der zentralen Steuerung des unteren Harntrakts. Auch andere neurologische Erkrankungen können eine so genannte neurogene Blasenfunktionsstörung verursachen, bei der das Zusammenspiel zwischen Blasenschließmuskel und Blasenkontraktion gestört ist.

Regelmäßige urologische Kontrollen dienen dazu, die optimale Harnableitungsmöglichkeit gemeinsam mit dem Patienten zu finden. Zur Senkung des Basendrucks können Medikamente gegeben werden (Achtung NW, siehe Kap. 2), Botulinum-A-Toxin kann in die Blasenmuskulatur eingespritzt oder es können noch andere operative Verfahren durchgeführt werden.

Bei willkürlicher Überaktivität der Blase und erhöhtem Blasendruck kann es zu Harnreflux in die Nieren und gefährlichen Nierenschädigungen und Entzündung kommen.

Tauchtauglichkeit Nach einem Unfall mit teilweiser oder kompletter Querschnittslähmung und begleitenden Blasenfunktionsstörungen sollte die Erstrehabilitation abgeschlossen und das Harnmanagement gut beherrscht sein, bevor die Tauchtauglichkeit beurteilt werden kann. Eine aktuelle urologische Stellungnahme sollte zur Tauchtauglichkeit vorliegen. Der Taucher muss über die Auswirkungen der Immersion auf die Harnproduktion aufgeklärt sein, und gemeinsam mit Urologen und Taucherarzt das Handling seiner Harnableitung beim Tauchen gut beherrschen. So könnte im Rahmen des Handicap-Tauchens eine Tauchtauglichkeit ausgestellt werden. Dabei sollte vom Taucherarzt enge Rücksprache mit den behandelnden Fachärzten gehalten werden.

Absolute Kontraindikation
- Keine sichere Möglichkeit der Harnableitung

Literatur

Hofstetter A: Urogenitale Infektionen. Berlin Heidelberg New York Tokio: Springer, 1999.
Jocham D, Miller K (Hrsg.): Praxis der Urologie, Band I und II, 2. Aufl. Stuttgart: Thieme, 2003.
Tiselius HG, Ackermann D, Alken P, Buck C, Conort P, Galluci M: Guidelines on urolithiasis. Eur Urol 2001; 40: 362–371.
Wagner T, Jonas U: Pharmakotherapie in der Urologie, 2. Aufl. Berlin Heidelberg New York Tokio: Springer, 2005.

22 Gynäkologie

Die Besonderheiten der weiblichen Anatomie und Physiologie bedingen spezifische Wechselwirkungen mit den physiologischen Konsequenzen des erhöhten Umgebungsdrucks beim Sporttauchen und erfordern daher eine eigenständige Betrachtung.

22.1 Allgemeines

22.1.1 DCS-Risiko der Taucherinnen

Während ursprünglich von einem prinzipiell höheren DCS-Risiko bei Frauen im Vergleich zu Männern aufgrund ihres vergleichsweise höheren Körperfettanteils ausgegangen wurde, zeigten neuere Untersuchungen, dass das DCS-Risiko für Frauen zumindest nicht höher ist als bei Männern. Einige Studien zeigen sogar ein niedrigeres Risiko, wobei die Ursachen multifaktoriell sind. Im Unterschied zu männlichen Tauchern scheint aber der Monatszyklus bzw. der hormonelle Status der Frau einen Einfluss auf die Dekompressionsempfindlichkeit von Frauen zu haben. Auch gibt es deutliche Hinweise dafür, dass, anders, als es bislang für Männer beschrieben wurde, bei einer DCS der Frau die Symptomatik auch die weibliche Brust (Mammae) in Form von Spannungsgefühl, Schmerzen und Schwellung betreffen kann. Auch gibt es deutliche Hinweise dafür, dass, anders, als es bislang für Männer beschrieben wurde, bei einer DCS der Frau die Symptomatik auch die weibliche Brust (Mammae) in Form von Spannungsgefühl, Schmerzen und Schwellung betreffen kann.

22.1.2 Hormoneller Status

Das DCS-Risiko der Taucherinnen scheint nicht gleichmäßig über die Zyklusphasen verteilt zu sein. Studien an größeren Kollektiven fanden eine signifikante Häufung der DCS-Fälle bei Frauen in der ersten Zykluswoche und eine verringerte Inzidenz in der dritten Zykluswoche, während bei Taucherinnen unter oraler Antikonzeption das Risiko gleichmäßig über den Zyklus verteilt war. Gegebenenfalls sollte Taucherinnen im Beratungsgespräch der

Tauchtauglichkeitsuntersuchung geraten werden, in der ersten Zyklushälfte bewusst konservativ zu tauchen.

22.2 Schwangerschaft und Stillzeit

22.2.1 Tauchen in der Schwangerschaft

Untersuchungen an verschiedenen Tierarten zeigten das Auftreten von Gasblasen in fetalen Gefäßen nach simulierten Tauchgängen in einer Druckkammer. Aufgrund des physiologischen Rechts-Links-Shunts bei fehlendem Lungenfilter im fetalen Kreislauf gelangen Blasen direkt in die arterielle Zirkulation. Humane Daten lassen sich nur retrospektiv mit dem entsprechenden Selektionsfehler erheben. Die hierbei erhobene Datenlage ist uneinheitlich: Manche Autoren berichten über eine erhöhte Missbildungs- oder Komplikationsrate, in anderen Erhebungen konnte dies nicht nachgewiesen werden.

Eine Behandlung mit hyperbarem Sauerstoff im Rahmen stattgehabter Tauchunfälle in der Schwangerschaft konnte nicht mit negativen Auswirkungen auf den Fetus in Zusammenhang gebracht werden.

Bei uneinheitlicher Datenlage und teils widersprüchlichen Befunden sollte, wie bei Schwangerschaft allgemein üblich, eine entsprechende Vorsicht und Zurückhaltung geübt werden. Wenn von gynäkologischer/geburtshilflicher Seite keine weiteren Kontraindikationen bestehen, ist Schwimmen und Schnorcheln während der Schwangerschaft erlaubt, vom Tauchen sollte abgeraten werden.

In der Schwangerschaft ist die Ausübung des Tauchsports von dem Augenblick an, an dem die Schwangerschaft bekannt ist, kontraindiziert. Sollte eine Taucherin nicht auf die Ausübung des Sports verzichten wollen, so ist sie über die möglichen Gefahren für sich und den Fötus aufzuklären. Ein Abbruch der Schwangerschaft allein aufgrund der Tauchanamnese (z. B. Bekanntwerden der Schwangerschaft nach einem Tauchurlaub) ist nicht indiziert.

22.2.2 Tauchen während der Stillzeit

Nach Geburt des Kindes und der kompletten Abheilung evtl. vorhandener Geburtsverletzungen ist die Tauchtauglichkeit wieder gegeben. Das vollständige Sistieren des Wochenflusses sollte abgewartet werden.

Grundsätzlich kann während der Stillzeit getaucht werden. Es empfiehlt sich, auf Folgendes hinzuweisen:

Wichtig ist eine ausreichende Flüssigkeitszufuhr der Mutter: Sowohl das Stillen, als auch das Tauchen gehen per se mit einem erhöhten Flüssigkeitsverlust und mit einem erheblichen Mehrbedarf an Flüssigkeit für die Stillende einher. Dieser Flüssigkeitsmangel muss adäquat ausgeglichen werden, weil sonst die Milchproduktion beeinträchtigt, die körperliche Leistungsfähigkeit vermindert ist und die Gefahr, einen Dekompressionsunfall zu erleiden, deutlich steigt. Gelegentlich kann es durch das Tauchen zu einem Rückgang der Milchproduktion kommen.

Tauchtauglichkeit Kommt es zu einem Wundwerden oder einer Entzündung der Mamillen oder aber zur Mastitis, besteht bis zur völligen Abheilung ein Tauchverbot. Tauchtauglichkeit besteht während der Stillzeit unter den oben genannten Voraussetzungen.

Relative Kontraindikation	Absolute Kontraindikationen
– Z.n. Schwangerschaft vor Sistieren des Wochenflusses	– Schwangerschaft (ab dem Zeitpunkt, da bekannt!) – Mastitis

22.3 Erkrankungen der Brust

22.3.1 Gutartige Veränderungen der Brust

Mammareduktionsplastik

Mammareduktionsplastiken werden meist aus kosmetischen respektive orthopädischen Indikationen durchgeführt. Hierbei wird ein Teil des Brustgewebes unter Erhalt der natürlichen Form entfernt.

Tauchtauglichkeit Nach abgeschlossener Wundheilung und attestierter voller Sportfähigkeit durch den Gynäkologen bzw. Operateur besteht für das Tauchen keine Einschränkung.

Mammaaugmentationsplastik

 Die Indikation zur Mammaaugmentation wird nach Operationen gestellt, die eine brusterhaltende Technik nicht zuließen, oder aus kosmetischen Gründen. Implantate bestehen aus Silikonöl bzw. Kochsalzlösung, umgeben von einer stabilen Hülle aus Silikon.

 Da Stickstoff lipophil ist, liegt es nahe, dass sich das Silikonöl mehr als die hydrophile Kochsalzlösung der Implantate aufsättigt. Tatsächlich konnte in Untersuchungen ex vivo gezeigt werden, dass sich Stickstoffblasen im Inneren der Implantate bilden, ohne Schaden zu verursachen. In vivo dürfte eine Blasenbildung kaum möglich sein, Untersuchungen hierzu sind jedoch nicht vorhanden. Die Gefahr einer Ruptur des Implantats durch den erhöhten Umgebungsdruck scheint ausgeschlossen zu sein. Eine Untersuchung berichtet über Veränderungen der Implantatform nach 40 ex vivo Kompressionen/ Dekompressionen, die längere Zeit bestanden. Ob dies herstellerabhängig und auch in vivo möglich ist, wurde bislang nicht publiziert. Ebenso fehlen Einzelfallberichte über Veränderung der Brustform nach Augmentation durch das Tauchen. Allenfalls sind Schädigungen der Implantate durch zu enge Begurtung oder Anzüge denkbar.

Tauchtauglichkeit Nach abgeschlossener Wundheilung und attestierter voller Sportfähigkeit durch den Gynäkologen bzw. Operateur besteht für das Tauchen keine Einschränkung, vorausgesetzt, die zugrunde liegende Erkrankung und ggf. stattgehabte Operation bieten keine Kontraindikation zur Ausübung des Tauchsports.

Gutartige Geschwülste der Brust

 Gutartige Neubildungen wie Zysten, Adenome oder fibrozystische Veränderungen der Brust werden, wenn überhaupt, in aller Regel brusterhaltend ohne Entfernung der Lymphknoten operiert.

Tauchtauglichkeit Nach abgeschlossener Wundheilung und attestierter voller Sportfähigkeit durch den Gynäkologen bzw. Operateur besteht für das Tauchen keine Einschränkung.
   Tauchtauglichkeit besteht bei
   – Z.n. Mammareduktionsplastik nach abgeschlossener Wundheilung,
   – Z.n. Mammaaugmentationsplastik nach abgeschlossener Wundheilung,
   – gutartigen Geschwülsten der Brust vor Behandlung und nach abgeschlossener Wundheilung.

22.3.2 Bösartige Erkrankungen der Brust

Mammakarzinom (Brustkrebs)

Das Mammakarzinom ist mit einem Anteil von ca. 25 % der häufigste Tumor der Frau. Es betrifft jede 8.–10. Frau in ihrem Leben. Etwa 40 % aller tastbaren Knoten der weiblichen Brust sind maligne. Da durch Aufklärung der Bevölkerung und Früherkennungsprogramme das Alter der Frauen bei Erstdiagnose sinkt, sind auch aktive Taucherinnen betroffen. Hierbei gilt zu erwähnen, dass jedes 100. Mammakarzinom beim Mann auftritt und dies somit keine rein frauenspezifische Erkrankung darstellt.

Konservative Therapie. Zur konservativen Therapie des Mammakarzinoms stehen neben der Bestrahlung und klassischen Chemotherapie auch die Antikörper- und Hormontherapie zur Verfügung. Bei der Auswirkung der einzelnen Substanzen auf die Tauchtauglichkeit sei auf das Kap. 2, Medikamente, verwiesen.

Nach Strahlentherapie können aufgrund der Folgen durch Mitbestrahlung von Herz und Lunge zusätzliche Untersuchungen (HR-CT, pulmologische und kardiologische Begutachtung) sowie evtl. Rücksprache mit dem Radiologen nötig sein.

Chirurgische Therapie. Das Ausmaß der chirurgischen Therapie des Mammakarzinoms hängt von der Tumorgröße und -art, dem Alter und Allgemeinzustand der Frau und nicht zuletzt der Größe der Brust ab. Bei der brusterhaltenden Therapie (BET) wird der Tumor mit umliegendem Gewebe, ein größeres Segment oder ein Quadrant der Brust entfernt. Ist die BET nicht möglich, wird eine Ablatio mammae (Mastektomie) durchgeführt. Dabei wird meist zunächst der Wächterlymphknoten entfernt und nur bei dessen Befall eine Lymphknotendissektion der Achselhöhle durchgeführt.

Beim Auftreten von Metastasen (Knochen, Lunge, Leber, Pleura, ZNS) können diese eine Tauchtauglichkeit ausschließen; die Abhandlung findet in den entsprechenden Kapiteln statt.

Bei erheblichen und ausgedehnten Lymphödemen der oberen Extremität ist aufgrund der Abflussbehinderung ein prinzipiell erhöhtes DCS-Risiko anzunehmen. Obwohl keine Literaturangaben hierzu vorliegen, stellt dies eine relative Kontraindikation für das Tauchen dar. Bei erheblichen und ausgedehnten Lymphödemen der oberen Extremität ist evtl. vom Tauchen abzuraten.

Voraussetzung für die (Wieder-)Erlangung der Tauchtauglichkeit nach Operation ist eine abgeschlossene Wundheilung. Nach ggf. adjuvanter

Therapie sind die Auswirkungen der verwendeten Substanzen zu berücksichtigen. Zu möglichen Ausschlusskriterien wird auf Kap. 25, Tumorerkrankungen, und Kap. 2, Medikamente, verwiesen.

Durch die Strahlentherapie kann es zur Fibrosierung der Blut- und Lymphgefäße kommen. Der Rückfluss des Blutes und der Lymphe zum Herz kann dadurch behindert sein und somit auch der Abtransport des Stickstoffs bei der Dekompression. Taxolbedingte Nebenwirkungen können durch Bestrahlung verstärkt werden. Dies führt gelegentlich zu vermehrter Haut- und Schleimhautreaktion, aber auch das Pneumonitisrisiko steigt nach Bestrahlung an. Zwischen Ende der Chemo- und Strahlentherapie und erstem Tauchgang sollte 1 Jahr liegen.

Entscheidend für die Tauchtauglichkeit nach abgeschlossener operativer Therapie ist die Entfernung der Achsellymphknoten. Durch Entfernung dieser Lymphknoten ist auch der Abfluss der Lymphe und damit des Stickstoffs bei der Dekompression behindert.

Zusätzlich kann der Tauchanzug, die Bebänderung der Ausrüstung oder die Tarierweste (Stabilizing Jacket) den Lymphabfluss weiter behindern.

Tauchtauglichkeit besteht bei kurativ behandeltem Mammakarzinom sowie bei chirurgisch behandeltem Mammakarzinom ohne Axilladissektion nach Abschluss der Wundheilung.

Tauchtauglichkeit besteht frühestens 12 Monate nach Strahlentherapie und Erfüllung der allgemeinen TT-Kriterien.

Relative Kontraindikationen	Absolute Kontraindikationen
– Mammakarzinom mit eingeschränkter körperlicher Leistungsfähigkeit (evtl. Tauchen mit Einschränkungen möglich) – Erhebliche und ausgedehnte Lymphödeme der oberen Extremitäten nach Behandlung des Mammakarzinoms – Metastasiertes Mammakarzinom mit durch Metastasen bedingter eingeschränkter Tauchtauglichkeit – 6–12 Monate nach lokaler Strahlentherapie	– Erhebliche und ausgedehnte Lymphödeme der oberen Extremitäten mit stattgehabter lokaler DCS-Symptomatik im betroffenen Bereich – Pulmonale Metastasierung

22.4 Erkrankungen der weiblichen Geschlechtsorgane

22.4.1 Gutartige Erkrankungen

Dysmenorrhoe

Unter Dysmenorrhoen werden Beschwerden und Schmerzen während der Menstruation zusammengefasst, wobei zwischen primären und sekundären Dysmenorrhoen unterschieden werden kann. Bei den primären Dysmenorrhoen resultieren die Beschwerden aus der Freisetzung von Prostaglandinen und aus der daraus resultierenden Kontraktion der Muskulatur der Gebärmutter. Bei den sekundären Dysmenorrhoen resultiert die Symptomatik meist aus dem Vorliegen gynäkologischer Begleiterkrankungen wie z. B. Endometriose, Myomatose, Zysten u. a. m (s. auch dort).

Symptome der Dysmenorrhoe, wie z. B. Übelkeit, Erbrechen und Durchfall, können beim Tauchen problematisch sein, da dies zu einer Dehydratation und somit einem erhöhten Risiko für eine DCS führen kann. Bei starken Schmerzen kann auch die Konzentrationsfähigkeit beeinträchtigt sein, was u. U. die Tauchsicherheit negativ beeinflusst und die Tauchtauglichkeit daher eingeschränkt sein kann.

Primäre und sekundäre Dysmenorrhoen stellen nicht grundsätzlich eine Kontraindikation dar, die damit verbundenen Symptome können die Tauchtauglichkeit aber im Einzelfall einschränken.

Da die Symptome nur während der Regelblutung auftreten, ist in der restlichen Zykluszeit die Tauchtauglichkeit uneingeschränkt gegeben.

Hypermenorrhoe

Eine Hypermenorrhoe bezeichnet eine überstarke Regelblutung, die mit einem erhöhten Blutverlust pro Monatsblutung verbunden ist. Bei starker Ausprägung kann eine chronische (sekundäre) Anämie resultieren.

Die Hypermenorrhoe bedarf einer Abklärung der Ursache, da die Ursache in 80 % organisch ist. Dies sollte vor Ausstellung einer Tauchtauglichkeit fachärztlich abgeklärt sein.

Die ausgeprägte Hypermenorrhoe kann zu einem intravasalen Volumenmangel führen, der das DCS-Risiko erhöht. Eine begleitende Anämie geht mit einer verminderten körperlichen Leistungsfähigkeit einher.

Mit ausreichender Flüssigkeitszufuhr gibt es bei fehlender Anämie und guter körperlicher Leistungsfähigkeit keine Einschränkungen der Tauchtauglichkeit. Eine Anämie sollte allerdings als ergänzende Untersuchung sicher ausgeschlossen werden (siehe auch Kap. 17, Hämatologie).

Endometriose

Die Endometriose ist eine häufige gynäkologische Erkrankung, ca. 10 % aller Frauen erkranken zwischen Pubertät und Menopause. Sie ist eine gutartige, aber schmerzhafte chronische Wucherung des Endometriums, die außerhalb der zusammenhängenden Endometriumschicht gelegen ist (Ektopie); und innerhalb der Gebärmuttermuskulatur liegt. Eine Endometriose kann zu Dys- und Hypermenorrhoen führen (s. dort)!

Die Tauchtauglichkeit ist grundsätzlich gegeben. Nach operativer Therapie, meist durch Laparoskopie, ist die Tauchtauglichkeit nach vollständiger Wundheilung und Attestierung der vollen Sportfähigkeit durch den Gynäkologen gegeben.

Benigne Zysten der Eierstöcke (Ovarialzysten)

Benigne Ovarialzysten sind sackartige Geschwülste der Eierstöcke und können mit Flüssigkeiten unterschiedlicher Konsistenz gefüllt sein. Häufig sind Ovarialzysten nur wenige Zentimeter groß und verursachen keine Symptome. Große Zysten können jedoch gestielt sein. Dabei ist bei körperlicher Aktivität und Bewegung eine Stieldrehung möglich, die zu einem plötzlich eintretenden, sehr starken Schmerzerlebnis führt.

Kommt es während des Tauchens bei einer großen Zyste zu einer Stieldrehung, resultiert aus dem unmittelbar einsetzenden starken Schmerz eine unmittelbare und akute Gefährdung der Taucherin.

Eine Einschränkung der Tauchtauglichkeit besteht bei kleinen, symptomlosen Zysten nicht. Große, gestielte Zysten stellen eine relative Kontraindikation dar. Das Risiko einer Stieldrehung birgt beim Tauchen zusätzlich das Risiko von Panik unter Wasser. Daher wird zur operativen Sanierung großer gestielter Zysten geraten.
  Die Tauchtauglichkeit besteht nach operativer Therapie und abgeschlossener Wundheilung.

Myome der Gebärmutter (Uterus)

Myome sind gutartige Tumoren der Muskelzellen, in diesem Fall der Muskelzellen der Gebärmutter. Größere Myome sind eine der Ursachen für Dys- und Hypermenorrhoen. Sehr große Myome können durch Verdrängung andere Organe kompromittieren.

Grundsätzlich beeinträchtigen Myome der Gebärmutter die Tauchtauglichkeit nicht. Sehr große Myome mit Kompromittierung anderer Organe schließen die Tauchtauglichkeit aus. Die Tauglichkeit kann nach abgeschlossener chirurgischer Therapie neu beurteilt werden.

Benigne Erkrankungen der Vagina und Vulva
 Die für die Tauchtauglichkeit relevanten Erkrankungen umfassen vor allem Infektionen in diesem Bereich.

Bei vorbestehenden Infektionen und der dadurch entstandenen Diskontinuität der (Schleim-)Hautbarriere kann es durch den Kontakt mit verunreinigtem Wasser zu Superinfektionen kommen. Hierdurch kann die Tauchtauglichkeit eingeschränkt sein. Dies gilt nicht in gleichem Maße für Tauchgänge mit Trockentauchanzug.

Bestehende Infektionen stellen bis zur Ausheilung eine relative Kontraindikation für das Tauchen dar.

Senkung der Gebärmutter (Descensus uteri und Prolaps uteri)
Beim Descensus uteri senkt sich aufgrund einer Schwäche des Beckenbodens die Gebärmutter. Beim Prolaps uteri gelangt der Muttermund sowie die nach außen gewölbte Scheide außerhalb des Körpers. Die konservative Therapie besteht in der Einlage eines Pessars, die chirurgische Therapie besteht in der Entfernung der Gebärmutter (Hysterektomie) und einer plastischen Verstärkung des Beckenbodens (unterschiedliche chirurgische Techniken).

Schweres Heben und Pressen, wie es beim Tauchen durch Anlegen der Ausrüstung, Durchführung des Valsalva-Manövers u. a. m vorkommt, kann die Symptomatik verstärken.

 Die Tauchtauglichkeit ist grundsätzlich nicht eingeschränkt, auf die Möglichkeit einer Befundverschlechterung durch Heben und Pressen ist jedoch hinzuweisen. Eine Pessareinlage beeinträchtigt die Tauchtauglichkeit nicht. Wird eine Hysterektomie durchgeführt, bedarf es der vollständigen Wundheilung, bevor eine Tauchtauglichkeit wieder gegeben ist. Bei unkompliziertem Heilungsprozess ist nach ca. 8 Wochen die Vollbelastung möglich und somit auch der Zeitpunkt für eine aktuelle Beurteilung der Tauchtauglichkeit.

Inkontinenz
Bei der Inkontinenz kommt es zum ungewollten Abgang von Harn z. B. bei körperlicher Belastung oder aufgrund neurologischer Störungen.

Außer hygienischen Faktoren gibt es keine Einschränkungen der Tauchtauglichkeit.

Tauchtauglichkeit besteht bei
- Dysmenorrhoe im beschwerdefreien Intervall,
- Hypermenorrhoe mit fehlender oder geringer Anämie und guter körperlicher Leistungsfähigkeit,
- Endometriose,
- kleineren benignen Ovarialzysten,
- Uterus myomatosus,
- Descensus uteri,
- Prolaps uteri,
- Inkontinenz.

Relative Kontraindikationen	Absolute Kontraindikationen
– Dysmenorrhoe mit starken akuten Beschwerden – Hypermenorrhoe mit ausgeprägter Anämie und dadurch eingeschränkter körperlicher Leistungsfähigkeit	– Große, gestielte Ovarzysten bis zum Abschluss der operativen Therapie – Z.n. Hysterektomie bis zur vollständig abgeschlossenen Wundheilung bzw. 8 Wochen nach OP – Akute Infektionen von Vulva und Vagina – Sehr große Myome mit Organverdrängung

22.4.2 Bösartige Erkrankungen

Malignome der Eierstöcke (Ovarialkarzinome)

 Ovarialkarzinome gehen definitionsgemäß vom Epithelgewebe der Ovarien aus. Andere bösartige Tumore wie embryonale Karzinome oder Chorionkarzinome sind selten, betreffen aber jüngere Frauen. Diese werden möglichst im Ganzen chirurgisch entfernt, gefolgt von einer adjuvanten Chemotherapie.

Konservative Therapie. Ovarialkarzinome sprechen nur schlecht auf eine Hormon- oder Strahlentherapie an. Palliativ kommt die Chemotherapie zum Einsatz.

Chirurgische Therapie. Der kurative chirurgische Therapieansatz des Ovarialkarzinoms umfasst neben der Hysterektomie auch die beidseitige Entfernung der Adnexen, die Appendektomie, die Resektion des Netzes und die Entfernung der iliakalen und paraaortalen Lymphknoten.

Bei Lymphabflussstörungen durch die Therapie (Z.n. Lymphknotenexstirpation) ist auch der Abtransport des Stickstoffs während der Dekompression behindert. Hieraus kann ein erhöhtes DCS-Risiko resultieren.

Hat noch keine Metastasierung stattgefunden, ist die Tauchtauglichkeit nach Abschluss der Wundheilung sowie der adjuvanten Chemotherapie gegeben, vorausgesetzt die körperliche Fitness ist wieder hergestellt. Frühestens jedoch ca. 8 Wochen nach der Operation. Gegebenenfalls vorhandene Metastasen können abhängig von ihrer Lokalisation und Größe die Tauchtauglichkeit einschränken oder ausschließen.

Die anschließende Tauchtauglichkeit beruht auf einer Einzelfallentscheidung, die neben der Tumorausbreitung auch dem Allgemeinzustand der Patientin Rechnung tragen muss. Eine generelle Aussage ist nicht möglich (siehe auch Kap. 25, Tumorerkrankungen).

Malignome der Gebärmutter und des Gebärmutterhalses

Zu den bösartigen Tumoren der Gebärmutter zählen das Zervix- und das Korpuskarzinom. Die Behandlung ist in der Regel chirurgisch und in Abhängigkeit des Tumorstadiums eine adjuvante Chemotherapie, evtl. Strahlentherapie.

Chirurgische Therapie. Die chirurgische Behandlung besteht in der Operation nach Wertheim-Meigs respektive einer erweiterten Hysterektomie.

Bei Lymphabflussstörungen durch die Therapie ist auch der Abtransport des Stickstoffs während der Dekompression behindert. Hieraus kann ein erhöhtes DCS-Risiko resultieren.

Tauchtauglichkeit Die Tauchtauglichkeit nach Bestrahlung oder Chemotherapie beruht auf einer Einzelfallentscheidung, die neben der Tumorausbreitung auch dem Allgemeinzustand der Patientin Rechnung tragen muss. Hat noch keine Metastasierung stattgefunden, ist die Tauchtauglichkeit nach Abschluss der Wundheilung sowie der adjuvanten Therapie gegeben, vorausgesetzt, die körperliche Fitness ist wieder hergestellt. Frühestens jedoch ca. 8 Wochen nach dem Eingriff. Gegebenenfalls vorhandene Metastasen können abhängig von ihrer Lokalisation und Größe die Tauchtauglichkeit einschränken oder ausschließen.

Eine generelle Aussage ist nicht möglich (siehe auch Kap. 25, Tumorerkrankungen).

Malignome der Vagina und Vulva

Vagina- und Vulvamalignome sind seltene Erkrankungen und betreffen meist das höhere Lebensalter. Der überwiegende Anteil sind Plattenepithelkarzinome. Die Therapie besteht in der operativen Entfernung des Tumors und der inguinalen Lymphknoten ggf. mit adjuvanter Chemotherapie oder Radiatio.

Bei Lymphabflussstörungen durch die Therapie ist auch der Abtransport des Stickstoffs während der Dekompression behindert. Hieraus kann ein erhöhtes DCS-Risiko resultieren.

Tauchtauglichkeit Hat noch keine Metastasierung stattgefunden, ist die Tauchtauglichkeit nach Abschluss der Wundheilung sowie der adjuvanten Therapie gegeben, vorausgesetzt, die körperliche Fitness ist wieder hergestellt. Frühestens jedoch ca. 6 Wochen nach dem Eingriff (siehe Kap. 25, Tumorerkrankungen).

Gegebenenfalls vorhandene Metastasen können abhängig von ihrer Lokalisation und Größe die Tauchtauglichkeit einschränken oder ausschließen.

Tauchtauglichkeit besteht bei kurativ behandelten bösartigen gynäkologischen Erkrankungen (Metastasenfreiheit) bei guter körperlicher Leistungsfähigkeit und ohne Lymphabflussstörungen.

Relative Kontraindikation	Absolute Kontraindikationen
– Kurativ behandelte bösartige gynäkologische Erkrankungen bei normaler körperlicher Leistungsfähigkeit mit Lymphabflussstörungen	– Bösartige, metastasierte gynäkologische Erkrankungen unter einer Therapie, die eine Kontraindikation darstellt – Andere Tauchtauglichkeitskriterien nicht erfüllt

Substanzen in der Behandlung von Malignomen der Frau mit besonderer Berücksichtigung beim Tauchsport

Dazu finden Sie nähere Ausführungen im Kap. 2, Medikamente und Tauchen.

Literatur

Bolton ME, Alamo AL: Lack of teratogenic effects of air at high ambient pressure in rats. Teratology 1981; 24: 181–185.

Bolton ME: Scuba diving and fetal well-being: a survey of 208 women. Undersea Biomed Res 1980; 7: 183–189.

Bolton-Klug ME Lehner CE, Lanphier EH, Rankin JH: Lack of harmful effects from simulated dives in pregnant sheep. Am J Obstet Gynecol 1983; 146: 48–51.

Camporesi EM: Diving and pregnancy. Semin Perinatol 1996; 20: 292–302.

Cresswell JE, St Leger-Dowse M: Women and scuba diving. BMJ 1991; 302: 1590–1591.

Divers Alert Network: Report on decompression illness, diving fatalities and project dive exploration. The DAN annual review of recreational scuba diving injuries and fatalities based on 1999 data. Divers Alert Network: Durham, NC, USA, 2001.

Divers Alert Network: Report on decompression illness, diving fatalities and project dive exploration. The DAN annual review of recreational scuba diving injuries and fatalities based on 2001 data. Durham, NC: Divers Alert Network; 2003.

du Bois A, Reuss A, Pujade-Lauraine E et al.: Role of surgical outcome as prognostic factor in advanced epithelial ovarian cancer: a combined exploratory analysis of 3 prospectively randomized phase 3 multicenter trials: by the Arbeitsgemeinschaft Gynaekologische Onkologie Studiengruppe Ovarialkarzinom (AGO-OVAR) and the Groupe d'Investigateurs Nationaux Pour les Etudes des Cancers de l'Ovaire (GINECO). Cancer 2009; 115: 1234–1244.

Fife CE, Fife WP: Should pregnant women scuba dive? A review of the literature. J Travel Med 1994; 1: 160–167.

Gilman SC, Greene KM, Bradley ME, Biersner RJ: Fetal development: effects of stimulated diving and hyperbaric oxygen treatment. Undersea Biomed Res 1982; 9: 297–304.

Gilman SC, Bradley ME, Greene KM, Fischer GJ: Fetal development: effects of decompression sickness and treatment. Aviat Space Environ Med 1983; 54: 1040–1042.

Grippaudo FR, Minasi P, Rocco M, Bruno A, Saracca E, Muratori L: Mammary implants: laboratory simulation of recreational diving conditions. Br J Plast Surg 2002; 55: 120–123.

Jennings RT: Women and the hazardous environment: when the pregnant patient requires hyperbaric oxygen therapy. Aviat Space Environ Med 1987; 58: 370–374.

Kruger A, Wojnowski L: Kardiotoxizität von Anthrazyklinen – ein ungelöstes Problem. Dtsch Ärztebl 2006; 103: 2393–2399.

Lee V, St Leger Dowse M, Edge C, Gunby A, Bryson P: Decompression sickness in women: a possible relationship with the menstrual cycle. Aviat Space Environ Med 2003; 74: 1177–1182.

Mahner S, Woelber L, Eulenburg C et al.: TIMP-1 and VEGF-165 serum concentration during first-line therapy of ovarian cancer patients. BMC Cancer 2010; 10: 139.

Muth CM, Radermacher P (Hrsg.): Kompendium der Tauchmedizin. 2. Aufl. Köln: Deutscher Ärzteverlag, 2007.

Muth CM: Geschlechtsspezifische Besonderheiten bei Frauen. In: Klingmann C, Tetzlaff K (Hrsg): Moderne Tauchmedizin, 2. Aufl. Stuttgart: Gentner, 2012.

Reich A, Ehrmann U, Muth CM: Gynäkologische Aspekte des Tauchens. Geburtsh Frauenheilk 2010; 70: 369–373.

St Leger Dowse M, Bryson P, Gunby A, Fife W: Comparative data from 2250 male and female sports divers: diving patterns and decompression sickness. Aviat Space Environ Med 2002; 73: 743–749.

St Leger Dowse M, Gunby A, Phil D, Moncad R, Fife C, Morsman J, Bryson P: Problems associated with scuba diving are not evenly distributed across a menstrual cycle. J Obstet Gynaecol 2006; 26: 216–221.

St Leger Dowse M, Gunby A, Moncad R, Fife C, Bryson P: Scuba diving and pregnancy: can we determine safe limits? J Obstet Gynaecol 2006; 26: 509–513.

Stock MK, Lanphier EH, Anderson DF, Anderson LC, Phernetton TM, Rankin JH: Responses of fetal sheep to simulated no-decompression dives. J Appl Physiol 1980; 48: 776–780.

Stock MK, Phernetton TM, Rankin JH: Cardiovascular effects of induced decompression sickness in sheep fetus. Undersea Biomed Res 1983; 10: 299–309.

Suter TM, Procter M, van Veldhuisen DJ et al.: Tastuzumab associated cardiac adverse effects in the Herceptin adjuvant trial. J Clin Oncol 2007; 25: 3859–3865.

Vann RD, Riefkohl R, Georgiade GS, Georgiade NG: Mammary implants, diving, and altitude exposure. Plast Reconstr Surg 1988; 81: 200–203.

Zwingelberg KM, Knight MA, Biles JB: Decompression sickness in women divers. Undersea Biomed Res 1987; 14: 311–317.

23 Orthopädie

Durch die Verschiebung der Altersgrenzen im Tauchsport in das frühe Kindesalter sowie in das höhere Lebensalter ergeben sich zunehmend häufiger orthopädische Fragestellungen im Rahmen der Tauchtauglichkeitsuntersuchung.

Der Bewegungsapparat wird beim Tauchsport in dreierlei Hinsicht beansprucht: Einerseits durch die ausrüstungsbedingte zusätzliche Gewichtsbelastung an Land oder bei schwierigen Einstiegen ins Wasser, andererseits durch die Bewegung gegen den Wasserwiderstand und drittens durch die ausrüstungsbedingte Hyperlordosierung der Hals- und Lendenwirbelsäule beim Tauchen selbst. Dies bedeutet für Muskeln, Sehnen, Bänder und Gelenke eine höhere Belastung und erfordert mehr Kraftaufwand. Während Verschleißerkrankungen mit Einschränkungen der Beweglichkeit, Unfallfolgen, Operationen sowie Gelenkersatz typischerweise vermehrt in der zweiten Lebenshälfte auftreten, sind im Kindesalter zur Beurteilung der Tauchtauglichkeit Fehlbildungen und vor allem die altersspezifischen Wachstumsprozesse zu berücksichtigen. Wachstum erzeugt physiologische Schwachstellen im kindlichen Skelettsystem. Diese Schwachstellen müssen beim Tauchsport besonders beachtet werden (siehe auch Kap. 5, Kinder und Jugendliche).

? Zusammenfassend ergeben sich für die Tauchtauglichkeitsuntersuchung aus orthopädischer Sicht:
- ▶ Bewertung der Stabilität von Knochenstrukturen und Weichteilen,
- ▶ Konsequenzen einer möglichen Bewegungseinschränkung,
- ▶ Verschlechterung von bestehenden Erkrankungen durch kritische Stickstoffaufsättigung oder mechanische Beanspruchung,
- ▶ Wirkungen von Medikamenten zur Behandlung orthopädischer Erkrankungen (siehe auch Kap. 2, Medikamente),
- ▶ Beurteilung der kindlichen Skelettreife unter Berücksichtigung der Wachstumsschübe mit den damit verbundenen möglichen Risiken sowie die Risikoeinschätzung einer Dekompressionserkrankung.

Die Tauchtauglichkeit hängt in erster Linie vom individuellen Erkrankungs- und Heilungsverlauf ab. Demgemäß stellen die folgenden Empfehlungen nur Richtlinien dar. Die Freigabe zum Tauchen muss individuell vom betreuenden Arzt oder Taucherarzt beurteilt werden.

23.1 Allgemeines

Gelenke, Bänder, Sehnen, Knorpel und Knochen haben eine lange Halbwertszeit (HWZ) im Rahmen der Stickstoffkinetik. Kritische Stickstoffpartialdrücke, die zu Bläschenbildung führen können, sind in diesen Geweben erst bei sehr langen, tiefen oder Wiederholungstauchgängen zu erwarten. Allerdings haben langsame Gewebe eine geringe Toleranz gegenüber einem erhöhten Stickstoffpartialdruck (Kumulation von Stickstoff).

Muskulatur besitzt eine HWZ von 100–240 min und zählt im Rahmen der Stickstoffelimination zu den so genannten mittelschnellen Geweben. Diese können für eine Dekompressionssymptomatik verantwortlich sein. Deshalb ist bei entzündlichen Muskelerkrankungen oder akuten muskulären Verletzungen besondere Vorsicht geboten. Ein wichtiger Aspekt ist eine ausreichende Beweglichkeit, die eine schmerzfreie Bedienung der Ausrüstung zulässt. Liegen Einschränkungen vor, können diese nach den Richtlinien des Tauchens mit Einschränkungen bewertet oder durch kleinere Hilfsmittel kompensiert werden.

Die allgemeine Leistungsfähigkeit ist nach Verletzungen, operativen Eingriffen und langer Immobilisation oft über einen längeren Zeitraum vermindert. Allgemein gilt, dass bis zur wiederhergestellten altersentsprechenden Leistungsfähigkeit und stabiler Ausheilung der betroffenen Knochen- oder Muskelstruktur keine Tauchtauglichkeit besteht. Wichtige Aspekte sind die sichere Fortbewegung bzw. Schwimmfähigkeit.

23.1.1 Basisuntersuchung

Anamnestisch sollte nach orthopädischen Vorerkrankungen, Medikation und Operationen gefragt werden. Bei Rheumapatienten ist die Erhebung des aktuellen Krankheitsstatus und des bisherigen Krankheitsverlaufs durch gezielte Befragung in Bezug auf die Entzündungssymptomatik (z. B. Bewegungsschmerzen/Ruheschmerzen) notwendig. Im Rahmen der normalen Tauchtauglichkeitsuntersuchung ist eine orientierende Untersuchung des Bewegungsapparats ausreichend. Dazu gehört die Überprüfung der Gelenke auf Schwellung, Bewegungseinschränkungen, Fehlstellungen sowie chronische oder entzündliche Prozesse. An der Wirbelsäule erfolgt eine orientierende Untersuchung auf Skoliose (Vorbeugetest), Beweglichkeit (Finger-Fußboden-Abstand) und der rumpfstabilisierenden Muskulatur (Armvorhaltetest).

23.1.2 Weitergehende Untersuchungen

Ergeben sich Hinweise auf Funktionseinschränkungen, eine ernsthafte orthopädische Erkrankung oder Unklarheiten nach einer orthopädischen Operation, kann eine Vorstellung beim Facharzt mit entsprechender Fragestellung notwendig werden.

23.2 Verletzungen, Knochenerkrankungen und Operationen

Krankheitsbilder, Diagnosen: Frakturen mit/ohne Gelenkbeteiligung, traumatische und habituelle Luxationen, Sehnen/Weichteilverletzungen, Osteochondosis dissecans (OD), aseptische Osteonekrosen (AON), Osteomyelitis (OM), Z. n. Operation, Reposition, Rehabilitationsphase.

23.2.1 Frakturen und Endoprothesen

Frakturen sind nach ihrem Schweregrad, den therapeutischen Ansätzen und der benötigten Rehabilitationszeit zu beurteilen. Besteht eine Grunderkrankung als auslösende Ursache für eine Spontanfraktur (Osteoporose, Tumoren, aseptische Osteonekrosen) muss diese zunächst abgeklärt und ggf. therapiert werden, bevor die Tauchtauglichkeit beurteilt werden kann.

Die betroffene Extremität muss auf jeden Fall belastungsstabil sein. Eine Übungsstabilität reicht für die Arbeit gegen den Wasserwiderstand und die ausrüstungsbedingte Mehrbelastung an Land nicht aus. Nach Operationen muss die Wundheilung abgeschlossen und die Funktion der Extremität wieder hergestellt sein (Ausnahme für die Funktionswiederherstellung: Tauchen mit Einschränkungen).

Die veränderten Durchblutungsverhältnisse nach Fraktur können theoretisch zu lokal kritischen Stickstoffübersättigungen führen.

Beim Tauchen Risiko für Überlastung durch schwere Ausrüstung, ungenügende Schwimmfähigkeit, Instabilität und Luxation durch mangelnde muskuläre Führung oder Lockerung von Implantaten, lokale Dekompressionserkrankung im Frakturbereich, daher evtl. atypische Lokalisation.

Tauchtauglichkeit In situ verbleibendes Metall oder Endoprothesen stellen keine Kontraindikation gegen das Tauchen dar, wenn keine relevanten Lockerungs- oder Entzündungszeichen vorliegen.

Tauchtauglichkeit besteht bei
- röntgenologischer Durchbauung des Frakturspalts,
- kompletter Belastungsstabilität,
- abgeschlossener Wundheilung,
- reizloser Gelenksituation und
- ausreichende Beweglichkeit zur Bedienung der Tauchausrüstung.

Relative Kontraindikationen	Absolute Kontraindikationen
- Geringe Funktionseinschränkung - Andauernde Rehabilitationsphase	- Instabile Fraktur - Spontanfraktur: bis zur Ausheilung der Grunderkrankung - Lockerung von Implantaten - Entzündungszeichen, Schmerzen

23.2.2 Gelenkluxationen

Bei Luxationen werden die gelenkumspannenden Strukturen wie Kapsel, Bänder, Muskeln, Nerven und Blutgefäße stark gedehnt. Dabei kann es zu Durchblutungsstörungen, Nervenirritationen sowie bleibenden Gelenkschäden kommen.

Tauchmedizinisch ist die Unterscheidung zwischen habitueller und traumatischer Luxation relevant. Bei habitueller Luxation bereits bei Alltagsbewegungen besteht Tauchverbot aufgrund der Gefahr einer plötzlich auftretenden eingeschränkten Beweglichkeit und Belastbarkeit unter Wasser auch ohne besondere Ursache.

Reluxation beim Tauchen, ungenügende Schwimmfähigkeit, Überlastung durch schwere Ausrüstung.

Tauchtauglichkeit besteht bei stabil abgeheilten konservativ oder operativ behandelten Luxationen. Als unbedenklich gelten alle konservativ oder operativ behandelten Luxationen, bei denen die Wundheilung abgeschlossen und die Stabilität ohne wesentliche Funktionseinschränkung gegeben ist.

Relative Kontraindikationen	Absolute Kontraindikationen
– Geringe Funktionseinschränkung – Rehabilitationsphase	– Instabile Gelenkverhältnisse (Schulter, Kniescheibe etc.) – Habituelle Luxationen von großen Gelenken bei Alltagsbewegungen – Entzündungszeichen, Schmerzen

23.2.3 Aseptische Osteonekrosen

Ätiologisch handelt es sich um mechanische, traumatische, stoffwechselbedingte oder idiopathische Nekroseherde mit oder ohne Knorpelbeteiligung. Pathogenetisch liegen lokale Mikrozirkulationsstörungen zugrunde. Prädilektionsstellen sind die Epi-, Meta- und Apophysen der langen und kurzen Röhrenknochen im Kindes- und Erwachsenenalter. Leitsymptome sind Gelenkschmerzen, Bewegungseinschränkungen und Gelenkschwellungen.

Therapeutisch kommen bei allen Formen Entlastung, physikalische Therapie, Bisphosphonate, Rheologika (z. B. Ilumedin) und/oder Antiphlogistika sowie die hyperbare Sauerstofftherapie zum Einsatz. Ultima ratio sind die operative Anbohrung, Refixation oder Gelenksersatz.

Knocheninfarkte des Kindes- und Erwachsenenalters müssen den druckluftbedingten, so genannten „dysbaren" Osteonekrosen gegenübergestellt werden.

Bei Berufstauchern und Caissonarbeitern werden Veränderungen in Form von aseptischen Osteonekrosen an Knochen und Gelenken beschrieben und sind als Berufserkrankung anerkannt. Die bevorzugten Lokalisationen sind die großen Gelenke. Die Entstehung der Nekrosen ist ein zunächst symptomlos verlaufender Prozess, der in keinem Zusammenhang mit einer akuten Dekompressionserkrankung stehen muss. Ursächlich sind Verlegungen der Endgefäße im Knochen durch Gasblasen, was zur Unterbrechung der Blutversorgung und konsekutivem Untergang von Knochenzellen führt.

Für Freizeittaucher sind diese auf häufigen Druckluftexpositionen beruhenden Knochenerkrankungen eher unwahrscheinlich. Sie können vor allem seit dem Einsatz der Kernspindiagnostik (NMR bzw. MRT) zunehmend häufiger im Frühstadium diagnostiziert werden.

 Progression einer bestehenden Erkrankung im Subakutstadium, Stickstoffanreicherung.

➡ Sporttaucher mit Osteonekrosen in der Vorgeschichte sollten konservative Tauchprofile durchführen (s. Anhang: SUHMS-Empfehlungen für „low bubble diving"). Zusätzlich empfehlen sich Verlaufskontrollen mit bildgebenden Verfahren (Röntgen, CT).

Tauchtauglichkeit Im akuten Stadium bis zur Abheilung der Defekte besteht Tauchverbot. Tauchtauglichkeit besteht bei abgeheilten Osteonekrosen und funktionell unbedeutender Bewegungseinschränkung.

Relative Kontraindikation	Absolute Kontraindikationen
– Rehabilitationsphase	– Akute Osteochondrosis dissecans (OD)/Nekrose – Gelenkschwellung, Entzündungszeichen, Schmerzen – Schmerzhafte Bewegungseinschränkung

23.2.4 Muskel-Sehnen-Bandverletzungen

❓ Einfache Distorsionen sind nach Abschwellen und schmerzfreier Beweglichkeit unbedenklich. Es kann dabei jedoch auch zu Einblutungen, Muskelüberdehnungen, Bänderrissen, Kapselschäden und sogar Knochenbrüchen kommen. Muskuläre Verletzungen im Sinne von Muskelfaserbündelrissen, komplette Muskelrupturen oder Sehnenrisse haben in der Regel größere Hämatome zur Folge. Die Beurteilung der Tauchtauglichkeit hängt einerseits von der stabilen Ausheilung, andererseits aber auch vom Rückgang der Schwellung und des Hämatoms ab.

⚠ Überlastung, ungenügende Schwimmfähigkeit, Krämpfe, lokale Stickstoffanreicherung im Verletzungsbereich, Re-Ruptur der Muskel(-narben) oder Insuffizienz von Sehnennähten.

➡ Muskuläre Defizite nach längerer Verletzungspause oder Trainingsmangel sind häufig Ursache von Krämpfen, vor allem im Wadenbereich. Hier gibt es einige Vermeidungsstrategien:
- ▶ Muskelaufbautraining durch Flossenschwimmen,
- ▶ Aufwärmen der Muskeln vor einer Belastung,
- ▶ Auskühlung vermeiden,

▶ Umstellung auf weiche Flossenblätter oder auf Flossen, die einen günstigeren Hebel am Sprunggelenk haben.

Unkontrollierte Einnahme von Magnesium ist nicht empfehlenswert. In hoher Dosis führt Magnesium zu Muskelschwäche, Durchfall und Müdigkeit. Kombinationspräparate von Calcium und Magnesium sind ungünstig, da sich die beiden Komponenten gegenseitig bei der Aufnahme im Körper hemmen.

Tauchtauglichkeit Bei akuten, frischen Verletzungen mit Gewebeschäden bis zur stabilen Ausheilung besteht Tauchverbot. Nach Operationen muss die Wundheilung abgeschlossen sein.

Tauchtauglichkeit besteht bei abgeheilten Verletzungen, funktionell unbedeutenden muskulären Defiziten oder Funktionseinschränkungen, bei wiederhergestellter ausreichender Funktionsfähigkeit.

Relative Kontraindikation	Absolute Kontraindikationen
– Rehabilitationsphase	– Frische Verletzung – Schwellung, Entzündungszeichen, Schmerzen

23.3 Degenerative Gelenkerkrankungen

Krankheitsbilder: Arthrose, Osteoporose, Spondylarthrose, Kyphose, Osteochondrose.

Degenerative Veränderungen der Gelenke sind Verschleißzustände und führen zu schmerzhaften Bewegungseinschränkungen. Ursächlich sind meist Traumen mit Gelenkbeteiligung, „normale Abnutzung" (multiple Mikrotraumen, Adipositas etc.), Operationen, angeborene Gelenksfehlstellungen, akute oder chronische Entzündungen. Eine sehr häufig vorkommende Erkrankung ist das Impingement-Syndrom (evtl. mit Tendinitis calcarea) der Schulter. Es beschreibt diverse Pathologien an der Rotatorenmanschette, der langen Bizepssehnenloge und des subakromialen Schleimbeutels. Es können neben Entzündungen wie Bursitis subacromialis und Tendovaginits der langen Bizepssehne auch schmerzhafte Verkalkungen der Sehnen der Mm. supra/infraspinatus auftreten. Auch andere degenerative Gelenkprozesse können einschränkend sein, z. B. Koxarthrose oder OSG-Arthrose.

Überlastung, ungenügende Schwimmfähigkeit, lokale Stickstoffanreicherung im Entzündungsbereichbereich, Rupturen von Sehnen durch Handhabung der schweren Tauchausrüstung. Verschlimmerung von degenerativen Wirbelsäulenerkrankungen wie z. B. Bandscheibenvorfälle durch Handhabung der schweren Ausrüstung (z. B. Hyperlordosierung der HWS und/oder LWS im Wasser durch die Kopfhaltung und einen regulären Hüftbleigurt). Während akuten Entzündungen oder Reizzuständen mit schmerzhafter Bewegungseinschränkung besteht Tauchverbot.

 Bedingung für eine gegebene Tauchtauglichkeit ist die ausreichende Schwimm- und Bewegungsfähigkeit im Wasser. Bei endoprothetischer Versorgung von Gelenken (Hüfte- und Knieprothesen) wird Tauchen nach abgeschlossener Heilung als mögliche Sportart von chirurgischer Seite empfohlen.

Liegen Gelenkeinsteifungen ohne entzündliche Prozesse vor, können die Richtlinien des „Handicapped Diving" angewandt werden.

Tauchtauglichkeit besteht bei lokalen Einsteifungen bei ausreichend kompensierter Funktionalität des betroffenen Körperabschnittes.

Absolute Kontraindikation
– Entzündungszeichen, Schmerzen, akute Frakturgefahr

23.3.1 Osteoporose

 Die Osteoporose ist durch eine niedrige Knochenmasse und eine Verschlechterung der Mikroarchitektur des Knochengewebes gekennzeichnet. Dies hat eine vermehrte Knochenbrüchigkeit zur Folge.

Diagnostisch ist die DXA-Messung (Dual-X-Ray-Absorptiometrie) die Methode der Wahl und stellt den Goldstandard dar. Diagnosekriterium (nach WHO) ist der so genannte DXA-T-Wert oder T-Score. Weicht der T-Score um mehr als 1 Standardabweichung (SD) von dem zugrunde liegenden Durchschnittswert der Peak Bone Mass nach unten ab (T-Score < –1 SD), so liegt definitionsgemäß eine Osteopenie vor.

Mit dem Begriff Osteopenie wird ein Zwischenstadium mit mäßig fortgeschrittenem Knochenbruchrisiko bezeichnet, das noch keiner Osteoporose entspricht. Weicht dieser T-Score mehr als 2,5 Standardabweichungen vom Durchschnittswert nach unten ab, besteht nach dieser Definition eine Osteoporose.

Es wird zwischen präklinischer und manifester Osteoporose unterschieden. Bei der präklinischen Form (Osteopenie) besteht lediglich eine messbare Minderung der Knochendichte, während bei der Osteoporose die Dichte unter –2,5 SD abgesunken ist und sich das Frakturrisiko abhängig von Alter und Geschlecht damit deutlich erhöht hat. Bei der manifesten Osteoporose liegen zusätzlich eine oder mehrere Frakturen vor. Die osteoporotischen Frakturen sind häufig Spontanfrakturen. Typische Lokalisationen sind Deckplatteneinbrüche der Wirbelkörper oder Oberschenkelhalsfrakturen. Die manifeste Osteoporose ist in jedem Fall behandlungsbedürftig, bei der präklinischen Osteoporose reicht unter Umständen eine gezielte Vorsorge (Prophylaxe) aus.

Spontanfrakturen.

Generell sollten ruckartige Bewegungen beim Heben der schweren Tauchausrüstung und sturzgefährdete Ein- und Ausstiege (rutschige Uferrampen etc.) vermieden werden. Auf das Frakturrisiko durch das Tragen von Tauchausrüstung usw. soll der Proband ausdrücklich hingewiesen werden

Tauchtauglichkeit Bei Vorliegen von frischen Frakturen besteht Tauchverbot. Bei Vorliegen von grenzwertigen Befunden oder nach Wirbelkörperfrakturen kann der Tauchsport unter Umständen im Rahmen des Tauchens mit Einschränkungen unter entsprechender Betreuung und Vorsichtsmaßnahmen durchgeführt werden.

Bei Osteopenie besteht keine Einschränkung der Tauchtauglichkeit. Im Falle einer Osteoporose ist in jedem Fall gemeinsam mit dem behandelnden Osteologen/Orthopäden die ausreichende Schwimm- und Bewegungsfähigkeit unter Berücksichtigung des individuellen Frakturrisikos abzuklären bzw. zu beurteilen.

Tauchtauglichkeit besteht bei normaler Bewegungs- und Leistungsfähigkeit.

Relative Kontraindikation	Absolute Kontraindikationen
– Z.n. Spontanfrakturen bei Osteoporose	– Frische Fraktur – Z.n. Wirbelkörperfrakturen und weiterhin erniedrigte Knochendichte im Sinne einer Osteoporose

23.4 Wirbelsäulenerkrankungen

Krankheitsbilder: Lumbago, Ischialgie, radikuläres und pseudoradikuläres Syndrom, Spondylolyse/listhese, Spinalkanalstenose, Z.n. Operation, Verletzung, Skoliose.

Im Rahmen des Tauchens können sich schon bestehende Beschwerden der Wirbelsäule verschlechtern oder bis dahin symptomlose Probleme erstmalig bemerkbar werden. Ursächlich dafür sind die ausrüstungsbedingte Verstärkung der HWS- und LWS-Lordosierung im Wasser und die erhebliche axiale Mehrbelastung an Land. Nerven und Rückenmark sind sehr gut durchblutet und haben somit im Rahmen der Stickstoffelimination eine kurze Halbwertszeit. Normalerweise haben diese schnellen Gewebe eine größere Toleranz gegen Übersättigung. Nach Operationen am Wirbelkanal, Bandscheiben oder entzündlichen Prozessen der Nervenbahnen kann sich dies jedoch ändern, da Narben und Schwellungen die Entsättigungskinetik nachteilig verändern können. Nach Erkrankungen in diesem Bereich sollte konservativ getaucht werden, da theoretisch eine unzureichende Dekompression, vor allem bei vorgeschädigtem Nervengewebe, schwerwiegende gesundheitliche Störungen wie Lähmungen und sensorische Ausfälle zur Folge haben kann.

23.4.1 Bandscheibenvorfall, Pseudo-/Radikuläre Symptomatik und Ischialgien

Statistisch weist jeder Mensch über dem 40. Lebensjahr mindestens einen Prolaps auf. Den häufigsten Wirbelsäulenbeschwerden liegen degenerative Ursachen (Myogelosen, muskuläre Dysbalancen, seltener: Facettengelenksarthrose, Spondylose, Spondylarthrose etc.) in Kombination mit mangelnder muskulärer Rumpfstabilisierung zugrunde.

Die häufigste Lokalisation von Bandscheibenvorfällen ist die Lendenwirbelsäule (L5/S1 > L4/L5 > HWS) in Form von dorsolateralen oder intraforaminalen Bandscheibenaffektionen. Durch Irritation, mechanische Druckbelastung mit nachfolgender ödematöser Verquellung und Entzündungsreaktion der Nervenwurzeln oder Tangierung des Rückenmarks können radikuläre Schmerzen bis hin zu Lähmungen entstehen. Ein rein traumatischer Diskusprolaps ist eine orthopädische Rarität!

Einschießende Schmerzen (Hexenschuss/akute Lumbalgie oder Wirbelblockierungen) bei Umgang mit der schweren Ausrüstung, eine vorbestehende neurologische – insbesondere radikuläre – Symptomatik kann das klinische Bild im Falle eines Dekompressionsunfalls verschleiern. Hierüber ist der Taucher entsprechend aufzuklären.

Der Taucher sollte unbedingt über einen rückenschonenden Umgang mit seiner Ausrüstung instruiert werden.

Tauchtauglichkeit Ein stattgehabter Bandscheibenvorfall stellt keine Kontraindikation gegen den Tauchsport dar. Nach Operation wie auch nach konservativer Therapie/Abklingen der klinischen Beschwerden dürfen jedoch keine schmerzhafte Bewegungseinschränkung, gravierende motorische Nervenausfälle oder instabilen Segmente an der Wirbelsäule vorliegen.

Tauchtauglichkeit besteht bei lokalen Einsteifungen bei ausreichend kompensierter Funktionalität des betroffenen Körperabschnittes.

Nach orthopädischen Operationen muss vom Operateur die für das Tauchen nötige Beweglichkeit und normale Belastbarkeit freigegeben sein. Hinsichtlich Heben und Tragen von Tauchequipment bei radikulärer/pseudoradikulärer Symptomatik und Ischialgie sollte der Taucher vom Taucherarzt aufgeklärt werden.

Relative Kontraindikationen	Absolute Kontraindikationen
– Schmerzen – Verbleibende Parästhesien oder geringe neurologische Ausfälle ohne Schmerzen – Postnukleotomiesyndrom	– Funktionell bedeutende neurologische Ausfälle – Instabile Segmente

23.4.2 Skoliose

 Bei jeder Skoliose liegen zusätzlich zur Seitverbiegung in der Frontalachse immer eine Rotationskomponente der Wirbelkörper und Änderungen des sagittalen Profils vor. Je nach Ausprägung der Skoliose werden durch die Deformität des Brustkorbs das Herz und die Lunge eingeengt, was zu Einschränkungen der kardiopulmonalen Leistungsfähigkeit führen kann. Eine obligate Atemeinschränkung tritt erst ab Achsenabweichungen von >60° auf. Bei operativ korrigierten Skoliosen ist der chirurgische Zugangsweg zur Beurteilung der Tauchtauglichkeit entscheidend: Bei rein dorsal durchgeführten Verfahren bleibt die Pleura intakt, wobei die Häufigkeit von Adhäsionen mit dem Ausmaß der Verkrümmung zunimmt. Bei allen ventral dekomprimierenden und derotierenden oder kombinierten Verfahren wird die Pleura zwangsläufig verletzt, was zu Adhäsionen und Verwachsungen führen kann.

Lungenüberdehnung/-riss, kardiopulmonale Dekompensation.

In Grenzfällen und nach jeder Operation mit ventralem Zugangsweg müssen, über das normale Maß der Tauchtauglichkeitsuntersuchung hinaus, Zusatzuntersuchungen durchgeführt werden. Danach ist die Lunge auf jeden Fall aktuell radiologisch (Thorax-Röntgen und HR-CT) und einer Bodyplethysmographie zu untersuchen. Gegebenenfalls ist beim Risiko einer kardio-pulmonalen Dekompensation auch bei jungen Patienten ein Belastungs-EKG/Ergometrie erforderlich.

Tauchtauglichkeit Entscheidend sind das Ausmaß der Deformität, die Beweglichkeit und die Lungenfunktion. Bei ausreichender Beweglichkeit und guter kardiopulmonaler Leistungsfähigkeit darf getaucht werden. Tauchtauglichkeit besteht bei lokalen Einsteifungen bei ausreichend kompensierter Funktionalität des betroffenen Körperabschnitts. Eine Trichterbrust mit nur gering eingeschränkter Lungenfunktion stellt eine relative Kontraindikation dar.

Absolute Kontraindikationen
- Einschränkung der Lungenfunktion (Definition siehe Kap. 15)
- Nachgewiesene überblähte Bereiche im HR-CT (ohne Kontrastmittel)
- Narben und Adhäsionen

23.4.3 Spondylolyse/-listhese

Liegt ein stabiles Stadium (Meyerding 1+2) vor, kann nach konservativer Therapie und Beschwerdefreiheit getaucht werden. Besteht ein fortgeschritteneres Stadium (Meyerding 3+4) ist meist eine operative Versorgung notwendig (Repositions-/Spondylodese, Beurteilung durch Facharzt).

Tauchtauglichkeit Postoperativ besteht nach abgeschlossenem Heilungsverlauf keine Einschränkung der Tauchtauglichkeit.

23.4.4 Spondylitis und Spondylodiszitis

Bakterielle sowie abakterielle Spondylitis oder Sponylodiszitis schließen als akutes Krankheitsbild eine Tauchtauglichkeit aus.

23.4.5 Tauchen nach Wirbelsäulenoperationen

Folgende Voraussetzungen müssen gegeben sein:
- postoperativ: 3–6 Monate Pause (Abschluss der Narbenbildung),
- nach Metall-, Keramik- oder Knochenimplantationen: stabile Konsolidierung, knöcherne Fusion,
- Beschwerdefreiheit ohne gravierende neurologische Ausfälle,
- abgeschlossene Rehabilitationsphase,
- fachärztliche Freigabe des für das Tauchen nötigen Bewegungsausmaßes und normaler Belastbarkeit.

23.5 Rheumatische und entzündliche Erkrankungen, Überlastungssyndrome

Krankheitsbilder: rheumatisches Fieber, chronische Polyarthritis, Morbus Bechterew, Lupus erythematodes, Still-Syndrom etc.

Unter dem Begriff „Rheuma" werden mehr als 300 systemische und funktionelle Krankheiten (z. B. rheumatisches Fieber, chronische Polyarthritis, Morbus Bechterew etc.) zusammengefasst. Es liegen zumeist immunologische Prozesse zugrunde, die sich in systemischen Entzündungszeichen und/oder lokalen Entzündungen äußern. Die Erkrankungen können chronisch progredient oder in Schüben verlaufen. In der Regel stehen Gelenk- und Weichteilschmerzen (Muskeln, Sehnen, Bänder) im Vordergrund, weitere Symptome entwickeln sich je nach Organbefall (Augen, innere Organe). Oft entstehen auch unter optimaler Therapie arthrotische Veränderungen, bis hin zum völligen Funktionsverlust der Gelenke. Die Einschränkung der Beweglichkeit und das Ausmaß der dadurch hervorgerufenen Behinderung hängen in erster Linie von der Lokalisation ab. Zumeist werden nebenwirkungs- und wechselwirkungsreiche Substanzen wie Cortison (sekundäre Osteoporose), MTX; Hydroxochloroquin (absolutes Tauchverbot, s. 23.5.1, Morbus Bechterew), Sulfasalzin, Azathioprin, Cyclosporin, Leflunomid oder biologischen Antikörpern eingesetzt, die die Tauchtauglichkeit negativ beeinflussen können.

Massive Bewegungseinschränkungen, ungenügende Schwimmfähigkeit, lokale Stickstoffanreicherung im Entzündungsbereich möglich, Spontanrupturen durch Überlastung. Medikamenteneffekt unter hyperbaren Bedingungen. Die generalisierte Entzündung im Körper steigert den Stoffwechsel, verändert die Zusammensetzung des Blutes, erhöht die Durchlässigkeit der

Gewebe, bewirkt Schwellungen und eventuell Fieber. Die Gelenkbeweglichkeit ist dabei äußerst schmerzhaft eingeschränkt.

 Empfehlenswert ist in jedem Fall das Einhalten konservativer Tauchprofile, da Rheumapatienten selten entzündungsfrei sind. Bei allen entzündlich rheumatischen Erkrankungen ist im Rahmen der Tauchtauglichkeit eine fachärztliche Beurteilung mit entsprechendem Basislabor zu empfehlen. Während eines akuten Schubs besteht absolutes Tauchverbot.

Tauchtauglichkeit In den „relativ symptomfreien" Intervallen, in denen keine Entzündungszeichen vorliegen, kann getaucht werden. Die Medikation darf die Tauchtauglichkeit nicht gefährden. Generell muss der Taucher ausreichend beweglich sein, um seine Ausrüstung bedienen, Rettungsmanöver durchführen und selbstständig schwimmen zu können. Ist dies nicht gegeben, kann der Tauchsport ggf. im Rahmen des Tauchens mit Einschränkungen ausgeübt werden.

Tauchtauglichkeit besteht bei Therapie mit TNF-alpha-Antagonisten, sofern länger als 3 Monate eingestellt, und bei stabiler Einstellung mit MTX, Sulfasalazin oder Leflunomid, sofern keine Nebenwirkungen bestehen, sowie bei Medikation mit NSAR.

Relative Kontraindikationen	Absolute Kontraindikationen
– Remissionsphase zwischen zwei Schüben – Medikation mit Steroiden	– Akuter Schub, Entzündungszeichen, Schmerzen – Chronisch progredienter Verlauf ohne Remissionsphasen – Medikation mit Basistherapeutika wie MTX, Sulfasalazin, Leflunomid, die bereits zu einer messbaren Minderung der kardiopulmonalen Leistungsfähigkeit geführt haben – Hydroxochloroquin

23.5.1 Morbus Bechterew und andere seronegative Spondylarthropathien

Krankheitsbilder. Zu den Spondylarthropathien gehören der Morbus Bechterew, die Psoriasisarthritis, die reaktive Arthritis mit der Sonderform des Morbus Reiter und andere undifferenzierte Formen. Allen gemeinsam ist eine Mitbeteiligung des Achsenskeletts mit Enthesitis der Wirbelsäulenligamente, Sakroileitis, Perichondritis und zirkumskripte Osteopenien.

Die Prävalenz des Morbus Bechterews liegt bei knapp einem Prozent. Die taucherische Relevanz ergibt sich einerseits aus dem schubhaften Verlauf mit florider Entzündung, andererseits aus der Medikation und der meist verminderten Knochendichte in der Wirbelsäule (beachtenswert ist, das jeder zweite Bechterew-Patient über 50 Jahre mindestens einen Wirbelkörpereinbruch aufweist).

Bei Therapie mit Hydroxochloroquin (z. B. Quenysl 200 mg Tbl.) können unter Druck, ähnlich dem Lariam, unvorhersehbare Effekte auftreten,
- Achsenskelettbefall (Osteopenie durch chronische Entzündung),
- Achtung beim Heben schwerer Lasten wie dem Tauchgerät: Wirbelkörperfrakturen oder Deckplatteneinbrüche möglich,
- Hyperlordosierung der HWS kann zu einer Verschlimmerung des Krankheitsbildes mit neurologischen Symptomen führen.

Absolute Kontraindikationen wie bei anderen rheumatischen Erkrankungen (s. oben).

23.5.2 Entzündliche Erkrankungen und Überlastungssyndrome

Nichtrheumatische bzw. nichtinfektiöse Entzündungen entstehen häufig durch mechanische Überlastung von Muskelgruppen mit den entsprechenden Sehnen, Gelenkkapseln und/oder Bändern. Bei länger dauernden oder rezidivierenden Reizungen kann es zu chronischen Verdickungen dieser Strukturen kommen, die dann zu Engpasssyndromen (z. B. Karpaltunnelsyndrom) oder zu spontanen Zerreißungen (z. B. Achillessehne) führen. Die Behandlung ist oft langwierig und unbefriedigend, da selbst mehrwöchige Schonung oder Ruhigstellung inklusive antientzündlicher Medikation und physikalischer Therapie nicht zum gewünschten Ergebnis führen können.

Ungenügende Schwimmfähigkeit, lokale Stickstoffanreicherung im Entzündungsbereichbereich, Spontanrupturen durch Überlastung.

Während eines akuten Überlastsyndroms besteht bei schmerzhaften Bewegungseinschränkungen, die eine Eigen- oder Fremdrettung ausschließen, Tauchverbot.

Aufgrund der entzündlichen Gewebeveränderungen müssen konservative Tauchprofile eingehalten werden.

Tauchtauglichkeit Nach konservativer oder operativer Therapie müssen Kraftgrad und Beweglichkeit ausreichend wieder hergestellt und die Wundheilung abgeschlossen sein, damit Tauchtauglichkeit besteht.

23.5.3 Osteomyelitis

Die Osteomyelitis ist eine infektiöse Entzündung des Knochenmarks. Typische Ursachen sind offene Knochenbrüche, hämatogene Streuung und Operationen. Eine akute Osteomyelitis schließt eine Tauchtauglichkeit prinzipiell aus.

Tauchtauglichkeit besteht bei abgeheilten Erkrankungen.

Relative Kontraindikation	Absolute Kontraindikationen
– Chronische Osteomyelitis ohne Schub	– Entzündungszeichen – Schmerzhafte Funktionseinschränkung – Akute Osteomyelitis

Literatur

Baranto A et al.: Back pain and degenerative abnormalities in the spine of young elite divers: a 5-year follow-up magnetic resonance imaging study. Knee Surg Sports Traumatol Arthrosc 2006; 14: 907–914.

Bennett PB, Elliot DH, Brubakk AO, Neuman TS: Physiology and medicine of diving, 5th edn. Edinburgh: Saunders, 2003.

Bolte H et al.: Detection of dysbaric osteonecrosis in military divers using magnetic resonance imaging. Eur Radiol 2005; 15: 368–375.

Bonnel F et al.: Effects of compression of growth plates in the rabbit. Acta Orthop Scand 1983; 54: 730–733.

Dachverband der Deutschsprachigen Osteologischen Fachgesellschaften: Leitlinie 2006 zur Prophylaxe, Diagnostik und Therapie der OSTEOPOROSE Bei Frauen ab der Menopause, bei Männern ab dem 60. Lebensjahr. Kurzfassung und Langfassung: http://www.lutherhaus.de/dvo-leitlinien

Mundt DJ et al.: An epidemiologic study of sports and weight lifting as possible risk factors for herniated lumbar and cervical discs. Am J Sports Med 1993; 6: 854–860.

Niethard FU: Kinderorthopädie. Stuttgart: Thieme, 1997.

Pförringer W, Rosemeyer B, Bär H-W: Sport Trauma und Belastung. Erlangen: perimed Fachbuch-Verlagsgesellschaft, 1985.

Seyler TM et al.: Sports Activity after Total Hip and Knee Arthroplasty. Sports Med 2006; 36: 571–583.
Wilson-Mac DJ et al.: The relationsship between periostal division and compressionor destruction of the growth plate. J Bone Joint Surg 1990; 72B: 303–308.
Wittenberg RH, Willburger RE, Krämer J: Spondylolyse und Spondylolisthese. Orthopäde 1998, 27: 51–63.

24 Dermatologie

Die wenigsten Hauterkrankungen führen zu vitalen Gefährdungen und stellen somit keine generellen Kontraindikationen für das Tauchen dar. Es gibt jedoch Ausnahmen: Tauchen mit latexhaltigen Ausrüstungsgegenständen bei Latexallergie, Erythrodermie, generalisierte Exantheme, Phlebothrombosen und Einnahme bestimmter Medikamente (bzw. derer Nebenwirkungen).

Es ist möglich, dass durch das Tauchen, unter anderem durch Wasserkontakt (z. B. Temperatureinfluss, Feuchtigkeit), durch Kontakt mit Ausrüstungsgegenständen (Druck, Reibung, Schwitzen, Inhaltsstoffe) oder physiologische Vorgänge unter Wasser (Druckveränderung, Anstrengung bei Strömung) eine Verschlechterung vorher bestehender geringfügiger Hauterkrankungen auftritt. Die Folgen mit systemischen Reaktionen können eine plötzliche vitale Gefährdung darstellen. Hieraus ergeben sich für einige Hauterkrankungen zumindest relative Kontraindikationen. Die Tauchtauglichkeit muss hier individuell dem Schweregrad der Erkrankung angepasst werden. Gerade bei großflächigen Erkrankungen oder nach bestimmten Therapien, ist daran zu denken, dass sich der Hydratationsgrad des Gewebes (z. B. bei Narbenbildung), die Perfusion (z. B. nach Bestrahlung) oder die Homogenität des Gewebes ändern können. Hieraus sind beim Tauchen Abweichungen der Gaslöslichkeit und der Blasenbildung im überkritischen Bereich abzuleiten, gerade beim Übergang vom Nullzeit- zum dekompressionspflichtigen Tauchgang. Es können ggf. konservativere Tauchprofile empfohlen werden („Low Bubble Diving").

Bei einigen dermatologischen Krankheitsbildern kommt es als Multiorganerkrankung zu einer Beteiligung innerer Organe, so dass es im Rahmen der Tauchtauglichkeitsuntersuchung gilt, bei Erkennen dieser Hauterkrankung die betroffenen Organfunktionen abzuklären und erst dann im Hinblick hierauf eine Einschätzung der Tauchtauglichkeit vorzunehmen.

Manche Hauterkrankungen haben zum Teil „offene Stellen" oder so extrem veränderte Haut, dass ein längerer Aufenthalt im (Salz-)Wasser und die mechanische Irritation durch einen Neoprenanzug zur Verschlechterung der Erkrankung führen können.

24 Dermatologie

24.1 Allgemeines

Im Rahmen der Tauchtauglichkeitsuntersuchung wird auch das Hautorgan untersucht. Hierzu sollte in der Anamnese auch auf die dermatologische Vorgeschichte und Allergien, aber auch auf die systemische Beteiligung einer vorbestehenden Dermatose eingegangen werden.

Eine Vorstellung beim Dermatologen/Allergologen kann zur weiteren Abklärung notwendig sein.

24.2 Urtikaria (Nesselsucht)

24.2.1 Physikalische Urtikaria

Gemeinsam ist den verschiedenen Formen die Auslösung von Urticae (Quaddeln) durch exogene physikalische Faktoren (mechanisch, thermisch, elektromagnetische Wellen etc.). Bei Meiden der entsprechenden Auslöser besteht Beschwerdefreiheit. Es ist beschrieben, dass häufig nach ca. 4–7 Jahren Dauer ein Übergang in Spontanremission statt findet. Die Relevanz für das Tauchen besteht darin, dass diese Urtikariaformen durch das Tauchen ausgelöst werden können und dann ggf. auch in schwerer Ausprägung systemische Reaktionen wie Schwindel, Bewusstlosigkeit, Anaphylaxie möglich sind, die eine vitale Gefährdung darstellen können.

Die Beurteilung der Tauchtauglichkeit muss individuell anhand des Schweregrads der Urtikariaform bzw. ihrer Symptome erfolgen.

Kälteurtikaria

Die Kälteurtikaria gehört zu den häufigen Formen von physikalischer Urtikaria und wird durch direkte Kälteeinwirkung (Kontakttyp) an Haut oder Schleimhaut (fester kalter Gegenstand, kalte Flüssigkeit – extern, oral oder i.v. – bzw. kalte Luft) oder auch als entfernte Reaktion (Reflextyp) nach örtlicher oder innerlicher Kälteeinwirkung ausgelöst. Entscheidend ist hierbei sowohl die absolute Temperatur des Auslösers als auch die Geschwindigkeit des relativen Temperaturabfalls der Haut oder der zentralen Körpertemperatur.

So kann sogar Verdunstungskälte beim Schwitzen (Temperaturabfall an der Haut) die Symptome hervorrufen.

Die Effloreszenzen treten meistens schon wenige Minuten nach Kälteexposition im Kontaktareal, ggf. aber auch erst wenige Minuten nach Ende des Kältekontakts bei Wiedererwärmung auf. Bei mehr als 70 % der Patienten werden die Urticae von einem Angioödem (Quincke-Ödem) begleitet.

Generell muss bei allen Formen der Kälteurtikaria auch an die Möglichkeit systemischer Reaktionen gedacht werden. Die Symptome entsprechen den allgemeinen Symptomen bei massiver Histaminfreisetzung und können von Allgemeinerscheinungen (Müdigkeit, Kopfschmerz, Tachykardie, Dyspnoe) über ein Angioödem bis hin zu schockartigen Symptomen reichen, die eine vitale Gefährdung bedeuten. Sie sind im Rahmen der Untersuchung vor allem anamnestisch zu erheben.

Für Diagnostik und zur weiteren Abklärung ist die Vorstellung bei einem Allergologen/Dermatologen sinnvoll.

Dennoch kann unter Umständen ein gewisser Einfluss auf die relevanten (gefährdenden) exogenen Faktoren genommen werden. Gegebenenfalls sollten Betroffene ein Notfallset wie bei Insektengiftallergien sowie einen Notfallausweis bei sich haben. Die Indikation hierfür wäre vom Dermatologen zu stellen.

Zum Beispiel ist es therapeutisch möglich, eine Kältetoleranz zu induzieren und entsprechend der Vorgeschichte die Umgebungsverhältnisse zu planen (Ausrüstungsart, wie z. B. Trockenanzug mit entsprechendem Handschuhsystem und evtl. Vollgesichtsmaske, Umgebungstemperatur, Wassertemperatur und Tauchtiefe bzw. Tauchzeit, Ab- und Aufstiegsgeschwindigkeit).

Patienten mit Kälteurtikaria sind darauf hinzuweisen, dass v. a. rasche, unerwartete Kältereize (z. B. ein Sprung ins kalte Wasser, sehr kalte Getränke) u. U. lebensgefährlich sind.

Tauchtauglichkeit Die Tauchtauglichkeit muss entsprechend des individuellen Schweregrads der Erkrankung beurteilt werden, d. h. es besteht eine relative Kontraindikation für das Tauchen, eine dermatologisch-fachärztliche Stellungnahme sollte vorliegen.

Aquagene Urtikaria

Diese sehr seltene Dermatose tritt durch Kontakt mit Wasser (temperaturunabhängig) innerhalb von 2–30 min auf. Wird gegebenenfalls in der Anamnese erhoben. Es liegen keine Angaben zur Wahrscheinlichkeit systemischer Reaktionen vor.

Tauchtauglichkeit Da diese Form allgemein bei physikalischen Urtikariaformen beschrieben wird, sollte eine relative Kontraindikation für das Tauchen erwogen werden. Bei vorliegenden Symptomen ist für die Tauchtauglichkeitsuntersuchung ein dermatologischer Facharztbefund erforderlich.

Wärmeurtikaria

Diese sehr seltene Dermatose tritt im Kontaktbereich mit direkter äußerlicher Wärmeapplikation (heiße Bäder, Speisen, Haarfönen oder Sonnenbäder) auf. Auslösetemperatur zwischen 38 °C und 42 (bis 56) °C.

Wegen des doch eher höheren Temperaturspektrums besteht geringere Relevanz für Patienten während des Tauchens, ggf. besteht aber Relevanz für den Aufenthalt außerhalb des Wassers vor bzw. zwischen Tauchgängen in warmen Breitengraden und damit verbundener Exposition zu hoher Außentemperatur.

Toleranzinduktion durch warme Bäder ist als therapeutisch erfolgreich beschrieben. Hierzu sollte gegebenenfalls vor einer geplanten Urlaubsreise ein Dermatologe zur Beratung aufgesucht werden.

Tauchtauglichkeit Aufgrund der Möglichkeit des Auftretens systemischer Reaktionen (vgl. Kälteurtikaria) besteht eine gewisse Relevanz für Tauchvorhaben mit relativer Kontraindikation. Für die Tauchtauglichkeit sollte eine fachärztliche Stellungnahme vom Dermatologen vorliegen.

Lichturtikaria

Dies ist eine seltene Dermatose, Aktionsspektrum UVC bis Infrarot. Tritt mit einer nur kurzen Latenzzeit von 1–2 min unmittelbar nach Bestrahlung (Sonne, künstliche Strahlen) auf. Bei der Sonderform der verzögerten Lichturtikaria vergehen ggf. sogar Stunden bis zum Auftreten der Hauterscheinungen. Die Urtikaria selbst ist eine Erkrankung, die an der Oberfläche auftritt, deren Folgen aber das Tauchen gegebenenfalls verbieten. Durch das breite Aktionsspektrum sind therapeutisch einsetzbarer Lichtschutz und Lichtkonditionierung unter Umständen schwierig. Die Abklärung durch den Allergologen/Dermatologen ggf. in einer Klinik ist notwendig.

Dosisabhängig können großflächige Quaddeln, Ödem, Herz-Kreislauf-Beschwerden, Hypotonie, Tachykardie oder sogar Schocksymptomatik auftreten.

Tauchtauglichkeit Wegen der dosisabhängig möglicherweise auftretenden systemischen Reaktionen besteht eine relative Kontraindikation für das Tauchen. Für die Tauchtauglichkeit sollte eine fachärztliche dermatologische Stellungnahme vorliegen.

Druckurtikaria

 Typisch ist eine verzögerte Latenzzeit mit Auftreten 4–8 h nach dem auslösenden Stimulus (sehr selten auch Soforttyp mit ca. 10–30 min Latenzzeit). Auslöser sind Druck, Stoß oder Schlag, so z. B. bei Stehen, Laufen, Sitzen auf hartem Gegenstand, schwerer manueller Tätigkeit und Tragen von Lasten (wie Pressluftflasche, Blei, sonstige Ausrüstungsgegenstände). Daher sind oft betroffen: Handflächen, Fußsohlen, Gesäß, oberer Rücken. Nicht verwechseln mit der Urticaria factitia, bei der auf die Haut wirkende Scherkräfte die Symptomatik auslösen.

 Extrakutane Beschwerden wie Fieber, Arthralgien, Kopfschmerzen, Übelkeit und Schwindel werden bei bis zu ca. 50 % der Patienten beschrieben.

 Es gilt zu beachten, dass die im Rahmen der Druckurtikaria auftretenden (tiefergelegenen, evtl. auch schmerzhaften, örtlichen) Schwellungen klinisch einer kutanen Form der Dekompressionserkrankung ähneln können und somit die Diagnosestellung einer möglichen Dekompressionserkrankung nach einem Tauchgang erschwert wird.

Tauchtauglichkeit Durch die mögliche systemische Symptomatik muss die Beurteilung der Tauchtauglichkeit individuell anhand des Schweregrads der Erkrankung erfolgen, so dass eine relative Kontraindikation für das Tauchen besteht. Relevanz besteht z. B. für Wiederholungstauchgänge (bei der häufigeren Form der verzögerten Druckurtikaria). Bei anamnestisch bekannten Symptomen ist für die Tauchtauglichkeitsuntersuchung ein dermatologischer Facharztbefund nötig.

Relative Kontraindikationen	Absolute Kontraindikationen
– Kälteurtikaria – Aquagene Urtikaria – Wärmeurtikaria – Lichturtikaria – Druckurtikaria	– Alle genannten Urtikariaformen in Abhängigkeit von Schweregrad und gegebenenfalls systemischen Symptomen

24.2.2 Andere tauchrelevante Urtikariaformen

Cholinergische Urtikaria

 Synonym: Schwitzurtikaria, zweithäufigste Urtikariaform. Wird ausgelöst durch körperliche Anstrengung (z. B. Tragen von Equipment), die mit schnellem Anstieg der Körper(kern)temperatur und Schwitzen vergesellschaftet ist, aber auch z. B. durch Essen scharfer Gewürze oder emotionalen Stress (z. B. Tauchanfänger). Auftreten währenddessen bis ca. 10 min danach, häufig Refraktärperiode von 8–24 h.

Bei schwer betroffenen Personen auch Auftreten von extrakutanen Beschwerden: am häufigsten Übelkeit, Schwindel und Kopfschmerzen, weniger häufig Rhinorrhoe („laufende Nase") oder Bronchospasmus, sehr selten systemische Reaktionen wie Blutdruckabfall oder anaphylaktischer Schock.

Tauchtauglichkeit Durch die mögliche systemische Symptomatik besteht eine relative Kontraindikation für das Tauchen (in der möglichen Refraktärperiode theoretisch keine!!), die Tauchtauglichkeit muss individuell je Schweregrad der Erkrankung beurteilt werden. Bei anamnestisch bekannten Symptomen ist für die Tauchtauglichkeitsuntersuchung ein dermatologischer Facharztbefund erforderlich.

Kontakturtikaria

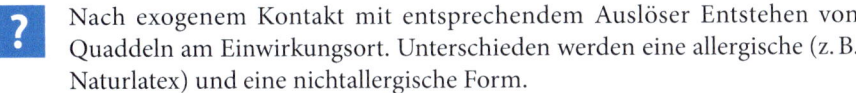

Nach exogenem Kontakt mit entsprechendem Auslöser Entstehen von Quaddeln am Einwirkungsort. Unterschieden werden eine allergische (z. B. Naturlatex) und eine nichtallergische Form.

Für das Tauchen besteht Relevanz, da die Hautveränderungen nicht nur auf den Einwirkort beschränkt bleiben müssen, sondern auch sekundär generalisierte Quaddeln, bronchiale Obstruktion oder anaphylaktische Symptome möglich sind (v. a. bei der allergischen Form).

Tauchtauglichkeit Es besteht eine relative Kontraindikation für das Tauchen; die Beurteilung der Tauchtauglichkeit muss individuell je nach Schweregrad der Erkrankung erfolgen. Bei anamnestisch bekannten Symptomen ist für die Tauchtauglichkeitsuntersuchung ein dermatologischer Facharztbefund erforderlich.

Relative Kontraindikationen	Absolute Kontraindikationen
– Cholinergische Urtikaria – Kontakturtikaria	– Cholinergische Urtikaria ohne dermatologischen Befund – Kontakturtikaria ohne dermatologischen Befund

24.3 (Natur)Latexallergie/Gummiallergie

 Natürlicher Gummi = natürlicher Kautschuk= Naturlatex. Naturkautschuk ist ein Polyisopren, das aus dem Milchsaft (botanisch Latex) verschiedener Pflanzen (v. a. Gummibaum Hevea brasiliensis) gewonnen wird. Dieser Milchsaft enthält allergisierende Proteine. Bedeutsam ist die Latexallergie i. S. der meist IgE-vermittelten Sofortreaktionen (Typ-I-Reaktion) gegen Proteine im Latex mit einer Latenzzeit < 30 min. Die Sensibilisierung erfolgt dabei durch Kontakt zu naturlatexhaltigen Gegenständen perkutan über intensiven Haut-/Schleimhautkontakt (z. B. Tauchartikel, Handschuhe) oder aerogen über die Atemwege (z. B. Handschuhpuder, Abriebpartikel).

Achtung: Es kann eine so genannte Kreuzallergie zu bestimmten Lebensmitteln bestehen. Klinisch können folgende Symptome auftreten: Kontakturtikaria (Generalisation möglich), Rhinoconjunctivitis allergica/Asthma allergicum, systemische Reaktionen bis zur Anaphylaxie und daher relevant für die Beurteilung der Tauchtauglichkeit. Selten besteht eine Latexallergie im Sinne einer Typ-IV-Reaktion mit Auftreten von (Kontakt)Ekzemen.

Zum anderen gibt es synthetisch hergestellten Gummi (z. B. Chloropren/-Neopren), dem eigentlich keine allergisierende Wirkung nachgesagt wird, der aber aus dem Herstellungsprozess verschiedene Chemikalien enthält. Hierunter können Hilfsstoffe sein, auf die empfindliche Personen reagieren. Diese Gummihilfsstoffe werden sowohl bei der Herstellung/Verarbeitung von natürlichem Gummi/Latex als auch von synthetischem Gummi eingesetzt: Schwefel, Vulkanisationsbeschleuniger (wie Thiurame, Thiazole, Thioharnstoffe, Thiocarbamate/Dithiocarbamate; Aldehydamine, Guanidine etc.) oder Vulkanisationsverzögerer (wie Phthalsäureanhydrid, Benzoesäure etc.), Konservierungs- und Vernetzungsmittel, Alterungsschutzmittel, Antioxidanzien, Verdickungsmittel, Füllstoffe, Pigmente und Weichmacher.

 Die meisten Tauchartikel mit Kontakt zu Haut/Schleimhaut bestehen zwar aus Silikon oder aus synthetischem Gummi und wirken daher nur seltenst allergisierend bzw. wenn, dann meist aufgrund der während der Herstellung beigefügten Gummihilfsstoffe. Aber es können auch teilweise Bestandteile aus Naturlatex (z. B. Manschetten in Trockentauchanzügen) enthalten sein und bei entsprechender Latexallergie/-sensibilisierung nicht nur zu einer lokalen (Kontaktdermatitis), sondern auch zu einer gefährlichen systemischen Reaktion bis hin zur Anaphylaxie führen, was eine absolute Kontraindikation zum Tauchen mit entsprechenden Gegenständen darstellt.

Bei Verdacht auf Latexallergie ist eine Allergieaustestung durchzuführen. Bei Latexallergie ist ein Notfallpass auszustellen und ein Notfall-Set zu verordnen. Ein Notfall-Set sollte auch in den Tauchurlaub mitgenommen werden.

Bei Unklarheit sollte gegebenenfalls differenziert werden, ob Allergie/Sensibilisierung gegen den synthetischen Gummi, Einzelbestandteile der Gummihilfsstoffe oder Naturlatex besteht. Verschiedene Hersteller von Tauchartikeln verwenden einzelne allergisierende Zusatzstoffe inzwischen nicht mehr. Ausrüstung die als „hypoallergen" gekauft wurde (meist aus Silikon oder synthetischem Gummi) sollte vor dem Tauchen vorsichtshalber vorab getestet werden!

Tauchtauglichkeit Zur Tauchtauglichkeitsuntersuchung muss ein aktueller dermatologischer Befund vorliegen.

Relative Kontraindikation	Absolute Kontraindikation
– Latexallergie, Gummiallergie bzw. Allergie gegen Gummihilfsstoffe bei lokalen Symptomen	– Latexallergie, Gummiallergie bzw. Allergie gegen Gummihilfsstoffe, wenn systemische Nebenwirkungen durch Nutzung der Ausrüstung auftreten

24.4 Mastozytose/Urticaria pigmentosa

Mastozytose ist der Oberbegriff für Krankheitsbilder, die durch Anreicherung von Mastzellen in der Haut und in inneren Organen gekennzeichnet sind.

Etwa 80–90 % der Mastozytosen entfallen auf die kutanen, ca. 5–10 % auf die systemischen Mastozytosen (Mastzellinfiltration mindestens eines inneren Organs mit oder ohne Hautbeteiligung. Häufig betroffene innere Organe sind Herz-Kreislauf-System, Lunge, zentrales Nervensystem, Leber, Lymphknoten und Milz, Gastrointestinaltrakt, Knochenmark, Skelettsystem; erhöhtes Risiko für massive Mastzelldegranulation mit ihren systemischen Folgen).

Die häufigste Manifestation ist die Urticaria pigmentosa, eine meist rein kutane Mastozytose. Allerdings können entsprechende (teils schwächer ausgeprägte) Hautveränderungen auch bei allen anderen Mastozytoseformen vorkommen und schließen somit eine systemische Form nicht aus!

Alle Mastozytosen können von Allgemeinsymptomen durch Mastzelldegranulation und Mediatorausschüttung (Histamin!) begleitet sein und somit könnte die Gefahr systemischer Reaktionen bis hin zum anaphylaktischen Schock bestehen. Mastzellaktivierende Stimuli (sog. Histaminliberatoren) umfassen v. a. für das Tauchen relevante physikalische Faktoren wie Kälte, Hitze, Druck, Erschütterung, Licht und Wasser sowie diverse Arzneimittel, Hormone, Wespen-/Bienengift etc.

 Patienten vor allem mit flächenhafter Ausbreitung der Hautveränderungen und mit systemischer Mastozytose müssen über Mastzelldegranulatoren/Histaminliberatoren (s. oben) aufgeklärt und insbesondere darauf hingewiesen werden, plötzliche Temperaturänderungen (z. B. Sprung ins kalte Wasser) oder mechanische Reize (z. B. Trockenrubbeln) zu vermeiden. Ein Notfallausweis und ein Notfallset sollten ausgehändigt werden, wenn vom Dermatologen indiziert. Aufklärung über akute Symptomatik.

Tauchtauglichkeit Je nach Schweregrad bzw. Ausmaß der Symptomatik bei der kutanen Form besteht relative Kontraindikation für das Tauchen. Bei den systemischen Formen muss die Tauchtauglichkeit entsprechend der beteiligten Organe beurteilt werden, so dass sich entweder relative oder absolute Kontraindikation ergeben kann.

Ein aktueller Befund eines Allergologen/Dermatologen (und ggf. einer Klinik zum Ausschluss systemischer Beteiligung) ist zur Beurteilung der Tauchtauglichkeit erforderlich.

Relative Kontraindikation	Absolute Kontraindikation
– Kutane Mastozytose (je nach Schweregrad und Ausmaß) mit geringer Symptomatik	– Systemische Mastozytose (entsprechend der beteiligten Organe), akute Symptomatik

24.5 Psoriasis

 Die Schuppenflechte ist eine der häufigsten Hauterkrankungen. Sie verläuft meist chronisch (schubweise) und kann sowohl über das gesamte Integument verteilt als auch isoliert an Kopfhaut, Akren oder Körperfalten vorkommen. Der Ausprägungsgrad kann von kleinfleckig vereinzelt, bis großflächig konfluierend und von nur mäßig schuppend bis stark entzündlich reichen.

Genetische Veranlagung und autoimmune Mechanismen sowie verschiedene Triggerfaktoren (z. B. Streptokken-Infektionen, psychischer Stress, Medikamente wie z. B. Betablocker, ACE-Hemmer, Lithium, Resochin, NSA, Grunderkrankungen wie HIV, DM usw.) spielen eine Rolle im Auslösen bzw. bei der Beeinflussung der Hauterscheinungen.

Entzündungen in den Gelenken und/oder der Wirbelsäule (Psoriasisarthritis) sowie an den Sehnenscheiden und/oder Sehnenansätzen (Enthesiopathie) können zusätzlich zu den typischen Hauterscheinungen, aber auch isoliert, auftreten.

Durch mechanische/physikalische Reizung auch auf gesunder Haut (beispielsweise Reibung durch Tauchanzug, UV, Impfungen, Tätowierung, Verletzungen) können bei Psoriatikern frische Psoriasisläsionen (Köbner-Phänomen) bzw. eine Verschlechterung des vorbestehenden Befundes ausgelöst werden.

Bei sehr entzündlichen Formen der Psoriasis sind als Folge Superinfektionen (bis hin zur Sepsis oder Ausbildung eines Erysipels) oder bei starker Großflächigkeit gar die Ausbildung einer Erythrodermie möglich. Das Auftreten entsprechender Allgemeinsymptome könnte dann mit einer vitalen Gefährdung einhergehen (vgl. Abschnitt 24.6 und 24.7). Bei Vorliegen einer schweren Psoriasisarthritis können ggf. Funktions- und Bewegungseinschränkungen der Gelenke/des Bewegungsapparats bzw. der Sehnen entstehen.

Bei (über die lokale Behandlung hinausgehender) systemischer Therapie gelten die allgemeinen Empfehlungen der Internisten/Rheumatologen im Hinblick auf die eingesetzte Medikation und ihren möglichen Einfluss auf die Tauchtauglichkeit und müssen bei der Berücksichtigung eventueller Kontraindikation für das Tauchen Berücksichtigung finden (vgl. auch 24.3, Kutane Lymphome, Kap. 25, Tumorerkrankungen, Kap. 17, Hämatologie).

Tauchtauglichkeit besteht bei alleiniger, kleinflächiger, nicht oder nur wenig entzündlicher Hautbeteiligung ohne Infektionsgefahr, sofern keine Verschlechterung auftritt. Für die Tauchtauglichkeit sollte eine dermatologisch-fachärztliche Stellungnahme vorliegen.

Relative/Absolute Kontraindikation
- Bei Entzündlichkeit (Haut, Psoriasisarthritis) je nach Befund und Ausmaß

24.6 Hautinfektionen und -irritationen

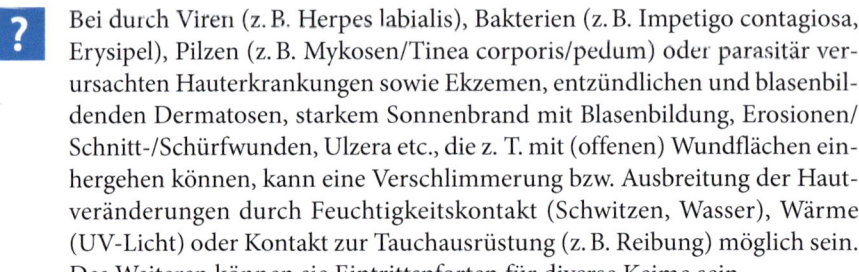

Bei durch Viren (z. B. Herpes labialis), Bakterien (z. B. Impetigo contagiosa, Erysipel), Pilzen (z. B. Mykosen/Tinea corporis/pedum) oder parasitär verursachten Hauterkrankungen sowie Ekzemen, entzündlichen und blasenbildenden Dermatosen, starkem Sonnenbrand mit Blasenbildung, Erosionen/Schnitt-/Schürfwunden, Ulzera etc., die z. T. mit (offenen) Wundflächen einhergehen können, kann eine Verschlimmerung bzw. Ausbreitung der Hautveränderungen durch Feuchtigkeitskontakt (Schwitzen, Wasser), Wärme (UV-Licht) oder Kontakt zur Tauchausrüstung (z. B. Reibung) möglich sein. Des Weiteren können sie Eintrittspforten für diverse Keime sein.

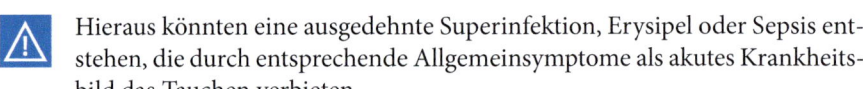

Hieraus könnten eine ausgedehnte Superinfektion, Erysipel oder Sepsis entstehen, die durch entsprechende Allgemeinsymptome als akutes Krankheitsbild das Tauchen verbieten.

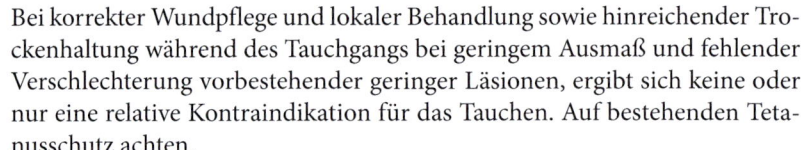

Bei korrekter Wundpflege und lokaler Behandlung sowie hinreichender Trockenhaltung während des Tauchgangs bei geringem Ausmaß und fehlender Verschlechterung vorbestehender geringer Läsionen, ergibt sich keine oder nur eine relative Kontraindikation für das Tauchen. Auf bestehenden Tetanusschutz achten.

Tauchtauglichkeit besteht bei Hautinfektionen und Irritationen mit geringem und gut zu schützenden Ausmaß.

Relative Kontraindikation	Absolute Kontraindikationen
– Hautinfektionen und Irritationen bei mäßigem und gut zu schützendem Ausmaß	– Hautinfektionen und Irritationen bei großem und nicht gut zu schützendem Ausmaß sowie bei Verschlechterung nach Wasserkontakt (Fieber, Rötung, Schwellung = akute Entzündungszeichen) – Erysipel – Sepsis

24.7 Erythrodermie

Generalisierte Rötung der Haut (> 90 % des Hautorgans) häufig mit intensivem Juckreiz (> 90 %) und ausgeprägter Schuppung, meist hervorgerufen durch Ausbreitung zuvor bestehender Hauterkrankungen (z. B. Psoriasis, Neurodermitis, systemischer Lupus erythematodes, Dermatomyositis, Arzneimittelexanthem, Kontaktekzem, Sonnenbrand, Alterserythrodermie, Scabies norvegica, Ichthyose, Pityriasis rubra pilaris, Lichen ruber planus), aber auch z. B. bei einer hämatologischen Grunderkrankung, UV-induziert bei Einnahme von die Lichtempfindlichkeit steigernden Medikamenten (z. B. Amiodaron, MTX, bestimmte Psychopharmaka, Tetracycline etc.) oder idiopathisch möglich.

Die zugrunde liegende Erkrankung ist häufig in diesem Zustand nicht erkennbar.

Es handelt sich um eine schwere, ggf. vital bedrohende Erkrankung.

Zu fürchtende Komplikationen sind: Herz-Kreislauf-Belastung durch deutlich erhöhte Hautdurchblutung, exzessive Wärmeabstrahlung (Patient friert), Störung der Hautbarriere mit erhöhtem Flüssigkeitsverlust/Elektrolytverlust, erhöhte Desquamation (Schuppung) mit erhöhtem Protein- und Albuminverlust, Störung der immunologischen Abwehr und gesteigerte Infektneigung; ggf. Superinfektion/Sepsis. Des Weiteren sind je nach Schweregrad bei großflächiger Entzündlichkeit Abweichungen der Gaslöslichkeit und der Blasenbildung im Gewebe möglich.

Bei einer milderen Form ohne Allgemeinsymptome besteht dennoch die Möglichkeit einer weiteren akuten Exazerbation durch das Tauchen (Reizung durch Wasser, Equipment, ggf. körperlicher Anstrengung) mit einer potenziellen Gefahr einer Auslösung vital gefährdender Komplikationen, auf die der Taucher hingewiesen werden sollte. Bei Organbeteiligung und/oder Reduktion der Leistungsfähigkeit besteht eine absolute Kontraindikation gegen das Tauchen entsprechend den Empfehlungen für die betroffenen Organsysteme.

Tauchtauglichkeit Es besteht eine relative Kontraindikation für das Tauchen wegen der akuten und flächig ausgedehnten Erkrankung der Haut. Bei anamnestisch bekannten Symptomen ist für die Tauchtauglichkeitsuntersuchung ein dermatologischer Facharztbefund erforderlich.

Relative Kontraindikation	Absolute Kontraindikation
– Erythrodermie ohne systemische Organbeteiligung bei normaler Leistungsfähigkeit	– Erythrodermie mit Organbeteiligung und dadurch bedingte Tauchuntauglichkeit (siehe Empfehlungen in den jeweiligen Kapiteln) oder eingeschränkte Leistungsfähigkeit

24.8 Exantheme

Eine Gruppe infektiöser und nichtinfektiöser, entzündlicher, plötzlich auftretender, zeitlich limitierter Hauterkrankungen, die dynamisch verlaufen und unterschiedlichste Morphologie und Effloreszenztypen aufweisen können.

Generalisierte Exantheme sollten als Ausdruck einer akuten Erkrankung wegen ihres akuten, flächigen und entzündlichen Erscheinungsbildes als relative Kontraindikation für das Tauchen eingestuft werden. Bei Exazerbation mit Verschlechterung des Allgemeinbefindens bzw. dem Übergang in eine Erythrodermie (z. B. Arzneimittelexanthem) durch das Tauchen, besteht eine absolute Kontraindikation zum Zeitpunkt der Hauterscheinungen, die in der Regel zeitlich limitiert sind.

Tauchtauglichkeit Für die Tauchtauglichkeitsuntersuchung ist eine dermatologische Abklärung des akuten Zustandsbildes bzw. der Grunderkrankung und eine fachärztliche Stellungnahme erforderlich.

24.9 Kollagenosen (diffuse Bindegewebskrankheiten)

Auslöser sind (Auto-)Immunmechanismen. Autoimmunmechanismen können bei bestimmter genetischer Disposition durch Infektionen oder andere exogene Faktoren wie starke körperliche Belastung, UV-Strahlung oder Arzneimittel ausgelöst oder verstärkt werden.

Hierauf sollten die betroffenen Patienten hingewiesen werden, da diese Provokationsfaktoren unter Umständen den Verlauf der Erkrankung und somit die Tauchtauglichkeit (zusätzlich zu den unten genanntem) beeinflussen können und nicht vorhersehbar sind.

24.9.1 Systemische Sklerodermie

Seltene Systemerkrankung mit Sklerosierung von Haut und Unterhaut sowie Beteiligung innerer Organe (Lunge, Herz, Gefäße, Darm, Skelett, Niere) unterschiedlicher Ausprägung. Meist fallen die Patienten durch die Hautsymptome (90–95 %) auf.

Bei zunehmender Sklerosierung der Haut besteht bei Bewegungseinschränkungen (z. B. dermatogene Streckkontrakturen der Beine, behinderte Atemexkursion etc.) je Ausmaß und Lokalisation und Art des geplanten Tauchgangs eine relative Kontraindikation. Dies gilt auch bei der zirkumskripten Sklerodermie und bei z. B. durch Epidermolysen oder ausgedehnte (hypertrophe) Narben/Keloide bedingten Bewegungseinschränkungen.

Wegen der extrakutanen Manifestation (v. a. Herz in bis zu 60–90 % und Lunge in 40–70 %) besteht besondere Relevanz für das Tauchen, so dass bei kutaner Manifestation dringend eine innere Beteiligung geprüft werden muss.

Tauchtauglichkeit Relevanz besteht für die Tauchtauglichkeit auch wegen der möglichen Beteiligung innerer Organe. Für die Tauchtauglichkeit sollte eine fachärztliche Stellungnahme zur Tauchtauglichkeit von allen beteiligten Fachärzten vorliegen. Die Beurteilung der Tauchtauglichkeit richtet sich nach den allgemeinen Tauchtauglichkeitskriterien.

24.9.2 Dermatomyositis

Seltene systemische chronisch-entzündliche Autoimmunerkrankung, die die Haut und bevorzugt die Skelettmuskulatur, aber auch andere Organe betrifft. Overlap mit anderen autoimmunbedingten Bindegewebserkrankungen möglich. Die alleinige Hautbeteiligung stellt keine Kontraindikation (bei normaler Leistungsfähigkeit) für das Tauchen dar. Es besteht aber Relevanz für die Tauchtauglichkeit, v. a. wenn eine Beteiligung der Skelettmuskulatur und der inneren Organe vorliegt.

Die kutane Manifestation geht in einem Drittel der Muskelschwäche voraus, die Muskulatur kann aber zunächst auch ohne Haut erkranken.

Wegen der extrakutanen Manifestation (v. a. Muskulatur, Lunge, Herz, Gelenke) besteht besondere Relevanz für das Tauchen, so dass bei Hauterscheinungen eine innere Beteiligung geprüft werden muss. Bei Vorliegen dieser

Erkrankung muss auf jeden Fall die körperliche Leistungsfähigkeit geprüft werden.

Tauchtauglichkeit Für die Tauchtauglichkeit sollte eine fachärztliche Stellungnahme zur Tauchtauglichkeit von allen beteiligten Fachärzten vorliegen. Die Beurteilung der Tauchtauglichkeit richtet sich nach den allgemeinen Tauchtauglichkeitskriterien.

24.9.3 Systemischer Lupus erythematodes (SLE)

 Klassifikation nach den Diagnosekriterien des American College of Rheumatology (ACR). Schubweise verlaufende, chronisch-entzündliche Autoimmunkrankheit, die v. a. das Gefäßbindegewebe der Haut betrifft, mit der Möglichkeit der Beteiligung zahlreicher Organsysteme.

Der subakut-kutane Lupus erythematodes (SCLE) ist eine Sonderform des Lupus erythematodes (LE), die zwischen der systemischen (SLE) und der rein kutanen (DLE) Form steht. Daher sind auch hier Organmanifestationen möglich, so dass die Beurteilung der Tauchtauglichkeit dem systemischen Lupus erythematodes entsprechend erfolgen sollte.

Die Hauterkrankung stellt (sofern kleinflächig) keine Kontraindikation (bei normaler Leistungsfähigkeit) für das Tauchen dar; eventuelle Ausnahme: Ulzera (vgl. 24.5). Die kutane Manifestation ist bei ca. 80 % der Patienten vorhanden. Bei extrakutaner Manifestation (v. a. Muskulatur 50 %; Gelenke 90 %, Lunge 40 %, Herz 25 %, Niere 65 %, Augen, ZNS) besteht besondere Relevanz für das Tauchen, so dass die innere Beteiligung und insbesondere die körperliche Leistungsfähigkeit bei Vorliegen der Hauterscheinungen geprüft werden muss.

Bei allen Formen des Lupus erythematodes ist erhöhte UV-Empfindlichkeit möglich, die einen Schub auslösen oder verschlimmern kann. Daher sollte die direkte UV-Exposition während des Tauchens (z. B. während der Oberflächenpause) vermieden werden.

Tauchtauglichkeit Für die Tauchtauglichkeit sollte eine fachärztliche Stellungnahme zur Tauchtauglichkeit von allen beteiligten Fachärzten vorliegen. Aufgrund des möglichen Befalls innerer Organe ist auch unter 40 Jahren eine Ergometrie erforderlich. Die Beurteilung der Tauchtauglichkeit richtet sich nach den allgemeinen Tauchtauglichkeitskriterien.

> **Relative Kontraindikationen**
> – Bei extrakutaner Manifestation (entsprechend der betroffenen Organe kann auch eine absolute Tauchuntauglichkeit resultieren)
> – Systemische Sklerodermie
> – Dermatomyositis
> – Systemischer Lupus erythematodes
> – Subakut-kutaner Lupus erythematodes
> – Bei kutaner Manifestation, sofern Bewegungseinschränkungen bestehen

24.10 Wegener-Granulomatose

Seltene Multisystemerkrankung, v. a. ELK-Manifestation („ear/nose-lung-kidney"). Haut- und Schleimhautbeteiligung häufig (ca. 50 %); andere häufig befallene Organe sind Gelenke, Augen, ZNS, selten das Herz (10 %). Die Hauterkrankung stellt keine Kontraindikation für das Tauchen dar (Ausnahme: Ulzera je Ausdehnung und Lokalisation, vgl. 24.5 und Kap. 13, HNO), wohl besteht aber Relevanz für die Tauchtauglichkeit wegen der Mitbeteiligung innerer Organe.

Bei kutaner Manifestation muss eine Systembeteiligung geprüft werden (v. a. HNO-Region, Lunge und ggf. Niere sind für die Tauchtauglichkeit relevant).

Potenziell lebensbedrohlich. Auch bei allen anderen Vaskulitiden ist stets zu beachten, dass Hautulzerationen entstehen können sowie Systembeteiligung vorliegen kann.

Tauchtauglichkeit besteht bei ausschließlich kutaner Manifestation (bei Fehlen leistungsmindernder Allgemeinsymptome und ausgedehnter Ulzera). Ein erhöhtes DCI-Risiko ist nicht bekannt.

Für die Tauchtauglichkeit sollte eine fachärztliche Stellungnahme von allen beteiligten Fachärzten vorliegen. Die Beurteilung der Tauchtauglichkeit richtet sich nach den allgemeinen Tauchtauglichkeits-Kriterien.

Relative Kontraindikation	Absolute Kontraindikation
– Bei extrakutaner Manifestation (entspr. der beteiligten Organe)	– Bei extrakutaner Manifestation (entspr. der beteiligten Organe)

24.11 Lues/Syphilis

Klinisch oft vielgestaltig verlaufende Infektionskrankheit. Unbehandelt ist ein Verlauf über Jahrzehnte sowie auch Spontanheilung möglich. Lues ist nicht in allen Stadien ansteckungsfähig.

Syphilis unterteilt sich in 3 Krankheitsstadien: das Primär- und Sekundärstadium (Frühsyphilis) sowie das Tertiärstadium (Spätsyphilis, hierzu zählt auch die Neurosyphilis). Die Hauterscheinungen stellen (bei voller Leistungsfähigkeit) keine Kontraindikation für das Tauchen dar (bei Ulzera/ Erosionen vgl. 24.5). Im Sekundärstadium ist eine Miterkrankung innerer Organe (v. a. Herz, ZNS, Augen) selten, im Tertiärstadium eher wahrscheinlich, was die Tauchtauglichkeit beeinflusst.

Relevant für das Tauchen ist am ehesten die mögliche Beteiligung des Herzens und der Blutgefäße (Tertiärstadium) durch Aneurysmenbildung mit gegebenenfalls Aortenruptur und Reizleitungsstörungen, weshalb eine entsprechende Stadieneinordnung mit Hilfe der Hauterscheinungen hilfreich ist.

Da es sich bei der Lues um eine im Normalfall gut und schnell (meist in maximal 3 Wochen) antibiotisch behandelbare Erkrankung handelt, ist prinzipiell eine Behandlung vor Antritt einer Tauchreise der einfachste Weg, um der Fragestellung der Tauchtauglichkeit weitestgehend zu entgehen. Sollte es sich aber um einen komplizierteren Verlauf oder einen längeren Therapiezeitraum handeln bzw. schon während der Behandlung Tauchwunsch bestehen, kann unten Genanntes gelten (cave Jarisch-Herxheimer-Reaktion nach der ersten Penicillingabe, daher absolute Kontraindikation für das Tauchen am 1. Behandlungstag!).

Bei Vorliegen von Ansteckungsgefahr (Hautkontakt, syphilitischer Primäraffekt), wird vorausgesetzt, dass keine Leihausrüstung benutzt wird bzw. die Ansteckung anderer Taucher ausgeschlossen ist.

Tauchtauglichkeit besteht im Primärstadium (ausschließlich kutane Manifestation) bei Fehlen leistungsmindernder Allgemeinsymptome. Für die Tauchtauglichkeit sollte eine fachärztliche Stellungnahme zur Tauchtauglichkeit von allen beteiligten Fachärzten vorliegen.

Die Beurteilung der Tauchtauglichkeit richtet sich nach den allgemeinen Tauchtauglichkeits-Kriterien.

Relative Kontraindikationen	Absolute Kontraindikationen
– Im Tertiärstadium (bei extrakutaner Manifestation) entsprechend tauchmedizinischer Kriterien für die betroffene Lokalisation – Im Sekundärstadium bei nur selten vorkommender extrakutaner Manifestation – Jeweils entsprechend der beteiligten Organe	– Im Tertiärstadium (bei extrakutaner Manifestation) – Im Sekundärstadium bei nur selten vorkommender extrakutaner Manifestation – Jeweils entspr. der beteiligten Organe – 1. Behandlungstag bei Penicillingabe

24.12 Lyme-Borreliose

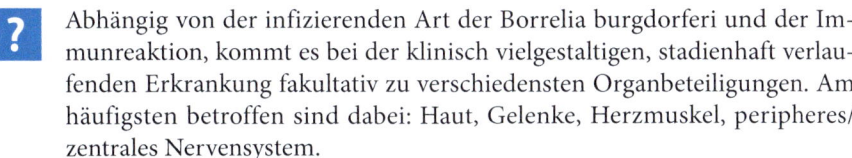

Abhängig von der infizierenden Art der Borrelia burgdorferi und der Immunreaktion, kommt es bei der klinisch vielgestaltigen, stadienhaft verlaufenden Erkrankung fakultativ zu verschiedensten Organbeteiligungen. Am häufigsten betroffen sind dabei: Haut, Gelenke, Herzmuskel, peripheres/zentrales Nervensystem.

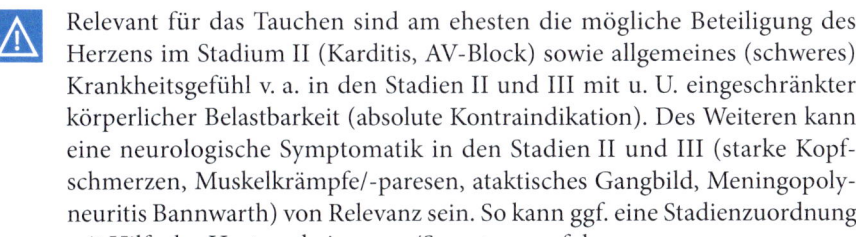

Relevant für das Tauchen sind am ehesten die mögliche Beteiligung des Herzens im Stadium II (Karditis, AV-Block) sowie allgemeines (schweres) Krankheitsgefühl v. a. in den Stadien II und III mit u. U. eingeschränkter körperlicher Belastbarkeit (absolute Kontraindikation). Des Weiteren kann eine neurologische Symptomatik in den Stadien II und III (starke Kopfschmerzen, Muskelkrämpfe/-paresen, ataktisches Gangbild, Meningopolyneuritis Bannwarth) von Relevanz sein. So kann ggf. eine Stadienzuordnung mit Hilfe der Hauterscheinungen/Symptome erfolgen.

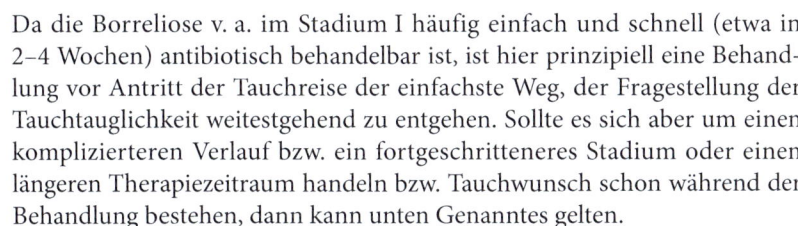

Da die Borreliose v. a. im Stadium I häufig einfach und schnell (etwa in 2–4 Wochen) antibiotisch behandelbar ist, ist hier prinzipiell eine Behandlung vor Antritt der Tauchreise der einfachste Weg, der Fragestellung der Tauchtauglichkeit weitestgehend zu entgehen. Sollte es sich aber um einen komplizierteren Verlauf bzw. ein fortgeschritteneres Stadium oder einen längeren Therapiezeitraum handeln bzw. Tauchwunsch schon während der Behandlung bestehen, dann kann unten Genanntes gelten.

Tauchtauglichkeit besteht im Stadium I bei rein kutaner Manifestation (bei isoliertem Erythema chronicum migrans) bei normaler Leistungsfähigkeit. Sollten

Medikamente eingenommen werden, ist deren Einfluss auf die Tauchtauglichkeit zu berücksichtigen. Für die Tauchtauglichkeit sollte eine fachärztliche Stellungnahme zur Tauchtauglichkeit von allen beteiligten Fachärzten vorliegen. Die Beurteilung der Tauchtauglichkeit richtet sich nach den allgemeinen Tauchtauglichkeitskriterien.

Relative Kontraindikation	Absolute Kontraindikation
– Stadium II und III: je nach möglicher Organbeteiligung	– Stadium II und III: je nach möglicher Organbeteiligung

24.13 Varikosis/Chronisch venöse Insuffizienz (CVI)/Thrombophlebitis

Varikosis

Häufig. Komplikationen: Entwicklung einer CVI, Varizenruptur, Entstehen von Thrombophlebitis oder Thrombose.

CVI: Chronische Rückflussstörung des Blutflusses mit folgender Ödembildung, irreversible Veränderungen der Venen, der Haut und des subkutanen Bindegewebes.

Tauchtauglichkeit Das alleinige Vorhandensein von begleitenden Hauterscheinungen (z. B. Stauungsekzem, Atrophie blanche) stellt normalerweise keine Kontraindikation für das Tauchen dar (vgl. aber Kap. 16, Herz-Kreislauf-Erkrankungen). Bei Rupturgefahr der Varizen besteht Tauchverbot.

Thrombophlebitis

Es handelt sich um eine akute Entzündung venöser Blutgefäße. Mögliche Komplikation sind: sekundäre Thrombenbildung; in der Nähe der Krosse (gekrümmter Mündungsbereich der oberflächlichen Stammvenen in das tiefe System) aszendierende Beckenvenenthrombose, gegebenenfalls mit Lungenembolie; septische Erscheinungen; postphlebitisches Ulkus.

Bei akut stark entzündlicher und langstreckiger Phlebitis besteht wegen der drohenden Komplikationen daher absolute Kontraindikation.

Tauchtauglichkeit Bei Thrombophlebitis besteht Tauchverbot bis zur vollständigen Abheilung.

> **Absolute Kontraindikationen**
> – Varizen bei Rupturgefahr
> – Thrombophlebitis bis zur Abheilung

24.14 (Primär) Kutane Lymphome

Primär kutane Lymphome treten zuerst in der Haut auf und sind abzugrenzen vom Hautbefall im Rahmen eines extrakutanen Lymphomes bzw. Leukämien. Für den Dermatologen sind bei der Beurteilung der Tauchtauglichkeit v. a. die primär kutanen Lymphome relevant. Die (primär) kutanen Lymphome werden in T- und B-Zell-Lymphome unterteilt. Etwa 70 % davon werden den T-Zell-Lymphomen zugeordnet, wovon wiederum das häufigste die Mycosis fungoides ist. Diese stellt daher zusammen mit dem Sezary-Syndrom die in der Praxis häufigste Form des primär kutanen T-Zell-Lymphomes dar. Das wichtigste B-Zell-Lymphom in der Praxis ist das Keimzentrumslymphom. Die übrigen kutanen T- und B-Zell-Lymphome sollen in diesem Kapitel vernachlässigt werden.

Auch aufgrund der sehr umfangreichen Therapiemöglichkeiten, die der Schwere der Erkrankung angepasst werden, und deren mögliche Nebenwirkungen (z. B. auf ZNS, Herz-Kreislauf usw.), ist die folgende Einteilung in „keine/relative/absolute KI" nicht pauschal zu treffen und sollte nur als eine grobe Orientierungshilfe verstanden werden.

Tauchtauglichkeit Die Beurteilung der Tauchtauglichkeit ist abhängig von dem Zustand bzw. Ausmaß der Hauterscheinungen, möglicher systemischer Beteiligung (z. B. Lymphknoten, innere Organe – v. a. Milz, Leber, Lunge, GI, ZNS-, Knochenmark, peripheres Blut), der allgemeinen Leistungsfähigkeit des Patienten sowie der Art der erfolgenden/ten Therapie oder deren möglicher Nebenwirkungen.

Bei erfolgter systemischer Therapie (Retinoide, Chemotherapie, Steroide, Antihistaminika, anti-CD 20-AK, INF alpha, Biologics usw.) sowie Bestrahlungen (Röntgenweichteil-, schnelle Elektronenbestrahlung) gelten die allgemeinen Empfehlungen der Internisten und Radiologen im Hinblick auf die eingesetzte Medikation und ihren möglichen Einfluss auf die Tauchtauglichkeit und müssen bei der Beurteilung möglicher Kontraindikationen für das Tauchen Berücksichtigung finden (vgl. auch Kap. 25, Tumorerkrankungen, und Kap. 17, Hämatologie).

Es wird sich ggf. um Einzelfallentscheidungen handeln, die Situation des Patienten sollte interdisziplinär (Dermatologie/Innere/Onkologie/Radiologie) erfasst und somit dann eine gemeinsame Beurteilung vorgenommen werden.

Tauchtauglichkeit besteht bei abgeschlossener, erfolgreicher Therapie ohne Einschränkungen der allgemeinen Leistungsfähigkeit und systemische Beteiligung. Entsprechend der voraus gegangenen (systemischen oder lokalen) Therapie muss jedoch ggf. eine tauchfreie „Latenzzeit" vorausgehen, um evtl. therapiebedingte Folgeschäden ausschließen zu können. Entsprechend der internistischen Empfehlungen gelten hierfür u. U. ca. 1–2 Jahre (Z.n. immunsupressiver bzw. Polychemotherapie, Radiatio usw.).

Relative Kontraindikationen	Absolute Kontraindikationen
– Vor/während lokaler (Steroid, PUVA, Zytostatika) Therapie: in Abhängigkeit des Ausmaßes der Hauterscheinungen/Erkrankungsstadium bei fehlender systemischer Beteiligung und Fehlen von Therapienebenwirkungen und Einschränkungen der allgemeinen Leistungsfähigkeit (sofern Therapie durch den Tauchurlaub nicht unterbrochen/verzögert wird).	– Bei kutaner Manifestation:
	– Tumorstadium der Mycosis fungoides, Erythrodermie i.R. der Mycosis fungoides bzw. des Sezary-Syndroms (vgl. 24.7, Erythrodermie)
	– Laufende (Poly)Chemotherapie
– Vor/während/nach systemischer Therapie: abhängig vom Ausmaß der Hauterscheinungen/Erkrankungsstadium, systemischer Beteiligung durch die Hauterkrankung oder Therapie bzw. therapiebedingte Nebenwirkungen bei normaler Leistungsfähigkeit.	– Vor/während/nach systemischer Therapie: abhängig vom Ausmaß der Hauterscheinungen/Erkrankungsstadium, systemischer Beteiligung durch die Hauterkrankung oder Therapie bzw. therapiebedingte Nebenwirkungen
	– Eingeschränkte körperliche Leistungsfähigkeit
	– Nichteinhaltung internistischer Empfehlungen für Mindestlatenzzeit zwischen Therapieende und Tauchbeginn
– Je nach Ausmaß von operativ entfernten Lymphomen und Zeitabstand zur OP bei abgeschlossener Wundheilung.	– Z.n. frisch erfolgtem operativem Eingriff und noch nicht abgeschlossener vollständiger Wundheilung

Literatur

Arbeitsgemeinschaft Dermatologische Onkologie: http://ado-homepage.de/leitlinien, S2k-Kurzleitlinie-Kutane Lymphome, Version 3/2012 (14.05.2013).

Altmeyer P: Therapielexikon Dermatologie und Allergologie, Berlin Heidelberg New York: Springer, 2005.

Altmeyer P, Dirschka T, Hartwig R: Klinikleitfaden Dermatologie. München: Urban & Fischer, 2003.

AWMF: http://www.awmf.org (26.08.2007).

Bonamonte D: Dermatology and Sport. Giornale italiano di Dermatologia e Venerologia 2004; 139: 47–65.

Braun-Falco O, Plewig G, Wolff HH, Burgdorf WHC, Landthaler M: Dermatologie und Venerologie. Berlin Heidelberg New York: Springer, 2002.

Brooks C, Kujawska A, Patel D: Coutaneus allergic reactions induced by sporting activities. Sports Med 2003; 33: 699–708.

Deady B, Glezos J, Blackie S: Diagnostik challenge. Can J Emerg Med 2006; 8: 297.

Edmonds C, Lowry C, Pennefather J, Walker R: Diving and Subaquatic Medicine. London: Hodder Arnold, 2005, S. 434, 441.

Fritsch P: Dermatologie Venerologie. Berlin Heidelberg New York: Springer, 2004.

Germonpre P: The medical risk of underwater diving and their control. ISMJ 2006; 7.

Godden D et al.: British Thoracic Society Guidelines on respiratory aspects of fitness for diving, Thorax. BMJ 2003; 58: 3–13.

Klingmann C, Tetzlaff K: Moderne Tauchmedizin. Stuttgart: Gentner, 2007, S. 530–531, 534.

Korting HC, Callies R, Reusch M, Schlaeger M, Sterry W: Dermatologische Qualitätssicherung, Leitlinien und Empfehlungen. Berlin: ABW Wissenschaftsverlag, 2007, S. 51–52, 197, 487, 516, 571.

Kraft E, van der Valk P: Environmental and occupational dermatitis. Contact Dermatitis 2007; 57: 194–195.

Mandojana RM: Clinics in dermatology. Aquatic Dermatology 1987; 5: 36–49.

Muth CM, Wendling J, Tetzlaff K: Tauchtauglichkeitsuntersuchungen bei Sporttauchern mit Berücksichtigung medizinischer Grenzfälle. Dtsch Zschr Sportmed 2002; 53: 170–173.

Muth CM, Tetzlaff K: Tauchen und Herz. Herz 2004; 29: 406–412.

Parker J: The Sports Diving Medical. Melbourne: JL Publications, 1994, pp. 42–45.

Ring J: Angewandte Allergologie. München: Urban & Vogel, 2004, S. 129–131, 151, 208.

Saloga J, Klimek L, Buhl R, Mann W, Knop J: Allergologie Handbuch. Stuttgart: Schattauer, 2005, S. 152–153, 164, 345–352.

Stadler R: Kutane Lymphome. Hautarzt 2006; 57: 744–755.

Stadler R et al.: S2k Kurzleitline – Kutane Lymphome. JDDG 2013; 11: 20–30.

Trautmann A: Allergiediagnose Allergietherapie. Stuttgart: Thieme, 2006; S. 206–208, 105–107, 111, 113.

25 Tumorerkrankungen

Krebs- und Tumorerkrankungen gehören zu den häufigsten Erkrankungen, und verbesserte Behandlungsmethoden machen es wahrscheinlicher, dass auch Patienten mit Tumoren und Krebserkrankungen tauchen. Aufgrund der oftmals komplexen Organbeteiligung sind Einzelfallentscheidungen zur Tauchtauglichkeit zu treffen, zumal systematische Untersuchungen zur Beurteilung der Tauchtauglichkeit nach Krebserkrankung fehlen. Die moderne Krebstherapie stand lange auf drei Säulen: der Operation (OP), Strahlentherapie (RTX) und Chemotherapie (CTX). In den letzten Jahren hat die Bedeutung von Hormon- und Antikörpertherapie weiter an Bedeutung zugenommen. Allerdings hat die Vielfalt der systemischen Therapien derart zugenommen, dass der Einfluss auf die Tauchtauglichkeit nicht generell gewertet werden kann.

Operation und Bestrahlung verstehen sich als lokale Therapie – direkt am Tumor angreifend und wirkend. Die Nebenwirkungen dieser Therapiekonzepte sind daher auch meistens lokal begrenzt und schon im Vorfeld besser einzugrenzen. Demgegenüber ist die Chemotherapie eine systemische Therapie, die weit über die Tumorgrenzen hinaus mit folglich systemischen Nebenwirkungen wirkt. Doch nicht nur die Therapien können Nebenwirkungen und Folgen hervorrufen, oft kommt es auch schon durch den Tumor selbst, z. B. durch Kompression oder Verdrängung wichtiger Strukturen, zu Einschränkungen in Funktionalität und/oder Schmerzen im Tumorgebiet oder in Nachbarregionen.

Nach einer Bestrahlung kann es zu Gefäßveränderungen kommen, die dann veränderte Fließeigenschaften des Blutes und eine irreguläre Gewebsdurchblutung in den bestrahlten Bereichen zur Folge haben. Diese Veränderungen treten mit einer gewissen Latenz auf, sind als Spätschaden nach vielen Jahren zu erwarten und entwickeln sich auch dann noch weiter zu einem bei Diagnose unbekannten Endpunkt.

25.1 Tumoren nach anatomischer Zuordnung

25.1.1 Hirntumoren

 Bei Hirnmetastasen besteht ein erhöhtes Risiko für Krampfanfälle und neurologische Ausfälle. Hier ist besonders an die Sensorik der Hirnnerven, Schwindel und Übelkeit denken. Es kann problematisch sein, solche neurolgischen Ausfälle von DCI-bedingten Ausfällen zu unterscheiden. Motorische Ausfälle können in dieser Hinsicht ebenfalls problematisch sein.

Tauchtauglichkeit Bei Hirntumoren und -metastasen ist eine aktuelle fachärztlich-neurologische Beurteilung einzuholen. Wichtig ist die Beurteilung des Krampfanfallrisikos, die Beschreibung der neurologischen Ausfälle und die daraus resultierenden Funktionseinschränkungen. Bei der Tauchtauglichkeitsuntersuchung ist zu prüfen, ob evtl. Tauchen im Rahmen des Handicap-Tauchens gestattet sein kann.

Siehe auch Kap. 10, Neurologie/Neurochirurgie und Kap. 6, Tauchen mit Einschränkungen.

25.1.2 Kopf-/Halstumoren

Siehe Kap. 13, HNO.

25.1.3 Ösophaguskarzinom

Das Ösophaguskarzinom verläuft häufig über einen langen Zeitraum ohne Symptome und führt erst dann zu klinischen Beschwerden, wenn durch das Tumorwachstum die Passage von Speisen behindert wird und Schluckbeschwerden oder auch Schmerzen hinter dem Brustbein auftreten. Oft kommt es zu schwallartigem Erbrechen unverdauter Nahrung. Das Ösophaguskarzinom manifestiert sich am häufigsten im mittleren und unteren Teil der Speiseröhre oder auch im Übergang zum Magen. Im Krankheitsverlauf können Metastasen in Leber, Lunge oder auch in den Knochen auftreten.

Die Therapiemaßnahmen richten sich insbesondere nach der Lokalisation des Karzinoms: Eine initiale CTX soll eine Rückbildung des Tumors und die Verbesserung der Funktion der Speiseröhre bewirken. Weitere mögliche therapeutische Optionen sind: Bestrahlung, Chemotherapie, Operation oder Kombinationen.

Will man die Tauchtauglichkeit nach kombinierter RTX/CTX beurteilen, muss man das Zielvolumen der Bestrahlung mit einbeziehen. Die Speiseröhre läuft mitten zwischen den beiden Lungenflügeln am Herzen vorbei. Während einer Strahlentherapie werden Herz und Lungen weitestgehend ausgeblendet, eine Resttoxizität kann jedoch auch mit neueren Verfahren nicht vermieden werden. Die Lunge selbst wird ab 15–20 Gray (Strahlendosis) beeinträchtigt. Am Herzen können Gefäßveränderungen langfristig auch bei kleineren Dosen zu Angina pectoris (Herzgefäßenge mit Durchblutungsstörungen) und später zu Infarkten führen. Der Zeitpunkt lässt sich nicht vorbestimmen.

Die Stabilität der Grenzflächen zwischen Speiseröhre und Lunge während der RTX lässt sich nicht vorbestimmen. Der Tumor an sich und der Z.n. RTX erhöhen aufgrund instabiler Grenzflächen lokal das Risiko des Barotraumas. Nach RTX sind Fälle von bronchoalveolären Fisteln bekannt, über dieses Risiko wird aufgeklärt. Das Risiko für ein Lungenbarotrauma könnte erhöht sein.

Tauchtauglichkeit
- Innerhalb von 6 Monaten nach RTX wird gelegentlich eine radiogene Pneumonitis gesehen, so dass zwischen Behandlungsabschluss und erneuter Tauchtauglichkeit mindestens 6 Monate liegen sollten, um dieses Risiko zu minimieren. Wenngleich der Gasaustausch in der Peripherie stattfindet, besteht doch immer Ungewissheit über die Lungenfunktion. Auf jeden Fall ist zusätzlich zu den allgemeinen Kriterien der Tauchtauglichkeit die Lungenfunktion mittels Bodyplethysmographie undggf. weiteren Untersuchungen zu überprüfen.
- Da Krebspatienten ohnehin regelmäßig nachuntersucht werden, sollte in diesem Rahmen ein HR-CT und ggf. eine Lungenperfusionszintigraphie erfolgen, um so eine bessere Aussage zum Ausmaß einer Perfusionsstörung zu machen.
- Werden alle Kriterien streng ausgelegt, so sollte sich das Restrisiko minimieren lassen. Entsprechend onkologischer Kriterien sollte die Tumorbehandlung abgeschlossen sein.
- Wegen evtl. kardiologischer Folgeschäden nach RTX ist ab 5 Jahren nach RTX ein Belastungs-EKG zur Beurteilung der Tauchtauglichkeit durchzuführen.

Relative Kontraindikationen	Absolute Kontraindikationen
- Z.n. Ösophaguskarzinomtherapie nach 6 Monaten (pulmologische Abklärung, kardiologische Abklärung) - Metastasierung	- Z.n. Ösophaguskarzinomtherapie innerhalb der ersten 6 Monate - Lungenschädigungen (siehe Kap. 15) - Kardiologische Folgezustände (siehe Kap. 16)

25.1.4 Bronchialkarzinom

 Mit Ausnahme von Zufallsbefunden, bei denen die Tumoren in früheren Stadien entdeckt werden, sind die Betroffenen häufig bereits bei Diagnose im Allgemeinzustand stark beeinträchtigt. Blutiger Auswurf, Luftnot, Nachtschweiß, Gewichtsverlust und thorakale Schmerzen sind die führenden Symptome. Durch Verlegung im Bronchialsystem kann es zur poststenotischen Pneumonie kommen. Verdrängendes Wachstum könnte zur Kompression der oberen Hohlvene und so zur oberen Einflussstauung führen.

Man unterscheidet grundsätzlich zwischen klein- (SCLC) und nichtkleinzelligen (NSCLC) Bronchialkarzinomen. Beide können in Lunge, Lymphknoten, Nebenniere, Knochen, Leber und ins Gehirn metastasieren.

Bei der Therapie des SCLC steht die Kombination von Chemo- und Strahlentherapie im Vordergrund. Zusätzlich wird bei Erreichen einer kompletten Tumorrückbildung der Hirnschädel prophylaktisch bestrahlt. Die prophylaktische Schädelbestrahlung beim SCLC dürfte aufgrund von Dosis und Dosisverteilung für die Tauchfähigkeit ohne Bedeutung sein.

Das NSCLC wird in Abhängigkeit vom Tumorstadium therapiert. Bei kleinen Tumoren kann die operative Sanierung ausreichen. Oft sind jedoch die lokalen Lymphknoten befallen, so dass der Operation eine Bestrahlung oder eine kombinierte Chemo-/Strahlentherapie folgen. Bei lokal ausgedehntem Wachstum mit Infiltration von Pleura oder Mediastinum wird primär Chemotherapie und Bestrahlung kombiniert.

 Da das Bronchialkarzinom häufig Folge von Tabakkonsum ist, leiden die Betroffenen sehr oft auch an chronisch obstruktiver Lungenerkrankung (COPD). Durch Operation und Bestrahlung wird die Lungenfunktion weiter eingeschränkt. Innerhalb von 6 Monaten nach RTX wird gelegentlich eine radiogene Pneumonitis gesehen. Hierdurch ist das Risiko eines Lungenbarotraumas beim SCUBA-Tauchen erhöht.

Pulmonale Metastasen erhöhen das Risiko eines pulmonalen Barotraumas (Pneumothorax, Mediastinalemphysem, arterielle Gasembolie).

Tauchtauglichkeit
– Auf jeden Fall ist zusätzlich zu den allgemeinen Kriterien der Tauchtauglichkeit eine lungenfachärztliche Begutachtung inklusive Spirobodyplethysmographie durchzuführen. Zwischen RTX-Behandlungsabschluss und erneuter Tauchtauglichkeit sollen daher mindestens 12 Monate liegen. Bei

diagnostizierter Pneumonitis ist Tauchtauglichkeit frühestens 12 Monate nach Ausheilung gegeben, wenn vom Radiologen und Pneumologen nicht anders empfohlen.
- Es bietet sich an, die entsprechende onkologische Nachsorge mit der Tauchtauglichkeitsuntersuchung zu kombinieren und diese möglichst kurz vor den jeweils geplanten Tauchurlaub zu legen.
- In der regelmäßigen Nachsorge muss sichergestellt sein, dass der Patient tumorfrei ist. In der Regel ist die Tauchtauglichkeit bei einem Bronchialkarzinom nicht gegeben. In Einzelfällen, insbesondere nach kompletter Remission oder Resektion und bei normaler Lungenfunktion und lungenfachärztlicher Beurteilung kann Tauglichkeit evtl. im Rahmen von Tauchen mit Einschränkungen gegeben sein.

Relative Kontraindikationen	Absolute Kontraindikationen
- Z.n. operativer Entfernung gutartiger Lungentumoren (z. B. Hamartom, Chondrom etc.) - Komplette Remission eines SCLC - Z.n. kompletter Resektion eines NSCLC: Bei normaler Lungenfunktion und radiologischem Ausschluss pleuraler/pulmonaler Läsionen (im HR-CT) frühestens nach 6 Monaten - Hirnmetastasen	- SCLC und NCSLC mit keiner oder partieller Remission - Inoperables NSCLC - Lungenmetastasen

25.1.5 Mammakarzinom

Siehe Kap. 22, Gynäkologie.

25.1.6 Tumoröse Erkrankungen des Urogenitaltrakts

Jedes urologische Organ kann von Tumoren befallen werden, entweder als Primärtumor oder als Metastase eines anderen Tumors. Die Tauchtauglichkeit richtet sich im Wesentlichen nach Tumorart, Tumorstadium, Alter sowie Allgemeinzustand des Erkrankten. Eine kurative Tumortherapie im urologischen Bereich besteht meist aus einer operativen Versorgung oder einer Bestrahlung.

Tauchtauglichkeit Nach großen Operationen wie Prostataentfernung, Blasenentfernung oder Nierenentfernung kann nach einem angemessenem Zeitintervall und postoperativer Rehabilitation der Tauchsport wieder ausgeübt werden, evtl. mit besonderen Einschränkungen. Dabei dürfen die allgemeine Leistungsfähigkeit und spezielle Körperfunktionen (z. B. Nierenfunktion, Harnausscheidung) nach Abschluss der Therapie nicht wesentlich eingeschränkt sein.

Für künstliche Ausgänge des Harntrakts oder Ersatzblasen gilt das Gleiche wie beispielsweise für einen künstlichen Darmausgang. Problematisch und im Einzelfall zu beurteilen sind Harnleiterschienen, Blasenfistelkatheter oder perkutane Nephrostomien (s. Kap. 21, Urologie).

Relative Kontraindikation	Absolute Kontraindikation
– Abgeschlossene Urogenigaltrakttumortherapie ohne wesentliche Einschränkung der Nierenfunktion, der Blasenentleerung oder der allgemeinen Leistungsfähigkeit	– Laufende Urogenitaltrakttumortherapie

25.1.7 Prostatakarzinom

Das Prostatakarzinom ist unterschiedlich aggressiv und nicht selten sind schon bei Diagnosestellung ossäre oder lymphogene Metastasen nachweisbar.

Der Tastbefund der Prostata und ein erhöhter Blutwert für die Prostata (PSA-Wert) legen den Verdacht für ein Prostatakarzinom nahe. Die Diagnose wird stanzbioptisch gesichert. Die Behandlung des PCA ist bisher nicht vereinheitlicht! Grundsätzlich stehen Operation, Strahlentherapie (perkutan, also von außen, bzw. als Brachytherapie mit radioaktiven Einlagen von innen), antihormonelle und Chemotherapie zur Verfügung, die alle ihre spezifischen Wirkungen, aber auch Nebenwirkungen haben können. Postoperativ sind häufig Inkontinenz und Potenzstörungen die Folge. Nach RTX besteht ein geringes Risiko der chronischen Enddarm- und Blasenreizung und über Jahre verzögert die Entwicklung einer Schrumpfblase; ggf. können auch Potenzstörungen als unerwünschte Nebenwirkung auftreten. Die antihormonelle Therapie wirkt zwar sehr rasch, kann aber auch akut einsetzende unerwünschte Effekte haben: Libidoverlust und Potenzstörungen, gelegentlich auch Wachstum der Brüste mit schmerzhafter Gynäkomastie. In der Gruppe der Bestrahlten sind auch Patienten mit ungünstigen Prognosefaktoren, da eine Operation bei fortgeschrittenem Tumor und hohem Narkoserisiko nicht durchgeführt wird.

Bei der Brachytherapie werden zwischen 50 und 100 reiskorngroße radioaktive Teilchen (sog. „Seeds") in Narkose in die Prostata eingelegt, die dort für immer verbleiben. Diese Therapie wird immer häufiger als Primärtherapie auch bei jüngeren Patienten an Stelle der Operation eingesetzt.

Inkontinenz als mögliche Operationsfolge wird beim Tauchen durch die Taucherdiurese verstärkt. Das ist mehr ein psychisches und hygienisches Problem. Nach der Bestrahlung (extern oder intern) können chronische Enddarmreizungen auftreten, die auch mit vermehrter Darmgasbildung verbunden sein können. Nach Boyle-Mariotte könnte es beim Auftauchen durch Ausdehnung der Darmgase zu Schmerzen im Darmbereich kommen.

Tauchtauglichkeit Zur Feststellung der Tauchtauglichkeit sollten grundsätzlich die aktuellen Ergebnisse der Kontrolluntersuchungen vorliegen. Die allgemeinen Tauchtauglichkeitskriterien sind zu beachten. Bei erforderlicher Medikamenteneinnahme ist ein evtl. Risiko für das Tauchen zu berücksichtigen.

Relative Kontraindikationen

- Z.n. kompletter Resektion oder Remission ohne Funktionseinschränkungen (urologische Abklärung)
- Z.n. Entfernung solitärer Metastasen (Tauchtauglichkeit entsprechend der betroffenen Lokalisation)
- Persistierender Tumor in Abhängigkeit von Beeinträchtigung der Organfunktion und dem Risiko für das Tauchen
- Metastasierung in Abhängigkeit von Beeinträchtigung der Organfunktion und dem Risiko für das Tauchen
- Andere Tauchtauglichkeitskriterien nicht erfüllt

25.1.8 Sarkome von Knochen und Weichteilen

Es handelt sich um die Entartung von Zellen des Bindegewebes und Stützapparats. Der physiologische Zelltyp kommt im gesamten Körper vor. Die Besonderheit ist, dass Sarkomzellen weiter transformieren können und dabei ihr Aggressionsverhalten verändern, so dass man bei Diagnosestellung die Prognose schwierig ist.

Lange orientieren sich Sarkome an anatomischen Leitstrukturen (Kompartiment), bevor sie in benachbarte Strukturen oder Organe einbrechen. Im Vordergrund therapeutischer Bemühungen steht daher die lokale operative Sanierung mit Sicherheitssäumen, die der Ausbreitungsdynamik angepasst ist. Einige der Subtypen sind strahlensensibel, so dass zusätzlich eine Bestrahlung erfolgt. Gelegentlich wird die CTX eingesetzt.

Als Folge der Operation kann eine Einschränkung der körperlichen Funktionalität resultieren. Die Folgen sind abhängig vom primären Sitz. In der regelmäßigen Nachsorge muss sichergestellt sein, dass der Patient frei von pulmonalen Metastasen ist, da pulmonale Metastasen das Risiko eines pulmonalen Barotraumas erhöhen (Pneumothorax, Mediastinalemphysem, arterielle Gasembolie).

Tauchtauglichkeit Da Sarkome am ganzen Körper auftreten können, ist es nicht möglich, generelle Empfehlungen abzugeben. Bei Lungenmetastasen ist die Tauchtauglichkeit grundsätzlich nicht gegeben.

Relative Kontraindikationen
- Z.n. kompletter Sarkomresektion ohne Funktionseinschränkungen (fachspezifische Abklärung entsprechend der Lokalisation)
- Z.n. Entfernung von Metastasen (Tauchtauglichkeit entsprechend der betroffenen Lokalisation)
- Persistierender Tumor in Abhängigkeit von Beeinträchtigung der Organfunktion und dem Risiko für das Tauchen
- Metastasierung in Abhängigkeit von Beeinträchtigung der Organfunktion und dem Risiko für das Tauchen
- Andere Tauchtauglichkeitskriterien nicht erfüllt

25.1.9 Rektumkarzinom

Das Rektumkarzinom wird entweder durch Vorsorgeuntersuchungen frühzeitig diagnostiziert oder aber erst in einem lokal fortgeschrittenen Stadium, weil Blutauflagerungen auf dem Stuhlgang gesehen werden.

Auch chronische Stuhlunregelmäßigkeiten legen den Verdacht auf ein Rektumkarzinom nahe.

Es finden sich gelegentlich schon bei Diagnosestellung Metastasen in Lymphknoten, Lunge und Leber.

Eine Kombination von OP, RTX und CTX hat im nichtmetastasierten Stadium zunehmend die Chance auf lokale Sanierung. Es ist heutzutage Standard, die kombinierte RTX/CTX der OP vorzuschalten, weil die Überlebenszeiten besser sind und das Risiko der Metastasierung offenbar sinkt. Auch bei Patienten mit Fernmetastasen ist ein kurativer Ansatz grundsätzlich nicht ausgeschlossen. Bei Tumoren, die sehr nahe am Analkanal sitzen, ist es technisch kaum möglich, den Schließmuskel zu erhalten. Die Anlage eines Anus praeter ist in diesem Fall unumgänglich (Tauchtauglichkeit mit Anus praeter: siehe Kap. 19, Gastroenterologie).

Bei OP und RTX des Darms ist potenziell vor allem mit Verwachsungen und Engstellung sowie mit Verdauungsstörungen durch Verkürzung des Darms zu rechnen. Die Neigung zur Darmgasentwicklung steigt an. Nach Boyle-Mariotte kann es beim Auftauchen durch Darmgasausdehnung zu Schmerzen im Darmbereich kommen.

Tauchtauglichkeit Zur Feststellung der Tauchtauglichkeit sollten grundsätzlich die aktuellen Ergebnisse der Kontrolluntersuchungen vorliegen.

Relative Kontraindikationen

- Z.n. kompletter Rektumkarzinomresektion ohne Funktionseinschränkungen (chirurgische Abklärung)
- Z.n. Entfernung von Metastasen (Tauchtauglichkeit entsprechend der betroffenen Lokalisation)
- Persistierender Tumor in Abhängigkeit von Beeinträchtigung der Organfunktion und dem Risiko für das Tauchen
- Metastasierung in Abhängigkeit von Beeinträchtigung der Organfunktion und dem Risiko für das Tauchen
- Andere Tauchtauglichkeitskriterien nicht erfüllt

25.2 Metastasen

Eine Tauchtauglichkeit ist trotz Metastasen grundsätzlich möglich. Studiendaten aus dem Bereich des Tauchens liegen zwar nicht vor, Studiendaten für die Hyperbare Sauerstofftherapie (HBO) zeigen aber insgesamt keine Hinweise für ein theoretisch denkbares beschleunigtes Tumor- oder Metastasenwachstum durch erhöhte Sauerstoffdrücke.

Es wurden hierbei sowohl tierexperimentelle Studien als auch klinische Studien systematisch analysiert. Während wenige Studien mit insgesamt 72 Patienten einen möglichen krebsfördernden Effekt der HBO vermuten, zeigt sich in der überwiegenden Mehrzahl der klinischen Studien mit insgesamt über 3000 Patienten für alle in den Studien untersuchten verschiedenen Krebsarten kein Nachteil im Vergleich zu Kontrollpatienten.

Die Übertragbarkeit dieser HBO-Daten auf die Verhältnisse beim Tauchen ist nicht ohne Weiteres möglich, da die geatmeten Sauerstoffmengen in der HBO-Therapie (pO_2 2,0–2,5 bar für 60–90 min täglich) nicht mit den beim Tauchen in der Regel geringeren pO_2-Werten zu vergleichen sind (z. B. bei 30 m mit Luft: pO_2 0,84 bar, mit Nitrox32: pO_2 1,28 bar).

Tauchtauglichkeit Bei Ausschluss anderer Kontraindikationen kann das Tauchen im Einzelfall erlaubt werden. Ob eine Tauchtauglichkeit im Einzelfall gegeben ist, hängt hauptsächlich von der Lage und Ausdehnung der Metastasen, der Beeinträchtigung der Organfunktion und dem dadurch bedingten Risiko für das Tauchen ab. Hier gelten prinzipiell die gleichen Beurteilungsmaßstäbe wie für Primärtumoren.

25.3 Tauchtauglichkeit nach Chemotherapie

Für die systemische Therapie muss man generelle Folgen und Nebenwirkungen analysieren. Da zurzeit neue Zytostatika in großer Fülle Einzug in die Klinik halten, ist es kaum noch möglich, die Risiken abzuwägen. Dazu können daher nur allgemeine Hinweise gegeben werden (s. Kap. 2, Medikamente).

25.4 Antikörpertherapie

Die systemische Tumortherapie hat gerade in den letzten Jahren eine rapide Entwicklung genommen. Ständig werden neue Medikamente eingesetzt, deren Laufzeiten bisher nicht ausreichen, Risiken zu identifizieren.

25.5 Zusammenfassung

Für Sporttaucher muss immer eine sorgfältige Abwägung erfolgen. Grundsätzlich hat Tauchen für Krebspatienten eine besondere Bedeutung aus der

Sicht der Psychoneuroimmunologie. Die Psyche von Krebskranken unterliegt sehr umfangreichen Mechanismen. Im Vordergrund hierbei stehen der Verlust des Selbstwertgefühls und die Ausgrenzung aus der Gesellschaft bei Nichterfüllen der an sie gestellten Anforderungen.

Sport im Allgemeinen ist ein hilfreiches Instrument nach der Diagnose einer Krebserkrankung und der damit verbundenen Therapie wieder zur Normalität zurückzukehren. Sport dient u. a. dem Frustabbau, aber auch als Leistungsmaß, er kann auch zur Reintegration der Betroffenen in die Gesellschaft dienen.

Tauchtauglichkeit Tauchen selbst ist eine Sportart, für die man eine gewisse Fitness benötigt. Geht ein Patient nach einer Krebserkrankung tauchen, ist das der praktische Beweis für die Wiedererlangung körperlicher Stärke. Da dies auch vom Umfeld so gesehen wird, kann dieser Sport einen hohen Beitrag zu Wiedereingliederung leisten.

Allerdings wird eine genaue Tauchtauglichkeitsuntersuchung unter Berücksichtigung der onkologischen Kontrolluntersuchungsergebnisse in mindestens jährlichen Abständen und möglichst zeitnah vor geplanten Tauchurlauben empfohlen.

Literatur

de Wit R, Sleijfer S, Kaye SB et al.: Bleomycin and scuba diving: where is the harm? Lancet Oncol 2007; 8: 954–955.

Feldmeier JJ, Heimbach RD, Davolt DA, Brakora MJ, Sheffield PJ, Porter AT: Does hyperbaric oxygen have a cancer causing or promoting effect? A review of the pertinent literature. Undersea Hyper Med 1994; 21: 467–475.

Feldmeier JJ: Hyperbaric oxygen: does it have a cancer causing or growth enhancing effect? In: Proceedings of the Consensus Conference, sponsored by the European Society for Therapeutic Radiology and Oncology and the European Committee for Hyperbaric Medicine. Portugal, 2001, pp. 129–146.

Herrmann T, Baumann M, Dörr W: Klinische Strahlenbiologie. München: Urban & Fischer, 2006.

Lartigau E, Mathieu D: Effect of HBO2 on cancer. In: Proceedings of the Consensus Conference, sponsored by the European Society for Therapeutic Radiology and Oncology and the European Committee for Hyperbaric Medicine. Portugal, 2001, pp. 65–67.

Macdonald HM: Hyperbaric oxgenation in the patient with malignancy: friend or foe? Diving and Hyperbaric Medicine. 2007; 37: 133–138.

Torp KD, Carraway MS, Ott MC et al.: Safe administration of hyperbaric oxygen after bleomycin – A case series of 15 patients. UHM 2012; 39: 873–879.

van Hulst RA, Rietbroek RC, Gaastra MT, Schlosser NJ: To dive or not to dive with bleomycin: a practical algorithm. Aviat Space Environ Med 2011; 82: 814–818.

26 Organtransplantation

Eine Transplantation eines oder mehrerer Organe von einem Spender auf einen Organempfänger erfolgt typischerweise, wenn die jeweils betroffenen eigenen Organe des Empfängers irreversibel geschädigt sind und es zum dauerhaften Organversagen kommt. Ein solches Organversagen kann die Folge eines akuten Prozesses wie einer Intoxikation sein, aber auch das Endstadium eines länger andauernden Verlaufs mit multiplen Begleiterkrankungen darstellen. Dementsprechend inhomogen hinsichtlich der Beurteilung einer Tauchtauglichkeit ist die Gruppe der Betroffenen. Gerade im Hinblick auf eine mögliche Tauchtauglichkeit ist daher nie nur der Zustand nach Transplantation zu sehen, sondern es sind immer auch alle weiteren gleichzeitig vorliegenden Erkrankungen und deren Einfluss auf die Tauchtauglichkeit kritisch zu werten (s. jeweilige Abschnitte).

26.1 Allgemeines

Sehr häufig liegt bei den Betroffenen vor und unmittelbar nach der Transplantation ein deutlich eingeschränkter Allgemeinzustand mit stark beeinträchtigter körperlicher Leistungsfähigkeit vor. Es ist jedoch gut belegt, dass in einem gewissen zeitlichen Intervall nach Transplantation ein körperliches Training nicht nur möglich ist, sondern die gesundheitliche Gesamtsituation des Transplantierten insgesamt deutlich verbessern kann.

Das Hauptproblem jeder Transplantation ist die Immunreaktion des Empfängerorganismus gegen das Transplantat, so dass eine immunsuppressive Therapie erforderlich ist, um eine Abwehrreaktion des Körpers gegen das fremde Organ zu unterdrücken und auf diese Weise das Transplantat zu erhalten. Kommt es dennoch zu einer Abstoßungsreaktion, so kann diese sehr akut innerhalb sehr kurzer Zeit nach Transplantation oder innerhalb von Tagen bis Wochen nach Transplantation erfolgen. Bei der chronischen Abstoßung kann der Prozess Wochen bis Jahre dauern. Nicht zuletzt auch wegen der Abstoßungsreaktionen ist eine Wartezeit von mindestens 12 Monaten nach Transplantation einzuhalten, bevor über eine Tauchtauglichkeit entschieden werden kann. Die immunsuppressive Therapie zur Vermeidung von Abstoßungsreaktionen wird v. a. in der unmittelbaren Transplantationsphase und in den ersten Monaten nach der Transplantation in hoher Dosierung und häufig mit einer Mehrfachkombination verschiedener immunsuppressiv wirkender Medikamente durchgeführt. Bei Langzeittransplantierten kann häufiger im weiteren Verlauf die Medikation reduziert werden.

Zur immunsuppressiven Therapie häufig verwendete Medikamente sind z. B. Ciclosporin, Tacrolimus, Azathioprin, und Steroide. Diese können auch die Tauchtauglichkeit beeinflussen. Näheres siehe Kap. 2, Medikamente.

Da alle immunsuppressiv wirkenden Medikamente auch die Abwehr gegen Infektionen schwächen, sind die damit behandelten Transplantatempfänger anfälliger für bakterielle und virale Infekte sowie Pilzerkrankungen. Sollte also eine Tauchtauglichkeit gegeben sein, so sind Betroffene dahingehend zu beraten, dass an die Tauchausrüstung, und hier vor allem an den Lungenautomaten mit Mundstück und Schnorchel, besondere Hygieneanforderungen zu stellen sind. Eine eigene Ausrüstung mit der entsprechenden hygienischen Pflege ist daher günstig. Aus Auftriebsmitteln wie Tarierjackets u. Ä. sollte zwar bauartbedingt eine Rückatmung ohnehin nicht möglich sein, aber dennoch im Falle der technischen Möglichkeit unbedingt unterbleiben!

Tauchtauglichkeit Die Beurteilung auf Tauchtauglichkeit nach einer stattgehabten Organtransplantation kann immer nur als Einzelfallentscheidung erfolgen. Dabei müssen vorbestehende und/oder aktuell vorliegende Begleiterkrankungen sowie der Grad an körperlicher Belastbarkeit ebenso kritisch gewürdigt werden wie die Funktion des Transplantats zum Zeitpunkt der Untersuchung, zudem ist die erhöhte Herz-Kreislauf-Belastung in Immersion zu berücksichtigen. Eine Beurteilung auf Tauchtauglichkeit ist frühestens dann möglich, wenn die Gefahr von Komplikationen und Abstoßungsreaktionen verringert und die Notwendigkeit der starken Immunsuppression nicht mehr gegeben ist. Dies ist in den meisten Fällen frühestens nach einem Jahr, in manchen Fällen (s. unten) auch erst nach einem längeren Zeitintervall der Fall. Die Tauchtauglichkeitsuntersuchung sollte in enger Kooperation mit dem jeweiligen Transplantationsmediziner erfolgen und verkürzte Untersuchungsintervalle vorsehen.

26.2 Nierentransplantation

Die Transplantation der Niere ist einer der häufigsten transplantationsmedizinischen Eingriffe. Ursächlich ist immer ein terminales Nierenversagen, das vielfältigste Ursachen haben kann. Ein solches Nierenversagen kann z. B. die Folge angeborener Missbildungen der Niere bei sonst gesunden Patienten, aber auch z. B. die Folge einer langjährigen, chronischen Erkrankung, wie beispielsweise ein schlecht eingestellter Diabetes mellitus mit weiteren Folgeschäden sein. Nach erfolgreicher Transplantation können die Betroffenen (abhängig von der jeweiligen Grunderkrankung) durchaus eine normale Leistungsfähigkeit aufweisen.

Immersionsbedingt kommt es beim Tauchen zur Erhöhung der glomerulären Filtrationsrate mit erhöhter Natriurese und Wasserdiurese. Eine verminderte Filtrationsleistung der Niere kann daher beim Tauchen zu Problemen führen!

Tauchtauglichkeit Eine Tauchtauglichkeit kann frühestens ein Jahr nach erfolgreicher Transplantation erteilt werden. Die Entscheidung zur Erteilung der Tauchtauglichkeit richtet sich nach dem Allgemeinzustand des Patienten, der Organfunktion und der aktuellen Medikation. Zur Tauchtauglichkeitsuntersuchung muss eine fachärztliche Stellungnahme des behandelnden Arztes vorliegen. Verkürzte Untersuchungsintervalle sind ebenso angeraten wie die regelmäßige Kontrolle.

Relative Kontraindikation	Absolute Kontraindikationen
– Mindestens 1 Jahr nach Transplantation bei guter Organfunktion und sonst guter körperlicher Leistungsfähigkeit sowie Abwesenheit von Folge- und Begleiterkrankungen	– Weniger als 1 Jahr nach Transplantation – Eingeschränkte Organfunktion – Akute/chronische Abstoßungsreaktion – Eingeschränkte körperliche Leistungsfähigkeit – Andere Tauchtauglichkeitskriterien nicht erfüllt

26.3 Herztransplantation

Die Transplantation des Herzens ist ebenfalls ein häufiger transplantationsmedizinischer Eingriff. Ursächlich ist hier ein chronisches Organversagen, das vielfältigste Ursachen haben kann. Je nach Zustand vor Beginn der Erkrankung können die Betroffenen nach erfolgreicher Transplantation durchaus eine normale Leistungsfähigkeit aufweisen (Teilnahmen an z. B. Marathonläufen sind belegt).

Beim Tauchen führt eine immersionsbedingte Blutumverteilung aus der Peripherie in die thorakalen Gefäße zu einer erhöhten Vorlast des Herzens mit einer akuten erheblichen Volumenbelastung. Diese wird durch die kältebedingte Konstriktion der Blutgefäße in der Peripherie noch verstärkt. Eine adäquate Pumpleistung des transplantierten Herzens sowie normale Druckverhältnisse in der Lungenstrombahn sind daher unabdingbare Voraussetzung für das Tauchen.

Ein transplantiertes und somit denerviertes Herz ist zwar in der Lage, die Herzfrequenz an eine körperliche Belastung anzupassen, zeigt zu Beginn einer körperlichen Belastung jedoch einen verzögerten Anstieg der Herzfrequenz. Dies kann beim Tauchen bei einer plötzlich eintretenden starker Belastung (z. B. Strömung) relevant werden. Von Tauchgängen, bei denen mit solchen Situationen zu rechnen ist, sollte deshalb generell abgeraten werden.

Tauchtauglichkeit Eine Tauchtauglichkeit kann frühestens ein Jahr nach erfolgreicher Transplantation erteilt werden. Die Entscheidung zur Erteilung der Tauchtauglichkeit richtet sich nach dem Allgemeinzustand des Patienten und vor allem nach der Organfunktion. Zur Tauchtauglichkeitsuntersuchung muss eine fachärztliche Stellungnahme des behandelnden Arztes vorliegen. Verkürzte Untersuchungsintervalle sind ebenso angeraten wie die regelmäßige kardiologische/transplantationsmedizinische Kontrolle. Die Tauchtauglichkeit ist entsprechend einzuschränken (siehe Kap. 6, Tauchen mit Einschränkungen).

Relative Kontraindikation	Absolute Kontraindikationen
– Mindestens 1 Jahr nach Herztransplantation bei guter Organfunktion und sonst guter körperlicher Leistungsfähigkeit sowie Abwesenheit von Folge- und Begleiterkrankungen unter Berücksichtigung der allgemeinen sportmedizinischen Leistungsfähigkeit	– Weniger als 1 Jahr nach Herztransplantation – Eingeschränkte Organfunktion – Akute/chronische Abstoßungsreaktion – Eingeschränkte körperliche Leistungsfähigkeit – Andere Tauchtauglichkeitskriterien nicht erfüllt

26.4 Lungentransplantation

Eine Lungentransplantation wird bei fortgeschrittenen Lungenerkrankungen mit unterschiedlichster Ursache (Mukoviszidose, Bronchiolitis obliterans,

Sakoidose, COPD, idiopathische Lungenfibrose, pulmonaler Hochdruck u. a. m.) durchgeführt. Zur Anwendung können die einseitige Transplantation mit Transplantation nur eines Lungenflügels, die beidseitige Transplantation, und, speziell bei Kindern, die Transplantation eines oder mehrerer Lungenlappen kommen.

 Es ist denkbar und je nach Transplantationsart auch durchaus wahrscheinlich, dass eine transplantierte Lunge vulnerabler auf die durch das physikalische Gesetz von Boyle und Mariotte beschriebenen Volumenveränderungen gasgefüllter Hohlräume bei Veränderungen des Umgebungsdrucks reagiert, so dass z. B. die Gefahr eines pulmonalen Barotraumas erhöht sein kann. Daten dazu liegen allerdings nicht vor.

Andererseits gibt es Belege, dass nach beidseitiger Lungentransplantation wieder eine fast normale Belastbarkeit und eine normale Ventilation erreicht werden können, wobei allerdings eine erhöhte Hyperreagibilität auf cholinerge Reize aus unklarer Ursache beobachtet wird.

Tauchtauglichkeit Der Zustand nach einer Transplantation der Lunge ist nach derzeitigem Kenntnisstand grundsätzlich eine absolute Kontraindikation gegen das Tauchen, unabhängig von der jeweiligen Organfunktion und Begleiterkrankungen.

26.5 Herz-Lungen-Transplantation

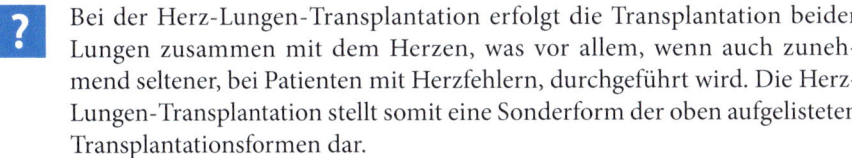 Bei der Herz-Lungen-Transplantation erfolgt die Transplantation beider Lungen zusammen mit dem Herzen, was vor allem, wenn auch zunehmend seltener, bei Patienten mit Herzfehlern, durchgeführt wird. Die Herz-Lungen-Transplantation stellt somit eine Sonderform der oben aufgelisteten Transplantationsformen dar.

 Es ist denkbar, dass auch in diesem Fall eine transplantierte Lunge vulnerabler auf die durch das physikalische Gesetz von Boyle und Mariotte beschriebenen Volumenveränderungen gasgefüllter Hohlräume bei Veränderungen des Umgebungsdrucks reagiert, so dass beispielsweise die Gefahr eines pulmonalen Barotraumas erhöht sein kann. Daten dazu liegen allerdings nicht vor.

Tauchtauglichkeit: Der Zustand nach einer kombinierten Transplantation von Herz und Lunge ist nach derzeitigem Kenntnisstand eine absolute Kontraindikation gegen das Tauchen unabhängig von der jeweiligen Organfunktion.

26.6 Lebertransplantation

Eine Transplantation der Leber erfolgt meist aus unterschiedlichen Gründen in verschiedenen Altersbereichen der Betroffenen. Bei Kindern sind häufiger angeborene Gallenwegsmissbildungen, bei Jugendlichen häufig Stoffwechselerkrankungen und bei Erwachsenen eine endgradige Zirrhose aus unterschiedlicher Ursache (chronischer Alkoholismus, verschiedene Formen der Hepatitis etc.) der Grund für eine Transplantation, wobei weitere Gründe wie z. B. Intoxikationen (Knollenblätterpilz, Paracetamol) ebenfalls in Betracht kommen können. Dementsprechend ist auch hier sehr sorgfältig auf Begleiterkrankungen zu achten.

Nach Lebertransplantationen ist darauf zu achten, dass es weder zum Stau der Leber, noch zu einer portalen Hypertension kommt. Dementsprechend spielt die Durchblutung des Splanchnikusgebiets eine gewisse Rolle. Daten, die sowohl an gesunden Probanden als auch an Patienten mit Zirrhose und an Transplantierten erhoben wurden, zeigen, dass sich die Splanchnikusdurchblutung bei der Immersion nicht wesentlich bis günstig ändert. Empirische Daten zeigen, dass Lebertransplantierte gefahrlos schwimmen können. Da auch im Hinblick auf das Tauchen die Immersionseffekte hier die größte Relevanz haben, ist auch die Ausübung des Tauchsports sehr wahrscheinlich möglich. Daten liegen hierzu nicht vor. Es sollte nach den Regeln des „low bubble diving" getaucht werden, um die Gasblasenbelastung der transplantierten Leber während der Dekompression im venösen und portalen System so gering wie möglich zu halten.

Tauchtauglichkeit Eine Tauchtauglichkeit könnte frühestens ein Jahr nach erfolgreicher Transplantation erteilt werden. Die Entscheidung zur Erteilung der Tauchtauglichkeit richtet sich nach dem Allgemeinzustand des Patienten und vor allem nach der Organfunktion. Zur Tauchtauglichkeitsuntersuchung muss eine fachärztliche Stellungnahme des behandelnden Arztes vorliegen. Verkürzte Untersuchungsintervalle sind ebenso angeraten, wie die regelmäßige internistische/transplantationsmedizinische Kontrolle.

Relative Kontraindikation	Absolute Kontraindikationen
– Mindestens 1 Jahr nach Lebertransplantation bei guter Organfunktion und sonst guter körperlicher Leistungsfähigkeit sowie Abwesenheit von Folge- und Begleiterkrankungen	– Weniger als 1 Jahr nach Lebertransplantation – Eingeschränkte Organfunktion – Akute/chronische Abstoßungsreaktion – Eingeschränkte körperliche Leistungsfähigkeit – Andere Tauchtauglichkeitskriterien nicht erfüllt

26.7 Hornhauttransplantation (Keratoplastik)

Siehe Kap. 12, Augen.

26.8 Knochenmarktransplantation

Eine Knochenmark- (KMT-) oder Stammzellentransplantation (PBSCT) wird vor allem zur Therapie von malignen Erkrankungen des Blutes bzw. des blutbildenden Systems durchgeführt und stellt häufig den einzig kurativen Therapieansatz für diese Patienten dar. Dabei werden das immun- und blutbildende System des Patienten durch eine entsprechende Therapie (Chemo- und/oder Strahlentherapie) weitgehend zerstört und anschließend durch die Transplantation von Blutstammzellen, die aus dem Blut oder Knochenmark eines gesunden Spenders gewonnen werden, wieder hergestellt. Die Behandlung stellt für den Empfänger immer einen lebensbedrohlichen Eingriff dar, weil es nach erfolgreicher Zerstörung des eigenen blutbildenden Systems bis zum Beginn der Eigenproduktion neuer immunkompetenter Zellen nach Transplantation keinerlei eigene Immunkompetenz gibt. Durch die Panzytopenie in dieser Phase bestehen daher eine massiv erhöhte Infektanfälligkeit sowie ein hohes Blutungsrisiko.

Während Stammzellempfänger in der frühen Phase immunsupprimiert sind, erlangen sie bei guter Akzeptanz des Transplantats im weiteren Verlauf eine nahezu normale Immunkompetenz ohne Notwendigkeit einer lebenslangen Einnahme von immunsuppressiven Medikamenten. Im Falle des Auftretens einer Immununverträglichkeitsreaktion (Empfänger-gegen-Wirt-Erkrankung = Graft-versus-Host Disease, GvHD) kann allerdings die körperliche Belastbarkeit erheblich eingeschränkt sein (z. B. Lungen-GvHD, chronische Haut-GvHD mit Fasziitis).

Nach erfolgreicher Transplantation und ausreichend langer Wartezeit bei guter Funktion des blutbildenden Systems ohne Komplikationen wie z. B. einer GvHD (Haut, Leber, Lunge, Schleimhäute) bestehen keine wesentlichen Beeinträchtigungen beim Tauchen. Da einige Immunsuppressiva aber eine Photosensibilität auslösen, sind betroffene Personen vor intensiver Sonneneinwirkung zu warnen. Darüber hinaus kann eine Sonnenexposition auch die Entstehung einer Haut-GvHD, insbesondere mit chronischem Verlauf, fördern. Entsprechende Reiseländer sollten gemieden werden.

Tauchtauglichkeit Eine Tauchtauglichkeit kann frühestens ein Jahr nach erfolgreicher Transplantation erteilt werden. Die Entscheidung zur Erteilung der Tauchtauglichkeit richtet sich nach dem Allgemeinzustand, insbesondere nach der normalen Leistungsfähigkeit des Patienten und nach der Grunderkrankung, außerdem nach der Organfunktion (aktuell normale Lungenfunktion ist Voraussetzung für Tauchtauglichkeit). Zur Tauchtauglichkeitsuntersuchung muss eine fachärztliche Stellungnahme des behandelnden Arztes vorliegen. Verkürzte Untersuchungsintervalle sind ebenso angeraten, wie die regelmäßige onkologisch-hämatologische Kontrolle.

Relative Kontraindikation	Absolute Kontraindikationen
– Mindestens 1 Jahr nach Knochenmarktransplantation bei guter Organfunktion und sonst guter körperlicher Leistungsfähigkeit sowie Abwesenheit von Folge- und Begleiterkrankungen	– Weniger als 1 Jahr nach Knochenmarktransplantation – Eingeschränkte Organfunktion – Akute oder chronische Abstoßungsreaktion (GvHD) – Andere Tauchtauglichkeitskriterien nicht erfüllt

Literatur

Arrowood JA, Minisi AJ, Goudreau E, Davis AB, King AL: Absence of parasympathetic control of heart rate after human orthotopic cardiac transplantation. Circulation 1997; 96: 3492–3498.

Blyden G, Silverstein F, Epstein M, Norsk P, Brenner B, Nwadike N, Dorvil M: Lidocaine pharmacokinetics during water immersion in normal humans. J Appl Physiol 1989; 66: 57–60.

Braith RW, Edwards DG: Exercise following heart transplantation. Sports Med 2000; 30: 171–192.

Carter R, Al-Rawas OA, Stevenson A, Mcdonagh T, Stevenson RD: Exercise responses following heart transplantation: 5 year follow-up. Scott Med J 2006; 51: 6–14.

Chaudry H, Yip DS, Bush T, Reynolds V, Witzke L, Taylor V, Hosenpud JD: Exercise performance increases coincident to body weight over the first two years following cardiac transplantation. Clin Transplant 2011; 25: 685–688.

Ersoz G, Ersoz S: Changes in portal blood flow following acute exercise in liver transplant recipients. Transplant Proc 2003; 35: 1456–1457.

Gullestad L, Myers J, Noddeland H, Bjørnerheim R, Djøseland O, Hall C, Gieran O, Kjekshus J, Simonsen S: Influence of the exercise protocol on hemodynamic, gas exchange, and neurohumoral responses to exercise in heart transplant recipients. J Heart Lung Transplant 1996; 15: 304–313.

Haykowsky M, Riess K, Figgures L, Kim D, Warburton D, Jones L, Tymchak W: Exercise training improves aerobic endurance and musculoskeletal fitness in female cardiac transplant recipients. Curr Control Trials Cardiovasc Med 2005; 26: 10.

Krasnoff JB, Vintro AQ, Ascher NL, Bass NM, Paul SM, Dodd MJ, Painter PL: A randomized trial of exercise and dietary counseling after liver transplantation. Am J Transplant 2006; 6: 1896–1905.

Niset G, Hermans L, Depelchin P: Exercise and heart transplantation. A review. Sports Med 1991; 12: 359–379.

Painter PL, Hector L, Ray K, Lynes L, Dibble S, Paul SM, Tomlanovich SL, Ascher NL: A randomized trial of exercise training after renal transplantation. Transplantation. 2002; 74: 42–48.

Rabelink TJ, van Tilborg KA, Hené RJ, Koomans HA: Natriuretic response to head-out immersion in humans with recent kidney transplants. Clin Sci (Lond) 1993; 85: 471–477.

Rehrer NJ, Smets A, Reynaert H, Goes E, De Meirleir K: Effect of exercise on portal vein blood flow in man. Med Sci Sports Exerc 2001; 33: 1533–1537.

Riess KJ, Gourishankar S, Oreopoulos A, Jones LW, McGavock JM, Lewanczuk RZ, Haykowsky MJ: Impaired arterial compliance and aerobic endurance in kidney transplant recipients. Transplantation 2006; 82: 920–923.

Schmid JP, Gaillet R, Noveanu M, Mohacsi P, Saner H, Hullin R: Influence of the exercise protocol on peak VO2 in patients after heart transplantation. J Heart Lung Transplant 2005; 24: 1751–1756.

Shephard RJ, Kavanagh T, Mertens D, Qureshi S: Kinetics of the transplanted heart. Implications for the choice of field-test exercise protocol. J Cardiopulm Rehabil 1995; 15: 288–296.

Squires RW: Exercise training after cardiac transplantation. Med Sci Sports Exerc 1991; 23: 686–694.

Tio RA, Reyners AK, van Veldhuisen DJ, van den Berg MP, Brouwer RM, Haaksma J, Smit AJ, Crijns HJ: Evidence for differential sympathetic and parasympathetic reinnervation after heart transplantation in humans. J Auton Nerv Syst 1997; 67: 176–183.

Vachiéry JL, Niset G, Antoine M, LeClerc JL, Degré S, Estenne M: Haemodynamic response to dynamic exercise after heart-lung transplantation. Eur Respir J 1999; 14: 1131–1135.

van Ginneken BT, van den Berg-Emons RJ, Kazemier G, Metselaar HJ, Tilanus HW, Stam HJ: Physical fitness, fatigue, and quality of life after liver transplantation. Eur J Appl Physiol 2007; 100: 345–353.

27 Tauchunfall

Tauchunfälle können sehr unterschiedliche Verlaufsformen haben. Ein „Tauchunfall" im Sinne der „Leitlinie Tauchunfall" von GTÜM e.V. und ÖGTH ist ein potenziell durchaus lebensbedrohliches Ereignis. Ursache ist der Abfall des Umgebungsdruckes beim Tauchen mit und ohne Tauchgerät während der Dekompressionsphase. Sie ist gekennzeichnet durch die Bildung freier Gasblasen in Blut und Geweben, was insbesondere vom Tauchprofil abhängig ist. Aus diesen Vorgängen kann eine Dekompressionserkrankung entstehen. Sie wird international als „decompression illness" bezeichnet, die überall gebräuchliche Abkürzung ist „DCI". Im deutschen Sprachgebrauch wird die Bezeichnung „Dekompressionsunfall" verwendet. Dekompressionsunfälle können abhängig vom Entstehungsmechanismus in Dekompressionskrankheit („decompression sickness", DCS) und arterielle Gasembolie (AGE, „arterial gas embolism") unterschieden werden. Die AGE ist der gefährlichste Tauchunfall, mit etwa 5 % allerdings vergleichsweise selten. Wenn Tauchunfälle, die mit Funktionsausfällen einhergehen, noch im Wasser auftreten, besteht eine erhöhte Gefahr für einen Ertrinkungsunfall. Auch beim Apnoetauchen ist das größte Risiko ein Ertrinkungsunfall, dem zumeist ein Sauerstoffmangelzustand vorausgeht.

27.1 Definition des Tauchunfalls

? Die DCS tritt nach längerem Aufenthalt im Überdruck (unter Wasser) und entsprechender Inertgasaufsättigung auf. Sie wird in die „DCS Typ I" mit dem Leitsymptom „muskuloskeletale Schmerzen" und die „DCS Typ II" mit dem Leitsymptom „neurologische Symptomatik" unterteilt. Diese Systematik wird in der Leitlinie Tauchunfall nicht mehr verwendet, stattdessen eine für medizinische Laien (Taucher) verständlichere Einteilung in „Milde Symptome" (auffällige Müdigkeit, Hautjucken) und „Schwere Symptome" unter Einbeziehung der AGE.

Die AGE kann in der Folge eines Lungenbarotraumas mit Überdehnung oder Riss von Lungengewebe auftreten. Ursächlich ist ein ungenügendes Entweichen von Luft aus der Lunge während der Reduktion des Umgebungsdrucks beim Aufstieg. Mögliche weitere Schädigungen nach Lungenbarotrauma sind Pneumothorax und/oder Mediastinal- bzw. Subkutanemphysem. Darüber hinaus kann es bei massiver Blasenbildung auf der venösen Seite durch verschiedene Shunt-Mechanismen zu einem Übertritt von Gas ins arterielle System kommen, z. B. durch ein persistierendes Foramen ovale (PFO) oder direkte transpulmonale Passage von Gasbläschen. Klinisch sind DCS Typ II (klassische Einteilung) und AGE in vielen Fällen nicht abzugrenzen.

Als „Zustand nach Tauchunfall" wird im Folgenden der Zustand nach einer dekompressionsbedingten Schädigung verstanden. Voraussetzung für die Erwägung einer erneuten Tauchtauglichkeit ist eine vollständige Beendigung der Tauchunfalltherapie und auch bei Residuen ein funktionell gutes stabiles Behandlungsergebnis.

Die nachfolgenden Empfehlungen zur Tauchtauglichkeit beziehen sich ausdrücklich nur auf Sporttaucher mit und ohne Tauchgerät und können von arbeitsmedizinischen Empfehlungen für Berufstaucher sowie militärische und behördliche Taucher abweichen.

27.2 Basisuntersuchung

Entscheidende Hinweise liefert die Anamnese unter besonderer Berücksichtigung der Unfallursachen und der Begleitumstände des Unfalltauchgangs. Bei der körperlichen Untersuchung ist besonderes Augenmerk auf Hinweise für neurologische Restschäden und körperliche Beeinträchtigungen zu legen.

Zur Beurteilung der Tauglichkeit nach einem Tauchunfall sind die folgenden Grundsatzfragen zu beantworten:
- ▶ Könnte weiteres Tauchen den Gesundheitszustand verschlechtern?
- ▶ Beeinträchtigt der Gesundheitszustand die Sicherheit des Tauchers oder seines Tauchpartners?
- ▶ Prädisponiert der Gesundheitszustand zu einer tauchbedingten Erkrankung und kann diese ggf. durch ein Wiederholungsereignis verschlimmert werden?
- ▶ Ist die medizinische Versorgung in abgelegenen Gegenden aufgrund des Gesundheitszustandes eventuell kritisch?
- ▶ Wird eine Dauermedikation, die die Tauchsicherheit beeinträchtigen kann, wirklich benötigt?

27.3 Weitergehende Untersuchungen

Wenn Anamnese oder körperliche Untersuchung Hinweise auf eine relevante Beeinträchtigung ergeben, können abhängig von der zugrunde liegenden Schädigung zusätzliche Untersuchungen (MRT, HR-CT, HNO-, pulmonologische, kardiologische, neurologische oder psychiatrische Fachuntersuchung) notwendig werden.

27.4 Dekompressionsunfall (DCI) mit Symptomen an Haut, Gelenken und Lymphsystem

Bei DCI sind die möglichen Erscheinungsformen vielfältig:
- ▶ Relativ häufig wird ein zumeist harmloser kutaner Juckreiz durch Blasen in der Haut mit Reizung entsprechender Nervenendigungen beobachtet.
- ▶ Hiervon abzugrenzen ist eine schmerzend fleckig-marmorierte Haut mit blassen, geröteten und bläulichen Arealen (Cutis marmorata). Betroffen ist hauptsächlich der Körperstamm (Bauch-, Rücken- und Glutäalbereich) sowie die Oberschenkel und bei Frauen auch die Brüste. Diese Erscheinungsform ist Ausdruck einer Entzündungsreaktion bei deutlichem Blasenbefall des Haut- und Unterhautgewebes.
- ▶ Die Gelenksymptomatik betrifft meist die großen Gelenke: Schulter-, Ellbogen-, Hüft- und Kniegelenke. Hier kommt es zu Schmerzen im Gelenk und im Bereich der gelenknahen Strukturen („bends"), ebenfalls im Sinne einer entzündlichen Reaktion.
- ▶ Auch das Lymphsystem kann betroffen sein. In diesem Fall finden sich schmerzhaft geschwollene Lymphknoten. Gelegentlich kann es auch durch einen von den Gasblasen hervorgerufenen Lymphstau zu ödematösen Schwellungen der Haut kommen, die dieser ein apfelsinenhautähnliches Aussehen gibt. Es kann zu deutlichen lymphödematischen Schwellungen betroffener Bereiche kommen.

Die kutane DCI-Symptomatik wird oft nicht als Tauchunfall wahrgenommen. Eine Beobachtung und Behandlung entsprechend der „Leitlinie Tauchunfall" soll aber dennoch unbedingt erfolgen, weil Hautsymptome auch als erstes Zeichen einer DCI mit nachfolgenden schweren, z. B. neurologischen Symptomen auftreten!

Tauchtauglichkeit Bei Symptomen an Haut, Gelenken oder Lymphsystem ist eine weitere Tauchtauglichkeit möglich, wenn eine erneute Tauchtauglichkeitsuntersuchung unauffällig ist,
– Ab 1–2 Tage nach Behandlungsabschluss, wenn ohne oder nach höchstens einer (!) Druckkammerbehandlung gemäß Leitlinie Tauchunfall Symptomfreiheit besteht,

– Ab einer Woche (Haut- und Lymphsymptome) oder einem Monat (Muskel- und Gelenksymptome) nach Behandlungsabschluss, wenn nach ggf. mehreren Druckkammerbehandlungen Symptomfreiheit besteht.

27.5 Dekompressionsunfall mit neurologischen Symptomen

Bei dieser Verlaufsform besteht eine neurologische Symptomatik (evtl. zusätzlich zu den bislang beschriebenen Symptomen). Betroffen sein können Gehirn, Rückenmark und peripheres Nervensystem Die Symptomatik kann sowohl ausgesprochen mild sein und lediglich mit umschriebenen Parästhesien einhergehen. Ebenso können allerdings auch isolierte Organe betroffen sein (z. B. Innenohr) oder eine Halbseiten- oder Querschnittssymptomatik bestehen. Lungensymptome oder viel seltener kardiale Symptome können ebenfalls auftreten. Sie können nach Tauchgängen mit und ohne Tauchgerät auftreten.

Eine DCI mit neurologischen Symptomen wird bei Gerätetauchern meist als Tauchunfall erkannt. Die Symptomatik bildet sich ohne rasche spezifische Therapie zumeist nicht komplett zurück. Eine Behandlung entsprechend der „Leitlinie Tauchunfall" soll so rasch wie möglich erfolgen!

Tauchtauglichkeit Bei einer Dekompressionserkrankung (DCI) mit neurologischen, Lungen- oder kardialen Symptomen ist eine weitere Tauchtauglichkeit nach einer Druckkammerbehandlung gemäß Leitlinie Tauchunfall möglich:
  – 1–3 Monate nach Behandlungsabschluss, wenn eine erneute Tauchtauglichkeitsuntersuchung unauffällig ist,
  – 3–6 Monate nach Behandlungsabschluss, wenn bei einer erneuten Tauchtauglichkeitsuntersuchung noch neurologische Restsymptome bestehen. Abhängig von den Restsymptomen kann die weitere Tauchtauglichkeit eingeschränkt sein (s. Kap. 6, Tauchen mit Einschränkungen, Kap. 13, HNO, Kap. 10, Neurologie und Kap. 15, Lunge). Diese Tauchtauglichkeitsuntersuchung sollte je nach Art der Restsymptomatik entsprechende fachärztliche Beurteilungen einbeziehen.

Faktoren, die die Wartezeit nach einem Dekompressionsunfall beeinflussen:
▶ individuelle Empfindlichkeit für DCS,
▶ Schweregrad der DCI und Grad der Remission,

▶ Zeitabstand zwischen Unfall und Druckkammerbehandlung mit hyperbarem Sauerstoff,
▶ Ansprechen auf die Behandlung,
▶ Restbeschwerden,
▶ Vorhandensein eines Rechts-Links-Shunts.

Bei Vorliegen eines pulmonalen Barotraumas bzw. bei Nachweis pathologischer pulmonaler Läsionen, wie z. B. Bullae oder Zysten im Thorax-HR-CT ist keine Tauchtauglichkeit gegeben. Auch wenn solche als ursächlich vermutete Befunde nicht nachzuweisen sind, aber die klinische Symptomatik am ehesten mit einem pulmonalen Barotrauma vereinbar ist und als Ursache ein PFO ausgeschlossen wurde, besteht zunächst keine Tauchtauglichkeit. Eine Wiedererlangung der Tauglichkeit muss dann von dem gründlichen Ausschluss von Erkrankungen, die mit einem erhöhten Air-Trapping-Risiko einhergehen, abhängig gemacht werden! Nach operativer Entfernung von solitären pulmonalen Befunden kann die Tauchtauglichkeit im Einzelfall wieder gegeben sein (s. Kap. 15, Lungen- und Atemwegserkrankungen). Hierzu muss in jedem Fall eine positiv begründende Stellungnahme des Thoraxchirurgen oder eines Lungenfacharztes vorliegen.

Relative Kontraindikationen	Absolute Kontraindikationen
– Pulmonale Barotraumen ohne Nachweis pulmonaler Veränderungen – Z.n. pulmonalem Barotrauma als Folge pulmonaler Veränderungen, wenn diese operativ behoben wurden und eine thoraxchirurgische und lungenfachärztliche Freigabe vorliegt, sowie ein stabiler neurologischer Befund	– Z.n. pulmonalem Barotrauma bei pulmonalen Veränderungen wie z. B. Bullae und Zysten – Neurologische Restsymptome, die sich beim Apnoetauchen/Gerätetauchen verschlechtern

27.6 Dekompressionserkrankung des Innenohrs

Eine Dekompressionserkrankung des Innenohrs ist eine Sonderform der neurologischen Symptomatik und die Folge lokaler oder embolischer Bläschenentstehung (siehe auch Kap. 16, HNO). Meist ist das Vestibularorgan betroffen. Die Innenohrsymptomatik ist überdurchschnittlich häufig mit einem vaskulären Rechts-Links-Shunt assoziiert (bis zu 80 %, z. B. PFO).

Während des Akutstadiums besteht keine Tauchtauglichkeit. Nach Beendigung der Akuttherapie muss die verbliebene Innenohrfunktion evaluiert werden. Häufig verbleiben komplette Ausfälle des Vestibularorgans der betroffenen Seite. Es sollte nach einem vaskulären Rechts-Links-Shunt gefahndet werden und bei Verdacht auf Vorliegen eines solchen Shunts den Empfehlungen des „low bubble diving" (s. Anhang) gefolgt werden.

Tauchtauglichkeit besteht bei Z.n. Innenohr-DCI ohne Residualschäden und ohne nachgewiesenen Rechts-Links-Shunt.

Relative Kontraindikationen	Absolute Kontraindikationen
– Innenohr-DCI mit kompensiertem Vestibularisausfall – Innenohr-DCI mit nachgewiesenem Rechts-Links-Shunt	– Akute Innenohr-DCI – Innenohr-DCI mit persistierenden Gleichgewichtsstörungen

27.7 Psychische Traumatisierung

Tauchen geht mit dem Aufenthalt in einer für Menschen prinzipiell lebensfeindlichen Umgebung einer. Bereits banale unplanmäßige Vorfälle können ein erhebliches Gefährdungspotenzial für Taucher und Tauchpartner beinhalten. Als Folge von Tauchunfällen kann es zu einem „Posttraumatischen Stresssyndrom" (PTSD) kommen, das seinerseits als Gefahr erkannt werden muss. Weil das Tauchen selbst die stressauslösende Situation darstellt, kann auch dadurch in der Folge die Tauchsicherheit massiv eingeschränkt und die Tauchtauglichkeit somit nicht mehr gegeben sein (vgl. Kap. 11, Psychiatrie und Psychosomatik).

27.8 Bewusstlosigkeit unter Wasser

Jede Beinahe- oder manifeste Bewusstlosigkeit im oder unter Wasser geht mit dem Risiko eines Ertrinkungsunfalls mit der Gefahr eines Sauerstoffmangels und dem Risiko einer dauerhaften Schädigung von Nervenzellen einher. Nach einem „Bewusstlosigkeitsereignis" sollte die erneute Tauchtauglichkeitsuntersuchung nicht ohne fachärztliche neuropsychologische Beurteilung erfolgen.

Eine Besonderheit stellt der zur Bewusstlosigkeit führende Sauerstoffmangelzustand bei den verschiedenen Formen des Apnoetauchens dar. Weil es kaum Warnzeichen gibt, ist der Eintritt häufig unvermittelt. Ohne aktive Hilfe Dritter ist das Risiko eines Ertrinkungsunfalls besonders hoch (vgl. Kap. 7, Apnoetauchen).

27.9 Taucherlungenödem

Das Taucherlungenödem rückt erst langsam in den Fokus der Tauchmedizin, mutmaßlich deswegen, weil schwerwiegende Verläufe eher selten sind. Allerdings treten sowohl bei Gerätetauchern wie auch bei Apnoetauchern immer wieder einmal Symptome wie Husten, Atemnot und blutig tingiertes Sputum auf. Die Behandlung entspricht der Notfalltherapie beginnender Lungenödeme anderer Ursache. Die Entwicklung bei Tauchern ist multifaktoriell; einflussnehmende Parameter sind in erster Linie Belastungshochdruck und veränderte Atemarbeit, psychischer Stress und Leistungsdruck sowie immersionsbedingte Flüssigkeitsverschiebungen aus der Peripherie in den Thorakalraum.

Bei kompletter Gesundung nach Taucherlungenödem ist eine erneute Tauchtauglichkeit erst nach gründlicher kardiopulmonaler und taucherärztlicher Abklärung möglich. Aufgrund von Daten aus der Literatur ist erneutes Tauchen frühestens 6 Monate nach dem Unfall unter Berücksichtigung aller evtl. Risikofaktoren empfohlen.

27.10 Zusammenfassung

Auch nach einer vollständigen Wiederherstellung sind subklinische Schäden im Gehirn bzw. Rückenmark als Folge eines Tauchunfalls nicht ausgeschlossen. Eine zweite Episode einer Dekompressionserkrankung könnte daher möglicherweise im Sinne einer Verschlimmerung verlaufen.

Deswegen ist nach einem Tauchunfall grundsätzlich ein „konservatives" Tauchen zu empfehlen, denn über geeignete Vorsichtsmaßnahmen ist ein Dekompressionsunfall weitgehend vermeidbar. Wer also nach DCI wieder tauchen möchte, muss explizit darauf hingewiesen werden und bereit sein, den Empfehlungen zu folgen.

Tauchtauglichkeit Die abschließende Beurteilung nach Dekompressionserkrankungen, Hypoxie-Ereignissen und Taucherlungenödem sollte nur durch einen erfahrenen Taucherarzt erfolgen, der die erforderlichen weiteren Facharztbefunde einzuholen weiß. Bei der Tauchtauglichkeitsuntersuchung sind Blutdruck und kardiovaskuläre Leistungsfähigkeit genau zu untersuchen und streng zu beurteilen.

Literatur

Cochard G, Arvieux J et al.: Pulmonary edema in scuba divers: recurrence and fatal outcome. UHM 2005; 32: 39–44.
Leitlinie Tauchunfall der Gesellschaft für Tauch- und Überdruckmedizin e.V.: www.gtuem.org
Leitlinie Tauchunfall der Österreichischen Gesellschaft für Tauch- und Hyperbarmedizin: www.oegth.at
Lund KL, Mahon RT et al.: Swimming-induced pulmonary edema. Ann Emerg Med 2003; 41: 251–256.
Neuman TS: Arterial gas embolism and pulmonary barotrauma. In: Brubakk AO, Neuman TS (eds.): Bennett and Elliott's Physiology and Medicine of Diving, 5. edn. Toronto: Saunders, 2003, pp. 557–577.
Yochai A, Shupak A et al.: Swimming-induced pulmonary edema. Clinical presentation and serial lung function. Chest 2004; 126: 394–399.

Teil III

Anhang

15 Regeln des „low bubble diving": Empfehlungen 2007 der SUHMS

Das Tauchen nach den Regeln des „low bubble diving" hält die Bläschenzahl tief (1–12) und vermindert den Übertritt allfälliger Bläschen in die arterielle Strombahn (13–15).

1. Mit größter Tiefe den Tauchgang beginnen.
2. Keine Jojo-Tauchgänge (kein wiederholtes Auftauchen im 10-m-Bereich).
3. Aufstiegsgeschwindigkeit in den oberen 10 m auf 5 m/min reduzieren.
4. Sicherheitshalt in 3 bis 5 m Tiefe während mindestens 5 bis 10 min.
5. Nullzeitgrenzen nicht ausreizen, keine Deko-Tauchgänge.
6. Mindestens 4 Stunden Oberflächenintervall bis zum nächsten Tauchgang.
7. Maximal 2 Tauchgänge pro Tag.
8. Mindestens 2 Stunden Wartezeit bei geplantem Wechsel in eine höhere Höhe über Meer.
9. Meiden von großer Hauterwärmung nach dem Tauchgang (z. B. Sonnenbad, warme Duschen, Sauna).
10. Kälte, Dehydratation und Rauchen vermeiden.
11. Tauchen mit Nitrox nach Lufttabellen. (Beachte O_2-Toxizität!)
12. Spezielle Tauchcomputer resp. Software vermindern das Risiko.
13. Keine Anstrengungen in den letzten 10 m des Aufstiegs, also körperliche Arbeiten unter Wasser sowie Strömung am Ende des Tauchgangs meiden.
14. Keine Anstrengungen in den ersten 2 Stunden nach dem Tauchgang. Also das Gerät im Wasser ausziehen und von Helfenden herausheben lassen. Anstrengungsfreier Ausstieg an Land oder ins Boot (keine Pressen!). In dieser Zeit kein schweres Tauchmaterial herumtragen oder das Jackett an der Oberfläche mit dem Mund aufblasen.
15. Absolutes Tauchverbot bei Erkältungen (Husten oder Forcieren des Druckausgleichs fördert den Übertritt von Bläschen).

Quelle

Torti SR. Die Bedeutung des offenen Foramen ovale beim Tauchen – mit den Empfehlungen 2007 der Schweizerischen Gesellschaft für Unterwasser- und Hyperbarmedizin. Schweiz Med Forum 2007;7: 975–977

Ergänzende Informationen zur Checkliste Tauchtauglichkeit

Auf den Internet-Auftritten von GTÜM e.V. (www.gtuem.org) und ÖGTH (www.oegth.at) finden Sie ergänzende Informationen zur Checkliste Tauchtauglichkeit. Die Fachgesellschaften haben sich zu diesem Schritt entschlossen, um Formulare und Hintergrundinformationen zugänglich zu machen, die den Rahmen dieses Buches sprengen würden oder die in digitaler Form nützlicher sind als in gedruckter Form. Auf diese Weise können auch nationale Besonderheiten und Empfehlungen der einzelnen Fachgesellschaften berücksichtigt werden.

Formulare, Empfehlungen und weiterführende Literatur

Nationale Empfehlungen der GTÜM e.V. für Deutschland finden Sie auf www.gtuem.org in einem gesonderten Untermenü zur Checkliste Tauchtauglichkeit. Nationale Empfehlungen der ÖGTH für Österreich finden Sie auf www.oegth.at in einem gesonderten Untermenü zur Checkliste Tauchtauglichkeit. Konsentierte Empfehlungen beider Fachgesellschaften finden Sie auf beiden o. g. Websites.

Kapitelautoren

Die Checkliste Tauchtauglichkeit wird als konsentierte Empfehlung der o. g. Fachgesellschaften veröffentlicht, nachdem die Kapitel einen festgelegten Review- und Konsentierungsprozess durchlaufen haben. Da der Inhalt der fertigen Kapitel nicht mehr zwangsläufig die persönliche Meinung der Kapitelautoren darstellt, ist eine direkte Nennung der Kapitelautoren zu den einzelnen Kapiteln nicht möglich.

Auf den Websites von GTÜM e.V. und ÖGTH haben Sie im Untermenü zur Checkliste Tauchtauglichkeit dennoch die Möglichkeit, die Autoren der einzelnen Fachkapitel näher kennenzulernen.

Verzeichnis der Autoren und Reviewer

Kapitel-Autoren (alphabetisch)

- Dr. Christian Beyer, FA f. Kinderheilkunde, Kinderkardiologie, Hamburg (D)
  Kap. Kinder und Jugendliche
- Dr. Peter Brandstätter, MSc, FA f. Zahn-, Mund- und Kieferheilkunde, Wien (A)
  Kap. Zahnheilkunde (2. Aufl.)
- Priv.-Doz. Dr. Ulrich M. Carl, FA f. Strahlentherapie, Zeven (D)
  Kap. Tumorerkrankungen
- Dr. Ursula Denison, FA f. Gynäkologie, Wien (A)
  Kap. Gynäkologie (2. Aufl.)
- Dr. Ulrich Ehrmann, FA f. Anästhesiologie, Ulm (D)
  Kap. Gynäkologie (1. Aufl.)
- Dr. Oliver Engel, FA f. Urologie, Pinneberg (D)
  Kap. Nephrologie (2. Aufl.), Kap. Urologie
- Dr. Anke Fabian, Ärztin, Heidelberg (D)
  Kap. Tauchen mit Einschränkungen (1. Aufl.), Kap. Orthopädie (1. Aufl.)
- Prof. Dr. Klaus Fenchel, FA f. Innere Medizin, Hämatologie u. Internistische Onkologie, Altenwalde (D)
  Kap. Hämatologie
- Dr. Frank Hartig, FA f. Innere Medizin, Innsbruck (A)
  Kap. Tauchen mit Einschränkungen (2. Aufl.)
- Dr. Joachim Hey, FA f. Innere Medizin, Nephrologie, Wrangelsburg (D)
  Kap. Nephrologie (1. Aufl.)
- Dr. Benjamin Hiller, FA f. Anästhesiologie, Mainz (D)
  Kap. Neurochirurgie (1. Aufl.)
- Dr. Sportwiss. Uwe Hoffmann, Sportwissenschaften, Pullheim (D)
  Kap. Leistungsfähigkeit
- Prof. Dr. Rolf Kern, MHBA, FA f. Neurologie, Kempten (D)
  Kap. Neurologie und Neurochirurgie (2. Aufl.), Kap. Neurologie (1. Aufl.)
- Dr. Martin Kister, FA f. Innere Medizin, Kardiologie, Düsseldorf (D)
  Kap. Herz-Kreislauf-Erkrankungen
- Priv.-Doz. Dr. Christoph Klingmann, FA f. HNO-Heilkunde, München (D)
  Kap. HNO-Heilkunde
- MedR Dr. Peter Knechtsberger, FA f. Innere Medizin, Rheumatologie, Arbeitsmedizin, Wien (A)
  Kap. Höheres Lebensalter (2. Aufl.)

- Dr. Marita Koch, FA f. Augenheilkunde, Köln (D)
  Kap. Augenheilkunde
- Dr. Matthias Lademann, FA f. Innere Medizin, Wien (A)
  Kap. Reisemedizinische Aspekte
- Prof. Dr. Claus-Martin Muth, FA f. Anästhesiologie, Ulm (D)
  Kap. Organtransplantationen, Kap. Gynäkologie (1. Aufl.),
  Kap. Endokrinologie und Stoffwechsel (1. Aufl.)
- Dr. Peter H.J. Müller, FA f. Anästhesiologie, Basel (CH)
  Kap. Tauchen nach Tauchunfall
- Dr. Michael Pavlovic, FA f. Psychiatrie und Psychotherapie, Stuttgart (D)
  Kap. Psychiatrie und Psychosomatik
- Dr. Wolfram Pawelka, FA f. Orthopädie, Innsbruck (A)
  Kap. Orthopädie (2. Aufl.)
- Priv.-Doz. Dr. Tim Piepho, FA f. Anästhesiologie, Mainz (D)
  Kap. Höheres Lebensalter (1. Aufl.), Kap. Zahnheilkunde (1. Aufl.)
- Dr. Roswitha Prohaska, Ärztin f. Allgemeinmedizin, Arbeitsmedizin, Wien (A)
  Kap. Allgemeinmedizin, Kap. Medikamente und Tauchen,
  Kap. Endokrinologie und Stoffwechsel (2. Aufl.)
- Dr. Thomas Quinton, FA f. Innere Medizin, Kardiologie, Wien (A)
  Kap. Höheres Lebensalter (2. Aufl.)
- Prof. Dr. Markus Raderer, FA f. Innere Medizin, Hämato-Onkologie, Wien (A)
  Kap. Endokrinologie und Stoffwechsel (2. Aufl.)
- Dr. Marcus Reiber, FA f. Innere Medizin, Pneumologie, Kardiologie, Wertingen (D)
  Kap. Magen-Darm-Trakt
- Dr. Dieter Schnell, FA f. Augenheilkunde, Sportmedizin, Ruppichteroth (D)
  Kap. Augenheilkunde
- Dr. Darja Sonsino, FA f. Dermatologie, Frankfurt/Main (D)
  Kap. Dermatologie
- Priv.-Doz. Dr. Kay Tetzlaff, Innere Medizin, Lungen- und Bronchialheilkunde, Allergologie, Mainz (D)
  Kap. Lunge und Atemwege
- Dr. Ulrich van Laak, Direktor DAN Europe Deutschland und Österreich, Kiel-Kronshagen (D)
  Kap. Seekrankheit und Tauchen
- Dr. Wilhelm Welslau, FA f. Arbeitsmedizin, Spotmedizin, Wien (A)
  Kap. Apnoetauchen, Kap. Reisemedizinische Aspekte

Co-Autoren und Reviewer (alphabetisch)

- Frank Böhm, Hann. Münden (D)
- Stefanie Buchholz, Hannover (D)
- Nicole Denize, Konstanz (D)
- Günther Deuschle, Kiel (D)
- Oliver Engel, Pinneberg (D)
- Christoph Eschenfelder, Kiel (D)
- Christian Fabricius, Göteborg (S)
- Karl-Peter Faesecke, Hamburg (D)
- Klaus Fellermann, Lübeck (D)
- Jochen Freier, Hofheim (D)
- Eva Frost, Stuttgart (D)
- Dieter Gawantka, Eggolsheim (D)
- Wilfried Gfroerer, Tübingen (D)
- Holger Göbel, Berlin (D)
- Klaus Görlinger, Essen (D)
- Wolfgang Gröbner, Wertingen (D)
- Ulrich Grün, Ulm (D)
- Jochen Hansel, Tübingen (D)
- Frank Hartig, Innsbruck (A)
- Karin Hasmiller, Murnau (D)
- Christian Heiden, Traunstein (D)
- Karl Höcker, Wien (A)
- Steffen Hummel, Heilbronn (D)
- Claudia Inhetvin-Hutter, Bonn (D)
- Hans Christian Kasperk, Heidelberg (D)
- Christoph Klingmann, München (D)
- Britta Kleine-Weischede, Mainz (D)
- Peter Knechtsberger, Wien (A)
- Urte Künstlinger, Bonn (D)
- Hendrik Liedtke, Halle/Saale (D)
- Angel Lopez, Wien (A)
- Ingrid Mack, Kempten (D)
- Anette Meidert, Garmisch-Partenkirchen (D)
- Konrad Meyne, Goslar (D)
- Norbert K. Mülleneisen, Leverkusen (D)
- Claus-Martin Muth, Ulm (D)
- Peter H.J. Müller, Basel (D)
- M. Niederberger, Wien (A)
- Helmut Novak, Oberndorf (A)

- Peter Nussberger, Riehen (CH)
- Heinz-Dieter Oelmann, Gladbeck (D)
- Tim Piepho, Mainz (D)
- Peter K. Plinkert, Heidelberg (D)
- Rochus Pokan, Wien (A)
- Mark Praetorius, Heidelberg (D)
- Roswitha Prohaska, Wien (A)
- Thomas Quinton, Wien (A)
- Markus Raderer, Wien (A)
- Silvia Rahn, Saalfeld (D)
- Heinrich Resch, Wien (A)
- Benno Scharpenberg, Dormagen (D)
- Wolfgang Schwair, Augsburg (D)
- Marcel Seiz-Rosenhagen, Mannheim (D)
- Erik S. Shank, Boston (USA)
- Hans-Jörg Sommerfeld, Marl (D)
- Matthias Spengler-Fabian, Mannheim (D)
- Niklas Struck, Kiel (D)
- Kay Tetzlaff, Tübingen (D)
- Sandra R. Torti, Marsens (CH)
- Ulrich van Laak, Kiel-Kronshagen (D)
- Klaus Völker, Münster (D)
- Christian Wagner, Wien (A)
- Herbert Watzke, Wien (A)
- Karsten Wegner, Kiel-Kronshagen (D)
- Volker Warninghoff, Kiel-Kronshagen (D)
- Stefan Welschehold, Mainz (D)
- Wilhelm Welslau, Wien (A)
- Bernd Winkler, Neu-Ulm (D)
- Gert Wurzinger, Graz (A)

Register

A

ABC-Ausrüstung 125
Abflussstörung, funktionelle 344
Abhängigkeit 183
Ablatio mammae 351
Abstoßungsreaktion 411
Acarbose 300
ACE-Hemmer 60
Acetylcystein 70
Acetylsalicylsäure 58, 281
Achalasie 323
Adipositas 78
– bei Kindern 93
ADS/ADHS 44
Agoraphobie 181
Air Trapping 85, 236, 241, 309, 424
Aldosteronüberproduktion 314
Alkohol 133
Alkoholmissbrauch 182
Allergie 99
Allgemeinmedizin 25
Allosterische Serotonin-Wiederaufnahme-Hemmer (ASRI) 42
Alprazolam 46
Alter 84
– chronologisches 100
Alterssichtigkeit 189
Alzheimer-Demenz 160
Aminosalicylat 66
Amlodipin 60
Amotio retinae 193
Amphetamin-Derivat 44
Amputation 122
Anämie 278
– autoimmunhämolytische 282
– hämolytische 279

Anamnese 27
Anaphylaxie 384
Aneurysma 156, 394
Anfall, epileptischer, einmaliger 152
Anfallserkrankung 150
Angina pectoris 252, 256, 402
– instabile 258
– stabile 257
Angioödem 380
Angiotensin-II-Rezeptor-Antagonist 61
Angstreaktion 174
Angststörung, generalisierte 180
Anorexia nervosa 185
Anorexie 100
Anstrengung, körperliche 77
Antibiose, orale 343
Anticholinergika 38
Antidepressiva 41
– Noradrenalin- und Serotonin-spezifische 42
Antidiabetika 299
Antiepileptika 45, 152
Antihypertonika 60
Antikoagulanzien 58
– neue orale (NOAK) 58
Antikonvulsiva 45
Antikonzeption, orale 347
Antikörpermangelsyndrom 288
Antikörpertherapie 409
Antrazykline 48
Anus praeter 330, 408
Aortenaneurysma 274
aPC-Resistenz 294
Aphasie 150
Apnoetauchen 125
– Medikamente 36
– spezielle Techniken 126
– Untersuchung 129

Appendektomie 357
Apraxie 150
Armvorhaltetest 362
Arousal 246
Arterielle Gasembolie (AGE). *Siehe* Gasembolie
Arteriosklerose 196
Arthritis, reaktive 374
Arzneimittelexanthem 390
Asbestose 245
Asthma
– allergisches 219, 384
– bronchiale 95, 235
Asthmakontrolle 237
Asthma-Medikament 64
Astigmatismus 189
Atemerschöpfung 94
Atemwegserkrankung 234
Atorvastatin 59
Aufmerksamkeits-Defizit-Hyperaktivitäts-Störung (ADHS) 101
Aufmerksamkeits-Defizit-Syndrom (ADS) 101
Aufstiegs-Blackout 127, 128
Augenallergie 187
Augenerkrankung 187
Augeninnendruck 192
Augenprothese 198
Augenreizung, toxische 187
Augenscreening 187
Augentropfen 192
Augenverletzung 197
Ausdauer 73
Ausscheidungsurogramm 340
Autismus 100
Autoimmunhämolyse 291
Autoimmunthrombopenie 291
Autoimmunthyroiditis 311
AV-Block 261
Azathioprin 56

437

B

Babinski-Zeichen 149
Bandscheibenvorfall 370
– lumbaler 169
Barotrauma 95, 122
– abdominelles 322
– des Innenohrs 212, 215
– des Mittelohrs 204
– pulmonales 424
Basalganglien 87
Bauchfellentzündung 326
Bauchspeicheldrüsen-
   entzündung 327
Beanspruchung,
   körperliche 75
Belastungs-EKG 28, 253
Belastungsintensität 76
Belastungsprotokoll 74
Bends 422
Benzodiazepin 45
Berufstaucher 33
Betablocker 61, 192
Bevacizumab 50
Bewegungsapparat 361
Bewusstlosigkeit 127, 425
– anfallsartige 153
Bifokalglas 189
Bindegewebskrankheit 390
Blasenbildung 77
Blasenentfernung 405
Blasenfunktionsstörung,
   neurogene 345
Blasenkontraktion 345
Blasenschließmuskel 345
Blasenschrittmacher 118
Blendempfindlichkeit 190
Bleomycin 53, 285
Blindheit 123
Blood Pooling, thorakales 126
Bluthochdruck 256
Blutspende 31
Blutspucken 128
Blutstammzellen 417
Blutung, intrazerebrale 155
Blutzuckerkontrolle 301
Blutzuckermanagement 306
Blutzuckerselbstkontrolle 303
Blutzuckerspiegel 298

Body-Mass-Index (BMI) 79
Borderline-Hypoxie 128
Borrelia burgdorferi 395
Borreliose 395
Boyle-Mariotte-Gesetz 322, 406, 415
Brachytherapie 406
Bradykardie 84
Bromazepam 45
Bronchialkarzinom 403
Bronchiektasen 241
Bronchitis
– akute 240
– bei Kindern 94
– chronische 238
Bronchokonstriktion 94
Bronchospasmus 383
Bronzediabetes 283
Brown-Séquard-Syndrom 167
Brust
– bösartige Erkrankungen 351
– gutartige Geschwülste 350
– gutartige Veränderungen 349
Brustkrebs 351
Buccal pumping 126
Bulimie 100, 184
Bullae (Blasen) 250
Bupropion 43
Bypassoperation 259
B-Zell-Lymphom 289

C

Ca-Antagonist 60
Candesartan 61
Carboplatin 49
Cerumen obturans 202
Chemotherapie 400, 409
Chikungunja 140
Chinolone 134
Chirurgie, refraktive 194
Chlor 187
Chloropren 384
Cholezystitis 327
Chorionkarzinom 356

Ciclosporin 56
Cinnarizin 68, 144
Citalopram 41
Cladribin 292
Claudicatio intermittens 273
Cluster-Kopfschmerz 166
Cochlea-Implantat 205, 206, 212
Colitis ulcerosa 325
Conn-Syndrom 314
Cor pulmonale 271
Coumadine 58
Cutis marmorata 422
Cyclizin 68

D

Darmausgang, künstlicher 330
Darmgasentwicklung 408
Darmlähmung 327
Darmverschluss 327
DCS-Risiko für Frauen 347
DEET 135
Defibrillator 264
Dehydratation 90
Dehydrierung 132
Dekompressionserkrankung 83, 129, 420
– der Augen 198
– des Innenohrs 212, 216, 424
Dekompressionsrisiko 77
Dekompressionsunfall 90, 318, 422
– mit neurologischen Symptomen 423
Delir 38, 144, 184
Delta-Welle 262
Dengue-Fieber 139
Denkfähigkeit 87
Depression 174
– monopolare 177
– neurotische 180
Dermatologie 378
Dermatomyositis 391
Descensus uteri 355

Diabetesmanagement 303
Diabetes-Medikament 71
Diabetes mellitus 296
- Folgeerkrankungen 297
- Hinweise für Tauchpartner 306
- Leitlinien 296
- Therapieformen 298
Diadochokinese 149
Dihydrotachysterol 313
Dimenhydrinat 67, 144
Diuretika 62, 84
Divertikulitis 326
Divertikulose 326
Dopamin-Antagonist 38
Doxycyclin 138
Drehschwindel 208, 210, 217
Drogenmissbrauch 182
Druckausgleichsmanöver 121
Druckdifferenzschwindel 218
Druckurtikaria 382
Duloxetin 42
Durchblutungsstörung 122
DXA-Messung 368
Dysmenorrhoe 353
Dysurie 342

E

Echokardiographie 253
Einsekundenkapazität 234
Eisenmangelanämie 278
Ektopie 354
Elektroenzephalographie 153
Elliptozytose 279
Emphysem 239
Empty lung maneuvre 126
Enddarmreizung 406
Endokarditis 270
Endokrinologie 296
Endometriose 354
Endophthalmitis 191
Endoprothese 363
Engwinkelglaukom 192
Epilepsie 150
- Kraftfahreignung 152
- posttraumatische 114

Ergometrie 82, 278
- symptomlimitierte 73
Erkrankung
- entzündliche 375
- neurodegenerative 160
- neuromuskuläre 170, 171
- spinale 167
- zerebrovaskuläre 154
Ertaubung 212, 214
Ertrinkungsunfall 425
Erysipel 387, 388
Erythema chronicum migrans 395
Erythrodermie 288, 387, 389
Escitalopram 42
Essoufflement 93, 94, 106
Essstörung 184
Exanthem 390
Excimer-Laser 195
Exercise-induced asthma 94
Exostose 203
Extrasystolie 263
- ventrikuläre 263

F

Fachgesellschaften für Tauchmedizin 34
Fahrradergometrie 73
Farbsehminderung 190
Farmerlunge 245
Faulgasbildung 328
Favismus 279
Fazialisparese, periphere 170
Fehlsichtigkeit 188, 195
Fenoterol 65
Ferritin 279
Fieberkrämpfe 96
Filtrationsrate, glomeruläre 333, 413
Finetech-Brindley-Vorderwurzelstimulator 118
Fistel, perilymphatische 208, 212
Flachwasserohnmacht 127
Fluoxetin 41
Fluvastatin 64

Forcierte Vitalkapazität (FVC) 234
Fornixruptur 341
Fraktur 363
Frühgeborene 94
Frühsyphilis 394
Fünf-Minuten Neurocheck 149
Furosemid 62

G

Gallenstein 312, 327
Gangprüfung 149
Ganzkörperplethysmographie 235, 249
Gärgase 322, 326
Gasaustauschfläche 94
Gasembolie, arterielle 97, 129, 224, 245, 266, 420
Gastroenterologie 322
Gebärmutter
- Myome 354
- Senkung 355
Gedächtnis 87
Gefäßmissbildung 157
Gehörgangsatresie 203
Gehörgangsduplikatur 203
Gehörgangsentzündung 202
Gehörgangsstenose 202, 203
Gehörlosigkeit 124
Gelenkeinsteifung 368
Gelenkerkrankung, degenerative 367
Gelenkluxation 364
Gelenkschmerzen 365
Geräte, implantierte 29
Gerinnungsstörung
- plasmatische 293
- zelluläre 293
Geschlechtsorgane, weibliche 353
Gesichtsfeldausfälle 192
Gicht 319
Gingivitis 231
Glaukomanfall 193
Glaukom (grüner Star) 191

439

Gleichgewicht 88
Gleichgewichtsstörung 217
Gleithernie, axiale 324
Glinide 300
Gliptine 300
Glomerulonephritis 335
Glossopharyngeal exsufflation 126
Glossopharyngeal insufflation 126
Glukokortikoide, systemische 57
Glukokortikoidmangel 316
Glukose-6-Phosphat-Dehydrogenase-Mangel 279
Glukose-Resorptionshemmer 299
Gonioskopie 192
Graft-versus-Host Disease 417
Grand mal 151
Grauer Star (Katarakt) 190
Grüner Star (Glaukom) 191
Gummiallergie 384
Gummihilfsstoff 384
Gynäkologie 347

H

Haarzellleukämie 287, 292
Hämatologie 277
Hämochromatose 283
Hämoglobin A1c (HbA1c) 297
Hämoglobindefekt 281
Hämoglobinopathie 281
Hämolyse 282
Hämophilie 293
Hämoptysen 128
Hämosiderose 283
Handicap 109
– Stufeneinteilung 110
Handicaptauchlehrer 110
Harnableitungssystem 30
Harnleiterstent 341
Harnreflux 345
Harnsäure 319

Harnsäurestein 341
Harnstau 340
Harnsteinbildung 339
Harnsteinerkrankung 340
Harnwegsinfekt 339, 343
Hashimoto-Thyreoiditis 309, 311
Hauterkrankung 378
Hautinfektion 388
HBO-Therapie 409
Hemiblock 261
Hemiparese 150
Hepatitis 328
– chronische 330
– medikamententoxische 329
Hepatosplenomegalie 288
Herpes labialis 388
Herzfrequenz 74, 414
Herzinfarkt 258
Herzinsuffizienz 84, 253, 283
– NYHA-Klassifikation 254
Herzklappenersatz 269
Herzkrankheit, koronare 84, 252, 256
Herz-Kreislauf-Erkrankung 252
Herz-Lungen-Transplantation 415
Herzmuskelerkrankung 252
Herzrhythmusstörung 97, 252, 260
– bradykarde 253, 261
– tachykarde 261
Herzschrittmacher, biventrikulärer 264
Herzschrittmacherimplantation 264
Herztransplantation 413
Heuschnupfen 219
Hiatushernie 324
Hirnabszess 162
Hirndurchblutung 155
Hirninfarkt 154
Hirnmetastasen 400
Hirnschädigung 119
Hirntumor 158, 400
Histamin 386
Histaminliberatoren 386
Hörfähigkeit 124

Hörgerät 88
Hörhilfe, knochenverankerte 210
Hormon
– adrenokortikotropes 315
– antidiuretisches 333
– thyroidstimulierendes 307
Hormonstatus 347
Hornhauttrübung 195
Hornhautverkrümmung 189
Hörsturz 213
Hörverlust 88
H-Taucher 111
Hydrops fetalis 281
Hydrozephalus 163
Hygiene 134
Hyperglykämie 296
Hyperlipoproteinämie 318
Hyperlordosierung 361
Hypermenorrhoe 353
Hyperopie 189
Hyperparathyreoidismus 312
Hyperreagibilität 415
Hyperreaktivität, bronchiale 235
Hypertension, portale 416
Hyperthyreose 309
Hypertonie
– Abklärung 253
– arterielle 84, 255
– pulmonalarterielle 272
Hyperurikämie 319
Hyperventilation 127
Hyperventilationssyndrom 185
Hyperventilieren 94
Hypoglykämie 98, 297, 299
Hypokaliämie 314
Hypokalzämie 313
Hypokinese 160
Hypoparathyreoidismus 308, 313
Hypophyse 307
Hypophysenvorderlappenadenom 307
Hypoproteinämie 335
Hyposensibilisierung 219
Hypotension 84
Hypothermie 85

Register

Hypothyreose 311
Hypotonie, orthostatische 272
Hypoxie 78
Hysterektomie 355, 357

I

Ileus 327
Immersion 74, 84, 196, 252, 416
Immersionslungenödem 79
Impetigo contagiosa 388
Impingement-Syndrom 367
Impulskontrolle 179
Inertgasaufsättigung 420
Infektion, arbovirale 139
Ingwer 69, 144
Inkontinenz 355, 406
Innenohrbarotrauma 212, 215
Innenohrschwerhörigkeit 214
Insuffizienz, chronisch-venöse 275, 396
Insulinmangel 298
Insulinpumpe 30, 301
Insulinresistenz 296, 298
Insulin-Sensitizer 299
Insulintherapie 298, 300
Interferon alpha 66
Ipatropium-Bromid 65
Iridektomie 193
Ischämie 257
Ischialgie 370

K

Kältereiz 380
Kälteurtikaria 379
Kalziummangel 313
Kammerflimmern 255
Kammerwinkeluntersuchung 192
Kardiomyopathie 252, 260, 270
Karies 227
Karpaltunnelsyndrom 375

Karzinom, embryonales 356
Katarakt (grauer Star) 190
Kataraktoperation 191
Kehlkopf 223
Keratektomie, photorefraktive (PRK) 195
Ketoazidose 302
Kieferhöhlenzysten 220
Kieferorthopädie 231
Kindertauchen 92
Kinder und Jugendliche
– Beurteilung zur Tauchtauglichkeit 104
– Körpergewicht 93
– Lungenentwicklung 94
– Medikamente 102
– orthopädische Erkrankungen 98
– Psyche 100
– Stoffwechselerkrankungen 98
– Tauchausrüstung 106
– Tauchen mit Einschränkungen 96
– Tauchtauglichkeitsuntersuchung 102
Kinetose 142
Klappenrekonstruktion 269
Klappenvitien 268
Klaustrophobie 181
Kleinhirnabszess 163
Knochenerkrankung 363
Knocheninfarkt 365
Knochenmarksinsuffizienz 288
Knochenmarktransplantation 417
Köbner-Phänomen 387
Kolik 323
Kollagenose 390
Kommunikationsdefizit 88
Kontaktdermatitis 384
Kontaktlinsen 188
– therapeutische 195, 197
Kontakturtikaria 383
Kopfverletzung 96
Koprostase 328
Koronaintervention, perkutane 259

Koronarsyndrom, akutes 258
Koronarvenensinus 262
Körperhohlräume 125
Korpuskarzinom 357
Korrektur
– der Tauchermaske 189
– optische 188
Koxarthrose 367
Krampfanfall 401
Krebserkrankung 400
Kreislaufregulationsstörung 272
Kreuzallergie 384
Kribbelparästhesie 314
Kropf 307
Kryoglobulinämie 282
Kurzsichtigkeit 189, 194

L

Labyrinthektomie 205
Labyrinthreizung 209
Laktatkonzentration 74
Lamotrigin 46
Langerhans'sche Inseln 298
Lariam 137
Laryngektomie 224
Laryngitis 223
Laryngotrachealstenose 224
Laser-in-situ-Keratomileusis (LASIK) 195
Lateralsklerose, amyotrophe 171
Latexallergie 384
Laufbandergometrie 73
Lebererkrankung 328
Lebertransplantation 416
Leberzirrhose 329, 330, 416
Leistungsfähigkeit 28, 73, 77
– des Gehirns 87
Leistungsparameter 74
Leistungstest 73, 76
Leukämie
– akute 290
– chronisch lymphatische 287, 290
– myeloische 284

441

Levetiracetam 46
Lichturtikaria 381
Lifestyle-Medikation 37
Liftschwindel 217
Linksherzinsuffizienz 255
Linksschenkelblock 261
Linksseiten-Appendizitis 326
Linsentrübung 190
Lipidsenker 63
Liquorzirkulationsstörung 163
Lisinopril 60
Lithium 311
Loperamid 70
Loss of Motor Control (LMC) 128
Low Bubble Diving 89, 97, 431
L-Taucher 111
Lues 394
Lumboischialgie 86
Lungenanomalie 247, 250
Lungenbarotrauma 250, 259, 403, 420
Lungenembolie 271, 274
Lungenemphysem 240
Lungenentzündung 242
Lungenerkrankung 234
- chronisch-obstruktive (COPD) 238, 403
- infektiöse 242
- obstruktive 235
- restriktive 244
Lungenfibrose 245
- idiopathische 245
Lungenfunktionsprüfung 85, 129, 234
Lungengasvolumen 126
Lungenmetastasen 407
Lungenödem 252, 255, 426
Lungentransplantation 414
Lungentuberkulose 243
Lungenüberdehnung 94, 129, 224, 241, 249
Lungenüberdruckbarotrauma 242, 246
Lungenverletzung 247
Lunge, physiologische Kompensationsmechanismen 126

Lung packing 126
Lupus erythematodes
- subakut-kutaner 392
- systemischer 392
Lyme-Borreliose 395
Lymphabflussstörung 357
Lymphknoten, geschwollene 422
Lymphom
- des Zentralnervensystems 289
- follikuläres 287
- kutanes 397
Lymphsystem 422

M

Magen-Darm-Trakt 323
- Entzündungen 324
- Funktionsstörungen 323
- vermehrte Gasbildung 328
Magengeschwür 325
Magersucht 184
Magnetresonanztomographie 153
Malaria 137
- Medikamente 71, 280
Malariaprophylaxe 132
Malarone 138
Malformation 157
Malignom
- der Eierstöcke 356
- der Gebärmutter 357
- der Vagina 358
- der Vulva 358
- des Gebärmutterhalses 357
Malleovestibulopexie 205, 207, 209
MALT-Lymphom 289
Mammaaugmentationsplastik 350
Mammakarzinom 351
- chirurgische Therapie 351
Mammareduktionsplastik 349
Manie 178
- monopolare 177
Maskenbarotrauma 197

Mastdarmschrittmacher 118
Mastektomie 351
Mastitis 349
Mastoidektomie 205
Mastozytose 385
Mediastinalemphysem 248, 420
Medikamente 27, 36, 114
- älterer Taucher 89
- bei Kindern und Jugendlichen 102
- bei Tumorerkrankungen 48
- Gastroenterologie 66
- Prophylaxe von Kinetosen 67
- Wechselwirkungen 37
- zur Immunsuppression 55
Medikamentenmissbrauch 182
Metastasen 408
- pulmonale 407
Metformin 299
Methotrexat 57
Methylphenidat 44
Metoprolol 61
Metronidazol 66
Migräne 166
Migräneaura 166
Mikrokeratom 195
Miktionszystourethrogramm 340
Mini Mental Status Test 88
Mirtazapin 42
Mittelohrbelüftung 219
Mittelohrbelüftungsstörung 204, 215
Mittelohrimplantat, aktives 210
Mittelohroperation 205
Moclobemid 43
Monatszyklus 347
Monoaminooxidase-A-Hemmer (MAO-Hemmer) 43
Morbus
- Addison 316
- Basedow 309
- Bechterew 374
- Boeck 244

- Coats 196
- Crohn 325
- Cushing 315
- Hodgkin 284
- Parkinson 160
- Raynaud 196
- Reiter 374
- Werlhof 293
Motion Sickness 142
Mückenschutz 135
Mückenschutzmittel 135
Müdigkeitssyndrom 143
Mukoviszidose 241, 250
Multifokalglas 189
Multiorganerkrankung 378
Multiple Sklerose (MS) 165
Multisystemerkrankung 393
Mundhöhle 222
Mundschluss 222
Muskeldystrophie 113
Muskelerkrankung 120
Muskelhypertonie 119
Muskel-Sehnen-Band-
 verletzung 366
Muskulatur 362
Myasthenia gravis 171
Mycosis fungoides 288
Mykoplasmeninfektion 282
Mykose 388
Myokardhypertrophie 254
Myokardinfarkt 252, 256, 258
Myokarditis 260, 270
Myokardnekrose 258
Myome der Gebärmutter 354
Myopie 189, 194

N

Nase 218
Nasenendoskopie 220
Nasenmuschelhyperplasie 219
Nasennebenhöhlen 218, 220
Nasenscheidewand-
 verkrümmung 219
Natriurese 413
Naturkautschuk 384
Naturlatexallergie 384

Nebennierenerkrankung 314
Nebennierenmarkerkrankung 317
Nebennierenrinde 314
Nebennierenrinden-
 insuffizienz 316
Nebenschilddrüsen-
 erkrankung 312
Negative packing 126
Neglect 150
Neopren 384
Nephrektomie 337
Nephritis, interstitielle 336
Nephrologie 333
Nephrostomie, perkutane 341
Nervenläsion, periphere 170
Nervensystem 150
- Infektion 162
Nervus vestibulocochlearis 217
Netzhaut
- diabetische Veränderungen 196
- Gefäßveränderungen 196
Netzhautablösung 193
Netzhautforamen 193
Netzhautriss 193
Neue Orale Antikoagulanzien (NOAK) 58
Neurochirurgie 149
Neurologie 149
Neuropathie, periphere 170
Neurosyphilis 394
Niederdruckglaukom 192
Nierenbeckenentzündung 336, 343
Nierenentfernung 405
Niereninsuffizienz 333, 339
Nierenkolik 341
Nierensequenzszintigrafie 340
Nierenstein 312
Nierenszintigraphie 344
Nierentransplantation 337, 412
Nierenversagen 412
Nierenzysten 337
Nikotinmissbrauch 182
Non-Hodgkin-Lymphom 286
- hochmalignes 286

Noradrenalin- und Dopamin-
 Wiederaufnahme-Hemmer
 (NDRI) 43
Normalglaukom 192
Notaufstieg 112
Nykturie 339, 342
Nystagmus 208

O

O_2-Mangel 127
Offenwinkelglaukom 192
Ohrtrompete 95
Orbitaemphysem 221
Organtransplantation 411
- Abstoßungsreaktion 411
- Medikamente 412
Organversagen 411
Orientierungslosigkeit 217
Orientierungsverlust 208
OSG-Arthrose 367
Ösophagitis 324
Ösophagusbewegungs-
 störung 323
Ösophaguskarzinom 401
Osteomyelitis 376
Osteonekrose
- aseptische 365
- dysbare 365
Osteomyelosklerose 284
Osteopenie 368, 369
Osteoporose 368
Otitis externa 202
Otosklerose 207, 209
Ovarialkarzinom 356
Ovarialzysten 354
Oxymetazolin 69

P

Paclitaxel 52
Panikattacke 174
Panikstörung 181
Pankreatitis 312, 327
Panzytopenie 292

443

Papille 191
Paraparese 150, 167
Parästhesie 314, 423
Parathormon 312, 313
Parodontitis 231
Paroxetin 41
Peak-Flow-Meter 235, 237
Peg-Interferon alpha 66
Peptid, atriales natriuretisches 333
Perikarditis 270
Perilymphfistel 215
Perimyokarditis 270
Persönlichkeitsstörung 178
Petrosektomie 205
PFO (persistierendes Foramen ovale) 30, 96, 155, 266, 421
Phäochromozytom 317
Phenytoin 46
Phlebothrombose 274
Phobie 181
Photosensibilität 418
Pigmentzirrhose 283
Pigtail 341
Pioglitazon 299
Plaqueruptur 256
Pleuraerguss 243
Pleurektomie 248
Pleuritis
– exsudativa 243
– sicca 243
Pneumektomie 248
Pneumenzephalon 221, 222
Pneumonie 242
– poststenotische 403
Pneumonitis 352, 402
Pneumothorax 247, 420
– primärer 247
– sekundärer 248
Pollakisurie 339, 342
Polycythaemia vera 284
Polyneuropathie 89, 171
– diabetische 171, 303
Port-a-Cath 29
Praxisleitlinie Ergometrie 73
Prednisolon 57
Pregabalin 47
Presbyopie 189
Pressatmung 78

Prismengläser 189
Prolaps 370
– uteri 355
Prostataentfernung 342, 405
Prostatahyperplasie, benigne 342
Prostatakarzinom 405
Prostatitis, chronische 343
Proteinurie 335
Prothese 122
Protonenpumpenhemmer 324
PSA-Wert 405
Psoriasis 386
Psoriasisarthritis 374
Psychiatrie 174
Psychoneuroimmunologie 410
Psychopharmaka 39, 40, 175, 177
Psychose 174
– affektive 177
– schizophrene 176
Psychosomatik 174
Psychostimulanzien 101
Purpura, idiopathische thrombozytopenische 293
Pyelonephritis 336

Q

Quaddeln 379
Querschnittslähmung 117
– traumatische 167
Querschnittssyndrom 30, 345

R

Radikalhöhlenanlage 205, 209
Rechts-Links-Shunt 267, 424
Rechtsschenkelblock 261
Reflexstatus 121
Reflux 322, 324
Refluxösophagitis 324
Reisediarrhoe 133
Reisemedizin 132

Rektumkarzinom 407
Rekurrensparese 308
Restharnbildung 342
Restharngefühl 339
Retinopathie
– diabetische 196
– hypertensive 196
Revaskularisation 259
Rheuma 373
Rhinitis
– acuta 219
– allergische 99
– chronica 219
Rhinoconjunctivitis allergica 384
Rhinorrhoe 383
Ribavirin 66
Rifaximin 134
Rigor 160
Rippenfellentzündung 242, 243
Rocaltrol 313
Romberg-Test, verschärfter 150
Rückenmarkschädigung 168
Rückenmarksverletzung 116
Ruhetremor 160

S

Salbutamol 64
Sarkoidose 244
Sarkom 406
Sauerstoffmangelzustand 426
Sauerstofftherapie, hyperbare (HBO) 408
Schädelbasisfraktur 221
Schädel-Hirn-Trauma 161
Schallleitungsschwerhörigkeit 208
Schielstellung 189
Schilddrüsenerkrankung 307
Schizophrenie 176
Schlafapnoesyndrom 223
– obstruktives 246
Schlaffragmentierung 246
Schlaganfall 155

Schnuppertauchen 113
Schock, kardiogener 252
Schrumpfblase 405
Schuppenflechte 386
Schwerhörigkeit 124
Schwimmbad-Blackout 127
Schwimmfähigkeit 26
Schwindel 89, 217
Schwitzurtikaria 382
SCUBA-Tauchen 403
Sedierung 41
Seeds 406
Seekrankheit 142
Sehbehinderung 123
Sehfähigkeit 26, 188
Sehfehler 187
Sehhilfe 86
Sehnervenschädigung 191
Sehschärfe 188
Sehschärfenprüfung 187
Selektive Serotonin-Wiederaufnahme-Hemmer (SSRI) 41
Septumdeviation 219
Serotonin-5-HT2-Antagonisten und Wiederaufnahme-Hemmer (SARI) 43
Serotonin-Syndrom 39
Serotonin- und Noradrenalin-Wiederaufnahme-Hemmer (SNRI) 42
Sertralin 41
Sezary-Syndrom 288, 397
Shunt, ventrikuloatrialer 164
Shuntvitien 265
Sichelzellanämie 281
Sichelzelltest 282
Siebbeinoperation 221
Silikon 350, 384
Simvastatin 63
Sinusitis 99
– bakterielle 221
Sinusknotensysndrom 261
Sinuslift 223
Skelettsystem in der Wachstumsphase 99
Sklerodermie
– systemische 391
– zirkumskripte 391

Skoliose 362, 371
Sodbrennen 322, 324
Spannungskopfschmerz 166
Spannungspneumothorax 247
Spätsyphilis 394
Speichereisen 279
Spezialinsen 190
Sphärozytose 279
Spina bifida 96
Spirometrie 234
Spondylarthropathie, seronegative 374
Spondylitis 372
Spondylodiszitis 372
Spondylolyse 372
Spontanfraktur 363
Spontanpneumothorax 248
Stammzellentransplantation 284, 417
Stapesplastik 205, 207, 208
Statine 63
Stenose 202
Stent 259
Stickstoffkinetik 362
Stickstoffnarkose 218, 219
Stickstoffpartialdruck 362
Stimmbandparese 224
Stimmlippenlähmung 308
Stimmritzenkrampf 224
Stoffwechsel 296
Stoma 330
Störung
– bipolare 177
– neurotische 180
– psychische 174
– schizoaffektive 176
Stoßwellenbehandlung 341
Strahlentherapie 400
Stress 100
Stresssyndrom, posttraumatisches (PTSD) 425
Struma 307
Subarachnoidalblutung 156
Subkutanemphysem 420
Sucht 182
Sudden Cardiac Death 84
Suizidalität 176, 178
Sulfonylharnstoff 300, 302
Sympathikusaktivierung 85

Syndrom
– myelodysplastisches 292
– myeloproliferatives 284
Synkope 153, 278
Syphilis 394
Systemischer Lupus erythematodes (SLE) 392

T

Tachykardie
– atrioventrikuläre 262
– supraventrikuläre 262
– ventrikuläre 263
Tachykardie-Bradykardie-Syndrom 261
Tacrolimus 55
Tauchausrüstung für Kinder und Jugendliche 106
Tauchen
– in der Schwangerschaft 348
– mit Diabetes 302
– mit Einschränkungen 109
– – Nachuntersuchungsintervalle 115
– – Tauchtauglichkeitsattest 115
– – Tauchunfall 115
– – Untersuchungsstrategie 114
– therapeutisches 110
– während der Stillzeit 348
Taucher
– älterer 83
– blinder 123
– gehörloser 111
– handicapped (H-Taucher) 111
– limitierter (L-Taucher) 111
– unter Insulintherapie 305
Taucherdiurese 406
Taucherlungenödem 426
Tauchermaske, korrigierte 189
Tauchgangsplanung 113
– für Kinder und Jugendliche 107
Tauchreflex 253

445

Tauchsportverband 33
Tauchtauglichkeit
– abschließende Beurteilung 31
– Bescheinigung 33
– nach Chemotherapie 409
– nach Organtransplantation 412
Tauchtauglichkeitsuntersuchung
– fachärztliche Untersuchungen 29
– fachliche Qualifikation des Untersuchers 26
– Haftung des Untersuchers 26
– höheres Lebensalter 82
– praktische Durchführung 27
– Taucher mit Beeinträchtigungen 109
– Untersuchungsintervall 32
Tauchtiefe 113
Tauchtiefenbegrenzung 113
Tauchunfall 420
– Definition 420
– tödlicher 33
– Untersuchungen 421
Tauchunfallbehandlung 32
Tauchverfahren 25
Tauchverhalten im höheren Lebensalter 89
Tendinitis calcarea 367
Tetraparese 150, 167
Tetraplegiker 116
Thalassämie 281
Therapie, immunsuppressive 412
Thorakoskopie 249
Thorakotomie 259
Thoraxvolumen 126
Thrombophlebitis 396
Thrombose 396
Thrombozyten-Aggregationshemmung 58
Thrombozythämie 284
Thrombozytopenie 293
Thymin 281
Thyreostatika 311

Thyreotropin Releasing Hormone 307
Tiefenrausch 218, 219
Tierphobie 181
Tinea corporis/pedum 388
Tinnitus 213
TNF-alpha-Antagonist 374
Trabekulektomie 188
Tracheostomaanlage 224
Trans-esophageal echocardiography (TEE) 267
Transitorische ischämische Attacke (TIA) 154
Trastuzumab 51
Traumatisierung, psychische 425
Trazodon 43
Trommelfell 201
Trommelfellnarbe 204
Trommelfellperforation 204, 206
Trommelfellriss 204
Tropenerkrankung 139
Tuba auditiva 204
Tubendysfunktion 204, 219
Tuberkulose 243
Tumoren des Nervensystems 158
Tumorerkrankung 400
– des Urogenitaltrakts 404
Tympanometrie 201, 207, 208
Tympanoplastik 205, 206
Typ-1-Diabetes 297
Typ-2-Diabetes 298
– Insulingabe 300
– Kombinationstherapie 301
T-Zell-Lymphom, kutanes 288

U

Übelkeitssyndrom 143
Überdruckbarotrauma, pulmonales 126
Überlastungssyndrom 373, 375
Ulcus duodeni 325
Ulkuskrankheit 325

Ulzera 117
Unterberger-Tretversuch 149
Unterdruckbarotrauma 126, 128
Unterdruckeffekt 197
Untersuchung
– apparative 28
– körperliche 28
– neurologische 149
Untersuchungsformular 34
Unterzuckerung 297
Urethrogramm 340
Urogenitaltrakt, entzündliche Erkrankungen 343
Urolithiasis 340
Urosepsis 341
Urticaria pigmentosa 385
Urtikaria
– aquagene 380
– cholinergische 382
– physikalische 379
Uthoff-Phänomen 165
Uvulo-Palato-Pharyngo-Plastik 223

V

Vagina, benigne Erkrankungen 355
Valproinsäure 47
Valsalva-Manöver 219
Varikosis 275, 396
Varizenblutung 275
Vaskulitis 393
Venenthrombose 271, 275
Venlafaxin 42
Ventrikelseptumdefekt 265
Verdunstungskälte 379
Verschlusskrankheit, arterielle 273
Verwirrtheitszustand, akuter 38, 184
Vibrant Soundbridge 211
Vibrio vulnificus 283
Vincristin 50
Virustatika bei Hepatitis 66
Vitamin C 144

Vitamin-K-Antagonist 58
Vitrektomie 194
von-Willebrand-Defekt 293
Vorderwurzelstimulator 118
Vorhofflimmern 261
Vorhofseptumaneurysma 266
Vorhofseptumdefekt 266
Vulva
– benigne Erkrankungen 355
– Malignom 358

W

Wachstumsfuge 99
Wächterlymphknoten 351
Wärmeregulation im Kindes-
 alter 93
Wärmeurtikaria 381

Wasserdiurese 413
Wasser-Elektrolyt-Haushalt
 339
Wegener-Granulomatose 393
Weichteilemphysem 221
Weitsichtigkeit 189
Wertheim-Meigs-Operation
 357
Winkelblockglaukom 192
Wirbelsäulenerkrankung 370
Wirbelsäulenoperation 373
Wirbelsäulenverletzung 116
WPW-Syndrom 262
Wurzelbehandlung 229

X

Xylometazolin 70

Z

Zähne
– Füllungen 227
– Implantate 230
– Überempfindlichkeit 229
Zahnersatz 230
Zahnextraktion 228
Zahnfleischentzündung 231
Zahnhälse, freiliegende 229
Zahnheilkunde 227
Zahnkaries 228
Zahnstatus 227
Zerebralparese, infantile 119
Zervixkarzinom 357
ZNS-Lymphom 289
Zwölffingerdarmgeschwür
 325
Zystennieren 336
Zytostatika 48, 409